1 MONTH OF
FREE
READING

at

www.ForgottenBooks.com

By purchasing this book you are eligible for one month membership to ForgottenBooks.com, giving you unlimited access to our entire collection of over 1,000,000 titles via our web site and mobile apps.

To claim your free month visit:
www.forgottenbooks.com/free975952

ISBN 978-0-260-84712-6
PIBN 10975952

This book is a reproduction of an important historical work. Forgotten Books uses
state-of-the-art technology to digitally reconstruct the work, preserving the original format
whilst repairing imperfections present in the aged copy. In rare cases, an imperfection in
the original, such as a blemish or missing page, may be replicated in our edition. We do,
however, repair the vast majority of imperfections successfully; any imperfections that
remain are intentionally left to preserve the state of such historical works.

Viajes inéditos

DE

DON FÉLIX DE AZA[RA]

Continuacion. [1]

Hallamos bastante bañado este dia au[n]
me[nos] anteriores, porque el terreno es
[...]que tambien produce algunas lagunas. [...]
[...]ñamos que regularmente costeábamos habia[...]
[...]que nos parecieron de dos especies. Sus[...]
[...]mostraron se parecen á las bellotas[...]
[...]dé su racimo. Cogí[...]
[...]nos aseguraron que[...]

[...]e d[...]
un[...]

[1] Véase la p[...]

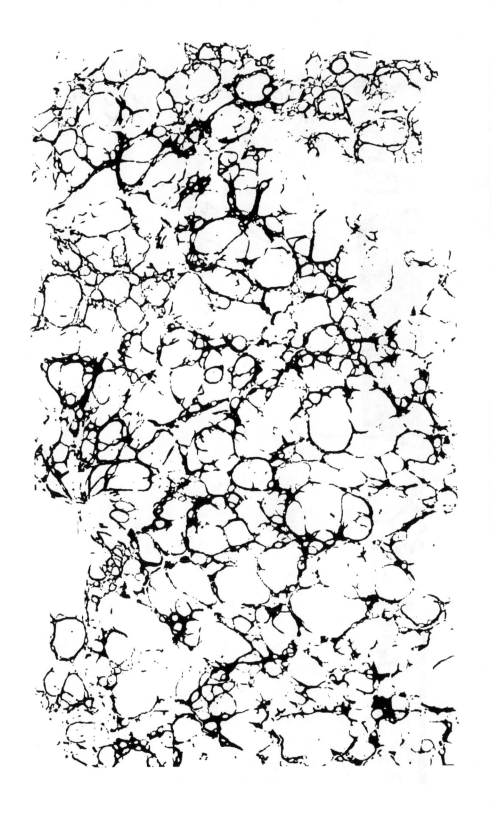

2801
R45

1 3.ᵗⁱ

escasa

REVISTA

DEL RIO DE LA PLATA.

PERIÓDICO MENSUAL

D E

HISTORIA Y LITERATURA DE AMÉRICA

PUBLICADO

POR

Andrés Lamas, Vicente Fidel Lopez

Y

Juan María Gutierrez.

TOMO I.

BUENOS AIRES

CARLOS CASAVALLE—EDITOR

·Imprenta y Librería de Mayo, calle de Moreno 241

Plaza de Monserrat

1 8 7 1.

PROSPECTO.

LA REVISTA DEL RIO DE LA PLATA se propone consagrar sus páginas á la historia de esta parte de América, mas que con trabajos especiales, por medio de la publicacion de documentos inéditos que ilustren el pasado, tanto de la época colonial como de los primeros tiempos de la revolucion.

Los Redactores de esta Revista poseen gran cópia de esos antecedentes históricos, metodizados y estudiados con detenimiento y muy de antemano, de manera que al darles á luz aparecerán con ilustraciones, noticias y advertencias que den á aquellos documentos la autenticidad que exijen por su naturaleza y hagan fácil y fructuoso su empleo para los estudiosos y para los historiadores futuros.

Este método, que invariablemente ha de seguirse en esta Revista, brinda ocasion para proporcionar á sus lectores el atractivo de la crónica unida al provecho de las aplicaciones á la actualidad, atando sin esfuerzo, con vínculos naturales, el pasado al presente y comparando el orijen de las instituciones y de las costumbres heredadas con el cuadro que en nuestros dias ofrecen unas y otras á favor de las modificaciones introducidas por el transcurso de los años.

Los hechos no se presentan jamás sin el acompañamiento de los nombres propios, y con frecuencia habrá de ocuparse la Revista de la biografia de los hombres que mas ó menos influencia hayan ejercido entre nosotros en el gobierno, en la ciencia y tambien en las artes y en la literatura. Bajo este aspecto presentará un atractivo nuevo prestando al mismo tiempo un servicio notable á la honra pátria, salvando de la injusticia del olvido á hombres meritorios para con la civilizacion del Rio de la Plata.

Aquéllos mismos hechos, que se refieren á la historia ó á la biografia, se encuentran ilustrados por las artes del diseño, por grabados, retratos, vistas y pinturas de trages y de costumbres, ya en obras impresas raras y antiguas, ya en los gabinetes y galerias de particulares aficionados á este género de curiosidades. Es intencion de los Redactores de esta Revista reproducir en ella esos diseños y publicar los inéditos de igual naturaleza tan pronto como el favor del público, con que cuentan, les proporcione los medios para realizar este pensamiento.

No por contraerse especialmente á la historia del Rio de la Plata, desechará de sus páginas esta Revista los documentos y los sucesos relativos á las demás repúblicas de Sud-América, sobre todo cuando contribuyan á dar idea del desarrollo intelectual de aquellos paises hermanos; porque consideramos solidaria á la América toda de nuestro propio orijen en el anhelo de perfeccionar y estender su civilizacion y su buen nombre. Y como no hay espejo mas fiel del estado moral é intelijente de una sociedad que la prensa y los libros é ideas que esta produce, la Revista del Rio de la Plata se contraerá en una seccion especial y siempre activa á dar á conocer critica y bibliográficamente todas las publicaciones en lengua española, fruto de la aplicacion de los Sud-Americanos, sea cual fuere la materia, la estension, las opiniones, con tal que se presten á la crítica, porque merezcan bajo cualquier aspecto que sea, la atencion de las personas ilustradas.

Hay un campo vasto, ameno y útil, que esplorará con empeño esta Revista y es la descripcion y examen de las muchas obras que existen sobre el descubrimiento de América y el orijen y progreso de su conquista por los europeos; libros raros hoy, escritos en diversos idiomas y que refunden en sí las primeras ideas é impresiones que el hecho inmortal de Colon infundió en el espíritu humano á fines del siXV y en los que le siguen de cerca. Allí está la raiz de la historia de América, allí los primeros trabajos etnográficos y filológicos, allí la discusion de los principios en que se fundó el régimen colonial, allí en fin, la manera como se presentó en aquellos siglos la civilizacion del viejo mundo en el recien descubierto.—Y como para el bibliógrafo de buena escuela un libro no es solo un producto del arte sino una idea, la Revista al dar cuenta de aquellas ediciones inapreciables por sus caracteres esteriores, se ocupará preferentemente de abrir sus páginas y de examinar su contenido á favor de la erudicion y de la crítica, ahorrando trabajo al lector y mostrándole bajo qué concepto el vetusto volúmen es digno de la estimacion y del precio que le atribuyen los aficionados á este jénero de indagaciones.

Para los Redactores de la Revista, la historia colonial no ofrece sino una enseñanza negativa, si puede asi denominarse: para ellos las leyes de Indias, los actos del gobierno peninsular, la accion del culto oficial, como elemento civilizador, hacen el mismo papel para el estudioso que los bajíos y arrecifes demarcados en las cartas marítimas, para los que surcan los oceanos. El empeño de dar á conocer hasta en los menores ápices aquel sistema de gobierno y de régimen administrativo y económico ó de aquella *civilizacion*, por usar de una espresion comprensiva de todos los elementos que constituyen una sociedad, tiene por objeto radicar la idea de que el progreso de la América independiente estriba en desasirse como de una ligadura vejatoria y opresiva, de las tradiciones que inoculó en sus entrañas el sistema colonial calculado con la mas esquisita habilidad para mantener los pueblos conquistados en estado pueril por medio de las creencias, de la enseñanza, de las restricciones al comercio, talladas y amoldadas al fatal propósito á que puso término la emancipacion de todo el continente sellada con la lucha santa y victoriosa de la independencia.

Sean cuales fueren los aspectos simpáticos bajo que alguna vez pudiera presentarse la pretendida heroicidad de los conquistadores; sea cual fuere la constancia con que lograron en parte someter la independencia del indíjena á prácticas relijiosas y civiles que no comprendian ni amaban; sea cual fuere la brillantez con que en ocasiones ilumina y embellece la imaginacion el cuadro que ofrece en sus pormenores ó en conjunto el antiguo régimen, los Redactores mencionados, sin violentar los hechos, tributando relijioso respeto á la verdad, pero cediendo á principios morales y filosóficos de una crítica madura é inmutable, se encaminarán á justificar la revolucion demostrando la razon, la conveniencia, la vital necesidad que movió á la América española á

sacudir, como decian nuestros padres, el yugo de la Metrópoli Española. Sin esto, el acto de que nos gloriamos y del
cual tantos favores hemos cosechado no seria mas que un acto de hijos desleales y de súbditos desagradecidos.

El cultivo de la historia es una propension y una necesidad de todas las épocas; pero en cada una de estas las investigaciones sobre el pasado toman un sesgo especial asi como
cambian de propósito. En los dias actuales, por causas que
son bien notorias y en razon de la importancia que de año en
año cobra nuestro continente, ya como teatro de ensayo de
instituciones por cuyo goce anhela el mundo entero, ya por
la corriente que hácia él afluye de una poblacion numerosa
desprendida del seno de la Europa, las investigaciones de carácter histórico demandan á nuestros fastos la solucion de los
problemas sociales cuya incógnita encierra el tiempo en el
vasto y variado seno de los hechos. Fatigado el espíritu ó
saciado con aquellos que tienen raiz en el caos de la Edad-
media, parece que buscara solaz y horizontes menos nebulo-
sos en las tradiciones y en la crónica del nuevo mundo. El
hecho es, que jamás como ahora, se estimaron y buscaron
para estudiarlos á la luz de la ciencia, las cosas americanas, razas, creencias, idiomas primitivos; esplicándose así el conato
con que se esploran por la erudicion las fuentes puras que
pueden suministrar alimento á la tendencia de esta curiosidad
de los espíritus.

La América de nuestra habla concurre con sus esfuerzos
propios á esta labor que á ella mas que á nadie interesa, y abre
sus tesoros, por la mano de sus escritores, para que se en-
riquezcan con ellos los codiciosos de verdades históricas.
Desde Méjico al Rio de la Plata, de un estremo al otro del

continente nuevo, se advierte desde algunos años á esta parte
un movimiento gradualmente creciente en el campo de la historia patria, representado por obras especiales, por colecciones de documentos, por publicaciones periódicas, consagradas á esclarecer y á sistemar los anales anteriores y contemporáneos al descubrimiento. Bustamante y Alaman en
pos de Clavíjero rehacen la historia antigua y moderna del
misterioso Anahuac; Restrepo y Baralt, aciertan á dar dignidad
y método á los fastos de la historia colombiana, eclipsando
con el brillo de sus pájinas tersas y severas las credulidades y
las interpretaciones absurdas de los historiadores sin criterio,
adulteradores sin saberlo aun de aquellos hechos cercanos á
la época en que escribieron.

El Perú se revela por la pluma de Prescott bajo aspectos
nuevos y atractivos, y es tan fecundo el caudal que brota de
aquel suelo de los Incas, teatro de las guerras fratricidas de
los Pizarros y de Almagro, que aun despues del historiador
Norte-americano, es copiosa y rica la paleta con que Lo-
rente traza sus brillantes cuadros. Chile cuenta con una
falanje de obreros en la elaboracion de su historia y la comunica ámpliamente bajo todas las formas.

En cuanto á las Repúblicas del Rio de la Plata, no es á
nosotros á quienes toca decir los esfuerzos consagrados á las
mismas esploraciones; pero podemos asegurar sin faltar á la
verdad, que hemos contribuido con caudal no mezquino al
esclarecimiento de nuestro pasado y al lustre del movimiento
de nuestra emancipacion política.

Testimonio de que el amor á estos estudios no se res-
fria entre nosotros, viene á dar la Revista cuya aparicion
anunciamos y cuyo objeto queda esplicado en las presentes

pájinas. Su vida estará animada de un espíritu que no desmaya nunca en el corazon americano.—La história pátria es la tradicion de la familia, el orgullo del hogar; la resurreccion de los séres que anhelamos por conocer tal cual fueron en la vida; la encantadora narracion que suplanta en la edad madura las consejas de la niñez; el vidrio misterioso al través del cual vemos nacer, moverse, vivir y bajar á la tumba, en la paz del lecho ó en las convulsiones de las grandes catástrofes, á las generaciones de que procede aquella á que pertenecemos, en cuya fila militamos como soldados en la dura batalla de la vida.

Embarazo alguno tienen para confesar los Redactores, que al prestar, segun entienden y creen, un servicio á su pais, halagan al mismo tiempo una grata pasion del espíritu, porque nada les es mas regenerador y benéfico, que el asilarse de cuando en cuando en las regiones de lo que fué, para descansar de las tareas presentes y gozar de la especie de paz y de silencio que rodea al pasado, en medio del fragor de las realidades de una existencia consagrada á la lucha y al trabajo en el seno de una sociedad democrática.

Halágales tambien otra idea que puede tomar raiz en la publicacion que ensayan. En torno de su Redaccion, por la natural asociacion de las inclinaciones, del trabajo y de los elementos de este, vendrá á formarse un grupo de aficionados á la historia de América, que andando el tiempo no seria imposible que llegase á ser una institucion honrosa para el pais y que se ramificara fuera de él ensanchando el círculo de sus tareas y de su accion no solo en provecho de la historia propiamente dicha, sino de los demás ramos de indagacion y saber que se tocan con ella. Sociedades célebres con que se enorgullecen las naciones provectas, comenzaron en humildísima cuna, y una tertulia casera de literatos, por ejemplo, dió oríjen á la famosa Academia matritense cuya mision es defender á nuestra lengua contra una decadencia posible abandonada sin consejo á los caprichos del uso. Una institucion semejante, formada por particulares y sin el patrocinio oficial, que tantas buenas cosas esteriliza, seria un ejemplo de como se agigantan las ideas mas desvalidas al iniciarse, con la afluencia de los tributarios parciales que constituyen la asociacion; y emulándose los ciudadanos por este ejemplo, otras instituciones destinadas á cultivar la ciencia bajo sus variados aspectos, abririan el camino á la vulgarizacion de la verdad y al aprovechamiento y empleo de todas las fuerzas intelijentes que permanecen perezosas ó desconocidas en nuestra sociedad.

Para que la idea indicada arriba llegue á ser algo mas que una mera esperanza, piensan los Redactores responsables de esta Revista emplear en su mejoramiento y perfeccion, mientras fuere necesario, la diferencia pecuniaria que resultase en mas entre los gastos de la publicacion y el monto de la contribucion de los abonados, á fin tambien de estimular con recompensas de valor material los servicios que á la causa en que se afilia la Revista, prestasen los escritores ajenos á la redaccion, ya por un movimiento espontáneo de esos mismos escritores, ya por indicaciones que les hiciera la direccion de la Revista, la cual puede considerar conveniente alguna vez el recomendar trabajos especiales de crítica ó de erudicion á quienes tienen derecho de avalorar el empleo de su tiempo.

Los Redactores de la Revista del Rio de la Plata creen

que procediendo de esta manera apartan de su camino un
obstáculo en que han tropezado otras publicaciones análogas, no siendo bien visto que el trabajo ajeno, por espontáneo y generosamente que se preste, contribuya á la ganancia
de la empresa que no le remunera. Otras ventajas que quedan reservadas por minuciosas á la economia administrativa
de la Revista, se tendrán presentes en beneficio y agrado de
los colaboradores.

Aparte de los que en el número de estos aun no pueden
conocerse, cuenta la Redaccion de la Revista con todos
aquellos que tienen un nombre adquirido como cul-
tivadores de la historia y de la literatura americana, sin que
por esto se crea necesario inscribir sus nombres en una lista
al frente de cada número. Esta colaboracion activa no estará encerrada en el país únicamente, sino que ha de venir
del exterior atraída no tan solo por el interés y la confianza
que despertará la Revista con su marcha, sino por las estens-
sas relaciones que cultivan los Redactores con literatos de
buen nombre en varias de las Repúblicas hermanas.

El círculo que traza este prospecto á las tareas de la RE-
VISTA DEL RIO DE LA PLATA, no es inmutable, y antes por el
contrario, entra en las miras de sus iniciadores, el ensan-
charle y estenderle. Sobre la base que queda delineada
puede tomar cuerpo una obra mas vasta, y tan variada en
sus partes como son numerosos y diversos los objetos á que
puede aplicarse la inteligencia en una sociedad civilizada.

La nuestra, que aun no ha dado gran desarrollo á la labor literaria y por consiguiente no la ha especializado, no
estrañaria que todas sus manifestaciones se aunaran en una

La Revista del Rio de la Plata, se presenta como amiga y cooperadora de las que existen ya en el país y á las cuales se incorpora para contribuir al bien y á la honra del nombre argentino, y con estos sentimientos las saluda cordial y respetuosamente.

En cuanto á la parte tipográfica y á la administracion de la REVISTA DEL RIO DE LA PLATA, basta decir en su abono que se halla colocada bajo la direccion de la imprenta de MAYO, tan ventajosamente conocida en el país por la belleza y esmero de sus producciones tipográficas.

Despues de alguna vacilacion y ya escrito este prospecto, se han decidido los Redactores de esta Revista á cerrar cada número con una crónica general del mes, comprendienpo en ella los hechos, las ideas y las medidas gubernativas que durante el periodo trascurrido entre dos números de la Revista hayan ocupado la atencion del público en ambas orillas del Plata. Esta crónica no será meramente narrativa, puesto que los hechos y las ideas á que aludimos nacen y obran en el seno de pueblos libres cuyos ciudadanos tienen el deber y el derecho de juzgar sobre cuanto concierne á sus intereses y garantias. Los Redactores se ajustarán en sus juicios y apreciaciones á los principios de justicia y á las prácticas de las naciones que se gobiernan por instituciones libres, con prescindencia del interés de círculo ó de partido, en el sentido que vulgarmente se dá á estas palabras.

ESTUDIO SOBRE LAS OBRAS

Y LA PERSONA DEL LITERATO Y PUBLICISTA ARJENTINO
Don Juan de la Cruz Varela.

———

Advertencia.

El presente escrito permaneció por largo tiempo preparado para la prensa á espera de ocasion oportuna para darle á luz, hasta que comenzó á aparecer en el «Correo del Domingo», en Abril de 1864.

Esta publicacion fragmentaria fué interrumpida bajo el halago de una esperanza que nos asaltó por entonces. Nos imaginábamos que pudiéramos lograr la fortuna de dirijir la edicion de las poesias del señor don Juan Cruz, á cuyo crédito ha dañado tanto la demora en darlas al público, y reservamos nuestro «Estudio» para colocarle, como en el lugar mas adecuado, al frente de la parte métrica de la obra laboriosa y fecunda de tan distinguido porteño.

Aquella esperanza por cuya realizacion dimos pasos activos desde el año 1852, se frustró, y ahora que tenemos á nuestra disposicion las páginas de la presente Revista nos decidimos á publicar íntegro este ensayo, indigno, sin duda, del escritor á quien se consagra; pero que nos alijera del peso de una deuda que deseamos chancelar desde muchos años atras.

Esta deuda es de afecto y de agradecimiento. El nombre de don Juan Cruz Varela, despierta en nosotros, desde la primera juventud, un cariño que lisonjea nuestro amor propio, porque sin tener la honra de conocerle personalmente nos favoreció desde Montevideo, el año 1835, con varias cartas amistosas y entre ellas con una á la cual se dignó acompañar una cópia autógrafa y esmerada de su traduccion de los primeros libros de la Eneida; presente delicado que conservamos entre los objetos de nuestro mayor aprecio.

El trato fraternal que mantuvimos con sus hermanos nos ligó mas á aquel hombre amable, y nos impusimos la obligacion de conocerle íntimamente por sus producciones ya que no habiamos tenido la dicha de disfrutar de su instruccion y de la amenidad de su conversacion cuyo aticismo es tradicional en el Rio de la Plata.

Consignamos aquí estos antecedentes porque ellos hacen al propósito único que hemos tenido en mira toda vez que nos hemos atrevido á tomar la pluma del biógrafo ó del crítico. En esas ocasiones solo nos hemos creido capaces de contribuir en nuestras escursiones por el campo de lo pasado, con un corto contingente al caudal todavia escaso de la crónica literaria de América, con cuyo auxilio ha de formarse la anhelada historia del orijen y desarrollo de la intelijencia de los sud americanos, manifestada con las formas que representan lo bello por excelencia.

Hemos aludido antes á una esperanza burlada; pero no es aquella la única que hayamos esperimentado con respecto al mayor de los Varela de la primera rama. No ha mucho que al inspirar la idea á nuestro amigo el tipógrafo Casavalle de emprender la publicacion de una série de volúmenes, con el esmero y elegancia con que se distinguen las producciones de sus prensas, conteniendo las obras completas de los principales publicistas y literatos arjentinos, nos proponiamos reunir las del señor don Juan Cruz, en prosa y verso, exhumándolas del vasto panteon de nuestra prensa periódica en la cual militó con todo el denuedo de un valiente guerrillero en las campañas del progreso. Pero en vano golpeó el tipógrafo laborioso á todas las puertas de nuestra populosa ciudad: ellas que con frecuencia se abren á las producciones desabridas de novelistas sin seso, permanecieron cerradas para recibir las *entregas* de una publicacion honrosa y útil para aquellos cuya indispensable cooperacion se solicitaba.

Y despues de tan repetidos desengaños ¿nos será aun dado esperar que los rasgos descoloridos que trazamos á continuacion despierten en los lectores de la Revista el mismo interés que despierta en nosotros el personaje que intentamos retratar? Pero es tan de justicia este tributo á la fama del autor de «Dido» y del «Canto á Ituzaingo», que tarde ó temprano ha de pagarse por sus compatriotas. Para entonces pueden ser en algun tanto útiles estos apuntes, á quien tenga la fortuna de asociar su nombre, como editor, al nombre ilustre del proscripto inflexible que lamentó con hondo dolor la desgracia de no poder contemplar la «Aurora de Mayo» desde el pié del monumento de la Plaza de la Victoria.

Nos hemos propuesto en este ensayo decir la verdad y agradar al lector. Lo primero nos es fácil, mientras que lo segundo no lo es siempre ni aun para escritores de mérito. La tinta de imprenta parece que entre nosotros tuviera por ingrediente estracto de adormideras, á juzgar por el sopor que causa cuando no sirve á la espresion de las gracias picantes de la gacetilla ó de los hechos locales. Para neutralizar esta accion narcótica parécenos indispensable mezclar á dicha tinta un poco del polvo leve de las mariposas y del fósforo de las luciérnagas. Y si este proceder surtiera efecto á espensas del método y de las disciplinas vigentes en el oficio de crítico y de biógrafo, la culpa y la honra serán de quienes nos obligan para «darles gusto», á saltar con demasiada frecuencia del escritor al hombre, de la crónica social á la biografia, de la censura al panejírico, de la política á la literatura. A bien que con este procedimiento tal vez nos acerquemos al caràcter distintivo del individuo que nos proponemos estudiar, quien jamás desmintió ni en su conducta ni en sus escritos, que habia nacido bajo la atmósfera instable y eléctrica del Rio de la Plata. Impresionable, apasionado, devoto con firmeza á su credo social, despreocupado, entusiasta, abierto á las ideas nuevas, agudo, chistoso, ameno, tan diestro en herir como pronto para perdonar, resume en sí todas las cualidades de la índole de sus compatriotas. Para que algo valga la imágen del lienzo forzosamente ha de reproducir los matices y la rápida movilidad de las actitudes de la figura original.

J. M. G.

DON JUAN CRUZ VARELA.

Stat sua cuique dies; breve et inreparabile tempus
Omnibus est vitæ: sed famam extendere factis,
Hoc virtutis opus.

Æneidos, lib. X, v. 467.

I.

Vamos á decir sencillamente lo que sabemos acerca de
la vida literaria y escritos de don Juan C. Varela, siguiendo
el método cronológico que él mismo adoptó para la clasificacion de sus poesías, en un volúmen que aun permanece
inédito, legado en testamento á sus hijas. Diversos sentimientos se apoderan de nosotros desde que comenzamos á
trazar estas líneas, y nos preguntamos: ¿cómo es que en el
espacio de quince años y á pesar de las vicisitudes, distrac-
ciones y desabrimientos de una existencia que hasta los dolores físicos amargaron, ha podido producir Varela tanta labor intelectual, sin contar la oficial de las oficinas en que
fué empleado, y la que supone la redaccion en prosa y verso
de diferentes periódicos? ¿Cómo es que la memoria de este

hombre tan notable, no ha alcanzado hasta hoy el honor de una biografia, ni la honra póstuma, ansiada por él, de la publicacion de sus versos cuidadosamente preparados para la imprenta? La esplicacion que dan los hechos á esta última consideracion es bien triste, y se dibuja en uno de esos cuadros lúgubres que la familiaridad con ellos deja pasar desapercibidos. Don Juan Cruz murió en tierra estraña, pobre, en el seno de una familia ocupada toda ella afanosamente en buscarse la subsistencia. Dos desvalidas mujeres heredaron su nombre y su gloria, y una tras otra desaparecieron de este mundo poco despues que el esposo y el padre. Su hermano don Florencio, absorto en tareas superiores á las fuerzas humanas, cae al golpe de un puñal aleve; él, cuyo primer cuidado, sin duda, al regresar á la patria, habria sido el de dotarla con los cantos cívicos de su segundo padre. (1) Y la sociedad que en este caso debió ponerse en lugar de los deudos, tampoco estaba en aptitud de hacer justicia al espatriado de 1829. Su memoria habia sido borrada de los recuerdos públicos por una esponja húmeda en sangre y empapada en crímenes, durante 23 años.

Espléndida debiera ser la reparacion de esta incuria, y elocuente la palabra del orador fúnebre que levantando el velo del olvido mostrase al patriota ardiente, al mas afectuoso de los amigos, al mas enamorado de las Musas, al constante incensador de la belleza del arte y al que cantó á par de nuestros héroes los progresos de nuestro vida social! Pero, qué importa la mediocridad del panagerista si están ahí las

1. A este prop´sito dice don Florencio en sus *Memorias privadas*, refiriéndose á la muerte de don Juan Cruz. «He recogido todos sus manuscritos, que me propongo imprimir luego que vaya á Buenos Aires, con su retrato, y un *facsimile* de su letra. La edicion será dedicada á su hija y para ella.

obras del deplorado vate para responder de la legitimidad
de su gloria? La injusticia y el tiempo no prevalecen contra los buenos versos: la inspiracion consagrada á la patria
se identifica con ella, se convierte en su aureola y amanece y
culmina al rededor suyo como un sol que no destruirá ningun cataclismo. Aquel que en la víspera de su agonia in-
terpretaba y trasladaba los cantos de Virgilio á nuestra lengua, vivirá, como su maestro, rejuvenecido en cada generacion. La primera Égloga del Cisne de Mántua, recomen-
dará eternamente á Octavio ante el corazon de la humanidad,
cuando ni polvo quede del bronce de sus estátuas y medallas; y nosotros que creemos haber inmortalizado al vencedor de Chacabuco levantando su imájen sobre un caballo
de metal, habríamos hecho obra mas imperecedera impri-
miendo en bellos tipos y en papel consistente las obras de
Varela, en las cuales tiene San Martin tan principal lugar.

> Solo es dado á los poetas y á los Dioses
> Sobrevivir al tiempo. ¿Quién ahora
> A Eneas y sus hechos conociera?
> ¿Quién de Priamo triste los atroces
> Dolores, y la llama asoladora
> De su infeliz ciudad, si no viviera
> La Musa de Maron? Y sin Homero
> Qué fuera ya de Aquiles?.... (1)

II.

Comprenden mal la democracia, los que invocándola
ponen en menos los antecedentes de la cuna. Por muchos
vuelcos que dén las sociedades, jamás alterarán con ellos las

1. Don J. C. Varela—Por la libertad de Lima—1821.

leyes fundamentales de la naturaleza. Así como de la forma del nido puede deducirse el tamaño, la capacidad del vuelo y las propensiones del ave que en él crece al calor de la pluma materna, así puede inferirse las inclinaciones que se desarrollarán en el hombre segun sea mas ó menos abrigado contra los malos ejemplos del mundo el hogar que protege su niñez. Los modelos caseros son decisivos en la conducta de toda la vida; y como lo bueno y lo bello se tocan por todos sus puntos, se palpan diariamente las pruebas de que no es bastante el talento y el estudio para dar á los que cultivan las letras las calidades que no se contrajeron en la niñez. El comedimiento en el debate, el respeto hácia el lector, la delicada elevacion del pensamiento y la uncion de la forma, las buscará en vano en los maestros el que no mamó de la madre las virtudes que, como simientes corresponden á estas calidades estimables. Don Juan Cruz da testimonio de la exactitud de estas observaciones, y como veremos póco mas adelante, tuvo la mayor complacencia en reconocerse deudor á los autores de sus dias, de las cualidades sociales que le granjearon amigos y le proporcionaron el placer de sentirse bien inclinado.

Su casa era uno de aquellos santuarios antiguos consagrados á las virtudes domésticas, en donde la seriedad de la vida no se aviene mal con la alegria, que proviene de la paz del ánimo y de la agudeza del espíritu. El padre, instruido, honrado y valiente hasta el heroísmo cuando le tocó defender la patria, en ninguna parte se hallaba mejor que al lado de su familia, conversando con ella, y estableciendo entre él y sus miembros, desde la esposa hasta el menor de sus hijos, esa comunidad de sentimientos, de gustos ó intereses que

es como la sávia del árbol frondoso y fecundo que se llama
«una familia bien reglada.» Don Jacobo Adrian, con aquella misma mano varonil con que manejaba la pluma del comerciante y la espada al frente de sus Gallegos, tomaba el
puntero para guiar la atencion de sus niños sobre los renglones de la cartilla, de manera que solo pasaban á las escuelas
públicas para perfeccionarse en los tres ramos principales
de la primera instruccion. (1) Las rodillas del padre son
la mesa mas blanda de estudio: cuando los artistas han querido representar escenas apacibles bajo un techo bendecido
por Dios, han empleado con frecuencia el libro manejado
bajo la mirada paterna por las tiernas manos de los adolescentes. El maestro se convierte de esta manera en amigo
del discípulo, y la obra de la paternidad se duplica ennoble-
ciéndose, porque se hace á la vez fuente de la vida material
y de la vida del espíritu para las criaturas nacidas de sus entrañas. Los padres que tienen la fortuna de vivir en esta
intimidad material y moral con sus hijos, son abundantemen-
te recompensados. El respeto de que se hacen blanco por
este proceder, no es tímido ni reservado, los hijos se le acer-
can como á un protector y el vínculo de la disciplina se reduce al temor de desagradar ó forzar á una reconvencion al
mejor de los amigos.

Los que han tenido padres vaciados en este molde, pueden ser jueces de la verdad con que don Juan Cruz hizo el
elogio de las virtudes del suyo, en los versos siguientes dirigidos á un amigo, cuando todavia estaban frescas en su corazon las heridas de la orfandad. (2)

1. Memorias privadas del Dr. D. F. Varela.
2. Don Jacobo Adrian Varela falleció el 20 de junio de 1818, y la compo-
posicion á que pertenece el fragmento que se trascribe es del año 1820, aunque
algunos de sus versos indiquen una fecha anterior.

..........Tuve padre

Y le perdí cual tú. ¡Cómo le amaba!
Esta ternura que en el pecho anido,
Este anhelar el bien; el dulce llanto
Que vierto siempre sobre el mal ajeno,
Esta tendencia á amar; dado fué todo,
Todo dado por él. Yo de su lábio,
Cuando el endeble pié movia apenas,
Las lecciones del bien ya recibia,
Y él la semilla de virtud regaba
Que en mi pecho plantó. Si mis amigos,
En mi oscuro vivir quizá me juzgan
Digno de ser amado cual los amo,
A quién piensas, Manuel, que yo lo deba?
Ah! memoria, memoria! La honda herida
Que en mi azorado pecho abrió tal golpe,
Todavia reciente, está sangrando.
Un giro apenas el planeta nuestro
Ha dado en torno al sol, desde la noche
En que, bañado en mi copioso llanto,
Y desgarrado el corazon, mil besos
¡Ultimos besos! en la yerta frente
Dí al amado cadáver, y de pronto
De mis brazos amantes le arrancaron
Y le escondieron en la horrible huesa,
Donde quizá con las de algun perverso
Se mezclaron cenizas respetables.
Oh Señor de la vida y de la muerte!
Por qué no me escuchaste? Yo, humildoso
Mi faz cosia con el polvo negro,

Y te rogaba que el instante aciago,
Señalado al morir del padre mio,
Lentamente viniera, y tarde entrára
En la série constante de las horas.
¿Por qué no me escuchaste, y en mis ojos
Perenne manantial de amargo llanto
Sin piedad has abierto?   Si una sombra
Era de unirse á las del reino oscuro,
¿Mi vida aquí no estaba? En flor yo hubiera
A la tumba bajado, y ningun hijo,
Ninguna esposa en mi morir penara.
Oh Dios! ¡Oh Dios terrible! Qué, no viste
Que condenabas con tu horrendo fallo
Diez hijos inocentes á las penas,
Y una esposa infeliz al abandono
De la orfandad y la viudez llorosa?
Perdóname, Manuel, si en vez de darte
Alivio en tu dolor, te lo redoblo
Con recordar el mio.   Amigos siempre,
Y siempre en suerte igual, tambien ahora
Nuestro acerbo penar aduna el hado. (1)

Esta composicion sobre cuyo asunto han ensayado pocos poetas la lira, despues de Jorge Manrique, fué escrita
cuando el autor estaba recien llegado de Córdoba, en cuya
Universidad hizo sus estudios hasta graduarse en cánones y
cuando contaba 26 años de edad.

Pasó por consiguiente la primavera de su vida en aque-

1. Esta composicion íntegra puede leerse en el número 76 del *Tiempo* del
sábado 2 de agosto de 1828.

lla ciudad; allí amó por la primera vez y tambien allí hizo probablemente los primeros ensayos en la versificacion, «impulsado, como él mismo lo ha dicho (1) de una aficion invencible á la poesia.» Es de presumir que un censor tan severo como mostró serlo don Juan Cruz de sus propias obras, no ha debido estimar ninguno de aquellos embriones con que comenzó á ensayarse su ingénio: documentos precisos, en que la crítica sorprende infraganti á la naturaleza del poeta cuando espontánea y sin mas guia que sus propensiones nativas, canta sin maestro, sin reflexion, sin sistema preconcebido, como trina el jilguero ó se queja la torcaz.

Porque no son los cantos de Virgilio, ni las odas del amigo de Mecenas, los que inspiran á los poetas educados: los que hacen versos desde la clase, sienten dentro de sí la poesia, antes de comprender lo que se encierra en los preciosos y odiados libros, cuyo contenido no entra en la razon, sino por obra de Nebrija. El niño es esencialmente romántico, candoroso y simple, y hasta que no se dá cuenta de las formas artificiales que la cultura intelectual dá al sentimiento, apenas si vislumbra las bellezas que han de deleitarle mas tarde, y reserva sin saberlo para una edad mas madura las lágrimas que en indispensable tributo ha de pagar à Dido abandonada, á Niso ó á Marcelo.

III.

Si los hábitos de una censura demasiado rígida hubiesen hecho desaparecer los ensayos de un ingénio que quisiéramos conocer en sus orígenes, repararemos esta pérdida

1. Prólogo inédito de su coleccion de poesias.

con recuerdos que nos son personales.   Una ocasion llegó á
nuestras manos un volúmen abultado en 4. º con forro de
pergamino amarillento.   La modestia antigua del atavío, era
ya una recomendacion á favor de la antigualla bibliográfica,
la que, para mayor abundamiento, daba visibles muestras de
ser un manuscrito inédito.   ¿Cuál no seria nuestra sorpresa
al reconocer en aquellas pájinas el carácter de escritura del
señor don Juan Cruz?   Un libro en verso de puño y letra del
cantor de Ituzaingo; qué hallazgo y qué sorpresa para un estudiante idólatra de la musa patria!   Este manuscrito era
precioso como lo seria el auto-biográfico de un mártir en-
cerrado en la oscuridad de una mazmorra.   En él habia consagrado el estudiante de los cláustros de *Monserrat*, dia á dia
durante muchos años, sus sueños, sus afectos, sus iras, los
progresos de su inteligencia, su vida entera en fin, con esa
sencillez y vehemencia con que se siente y se espresa el
hombre bien dotado, cuando á su solas, llora por la pluma
los padecimientos del alma impaciente de libertad y de aire
puro.   Recordamos que el metro empleado era generalmente
octosílabo, y que mas que entonacion se notaba, sentimiento natural y muchísimo chiste.   No olvidaremos nunca,
la impresion que nos causó la lectura de unas décimas, una
especie de himno, dando gracias á un bienhechor, que le habia proporcionado un *arte* del idioma francés que deseaba ar-
dientemente conocer.   A pocas pájinas mas adelante de las
décimas, habia ya una prueba de su aprovechamiento, en el
estudio que por sí solo habia hecho de aquella lengua, en
cuya literatura se educó, mas entrado en años, cuando regresó á su ciudad natal.   Era aquella prueba un soneto en francés, en el cual por instinto de armonia mas que por disciplina

didáctica, se guardaban las reglas de la versificacion amane-
rada de la Escuela de Despreaux.

Pero la verdadera joya encerrada en aquel libro, era una
especie de poema, rival humilde de la Mosquea ó del Lutrin,
en que en agudas y sueltas quintillas narraba su autor el.
orígen, vicisitudes y fatal desenlace de un motín de escola-
res, en el cual como es de sospechar habia tomado el poéta
una parte activa. Córdoba, cuya sociedad tenia entonces
por únicos pulmones de su vida, la Universidad y la Catedral,
se conmovió toda entera, á la noticia de la rebelion contra el
Señor Rector, por parte de aquel almácigo de sábios futuros,
y las multitudes se agolparon curiosas á los alrededores del
edificio, hácia el cual caminaban gentes de policia, encabeza-
das por un juez de la Santa Hermandad y con escribanos encargados de estender el auto cabeza del proceso que debia levantarse segun el formulario de *Febrero*, contra los amotinados imberbes.

Los cómplices se ablandaron en presencia de aquel aparato inquisitorial y abrieron las puertas atrincheradas con
mesas y bancos para resistir á la invasion de la justicia, y en
especial contra el Rector, antipático clerizonte de manteo largo. El jóven Juan Cruz debió conservar mas calma que su
amado Eneas, en el asedio de aquella nueva Troya consagrada á Minerva, puesto que pudo fijar en su viva imaginacion la catadura ridícula de los caudillos á quienes retrató
en su poemita con el mas alegre colorido. El escribano de
la comparsa tenia un aspecto verdaderamente cómico y hecho
ad hoc para blanco de un epígrama. Era alto, descarnado,
basto de facciones; caminaba tieso, como una fórmula de

testamento, y *daba fé* en toda su persona de ser horriblemente feo y de no haber inventado la pólvora.

Este escribano, Olmós de apellido, fué el primero en penetrar por la brecha, y Varela describió su entrada en una quintilla, digna de Quevedo ó de Breton:

> Entró una nariz primero,
> Luego una ala de sombrero,
> Despues dos cejas pasaron,
> Y de tantos como entraron,
> Don Diego Olmos fué el postrero.

Con estos cinco rasgos habria trazado Goya el mejor de sus *Caprichos.* En los tiempos de su madurez, cuando don Juan Cruz hacia reir á los suscritores del *Mensajero*, con el retrato de *Don Magnifico*, (1) ya no habia en su lapiz esta firmeza original de toque, esta libertad de contornos; acaso porque la responsabilidad de la publicidad encogían su mano, ó lo que es mas probable, porque la demasiada lima y el mucho arte, le habian amanerado y quitádole gran dósis de la franqueza primitiva.

IV.

Don Juan Cruz permaneció en Córdoba, como estudiante, desde el año de la revolucion hasta el de 1816. (2)

En este año contaba la edad de veintidos años, y habia ya pasado por los dulces tormentos de la primera pasion

---

1. Véase el "Mensajero Argentino" número 117, sábado 4 de noviembre de 1826.

2. Se graduó el dia 17 de noviembre de este mismo año.

amorosa. La mujer, entre sus varios destinos en la tierra, tiene el de ser la Musa de las primicias pagadas á la armonía por el poeta. Desde las Licorys hasta las Lauras, y desde estas hasta las Marias del romanticismo moderno, la mujer, siempre *ella*, fué la que encordó y dió plectro á las liras noveles, dictándolas himnos ó elegías. Parece que no se pudiera tener conciencia de la rima sino con ayuda de estos dos consonantes: «amor,» «dolor,» y que solo las sensaciones amorosas pudiesen hacer brotar los primeros versos, como el calor de la primavera hace nacer las flores. Los críticos prestan mucha atencion á los primeros vagidos del corazon, porque pretenden encontrar en ellos las promesas de la vocacion poética. Pero á menudo se equivocan. Los sábios escoceses que juzgaron «Las horas de ócio,» no traslujeron en ellas al sublime cantor de Harold, y no le reconocieron poeta hasta que se sintieron heridos por la mano que á un tiempo manejaba con brio el azote de Juvenal y la férula del maestro de los Pisones. El crítico tiene moldes de escuela, á que forzosamente pretende someter la espresion de la sensibilidad, modelos con que comparar, instrumentos con que medir la estension y la redondez de la estrofa, desechando todo aquello que sale de las proporciones y de las formas que la doctrina reconoce como normales. Pero, ¿qué tiene que hacer con la poética de Aristóteles, ni con la de Horacio, ni con el Arte de Boileau, el jóven que olvidado de sí mismo, con el alma entregada á otro ser, con la razon eclipsada por los sueños, traduce en palabras las zozobras y las esperanzas, que le llevan desde la risa al llanto y desde el paraiso hasta el infierno?

Don Juan Cruz saldria airoso del crisol clásico si por él

hubieran de pasar las composiciones eróticas que limó y preparó para el público.

Es raro! Dotado indudablemente de un carácter amoroso, admirador del bello sexo, declarando él mismo en buenos versos que el «Amor era la única de las *deidades* que merecia sus adoraciones,» (1) es frio, amanerado, tímido, cuando celebra á *Délia* ó se queja de *Laura.*

Pasa de la anacreóntica, sencilla y por demás inocente á la hinchazon de la estrofa, á la solemnidad de la cancion, á la rotundidad épica de la octava: esto es en cuanto al metro. Pero la forma tiene en nuestro poeta tanto predominio sobre el pensamiento, la idea ó la sensacion que con ella se visten, que sus obras eróticas parecen reminiscencias de los autores españoles é italianos de épocas desgraciadas para este ramo de la literatura. Como otros buenos poetas de su tiempo hizo de la mujer una *Diosa*, la colocó sobre una *ara*, la rodeó de las aves de *Vénus*, la ciñó el cíngulo de las *Gracias*, y la ahogó bajo el peso de las flores artificiales de la mitologia, á punto de desconocerla. La adoró, no la amó; sacóla del salon, del hogar, para colocarla en el altar de un templo pagano, en donde él no podia entrar sino para quemarle incienso. Este error no es de Varela, es de su época; es de la escuela de Melendez, ó mas bien del maestro de este, el amable Cadalso.

El ejemplo siguiente aclarará nuestra idea y justificará el juicio que acabamos de emitir:

1. Oda *á la libertad de la Prensa* 1822. – Publicada por la primera vez en el número 16 del *Centinela.*

Perdonad hermosas
Que amé en otro tiempo,
Si en vuestros altares
Ya no quemo incienso,
Y á un ídolo solo
En su solo templo,
Consagro mi culto
Reverente, eterno..... (1)

A este tenor podríamos hacer otras citaciones de fragmentos y de composiciones enteras en que domina el mismo
gusto, el mismo dejo pagano y la misma falta de calor y de
colorido. Pero no por esto se crea que estas letrillas, ó como quiera llamárselas, son enteramente desnudas de mérito. Tienen uno muy sobresaliente y es la correccion. La
forma de estos cortos poemas es pura, artística, castigada con
esmero, y respetuosa mas allá de lo creible, por la lengua
castellana. Si el autor no quema ni deslumbra con ellos, no
se queda atrás como imitador de sus maestros con los cuales anda en la misma fila por el estilo literario y por las dotes
de buen hablista y hábil versificador.

Cuando don Juan Cruz deja los metros cortos y campea
en su asunto con toda la soltura de la *silva*, reincide en los
mismos defectos, y al través del endecasílabo, vuelve á aparecer la mujer, «á la concha de Vénus amarrada» por emplear una espresion de Garcilaso, y custodiada por las tres
hermanas hijas de Júpiter, y por una turba de picarillos con
alas y flechas de oro:

Cual camina la luna majestuosa
Derramando fulgores,

1. Pertenece á una composicion inédtia—1818 titulada *Della sobre todas.*

Del mismo modo la Argentina hermosa
Marcha serena derramando ardores,
Pues le dieron con mano bondadosa,
Vénus sus ademanes espresivos,
Los *Amores* su risa,
Las *Gracias* sus picantes atractivos
Y el pudor sonrosado su divisa.....
Qué quereis? Quereis templos en que vamos
A dar *adoraciones*
A vosotras ¡oh *Diosas!* que admiramos!
Vuestros *altares* son los corazones,
Vuestro *incienso* el suspiro que exhalamos,
Nuestros *votos* amor.....

Pero seamos justos. El escritor de mérito desmiente á cada momento las generalidades de la crítica, despertando repentinamente del sueño ó de la distraccion que se apodera de él. En la misma oda cuyos fragmentos acabamos de copiar para censurar á Varela como poeta erótico, hallamos rasgos que, intercalados, por ejemplo, en la que compuso Quintana *á la Hermosura*, no podria advertir la mano ajena el conocedor mas sagaz, en el cuadro general de la obra del gran maestro:

Buenos Aires soberbio se envanece
Con las hijas donosas
De su suelo feliz, y así aparece
Cual rosal lleno de galanas rosas,
Que en la estacion primaveral florece:
Todas son bellas, y la mano incierta
Que á la flor se adelanta,
Una entre mil á separar no acierta
Entre la pompa de la verde planta. (1)

1. Oda *el bello sexo argentino* - 1822.

V.

El corazon sensible y vário de nuestro poeta no fué siempre *localista* como se manifiesta en estos versos, en los cuales solo celebra «el dulcísimo hablar de las porteñas.» Alguna vez la *tonada* de las *Ninfas* del Tercero fué tambien seductora para sus oidos, y una de ellas le inspiró la obra mas estensa, la mas trabajada y la que mas estimó entre sus amatorias.

El poema *La Elvira*, escrito en octavas en la ciudad de Córdoba, á principios de 1817, sin dejar de adolecer de muchos de los defectos señalados, y poco favorecido por una entonacion afectada, á que contribuye en gran parte la forma de la estrofa, cuya estructura debia haber estudiado el autor en los épicos españoles, tiene muchos rasgos de verdadero sentimiento y de naturalidad.

En este poema el poeta se humaniza y canta á una mujer que vive y viste y procede no como una moradora del Olimpo sino como una bella y sensible hija de Eva. Tambien la trama y la invencion son sencillas, si es que hay invencion en este poema, pues tiene el aire de un relato poetizado de acontecimientos comunes. Nada sale en él de lo verosímil sino lo bastante para quebrantar en la introduccion el acertado precepto de Horacio: *Nec Deus intersit....*

> Una noche, en la hora silenciosa
> En que apenas los céfiros se mueven,
> Porque á turbar el sueño en que reposa
> El mortal fatigado no se atreven;
> De repente mi alma temerosa,
> Mis espíritus todos se conmueven,

Y una vision que nunca esperaria
Interrumpió el letargo en que yacía.
Temblando todo me senté en el lecho
Donde mis miembros en quietud posaban,
Cuando ví de improviso abrirse el techo,
Rotas las ligazones que lo traban;
Y un carro de marfil y de oro hecho,
Que dos palomas cándidas tiraban,
Descendió del Olimpo refulgente
Y el aire atravesó rápidamente.
Al punto mi retrete reducido
Sé inundó de una luz tan deliciosa,
Que á los objetos daba el colorido
Con que deleita purpurina rosa:
Y VÉNUS con el niño fementido,
Veloce baja, y junto á mí se posa,
Embalsamando el aire con olores
De ambrosía celeste, no de flores.

Despues de no sabemos qué razonamientos confidenciales que tuvo la Diosa con el poeta, (1) desapareció esta, con la rapidez y la luz del rayo, en la misma carroza de marfil en que se abrió camino por entre los tirantes y alfagias del techo:

Cupido empero dirigió su vuelo
De mi ELVIRA al albergue delicioso,
A preparar su pecho de manera
Que su intento fatal lograr pudiera.

1. El autor, cuando corrigió sus poesias en 1831, condenó muchas octavas de este poema y solo conservó algunos fragmentos que son los que tenemos á la vista. Entre las partes suprimidas estaba sin duda la astuta arenga de aquella divina pervertidora de almas.

En la escuela á que pertenecen estos aparatos escénicos, reinaba una teología poética, segun la cual el cielo
mitológico condenaba á los tormentos del amor á sus es-
cogidos.

Venus y Cupido, la madre y el hijo, vivian en perpetua
conspiracion contra la paz de los corazones. La madre *ad
fraudes ingeniosa*, se complacía en abatir á sus plantas las
virtudes severas de los pobres mortales y en arrancar las
prendas de fé nupcial de la casta mano de viudas como la de
Siqueo; mientras que el hijo, en vez de hacer rodar un aro ó
bailar á un trompo, como le correspondía por sus pocos años,
no hallaba diversion sinó en arrojar flechas tomando por blanco los corazones. *Enfant terrible!* Pero salgamos de estas di-
gresiones para dar cuenta del poema de *Elvira.*

Apenas amanecía el dia siguiente, ó como dice el autor:

No bien la Aurora de Titon el lecho
Negligente cual nunca abandonaba;

dirijióse al sitio mas ameno de la ciudad, al paseo público de
Córdoba, del cual hace una descripcion exacta y bella:

Lugar do el arte á la natura norma
De sencillez y de primor ha dado:
Cerrado en cuadro, cuatro calles forma
Adornadas por uno y otro lado
De erguidos sauces, que por alto en forma,
De techo, su ramaje han enlazado,
El tránsito negando á los ardores
De los rayos del sol abrasadores.

Allí no estaba Elvira. El recien enamorado la buscaba
y la halla en donde menos pudiera imajinarlo. Una compa-

ñia de soldados hacía ejercicios militares en una llanura despoblada, y la novedad y el ruido del tambor y el atractivo de
los uniformes, llamaba la concurrencia hácia aquel sitio, á

> Aquellos campos, ominosa escuela
> Del arte de matar al semejante.

Elvira, movia tambien su lijera planta hácia allí:

> Al verla se mantuvo un tiempo largo
> Sin circular la sangre por mis venas,
> Y todos mis sentidos en letargo
> Cual si del sueño despertara apenas.
> Acordéme de Venus, que al amargo
> Llanto me condenó; pero serenas
> Sus iras ya creí; ni las temia,
> Pues mas Diosa que Elvira ya no habia.
> Era un ánjel del cielo.   ¡Ay Dios! lo que era
> Aquella criatura! La mañana
> Mas pura y fresca de la primavera
> Pintada vieras en su tez lozana;
> La rosa mas subida, la primera
> Con que el jardin soberbio se engalana
> Arrimada á su rostro perderia
> El brillante color con que lucia........

La hora temprana y el paseo apartado del centro de la
ciudad no exijian de Elvira mas que aquel aliño lijero, que
por su misma sencillez realza el mérito de las mujeres bellas:

> .... habia salido
> Con el blando cabello destrenzado,
> Por la frente en dos partes dividido,
> Sin cuidado y con gracia abandonado.

Un pañuelo finísimo tendido
Sobre el pecho turjente cual nevado,
Orgulloso á momentos le mostraba
Y celoso á momentos le ocultaba.
No tan hermosa fué ni tan sencilla
La misma Venus, cuando del mar Frigio
La pura espuma la lanzó en la orilla,
Y el mundo absorto veneró el prodijio.
Si á Elvira Venus vé, Venus se humilla,
Borra de las arenas su vestijio,
Y, corrida y celosa, al mar volviera,
Y diosa del amor mi Ninfa fuera.

En presencia de aquel objeto tan seductor, el poeta enamorado no atiende ni á las voces del guerrero, «ni al
tronar de los bronces». Todo le era indiferente. En la vasta estension de aquel campo de ruido, de concurso, y de humo, su vista estaba ciega hasta para la luz, menos para su
Elvira; como si el caos acabara de producirse y solo hubiera
escapado aquella mujer de la jeneral destruccion. Todo esto
está escrito en bellos versos con sentimiento, pero sin acierto
ni novedad en las imájenes. El color es falso. Elvira se fijó
con turbacion en el amante que con tanta atencion la con-
templaba: las miradas de uno y otro se encontraron, y

.Qué no dicen los ojos al mirarse!
Qué volcanes no encienden! Cuánto hablaron
Aquella vez los mios! Y los de ella
Ya sé [dijeron] que me encuentras bella.
Cielos! Yo la entendí, yo ví á la hermosa,
Al irse, inquieta, cual de ardor tocada,
Y noté una espresion casi amorosa

Al dirijirme su postrer mirada.
Su rostro se encendió como la rosa
Que al matutino albor desenrollada,
Parece, aunque contenta, estar corrida
De verse á tantas flores preferida.
Y retiróse al fin: sus pasos sigo,
Y llego y veo la mansion dichosa
Do moraba mi bien: allí prosigo
Ajitando mi marcha presurosa
Hasta la casa mia; y á mi amigo
Anhelando encontrar; que es mas sabrosa
La copa del amor cuando el que ama
En íntima confianza la derrama

Qué bella y natural observacion, esta última! Rufino, su
amigo, aprobó la eleccion del poeta y encarecióle las gracias
y el mérito de Elvira, y le animó á que siguiese su feliz destino alfombrándole con flores la ruta.   Elida, la amante de
Rufino, estaba unida á Elvira desde los albores de la niñez
con lazos de amistad cada dia mas estrechos:

Entrambas bellas á la par de Diosas
Hechas entrambas para arder amando,
Sensiblé el pecho de las dos hermosas
Y en la edad de querer: cuando ajitando,
El corazon sus álas temerosas,
La primer voz de amor se va escuchando,
Ya sin saber por qué las dos ardian,
Y las dos sus ardores se decian.

Rufino y Elida, son los *confidentes* de este drama: La amiga, sobre todo, compasiva como toda mujer para con las pe-

nas del corazon, proteje los nacientes amores, y pinta con
elocuencia los méritos del pretendiente al oido de su compa-
ñera de infancia; proporcionando á ambos en las concurren-
cias y en el baile, ocasion para largas á intímas conversaciones.

> El que sabe querer y no envilece
> El idioma del alma en boca impura,
> Ese sabe las dudas, los temores
> De la primer conversacion de amores.

En una de esas noches de baile y de primeros coloquios
de amor quedó jurada la fé de la reciente pasion y concertado
el medio para que el amante pudiese visitar á Elvira en su
propia morada. Desde ese instante comenzó á vivir el
poeta....

> Porque no es vida
> La que vá sin amor.

Los preliminares son lentos, apocados. La duda, el
temor, la escasez de las proporciones, toda esa prosa verdadera de que el autor no ha querido prescindir, tiene lugar y
pasa al fin. Pasa; pero el poeta no quiere pasar adelante
con sus octavas, sin dar su alerta á esas almas sensibles él
inocentes que permiten al viento del deseo arrastrar unas
tras otras las nubes que velan el altar del misterio. Y por
cierto que es armoniosa la voz de este centinela del recato,
porque la siguiente estrofa es una de las bien hechas, y mejor talladas que puede presentar el Parnaso castellano:

> Tiemble la hermosa, cuando sola, al lado
> De su querido el corazon le lata:
> Que contra el ruego de un amante amado
> Es imposible que el rubor combata:

El primer beso á la modestía hurtado,
El primer nudo del pudor desata,
Y arrancada á la flor la primer hoja
Un hálito del aire la deshoja.

Despues de esta leccion de *Ethica, seu moralis*, escrita con tanto agrado de la razon y del oído, pasa el autor á otras consideraciones y dice:

Pero la ley de amor es ley de unirse,

y es preciso que se cumpla, y se cumple en esas horas en que las costumbres tropicales realizan un milagro superior á la fé de Josué. Este detuvo al sol; aquellas le eclipsan completamente cuando mas radioso culmina en el cenit del Capricornio y convierten la estrema luz en las tinieblas de la media noche. Pero oigamos la descripcion de la fortuna del poeta.

Sola conmigo la adorada mia
En las calladas horas se encontraba
De *una pesada siesta*; y era el dia
Que amor para su triunfo reservaba.
Nada nuestro silencio interrumpía,
Nadie nuestros suspiros escuchaba;
Que hasta el sordo ruido de las jentes
Cesa en las horas del Estio ardiente.
Oh Dios! Lo que es amor! La mano bella
De Elvira tómo y la apreté temblando;
Lloran mis ojos, y los fijo en ella,
Y ella ya estaba, como yo, llorando.
Abre sus lábios, y sus lábios sella
Al pronunciar mi nombre sollozando;

Y en ambos pechos nuevo fuego hervía
Y el corazon como jamás latia.
Sobre mi hombro su frente, y reclinada
En la suya algun tanto mi cabeza,
Por mis amantes brazos estrechada,
Y yo estrechado con igual terneza:
«¡Que delirio!» esclamó: luego eclipsada,
Como en mortal letargo, su belleza
Ni el aliento de aromas exhalaba
Ni el albo pecho cual tembló temblaba.
Oh susto del amor! ¡Eterno instante
Del deliquio primero! ¡Infortunado
Quien no te vió llegar! Mi tierna amante
Su espíritu de nuevo recobrado,
Alza su frente y fija en mi semblante
Su mirar celestial, todo animado
Con su mirar quedó. No fuera bella
Entonces una Diosa al lado de ella.
Entreabierto su lábio y encendido
En la nieve del rostro, así lucia
Como el boton de rosa mas subído
Entre blanca azucena luciría.
Toda su alma á su boca habia salido,
Cual si saliera por buscar la mia,
Y toda su alma que en su lábio erraba
Al beso, al primer beso convidaba.
Hasta que tanto fuego....Pero adónde
Hora mi mente acalorada vuela....?

Como se vé el poeta supo contenerse en los límites
que traspasa el romance de Echeverria, titulado *Recuerdos*.

Varela era capaz, como el mejor, de pintar los estremeci-
mientos y desnudeces de la carne; pero habría creido cometer un pecado contra la moralidad del arte yendo mas allá de
los ejemplos dados por su maestro, el casto Virjilio. En las
nupcias furtivas de Eneas con la reina de Cartago, solo el
cielo es testigo de los misterios de la gruta, y hasta las sombras de la tormenta les forma á los dichosos un velo impenetrable.

Llegamos á un cambio de situacion en los amantes del
poema de Elvira, y tambien á su desenlace. El arrepentí-
miento de la dicha se levanta en el ánimo de esta hermosa y
tierna mujer, engañada por las astucias de un envidioso. Un
hombre, á quien habia interesado con sus gracias, quiso ga-
narla el corazon echando de él al que la habia enseñado á
amar. Para lograr su objeto, persuade á Elvira á que su
amante la ha perdido ante la opinion, divulgando los favores
que le dispensaba. En vano fué que el favorecido la jurase
su inocencia y le espresara su pasion cada dia mas arraiga-
da: el pecho de Elvira abierto á los recelos, pierde la confianza y se siente asaltada del frio que suele ser la crisis de
las pasiones mas vivas, y el poema, sin concluir, deja sospechar sin embargo, que todas las glorias del amante acaban por
convertirse en lágrimas, y que el catálago de las mudables
se acrecentó con un nombre mas, con el de Elvira.

> ¡Oh dias de mi gloria! Oh dulces horas
> Las que testigos de mi amor, volaban!
> ¿Quién os creyera nunca precursoras
> De los dias de horror que me esperaban?
> Pero cuándo las penas roedoras
> Con la quietud del corazon no acaban?
> Cuál barquilla, que incauta se ha engolfado
> En el mar del amor, no ha zozobrado?

VI.

Hemos dado una idea de la parte dramática de este poema y copiado muchos trozos de él, porque estos contienenbellezas de que debe gozar el lector, y porque es la obra mas detenida y acabada de las que consagró don Juan Cruz al jénero amatorio. Es un cuadro copiado del natural, verdadero, en el que la imajinacion ha creado poco, y en que el arte solo se manifiesta en el estilo. Puede decirse que el poema de Elvira es romántico en el fondo, y de la escuela clásica por el traje con que están vestidos los afectos, por la simetría de las partes, por la naturaleza de las imájenes y por la correccion jeneral de los pormenores. Creemos oir el ruido de la lima sobre estos versos de oro, que tienen, segun la exijencia de Voltaire, valor intrínseco, brillo y sonido armonioso, como las monedas de aquel metal. El autor ha tratado á este poemita como al hijo primojénito de su musa: le ha llevado siempre consigo, acariciándolo durante veinte años y añadídole alguna perfeccion nueva cada vez que volvia la memoria á sus primeros amores y á las pájinas en que los habia consagrado. Nos parece participar del dolor con que ha procedido á algunas mutilaciones, cortando en lo vivo de esta carne de su carne, en obsequio á su fama de literato. Y quién sabe si anduvo acertado en esas condenaciones al olvido de las octavas que se echan de menos para comprender bien toda la obra! Pasada la inspiracion, el poeta deja de serlo hasta para producir la forma, y es por lo común desgraciado cuando haciéndose crítico de sí mismo retoca y corrije la labor una vez sacada del molde. La espontaneidad es el primer distintivo, como el principal méri-

to de las obras de imajinacion, y no hay tal espontaneidad
para nuestro propósito si el producto de la intelijencia no
viene á luz, como Minerva, vestido con todas las armas con
que ha de sojuzgar los ánimos.   Todo, idea, imájen, color,
debe coexistir, fundirse á un mismo tiempo en la espresion
de aquello que anhela á producirse y se mueve y busca vida
en los adentros del poeta: hasta la palabra debe madurar
al calor de la idea y desprenderse de esta como del árbol el
fruto en sazon.

Le mot doit mûrir sur l'idée
Et puis tomber comme un fruit mûr.

Quintana ha observado que su maestro Melendez afeó
muchas de sus poesias en el intento de perfeccionarlas, y
nos dá varias muestras del desacierto de oido y de gusto en
que incurrió el cantor de *la flor del surgen* en las últimas
ediciones de sus dulces versos.   Nosotros no tenemos elementos para hacer un estudio semejante con los de Varela;
pero conservábamos en la memoria un verso del poema de
Elvira que hallamos escrito de una manera desgraciada en la
coleccion póstuma.   Nos parece que es mas poético decir:
«El *hálito* del aire» que, «un *soplito* del aire.» El «soplito»
materializa mas la imájen pero la hace trivial despojándola
de la nobleza que lleva consigo el bello esdrújulo *hálito*.

La supercie de esta poesia, no puede menos que tener
la buena crítica á su favor.   Sin embargo, si el oido, si el
gusto, si la razon se complacen con su lectura, un vacío
grande deja para satisfacer la sensibilidad. Desearíamos
ver al través de las rosas y del nácar del cútis de la belleza
que la inspira, un pedazo del alma, un reflejo de esa hermosura moral que convierte á la mujer en ánjel. Desearíamos

que sobre la tela animada por el pincel del maestro, vagase de cuando en cuando la sombra de la melancolía, y que pasase al travez de ella la vision de los presentimientos dolorosos. Quisiéramos que las lágrimas brotasen de fuentes mas hondas: no del martirio de los sentidos ó de las esperanzas burladas del egoismo, sino de las entrañas conmovidas por afectos menos materiales.

Don Juan Cruz era un hombre de esquisita sensibilidad como lo muestra en los sáficos á *su lira*, pero era hombre de su tiempo, formado en la literatura, en los modelos correspondientes á la época brillante de Luis XIV, y filósofo sensualista, amoldado al sentir de los pensadores que prepararon la gran revolucion social de fines del siglo XVIII. Era injenioso y burlon como Voltaire, independiente y urbano como Horacio, idólatra de la belleza de la forma como un ateniense. Era todo esto, pero, ni por la direccion de sus estudios, ni por inclinacion natural, ni por la influencia de su tiempo, habia reflexionado sobre las condiciones estéticas del arte verdaderamente humano.

Ni podia ser de otro modo. Si no nos equivocamos, fué Chateaubriand el primero que estableció en sus *Mártires* la diferencia entre el amor pagano y el que inspira la mujer igualada al hombre en condicion por la ley de amor. Las heroinas del novador se apartaban tanto del tipo de la belleza de Elena, de Dido, de Camila, eternizada en el mármol y en poemas imperecederos, cuanto distaba su estilo pomposo é imajinativo de la sencillez virjiliana. Todo aquello que habia sido blanco del sarcasmo espiritual y de la rechifla de los espíritus fuertes, aparecia en las pájinas del «Génio del Cristianis-

mo», como fuente pura de verdadera poesia, y por consiguiente, la escuela del lejitimista romántico era como sermon en
desierto para el americano clásico, liberal y demócrata.
Chateaubriand no fué nunca para don Juan Cruz sino lo que
fué en un tiempo para don J. Joaquin de Mora—«un famoso
autor de arlequinadas»—bueno, cuando mas, para inspirar
parodias bufonas como la del *Melancólico*, incansable traductor del frances que enamorado de una tal *Rita*, hija de
su vecino el boticario, la cambia de nombre y la llama *Cimo-
docea*.

(Continuará)

JUAN MARÍA GUTIERREZ.

DE DON FELIX DE AZARA

Desde Santa-Fé á la Asuncion, al interior del Paraguay y Pueblos de Misiones.

NOTICIA PRELIMINAR.

En la Biblioteca pública de Buenos Aires existe un grueso volúmen manuscrito, encuadernado en media pasta con tafilete verde, sobre cuyo dorso se lee en letras doradas este título: FELIX DE AZARA — VIAJES Á LOS PUEBLOS DEL PARAGUAY — DE BUENOS AIRES Á CORRIENTES. — PÁJAROS DEL PARAGUAY.

Este volúmen está formado con una parte de las hojas dispersas de la grande obra de Azara sobre el Rio de la Plata, á cuya confeccion consagró los veinte años mas floridos de su vida «en el último rincon de la tierrra [como lo dice él mismo] olvidado de mis amigos, sin libros ni trato racional, y viajando contínuamente por desiertos y bosques inmensos y espantosos, comunicando únicamente con las aves y las fieras, de las cuales he escrito la historia.»

Su tarea no se limitó á ilustrar la zoologia y la ornitologia de las comarcas teatro de sus esploraciones y de sus estudios. Soldado por su carrera y matemático por sus estudios, despues de hacerse naturalista por inclinacion, se hizo geógrafo, historiador, economista, geólogo, botánico y filósofo, para llenar la actividad de su vida, supliendo por la observacion la deficiencia de sus conocimientos científicos y acertando por la labor constante y la paciencia á crear métodos nuevos que debian ser la guia de la ciencia.

Él fué el primero que se ocupó con sana crítica de la historia primitiva del Rio de la Plata, estudiándola á la luz de documentos originales y de los testimonios indestructibles de la naturaleza, ensanchando sus horizontes y conmoviendo los cimientos convencionales en que se fundaba.

Él fué el primero que dió base científica á la geografia del Rio de la Plata, á cuya historia está perdurablemente vinculado su nombre.

Él fué el primero que hizo conocer al mundo bajo diversos aspectos las rejiones bañadas por el Plata, el Uruguay, el Paraná y el Paraguay, llamando sobre ellas la atencion de propios y estraños.

En este sentido puede decirse que, con menos ciencia aunque con mas labor, Azara ha desempeñado en el Rio de la Plata la tarea de Humboldt en Méjico y las Rejiones equinociales de la América, y Jorge Juan y Ulloa en el Perú, á cuya raza y escuela pertenecia.

Menos feliz que esos sábios, el teatro de sus tareas fué oscuro. Sus obras no fueron apreciadas debidamente desde luego, y lejos de ser alentado en sus trabajos fué mas bien perseguido por ellos. Despojado de sus papeles por los Virreyes y Gobernadores coloniales, mutilado por sus editores franceses y españoles, esplotado por los que se apropiaban su labor borrando su nombre, una parte de su obra ha visto sin embargo la luz pública pasando á casi todas las lenguas modernas, quedando otra parte considerable de ella manuscrita y dispersa en colecciones particulares y archivos y bibliotecas públicas.

A este número pertenecen los manuscritos de que está formado el volúmen á que nos referimos antes, los que, habiendo formado parte de la coleccion del Canónigo don Saturnino Segurola, fueron donados por sus herederos á la biblioteca de Buenos Aires juntamente con otros documentos de interés histórico.

Estos manuscritos coleccionados en el órden del título ya citado, son todos de puño y letra de Azara, á escepcion del Viaje desde Santa-Fé á la Asuncion que lleva al márgen algunas notas autógrafas del ingeniero don José Maria Cabrera lo que le dá autenticidad.

De ese volúmen han sido copiados los interesantes viajes que van á leerse, los cuales tienen el doble mérito de registrar multitud de noticias y observaciones que ilustran la historia y la geografia del Rio de la Plata, y de contener á la vez que el gérmen del libro que ha ilustrado á su autor la forma concreta de los ricos materiales con que lo formó.

Esta circunstancia y el deseo de salvar un documento tan precioso, movió á dos hombres de letras [al doctor Juan Maria Gutierrez y al General Bartolomé Mitre] á tomar una copia de su propia mano, habiendo hecho cada uno la suya casi simultáneamente sin haber tenido ocasion de comunicar-se su propósito.

Estas dos copias son las que se tienen á la vista para esta publicacion.

En el original, la parte relativa á los viajes comprende 198 pájinas in folio, de las cuales 28 pertenecen al viaje de Santa Fé á la Asuncion, correspondiendo á la historia de los pájaros 1152, no incluyendo 28 pájinas sin foliar perteuecien-tes á esta.

El manuscrito sobre los pájaros, que parece una copia cuidadosamente hecha por el autor, creemos que no tiene mas interes que el de un autógrafo correcto. Como testo, no hemos tenido ocasion de cotejarlo detenidamente con la edicion de Madrid de 1802; pero hemos notado sin embargo lo siguiente: 1º. que en el manuscrito faltan, el *prólogo* y un capítulo titulado «Aves en general» que el indice mencio-na, el cual se encuentra por via de introduccion en la obra impresa, bajo el rubro: «De los pájaros en general»—2.º que el número de pájaros nombrados en él es de 448, exacta-mente el mismo que se describe en la edicion española y se menciona en la edicion francesa.

En cuanto á los viages, el manuscrito se divide en dos partes por lo que respecta á la compaginacion, y en ocho partes ó capítulos por lo que respecta á las materias.

La 1ª parte, que es el Viaje de Santa-Fé á la Asuncion por tierra, y que como se ha dicho no es de letra de Azara, comprende 28 pájinas in folio de papel grueso inglés de al-godon, mas largo y mas ancho que el florete español.

Las siete partes restantes, que forman la segunda en cuanto á la compajinacion, comprende 170 pájinas in folio de papel florete español, conteniendo cada pájina 37 renglones perfectamente paralelos y cuyos caracteres uniformes parecen trazados con una misma pluma, pues Azara no solo era un observador paciente y metódico, sino tambien un escribiente infatigable y esmerado, que á la vez de llevar por si mismo una vasta correspondencia, escribir sus diarios de viage y anotar con cuidado el resultado de sus investigaciones, se ocupaba con frecuencia en sacar copias nítidas de sus diversos trabajos mejorándolos, propagando asi por medio de las plumas que arrancaba á las aves silvestres que describía, los conocimientos que no podia generalizar por medio de la imprenta.

El manuscrito á que nos referimos, especialmente en sus primeras pájinas, ha sufrido los ataques de la humedad y se han podrido parte de las pájinas al final de ellas, causando vacios que se han anotado con puntos suspensivos donde no ha sido posible suplirlos.

La relacion de viaje desde Santa-Fé á la Asuncion es evidentemente de Azara, aunque no esté de letra suya, tanto porque así la clasificó el doctor Segurola en sus papeles, cuanto porque la época en que fué escrita, el estilo, los accidentes y cierto órden de ideas que le era peculiar, todo hace conocer al verdadero autor.

Esta relacion pareceria haber sido escrita á fines de 1783 ó principios de 1784: segun se deduce de la referencia que en ella se hace respecto del monopolio de que gozaba Santa-Fé en el siglo pasado de ser puerto preciso para el comercio de la yerba del Paraguay. Refiriéndose á esto dice: «hace tres años que se quitó este privilegio, siendo de 1780 la Real Cédula que lo abolió.» Comparadas estas fechas coin-

ciden con la época en que Azara salió de Buenos Ayres para
dirigirse al Paraguay, lo que segun la Memoria del Virrey
Marquez Loreto á su sucesor don Nicolás Arredondo, tuvo
lugar el dia 28 de diciembre de 1783. Por consecuencia á
principios de 1784 Azara debió hallarse en Santa-Fé, pues á
principios de febrero atraviesa el Paraná por el Paso del Rey
[hoy de la Patria] y el 9 del mismo [segun su correspondencia publicada por Angelis] llegó por fin á la Asuncion, encontrándole ya en junio del mismo año haciendo esploraciones en el Paraguay. Para no dejar dudas á este respecto dice el redactor del diario al llegar á Corrientes en una nota
puesta al pié de las novedades del dia 2 de febrero apunta lo
que sigue :—«Me olvidé anotar que en Santa-Fé, las noches
del 9, 10 y 11 de enero, ví un cometa á la parte del Sud
que parece se dirigia de E. á O. en la constelacion de la
Grulla. Como no tenía instrumentos no pude observarlo.»
Esta nota no pudo ser escrita sino por un jeómetra como lo
era Azara.

Subministraremos otra prueba, que sin ser tan directa
producirá en el ánimo una certidumbre moral, sirviendo de
paso para caracterizar la forma de los escritos de Azara.

El estilo tanto de los apuntes anteriores como el de los
siguientes, es sumamente desaliñado, como que son meras
notas de viaje en que se consignan datos, hechos y observaciones útiles sin pretension literaria; pero tales como son
contienen la médula de que se alimentan las inteligencias vigorosas. Son itenerarios, rumbos, observaciones astronómicas, accidentes de terreno, noticias topográficas, descripciones del pais, anotaciones geológicas, bosquejos de costumbres
y consideraciones económicas breves y precisas en que los

incidentes están relegados al segundo término, sin que por esto se pierda de vista la imágen simpática del viajero en las soledades que recorre y estudia á la vez. Es el hombre y el sabio en presencia de la naturaleza inculta y de una civilizacion rudimentaria, para quien la fruta que cae de un árbol ó el vuelo de una bandada de pájaros puede hacer meditar profundamente como á Newton en su jardín ó al naturalista Audubon en las praderas de Norte-América.

Al salir de la Bajada la pisada de un hombre estampada en el suelo le sugiere estas líneas de su diario: —«Fuimos divisando hacia la izquierda á orilla del Paraná mucha arboleda: tambien la habia de algarrobos y espinillos al rededor de la estancia, y la vera del último arroyo de sauces, ombúes y otros. Vi al paso dos ó tres ranchos en el campo y noté á 3[4 de legua de uno de ellos la huella de un hombre, cosa que me admiró, porque aquí nadie anda á pie, ni he visto otro tanto en América.»

Hé aquí un rasgo que á falta de otras pruebas persuadiria que este escrito es de Azara, sobre todo, si se compara con lo que sobre el uso general del caballo dice en otra de sus obras, que á los hombres de campo de estos paises «les repugna tanto caminar á pie, que cuasi no saben hacerlo, y aun para pasar una calle montan, y cuasi todo lo hacen á caballo,» observando con tal motivo que las madres dan de mamar á sus hijos á caballo, los padres los educan del mismo modo, y hasta para pisar barro, sacar agua para beber y pedir limosna andan á caballo.

Observador atento, original y sagaz, mas que pensador profundo y escritor elegante, su estilo lacónico é incisivo como una fórmula matemática, adolece de los defectos de sus calidades sólidas; pero como sucede en el trozo anteriormente citado, todas sus palabras son sugestivas y contienen en terreno inculto la semilla de la idea que nace de una observacion directa. En los seis renglones transcriptos se ven los lineamientos descarnados de un paisage trazados con la regla del geómetra, hay una observacion aislada al parecer sin alcance, y una refleccion apenas apuntada de que no se saca ninguna consecuencia. Sin embargo, cuando se piensa que el motivo de su asombro es la señal de la planta humana á orillas de uno de los mas grandes ríos navegables del univer-so, se siente la soledad, las largas distancias, la despoblacion, la naturaleza inculta en que el hombre es apenas un accidente en la inmensidad del mundo americano cuyo recuerdo se evoca, y en que la condicion social del hombre de las campañas se modifica en los términos en que el mismo lo ha esplicado en su «Memoria Rural» y en un capítulo notable de sus viajes.

Por eso pensamos que, estos apuntes informes é incorrectos tales como se publican hoy, son una verdadera revelacion, que nos inician por la primera vez en los procederes de investigacion de su autor, antes de que el plan general de su obra madurase en su cabeza.

Conociamos ya por sus viajes publicados, los instrumentos y los métodos de que se habia valido para sus observaciones astronómicas asi de dia como de noche.

Conociamos su *modus operandi* para determinar rumbos, calcular distancias y verificar posiciones relativas en sus trabajos geodésicos en medio de las vastas llanuras, de los bosques y las montañas.

Él mismo nos ha esplicado con pormenores interesantes su método de clasificacion de los pájaros y cuadrúpedos que coleccionaba y describía, el cual, habiéndole sido sujerido por el espectáculo de la naturaleza le puso en via de un gran descubrimiento en tal sentido, mereciendo por ello que los sabios de Europa lo cuentan en el números de los mas grandes naturalistas del siglo.

Sabíamos que habia esplorado los desiertos, compulsado los archivos, navegado los rios, rectificado y colonizado las fronteras, estudiado filosóficamente á los indígenas, penetrado los secretos de las hormigas y las avispas argentinas, levantada la carta geográfica del pais, describiendo las producciones y los seres de todo género que pueblan estas rejiones desde el Plata hasta el gran salto del Uruguay y desde el Jaurú hasta el delta del Paraná, y que su famoso libro de viajes era el resultado de estos trabajos; pero no se conocían sino algunos fragmentos de la sustancia primitiva de que esos viajes estaban formados.

Esto es lo que nos enseñan los ensayos que hoy van á ver la luz pública por primera vez, los que, representando largos años de esploraciones, de padecimientos, de soledad, de estudios, de observaciones científicas y de una labor viril y fecunda, encierran en sí el gérmen del famoso libro de Viajes, que en la forma definitiva en que fué publicado ha hecho conocer del mundo al Rio de la Plata, haciendo universal el nombre de tan valiente trabajador.

El libro de viajes de Azara, que tanto ha tardado en vulgarizarse no es una narracion amena de aventuras, ni la historia cronológica de una espedicion, sino un agrupamiento metódico de hechos condensados por materias reducidas á un sistema mas ó menos científico, en que el clima, el suelo, la topografia, el reino animal y vegetal, las costumbres, las razas humanas y la historia del descubrimiento conquista y poblacion del Rio de la Plata es estudiada concienzudamente con el contingente y el testimonio de la observacion personal, sin que el autor exhiba inútilmente su personalidad, ni nos esplique los medios de que se valió para la adquisicion de los conocimientos indispensables á la vasta tarea que se habia voluntariamente impuesto.

Los fragmentos que van á leerse contienen en parte esa esplicacion, teniendo ademas su importancia tanto como antecedente, cuanto como documentos por lo que respecta á la historia y la geografia del Rio de la Plata, en los que se ilustra mas de un punto oscuro y se consignan noticias curiosas que seria imposible ó difícil encontrar en otro libro, tales por ejemplo las que se refieren á la persona, los trabajos y á los instrumentos astronómicos del P. Suarez en las Misiones que se rejistran bajo los números 149, 155, 157 y 204 del M. S. que se conservan en la impresion.

En una carta dirijida á su editor francés y publicada por Walckenaer decia Azara en 1805:—«Habia escrito mi obra en forma de diario ó de viaje; pero la arreglé despues tal como se ve hoy; porque habria sido tan fastidioso como los viajes marítimos, en que se habla todos los dias de los vientos, del cambio de rumbo, de peligros y trabajos, poco mas ó menos siempre la misma cosa.»

Este dato da su verdadera importancia al manuscrito, pues el diario á que se refiere, es el mismo que hoy se publica, tal como lo concibió en un principio y tal como lo escribió en medio de sus peregrinaciones.

Como lo hemos dicho ya, la primera parte en el órden

cronológico la compone el diario de viaje de Santa-Fé á la Asuncion, siendo siete mas los viajes al interior del Paraguay á los pueblos de Misiones y á Corrientes, los cuales llevan un número de órden y un título puesto por su autor.

Hé aquí un análisis breve de estos siete viajes.

Viaje 1.º A VILLARCA.—Empieza el 12 de junio de 1784 segun lo declara al comienzo y contiene variadas noticias sobre los territorios y poblaciones colindantes con el Brasil.

Viaje 2.º VIAJE Á LA CORDILLERA [del Paraguay].— Empieza el 27 de julio de 1784, formando parte de la espedicion el Capitan de fragata don Juan Francisco Aguirre, Comisario principal y gefe de la 4ª division de demarcacion. Es una descripcion de la rejion recorrida y de los pueblos que en ella existían entonces, con interesantes pormenores históricos y preciosas consideraciones sobre su estado moral.

Viaje 3.º [A LOS PUEBLOS DE MISIONES.]—Empieza el 20 de agosto de 1784, formando parte de la comitiva los pilotos don Pablo Zizur y don I. Pazos bien conocidos entre nosotros por sus recomendables trabajos geográficos, á quienes Azara enseñó en esta ocasion el modo de observar y rectificar en tierra con los instrumentos marítimos de reflexion. Es el mas estenso y mas interesante, y mucho mas completa y detalla que el que, sobre la misma materia se ha publicado en la edicion francesa de sus viajes de 1809 y la edicion española de 1847. En este viaje se determinó por la primera vez el curso del Tebicuary segun se anota bajo el número 219, en que se dice:—«Su curso está bien dirijido en la carta porque lo hize navegar por dos subalternos,» lo que ha dado origen á creer á los que conocían este manuscrito,

que el reconocimiento del Tibicuary publicado por Angelis en
su *Coleccion* corresponde tal vez á los dos subalternos á
que se refiere, punto de que nos ocuparemos mas adelante.

Viaje 4.º A San Estanislao y San Joaquin.—Empieza el 14 de enero de 1786. Puede considerarse como una continuacion, en que se contienen noticias sobre estos dos pueblos bebidas en fuentes auténticas y desconocidas.

Viaje 5.º A Quindi.—Empieza el 19 de abril de 1786,
formando parte de la espedicion el ingeniero voluntario de
la demarcacion de límites don Julio Ramon de Cesar y el
ya nombrado don Juan Francisco Aguirre. Es una rápida
escursion emprendida desde la Asuncion, que es el punto
de partida, describiendo las parroquias y vice-parroquias vi-
sitadas, y puede considerarse como una continuacion de los
dos anteriores.

Viaje 6.º A Quoropoti.—Empieza el 22 de mayo de
1786, con motivo de acompañar en su visita al gobernador
del Paraguay don Pedro Melo de Portugal, por cuya órden
hacia tres años habia sido fundado Quoropoti, que era un
pueblo de españoles. Hace mencion de las observaciones
astronómicas que en el pueblo de la Concepcion hizo Cerviño
por órden de Azara [núm. 308].

Viaje 7.º A la laguna Ibirá.—Empieza el 16 de noviembre de 1787, dirigiéndose por el camino de la Candelaria donde se encontró con don Diego de Alvear con quien
siguieron juntos el viaje. En esta ocasion se obsequiaron
ambos geógrafos recíprocamente con sus respectivos trabajos,
con cuyo motivo dice Azara en el número 314 lo siguiente:
—«No se quedó corto en honrarme mi compañero y amigo
don Diego de Alvear, capitan de fragata de la real armada, y

Comisario principal comandante de la division española [*de límites*]. El mismo me dió un estracto de su derrota de estima desde el pueblo de San Borja al de Candelaria por la cual he colocado en mi carta los pueblos de San Borja y Santo Tomé; y en recompensa le dí una carta que comprende el Paraná desde aquí á Corrientes, todo el distrito y jurisdiccion de esta ciudad y casi todos los pueblos de Misiones hecho por mì, y añadí una lista de las latitudes y longitudes de todos los pueblos con las noticias de sus orígenes y traslaciones»—Alvear en su *Relacion de Misiones* dá testimonio de este cange de trabajos, rectificando en parte las noticias históricas de Azara. Aqui termina el M. S., pudiendo considerarse completo, pues cuando le faltan á Azara cuatro pueblos de Misiones que visitar, y solo da noticias de uno de ellos, el de San Borja. Se infiere que las que pudo consignar acerca de los otros tres serian tan reducidas y lacónicas como la ya citada «lo bastante [como lo dice en el número 31] para que no quede nada que desear en cuanto á la geografía de Misiones.»

El que haya seguido con atencion el hilo cronológico en el rápido análisis que acabamos de hacer notará que, entre el viaje á Misiones en 1784 y el viaje á San Estanislao y San Joaquin en 1786, media el vacío de un año, que en la actividad de Azara y en su ardor por instruirse no es de suponer lo pasase en la inaccion. En efecto, el año de 1785 fué empleado por él en el reconocimiento y navegacion del Tehicuary, que empezó el 19 de agosto y terminó el 14 de setiembre del mismo año. El diario de esta espedicion publicado por la primera vez por Angelis en el tomo 2.º de su *Coleccion* bajo el nombre de Azara, ha hecho nacer la duda de si efec-

tivamente le correspondía el honor de este trabajo, con motivo de lo que se dice en el número 219 del manuscrito. La
simple comparacion de las fechas hace ver que la navegacion
del rio para determinar su curso en 1784 segun lo espresa el
M. S. no es el reconocimiento formal del mismo rio practicado por Azara en el año siguiente, tanto mas que en él se dice
en la pájina 19 [Col de Angelis] «que el objeto principal del
viaje es emprender la navegacion del Rio Tebicuary» llevando este trabajo, que es un modelo en su género, el sello
característico de todos los de Azara, que no necesitan firma
para hacerse conocer. Por otra parte, el editor, dice haber
obtenido el *manuscrito autógrafo* de doña Bárbara Barquín
viuda de don Pedro Cerviño, que fué compañero y colabo-
rador de Azara en varias espediciones, lo que es concluyente. A esto se agrega que solo asi se esplica el interregno de
un año en los trabajos de nuestro infatigable viajero. Por
consecuencia, el viaje al Tebicuary, que es indisputable-
mente de Azara, debe tener su colocacion por su órden cronológico entre los que hoy publícamos, cuando se haga una
edicion ordenada de ellos, para servir de complemento y
comentario á su viaje metódico ya publicado.

Con estos ensayos termina el trabajo de preparacion de
Azara para emprender la grande obra que meditaba. En
posesion de los datos y observaciones recojidas en sus esploraciones debió con razon considerarse habilitado para
darle mayor estension, y convertir el modesto diario de
viaje en estudio sintético de las regiones por él estudiada,
con el compas del geómetra y el ojo del observador. Segun lo que conocemos del órden sucesivo de sus trabajos,

y por su propio testimonio, esta ambicion no se despertó en él sino algunos años despues, segun vá á verse.

En 1793 Azara se hallaba todavia en el Paraguay. En esa época había esplorado los archivos con el mismo ardor que habia consagrado á la esploracion del territorio. Sabedor de ello el Cabildo de la Asuncion le dirigió una nota en que le decia que «la ciudad estaba cerciorada de las particulares noticias que su celo infatigable habia adquirido sobre la situasion, estension, ríos, bosques, lagunas, pueblos etc., que contenía la provincia, tomándose la molestia de viajar por toda ella reconociéndola en persona; y no satisfecho con esto habia procurado con incesante fatiga orientarse á fondo leyendo los documentos antiguos» rogándole en concecuencia consignase sus trabajos en un Mapa «que las comprendiese para perpétua memoria, á fin de colocarlo de firme en la Sala Capitular.»

Azara, rodeado de enemistades poderosas, olvidado de su gobierno y dudoso, segun se colije, de la suerte que sus manuscritos podrian tener, accedió al pedido «reflecionando (segun lo dice su contestacion) que quedando sus Mapas bien asegurados en la Sala Capitular ó Archivo podrán servir en cualquier siglo, para hacer ver el estado de la Provincia entonces.»

Tres meses despues, el 23 de setiembre de 1793, Azara presentaba al Cabildo de la Asuncion un grueso volúmen, en que se reasumían en forma metódica todos sus trabajos anteriores, incluyendo la historia de la conquista, poniéndole el siguiente título: «*Descripcion histórica, fisica, politica y geográfica escrita á instancias del Cabildo de la Asuncion por don Félix de Azara.*»

Esta obra que todavia permanece inédita, y de la que existe una copia auténtica firmada por el autor, fué la primera transformacion que esperimentaron sus trabajos, y la que, segun su propio testimonio, fué el gérmen del libro que lo ha inmortalizado.

El Cabildo de la Asuncion en muestra de gratitud acordó que dos rejidores pasasen á la morada del autor para hacerle saber que la Provincia lo declaraba «por uno de sus primeros republicanos y compatriotas,» á lo que contestó Azara «que el honor de nombrarle uno de los primeros ciudadanos, era la mayor recompensa que podia apetecer y que correspondería á él obrando en todo como honrado Paraguayo, y sacrificando su vida si fuese preciso á la felicidad de la nueva Patria que le habia adoptado.»

En una carta á Walckenaer escrita doce años despues, dice Azara refiriéndose á esta obra:—«M. Moreau-Saint-Mery habla de una descripcion etc., de la Provincia del Paraguay, que él habia empezado á traducir; pero de la que no debe hacerse ningun caso, porque está contenida en la que se va á publicar, y porque la escribí de prisa en tiempo en que no sabia lo que sé hoy, y únicamente para satisfacer las instancias del Cabildo de la Asuncion.»

Antes de que la intelijencia y la obra de Azara llegase á este estado definitivo de madurez, una y otra habia esperimentado notables transformaciones, asi en lo concerniente á la historia y la geografia, como en lo que se relacionaba con la botánica, á la ornitologia, á la zoología y á la economia política.

Habiéndose trasladado á Buenos Aires y puéstose en contacto con los que en aquella época podian llamarse nues-

Iros sabios, conoció por primera vez las obras de Buffon que le proporcionó su compañero Cerviño, discutió algunas puntos históricas con don Julian de Leyva, acopió mas datos y rehízo en gran parte sus obras y sus ideas leyendo algunas recientes publicaciones europeas.

El resultado fué dar nueva forma á su viaje utilizando los materiales de sus diarios, y tomando por base la memoria dirijida al Cabildo de la Asuncion.

Bajo el título de «Historia y descripcion crítica de las Provincias del Paraguay y Rio de la Plata» redactó su viaje dividiéndolo en dos libros: el primero contraido esclusivamente á la historia civil y el segundo á la historia física, aunque en forma mas compendiosa que la que posteriormente la dió en Europa. Conocemos dos copias manuscritas (una de ellas autógrafa) del trabajo de Azara en esta época, y por las referencias y cuadros estadísticos que llegan hasta 1796, se infiere que lo ejecutó á fines del siglo pasado entre 1797 á 1798, siendo de notar que en él se encuentran algunas particularidades que no figuran en la edicion francesa ni en la española, formando parte integrante de su contesto el escrito suyo conocido bajo el título de *Memoria Rural*, de cuyas pájinas la estrajo dándole mayor desarrollo, segun lo declaró el mismo en la introduccion escrita en Batoví (Estado Oriental] en 1801.

De regreso á Europa, en contacto con los primeros sabios europeos, con mas libertad de espíritu y mas medios de instruirse, sus horizontes se dilataron, sus juicios se fijaron definitivamente y la obra capital de sus viajes asumió la forma bajo la cual la conoce el público, ganando en estension y en interes general, pero perdiendo algo del interes especial de sus notas primitivas, mas abundantes en ciertos detalles con mas colorido local y mas impregnadas de la personalidad del autor.

Ha pasado cerca de un siglo, y aquellas notas olvidadas y hasta despreciadas por su mismo autor, salen hoy a luz, marcando el punto de partida del historiador, del geógrafo, del naturalista y del economista social á quien mas debe el Rio de la Plata, cuyo itinerario intelectual hemos trazado hasta llegar al término de una carrera trabajosa y fecunda, cuya herencia nos ha tocado en lote.

El nombre de Azara, vinculado perpétuamente al del Rio de la Plata, es una gloria universal, pero lo es muy principalmente de las rejiones á las cuales consagró con abnegacion y desinteres veinte años de afanes y meditaciones, inspirado por el amor de la ciencia, el culto á la verdad y el interés que le inspiraba su condicion en lo futuro, haciendo todo esto espontáneamente, sin estímulos, sin auxilio y aun luchando contra las hostilidades que conspiraban contra sus trabajos, costeando de su propio peculio sus espediciones, sus colecciones y las noticias que adquiria para bien de una posteridad lejana, que merced á él se encuentra en posesion de un tesoro que constituye la parte mas sólida de nuestros conocimientos históricos considerados bajo su doble aspecto físico y moral.

De las obras de tan notable escritor no existe una edicion completa, digna de su nombre y digna del país que hizo conocer con sus trabajos. Una edicion correcta y comprensiva de todas ellas ilustrada por sus eruditos es la primera deuda que los pueblos del Rio de la Plata deben pagar, al que fué y es hasta hoy el primero que haya iluminado los tiempos

y los espacios de estas rejiones con la antorcha de la crítica y de la ciencia.

Le deben algo mas: le deben una estátua y una biografia. En cuanto á la primera la gratitud póstuma se la ha de-
cretado, y su fama que en cada dia que pasa se estiende y se
afirma mas, proyectará sobre el mármol ó el bronce de que
se forme, los rayos de una gloria tan pura como merecida. En
cuanto á su biografia, nos seria agradabie poderla consignar
en las pájinas de esta Revista.

Mientras tanto, pagamos parte de esa deuda, y creemos
hacer un servicio á las letras y á la ciencia, desenterrando
del polvo del olvido los manuscritos inéditos que van á leerse.

B. MITRE.

Despues de haber descansado de la fatiga, calor y mosquitos etc., nos embarcamos en un bote el dia 12 cerca de la una de la madrugada y apenas habíamos navegado aguas arriba 3/4 de legua cuando notamos que el bote estaba lleno de agua. Nos atracamos á tierra, descargamos, y solicitamos desde allí otro bote en que nos embarcamos á las tres de la madrugada. Seguimos á remo sumamente molestados de mosquitos. Dá este brazo del Paraná muchas vueltas. Sus costas segun pude conocer, anegadizas y pobladas de

1. Durante su permanencia en Santa Fé escribió Azara en su diario las siguientes noticias relativas á aquella provincia: El ramo de sisas produce á ·S. M. dieciocho mil pesos, y los años pasados llegaba á veinticinco mil. Cada tercio de yerba del Paraguay que pesa de 7 á 8 arrobas paga 2 reales á su entrada en t plaza, y 19 1|4 si ha de salir para Chile donde es conducida en carretas por Santiago etc., y se regula que en esta forma salen de aqui diez mil tercios de yerba anuales, la cual, cuando llega á su destino de Chile ha pagado en diferentes aduanas 14 reales por arroba. Para recaudar los derechos reales hay aqui un oficial real.

Llevan de aqui á Buenos Aires muchas y buenas batatas de diferente es sauces, timbos, seibos y otros árboles muy espesos, por entre los cuales noté algunos brazos ó ramos del mismo Rio que van hácia el Paraná grande y otros que venian al que navegábamos.

Llegamos al gran Paraná á las cuatro de la tarde, y en seguida le atravesamos desembarcando á las 5 en lo que lla-

pecie que las de Málaga, no tan delicadas, muchos limones y doscientas mil naranjas dulces, cuyo precio es aquí á seis reales el ciento y en Buenos Aires un medio por cada dos. Los naranjos son disformes y algunos dan cinco mil y mas naranjas.

Hace unos tres años que se quitó á este pueblo el privilegio de ser puerto preciso para todos los barcos del Páraguay que traian la yerba del consumo de Buenos Aires (a) y Chile, miel de caña, maderas, azúcar, algodon y tinajas de barro. Aquí se descargaba todo y se conducia en carretas á sus destinos. Aquí permutaban los paraguayos dichos géneros por los que necesitaban, y jamás por plata que no corria en su pais. Asi esta ciudad era árbitra del comercio de Rio arriba, y de la conduccion á otras partes. Los paraguayos se veian precisados á tomar la ley de los comerciantes de este pueblo que los tiranizaba. Esto dió motivo à acudir por ambas partes à la superioridad, quien ha mandado tres años ha, que los paraguayos tengan libertad para descargar en Santa Fé ó en Buenos Aires segun les acomode. El comercio de Buenos Aires tambien protegió los paraguayos. De esto resultará, y ya se empieza á conocer bastante, que esta ciudad y su comercio vaya én decadencia.

Además del comercio viven estas gentes de la cria de ganados, principalmente mulas para el Perú. Sus estancias las tienen á la otra banda del Paraná, y tambien se llevan mulas y caballos al Paraguay.

El vestido y lenguaje es el de Buenos Aires, bien que las mugeres gastan menos ropa. Sus camisas son bordadas por el pecho y hombros, de azul en la gente ordinaria, y las ricas usan cribos y bordaduras esquisitas de hilo que trabajan con primor: lo mismo hacen en sábanas, almohadas, toallas, calzoncillos y enaguas, y de todo esto llevan bastante à Buenos Aires. Tienen las mugeres fama de amables y hermosas y de taparse la boca cuando se rien, aun cuando tengan buenos los dientes.

(a) Se le quitò el privilegio en el año 1780. (Nota de Cabrer.)

man Bajada.   Subimos á una estancia que hay sobre la misma barranca, que está poblada de árboles, aunque parece se descubren peñas en algunos parajes y no es muy alta. Desde allí avisamos al comandante de la Capilla de la Bajada para que nos enviase caballos, y mientras tanto reconocimos nuestros equipajes y papeles, todos mojados.

Como esta navegacion (que es la que hacen los buques que entran ó salen de Santa Fé) es regularmente de 8 á 10 horas, en bote al remo, no habíamos hecho provision de comida, ni aun nos desayunamos hasta llegar á la dicha capilla y haber cocido la cena, que eran ya las diez de la noche. Esta cena y desayuno, se hizo en casa del comandante que nos vino á buscar á dicha estancia distante de la capilla una buena legua, (1) toda de espinillos y algarrobos.

Es la Capilla de la Bajada, un pueblo y curato de moderna ereccion con 70 casas ó ranchos.   Dista en línea recta de Santa Fé, segun dicen, 6 leguas, de quien dependia poco ha.   Hoy está agregada á la jurisdiccion del Gualeguay que es tenencia de gobernador dependiente de Buenos Aires.   Viven dichos 70 vecinos de la cria de ganados y de arrancar unas raices que tiñen de encarnado.

Dormimos como que no habíamos pegado los ojos la noche antes.   Esta llovió sin cesar; pero habiendo parado, salimos á las siete de la mañana por entre un algarrobal claro y no muy alto que duró poco rato.   El camino estaba muy pesado y los cargueros cayeron algunas veces.   El terreno

1.   Nótese que esto era por los años 1780 y tantos, porque ahora, hace mas de 20 años que se mudó el puerto, del cual solo dista la capilla de la Bajada media legua escasa.   (Nota de Cabrer.)

algo alomado y gredoso como los anteriores. A las 2 1/2 leguas pasamos el arroyo de las Tunas y á otras 2 1/2 el de las Conchitas que es pantanoso con bastante bañado en su inmediacion que es baja, pero ambos corren cuando llueve. Pasado el último arroyo é inmediato á él, sobre una colinita está la estancia de Vera, donde llegamos bastante mojados, porque la última mitad del camino la hicimos lloviendo.

Siempre fuimos divisando hácia la izquierda ú orilla del Paraná, mucha arboleda: tambien la habia de algarrobos y espinillos al rededor de la Estancia y á la vera del último arroyo, de sauces, ombús y otros. Ví al paso dos ó tres ranchos en el campo, y noté á 3/4 de legua de uno de ellos, la huella de un hombre, cosa que me admiró porque aquí nadie anda á pié, ni he visto otro tanto en América.

Por recomendacion del dueño de la estancia que vive en Santa Fé, nos dieron caballos, en que salimos á las tres, habiendo cesado la lluvia. El camino fué á ratos entre bosques de algarrobos y alguna pequeña palma Yatay, y á ratos por campo raso, todo pequeñas colinas de greda. Algunas veces se descubría el Paraná, y tambien pasamos un arroyuelo. Finalmente al ponerse el sol llegamos al potrero del mismo Vera distante de su estancia 6 leguas.

Salimos el dia 14 á las 6 en los mismos caballos, y habiendo caminado 6 leguas llegamos á la Posta del Arroyo Antonio Tomás. Como á la mitad de esta distancia pasamos el arroyo Maria, y tambien algunos otros riachuelos de poca consideracion. Cuando los de la Posta nos atisvaron de lejos, cerraron sus puertas y se huyeron al campo por no darnos caballos. Nos vimos obligados á volver atrás 1/4 de legua á un rancho que al paso habíamos dejado. Aquí comimos y tomamos caballos hasta la posta inmediata antes de llegar al arroyo Hernandarias que dista de donde salimos como 6 leguas. Solo hallamos aquí un viejo y dos caballos que lo eran mas, y nos fué preciso continuar en los mismos. Los terrenos como los anteriores.

Seguimos hasta la posta del arroyo Alcaraz, que es la estancia de don Félix Troncoso; distante 5 leguas y media. Aquí dormimos. Inmediato á la posta del viejo pasamos el arroyo de Hernandarias, con agua á la barriga, y luego hasta la dormida es todo un contínuo algarrobal, en muchas partes quemado. Los terrenos, ídem, menos en un riachuelo despreciable en que ví en su fondo alguna peña de tosca blanquecina, cuyos fragmentos ó disolucion, ya yo habia reconocido antes en algunos parajes hácia el arroyo Maria.

Todos estos terrenos abundan en osos-hormigueros ó Tamanduas, de leones y tigres, principalmente hácia los bosques de la costa del Paraná y los que pasamos esta tarde. En la casa en que sesteamos tenían colgados en las estacas del corral seis cabezas de tigre y tres de leones. Cuatro de los caballos que montamos tenian heridas no cerradas hechas el dia antes por los tigres.

Me aseguran estas gentes que los tigres huyen del hombre cuando no están muy hambrientos ó acostumbrados á comerlo; que no se atreven á los toros ó vacas; que solo embisten las terneras y caballos; que para matarlos, no lo hacen con las uñas ó dientes, sino saltándoles al cuello y tomándoles con una mano el hocico y con el otra la cerviz, haciendo fuerza hasta desnucarlos llevando el hocico al cenit. Añaden que los tigres cebados prefieren la carne de los negros, porque cuando tienen eleccion llevan un hombre negro entre muchos blancos. Despues del negro dicen que toma al mulato ó indio, y el último es el blanco. Que cuando van dos, uno tras otro, asaltan al último. Dicen tambien que el leon jamás hace daño al hombre aunque le persiga, que en este caso se sube á los árboles y llora; pero que hace mucho daño á los ganados mayores y menores porque mata cuanto puede cada vez, aunque solo haya de comer parte de uno: que el tigre es tan al contrario que si halla dos animales uncidos ó acollarados, solo mata al uno y lo hace arrastrar hácia el bosque por el vivo; y que hasta consumido el muerto no mata al vivo. El modo de cazar unos y otros, es persiguiéndoles dos hombres en buenos caballos: cuando el tigre halla árbol ó maciega se sienta: allí le embiste el uno para que huya, y luego que sale hostigado tras de aquel ó tras los perros, el otro le tira el lazo y echa á correr á la disparada, arrastrándole hasta que conoce que está ya muerto, ó bien el otro le enlaza tambien, y tiran cada uno por su lado, hasta matarle.

La ruta de este dia la escribo de memoria; el papel en que estaba escrita se ha mojado en términos que no lo he podido leer.

Con ánimo de salir muy temprano hice amarrar los caballos de montar por la tarde, y tener encerrados los que debian ir por delante sueltos, porque yo ajusté aquí que me los habian de poner á la orilla del Guayquiraró. El alferez y los tres soldados concurrieron á amarrarlos, y lo hieieron de modo que en un instante se hallaron los dos mejores ahorcados; yo les pagué con 6 pesos fuertes que me pidieron.

No fué posible dormir esta noche por la infinita multitud

de mosquitos y pulgas.   Siete veces mudé la cama de lugar
sin adelantar cosa alguna.   Llovió toda la noche y viéndome
tan acosado de los viles insectos me tendí dos veces en el
campo sobre el agua espuesto á las vívoras y á toda la lluvia,
y ni aun esto me libertó de ellos.   A mis compañeros sucedió casi lo mismo.

Salimos á las 5 de la madrugada el 15 y á cosa de una
legua hallamos el arroyo de Alcaraz que ya merece nombre
de rio, porque no obstante de estar regular tuvimos que pasarlo en pelota y los caballos nadando.   Tiene arenas y sus
barrancas regularmente hondas bien pobladas de árboles.
Como media legua pasado este rio, hallamos una estancia del
mismo Troncoso: legua y media mas adelante pasamos el arroyo Feliciano con agua á la barriga y que puede contarse
èntre los rios.   Estaba en su caja: tiene en sus bajas barrancas y árboles y arena en sus orillas; y creo que así este como
el anterior tienen su orígen algo distante.   Ambos son de
agua salobre poca cosa.   Pasado Feliciano, á las 4 leguas
hicimos modia dia y noche en el único rancho porque llovió
por la tarde.   Los terrenos son en todo como los anteriores
sin mas árboles que en los rios y regachos.

Este rancho que solo tenia el techo de paja bastante clara y nada en los costados, lo habitaba un infeliz indio: faltaba en él todo comestible y aun el agua para beber y donde
traerla.   Los mosquitos eran infinitos.   Estos y el hambre
nos determinaron á salir sin pegar los ojos á las 2 menos
cuarto de la mañana.   La noche era oscura y muy nublada,
y apenas habíamos andado media hora empezó á llover y entramos en un bosque de espinillos y algarrobales.   Procu-
rábamos llevar la mayor union, tanto por no estraviarnos

cuanto por miedo de los muchos tigres que hay en este bosque. Si alguno hubiese salido éramos perdidos sin remedio. Espantados los caballos nos hubiéramos hecho pedazos contra los espinosos algarrobos. Perdido el camino, nadie sino un indio que nos acompañaba hubiese tal vez dado con él. Ibamos poco á poco siguiendo á tientas el dificultoso y poco trillado camino. Cuando paraba uno por precision ó para componer las cargas que tropezando contra los árboles ó por resbalar las cabalgaduras se caian á cada paso, todos esperábamos. El dirigir los caballos sueltos costaba bastante: no obstante todo el cuidado, faltó poco para que varias veces dejase yo los ojos colgados de las espinas. Saqué no obstante toda la cara y manos ensangrentadas, y sucedió lo mismo á todos poco menos. En este conflicto, en que ni un momento nos dejó el aguacero, en la lista que pasamos, echamos menos un soldado y no pudimos buscar por las circunstancias sobredichas, no teniendo mas que un práctico bastante torpe, mucha oscuridad y agua encima, en medio y debajo.

Amaneció y seguimos siempre con la misma agua y molestias la mayor parte del camino por bosque donde de repente se sumergió un carguero en un hormiguero hasta las puntas de las orejas. Con dificultad lo sacamos á lazo. Finalmente llegamos al arroyo Hondo, de poca agua, é inmediato á él hallamos un buen rancho á las 11 del dia, habiendo caminado cuasi siempre por espeso algarrobal y continuada lluvia 12 leguas. Ya se supone que no tuvimos cosa enjuta que ponernos. Aquí comimos y dormimos porque no cesó de llover toda la tarde. Puédese considerar cuales estaríamos llevando dos noches sin dormir y el dia de ayer sin comer ni cenar, sin una hilacha enjuta, por cuya razon nuestra cama es el duro suelo ó unos palos.

Salimos de este rancho, habiendo carecido de mosquitos á las 6 de la madrugada, y á 3/4 de legua entramos en un algarrobal. Poco despues hallamos el arroyo de las Tacuaras que pasamos con bastante trabajo llevando los pozuelos sobre el arzon de la silla donde llegaba cuasi el agua. Apenas acabamos de pasar cuando empezó á caer sobre nosotros el diluvio universal. Estos terrenos son absolutamente horizontales, y, cansados ya de agua, toda la que caía quedaba sobre la superficie. Cinco leguas anduvimos por entre un bosque, siempre con agua á los estribos, y muchas veces mas arriba hasta que hallamos el arroyo Yacaré de quien no teniamos notícia ni pudimos pasar. Llovia á cántaros: apearse era imposible porque en todas partes llegaria el agua á la cintura y no se veia punto alguno que manifestase tener poca agua: todo era un mar. Volver atrás era imposible porque el arroyo de las Tacuaras no lo permitia. El recurso de la pelota era inútil con tanta lluvia y humedad.

Resolvimos esperar á caballo á que la lluvia cesase: esta á cada momento iba á mas con mayores truenos y relámpagos: crecia el agua bajo de los piés y todos ojeábamos los árboles como los contemporáneos de Noé: nuestros sombreros lácios del agua nos cegaban: la ropa nos abrumaba; no obstante, viendo que todo iba á peor nos determinamos á cortar con los cuchillos y una daguita algunas ramas para hacer balsa. Horas gastamos en esta faena y cuando esperábamos ver cumplidos nuestros deseos, hallamos que la balsa mal formada se fué á pique.

Eran las dos de la tarde y nada teníamos que comer,

cuando mi negro, escelente nadador, pasó el rio á nado y fué en busca de la posta de Guaiquiraró para traer cueros ó algun auxilio. Hizo nuestra fortuna que no lejos del arroyo halló una carreta cubierta que le dió un cuero. Apenas le tuvimos cuando cesó la lluvia y salió el sol lo bastante para secarlo sobre un árbol y para abrasarnos y para que viniesen sobre nosotros increible multitud de tábanos y moscas verdosas que sobre confundirnos nos llenaban de gusanos á nosotros y los recados.

A las cuatro de la tarde peloteamos el arroyo y seguimos, parte por bosque y parte sin él, hasta la posta inmediata al rio Guayquiraró que dista del Yacaré tres leguas. En el camino matamos una nutria. Luego que llegamos se mató una ternera que medio viva empezamos á guisar y comer: estábamos muertos de necesidad: ya se supone que no teníamos sal ni pan; pero la necesidad suplía.

Volvió luego la lluvia: el rancho tan descubiertó que no fué posible acomodarnos mas que dos en él: los demás se alojaron bajo de una enramadita que cubrieron con dos cueros. El dueño del rancho, que era un porteño, el mas desabrido del mundo, hasta el agua nos escaseó, y su cara era la peor de cuantos no quieren dar. Duró toda la noche el aguacero con viento furioso que se llevó muy distantes los cueros de la enramada. Los truenos y relámpagos fueron tan contínuos que en mas de tres horas de observacion no hubo un solo momento sin que sonase el trueno y luciese el relámpago. Por todas partes se llovia y todo se nos mojaba. Las pulgas eran infinitas y los mosquitos sin número: la cama, el pellon mojado sobre el suelo. Con los truenos se juntaron los contínuos llantos y gemidos de un niño

de ocho meses, la gritería de todos buscando abrigo sin ha-
llarlo en parte alguna; las roncas y desapacibles voces de
innumerables sapos y ranas y de gallinas arrojadas de sus
dormitorios; los caballos, que, temerosos querian pisarnos,
y muchos perros que sucios y mojados, con la cola entre las
piernas llenos de tristeza y gimiendo se nos echaban encima. Parece escusado decir que nadie durmió: ni cesó el
agua y amaneció lo mismo.

Sin embargo con la noticia de que el agua del Guayquiraró iba creciendo y que tardaria en bajar muchos dias segun
su costumbre, resolví pasarlo sin pérdida de tiempo. Salimos lloviendo y con conocimiento que seguiria lloviendo
mucho mas, á las 8 por un contínuo bañado y bosque hasta la
inmediacion del rio. Aquí hallamos una cañada ancha;
punto menos que á nado, y al mismo tiempo apretó tanto el
aguacero que ni nos veíamos unos á otros. Sufrimos como
se pudo, parados como hora y media, la tempestad, y cuando
hubo cesado nos hallamos á la orilla de otra cañada inmediata á la anterior que pasamos á 2 leguas de nuestra salida.

Peloteamos esta segunda cañada que era muy ancha y
volvimos á cargar. A un cuarto de legua hallamos el rio
tan crecido que cubría las ramas bajas de los árboles altos.
Una de nuestras dos pelotas estaba ya inservible. Don Martin Boneo y yo nos metimos en la otra que dirigia un buen
nadador con su caballo. Antes de llegar á la corriente fuerte bellaqueó el caballo y fué preciso largarlo, tomando el
nadador por su cuenta la pelota. Con mucho trabajo y esfuerzo atravesó hasta poderse asir á la rama de un árbol,
donde esperamos que le trajesen otro caballo: continuamos

en él hasta la orilla opuesta dando muchas vueltas por entre árboles. En lo mejor del paso nos entró un aguacero que creímos nos anegase la pelota; pero duró poco. Seria la travesia de 3/4 de legua.

Ya no podia servir la pelota: fué preciso enviar por cueros á un rancho, distante una buena legua, y con ellos los nadadores volvieron á buscar la gente y equipajes y los hallaron aislados porque el rio crecía á la vista: pusieron todo en las pelotas y pasaron felizmente. Luego nos fuimos á dicho rancho y llegamos á las oraciones muertos de hambre.

El camino de este dia fué por un algarrobal y todo bañado y agua á los estribos. Las orillas del rio muy suaves y pobladas de árboles con muchos patos de varias castas. Ví garzas blancas, rosadas, cenicientas. Los terrenos de hoy son tan perfectamente horizontales que nadie puede figurarse tal: lo mismo que desde el arroyo Hondo, y todos gredosos.

En el arroyo Hondo es donde noté que se hablaba el guaraní y me dijeron empezaba allí lo que se llama gusanera, y es que, todo animal herido ó que acaba de nacer ó de parir se llena de gusanos y perece si no se le remedia.

Llovió toda la noche y mañana. Aclaró hácia el mediodia un poco y quisimos secar la ropa que hallamos toda podrida porque desde el paso del Paraná no se habia podido secar. Volvió luego el nublado y lluvia que duró toda la noche. Por la tarde los de la casa que fueron á repuntar el ganado trajeron dos tigrecitos vivos á quienes la creciente de los rios hace salir fuera.

Desde la Bajada de Santa Fé hasta aquí anduvimos mucho entre bosques, ó no lejos de ellos, todos de algarrobos y

espinillos. De su disposicion y de los raigones que reto-
ñan se infiere con bastante fundamento que todos estos paises han sido, no ha mucho tiempo, un bosque contínuo que
las quemasones han destruido y en breve acabarán con lo
que queda. Lo mismo se puede inferir desde mi salida de
Buenos Aires. La calidad y disposicion de los terrenos es la
misma, y algunos indicios se manifiestan que todo arguye la
existencia del contínuo bosque. Donde vive el hombre, ni
árboles, ni plantas, ni animales quedan.

El dia 20 continuó el agua á ratos toda la mañana y tarde, y los de la casa cogieron un Guazubirá chiquito que como
todos los de su especie y edad tenia manchitas blancas y si-
métricas sobre su espalda. En siendo grandes desaparecen. Es gamo, y hay tambien corzos, ciervos y venados en
todo el camino, y lo mismo tórtolas de dos especies, torcaces y avestruces.

Salimos á las 8 menos cuarto del 21 llevando caballos
sueltos para llegar á Santa Lucia, y no obstante que nos separamos del camino temiendo los bañados, en todo él tuvimos
agua al estribo. A las tres leguas pasamos en pelota el arroyo Sarandí, que segun dijeron puede llamarse rio. A la otra
banda, á 1/4 de legua, comimos en la costa de Posta, y salimos por campos todavia mas inundados. A cosa de media
legua se nos sumergieron todos los caballos, particularmente los cargueros mojándose las cargas y ropas. Mas adelante despuntamos una laguna, punto menos que á nado, lle-
nándose de nuevo de agua las cargas, y finalmente por unos
campos totalmente anegados caminamos esta tarde 3 1/2 leguas hasta los tres ranchos que dicen de la Esquina donde
está la posta. Como una legua antes de llegar, nos cogió un

aguacero violentísimo, aunque los mejor montados huimos parte de él. Los terrenos de hoy son horizontales. Hasta el Sarandí todo fué algarrobal, y despues son árboles; pero todo greda.

Ví esta tarde, en el mismo camino, un Yacaré pequeño, y me aseguraron estar llenos de ellos estos terrenos, porque hay bastantes lagunas permanentes; pero no hacen daño. Ví igualmente multitud de patos de varias especies, gaviotas, chajás, Tuyuyú ó cigüeñas de tres especies de cabeza blanca, como las de España, de cabeza parda oscura, algo menores y que van en bandadas, y de cabeza oscura con parte del cuello encarnado: estas son mayores, menos en número, y todas blancas. Muchas garzas blancas de cuello muy largo; pero que cuando vuelan no hay ave que parezca tenerlo mas corto.

Salimos el 22 á las 7 de la mañana por la orilla de un bosque, dejándolo á la izquierda y muchas lagunas á la derecha, que despuntamos, algunas con pena, y todo era como hasta aquí bañado y agua, punto menos que intransitable. Don Martin Boneo y yo cuando volví la vista al bosque, vimos á cosa de ochenta pasos, al pié de un árbol, dos grandes tigres. Llamé á los peones para que viesen de enlazarlos; pero todo el terreno tenia dos piés de agua, y no se atrevieron.

Continuamos y habiendo andado cinco leguas, hallamos un rancho sobre la barranca del rio Corrientes, que es sumamente suave y estendida 1/4 de legua largo, y llena de algarrobos, sauces, seibos etc. Pasamos el rio en canoa, que estaba bajo, y el paso es despejado. La banda opuesta es en todo igual á la pasada. A un cuarto de legua sobre la

barranca comimos en la estancia de don Juan Garcia Cossio,
vecino de Corrientes, quien en el año pasado marcó 4,900
terneros.

El Rio Corrientes es respetable y mayor que el Guayquiraró: tiene arenas y cria muchos lobos marinos, Rayas
que pican con crueldad, Yacarés y muchos otros pescados.
Sus aguas como las del Guayquiraró son un poco salobres;
sus orillas y cercanias pobladas de bosque; su corriente bastante rápida y sin duda viene de lejos. Hoy ví las mismas
castas de pájaros que ayer, en grande abundancia, y me aseguraron que los yacarés los cogian por las patas.

Recien comidos salimos; pero á legua y media retroce-
dimos temerosos del agua que amenazaba, y no nos pesó: llovió toda la tarde, noche y mañana siguiente, sin cesar y aun
hasta la tarde del 23 en que paró. Como la distancia hasta
la inmediata posta era larga, los caminos malos, y sabíamos
que teníamos que pelotear tres veces, no nos atrevimos á salir este dia.

Lo ejecutamos el siguiente 24 á las 5 1/2, y á legua y
media de terreno llano, cubierto de algarrobos en la mayor
parte, hallamos el arroyo Peguajó, que peloteamos: es una
cañadita despreciable en tiempo seco. Otra una y media legua mas adelante, hallamos el arroyo Batel que es un zanjon
de 50 varas de ancho, con mucha profundidad, sin barranca
y sus orillas llenas de juncales. Lo peloteamos mas abajo
de una horqueta que tiene, por no pelotear dos veces. Dos
leguas mas adelante hallamos la posta de Leandro Encina,
de Corrientes, bien provista. Aquí comimos.

El terreno, hasta bien pasado el Batel, fué con mucho

algarrobo claro; todo lleno de agua y llano, todo greda y poca arena superficial.

Salimos á las 3 y anduvimos, siempre por agua, 5 1/2 leguas hasta la posta de Luis de Soto. Los terrenos horizontales, gredosos, con bastantes palmas Yatays. Aquí. dormimos.

Salimos el 25 à las 6, y á 3 leguas hallamos la posta, muy desprovista de todo. Dos leguas mas allá comimos sandias en un rancho de indios, y á otras 2 1/2 leguas mas hallamos el rio de Santa Lucia bastante bajo; pero media legua antes de llegar á él hay un bañado malo y un rancho con algunos regachos. Sus inmediaciones están pobladas de sauces y seibos: tiene arena y es considerable: rara vez se vadea. Sus aguas son algo salobres. Su orígen dicen es una laguna no distante de la que se origina el rio de Corrientes: su barranca primera, es poca ó ninguna. Le pasamos en canoa.

(Continuará)

DE COMO SE CELEBRABA EN BUENOS AIRES

———

«Á rey muerto rey puesto.» Este adajio castellano, espresion de una ley invariable, se realizaba á mediados del siglo próximo pasado en los estensos dominios de la corona española. Felipe V, el primer monarca de la casa de Borbon fallecía el dia 9 de julio de 1746 y en esa misma fecha tenia lugar la exaltacion al trono vacante, del tercero de sus hijos varones con el nombre de don Fernando VI. La noticia de este acontecimiento no llegó oficialmente á Buenos Aires hasta el 10 de abril de 1747; de manera que tardó en el camino nueve meses cumplidos.

El documento que damos á luz contiene la descripcion de las exéquias y diversiones públicas que tuvieron lugar en esta ciudad de la Santísima Trinidad, con motivo de aquel cambio personal en el gobierno de la monarquia. Al *Requiem* siguió el *Te Deum*, al duelo la alegria, al pésame las felicitaciones.

Gobernaba entonces estos paises el teniente general de

los reales ejércitos, don José Andonaegui, sucesor de Ortiz de Rosas y antecesor de Cevallos. Ocupó el puesto de gobernador entre los años 1745 y 1756. Se señaló por su encarnizada persecusion á los indíjenas, con respecto á quienes decia que el mejor bautismo era el de sangre. Creó la afamada milicia rural de los «Blandengues», y fué en su tiempo que llegó al Rio de la Plata el Marqués de Valdelirios, comísario réjio para dar cumplimiento al tratado de límites entre las coronas de España y Portugal, firmado en Madrid á 13 de enero de 1734.

Segun el censo levantado por el cabildo en el año 1744, la poblacion de la ciudad era de 10,223 almas y la de la campaña 6,033; siendo de advertir que la parte poblada de esta no pasaba del Rio Samborombon. (1)

El luto oficial por la muerte del Rey duró seis meses; de manera que las fiestas de la aclamacion del sucesor tuvieron lugar en noviembre, mes en que se celebraba tambien la fiesta del patron San Martín. Durante quince dias todo fué procesiones ó paseos militares, fuegos artificiales, comedias, convites y refrescos, toros, cañas; y hasta los indios de Misiones divirtieron á la parte escojida de la poblacion, cantando en casa del gobernador una ópera con su correspondiente orquesta.

Sentimos que no hayan llegado hasta nosotros el dibujo á que se refiere el testo que publicamos; ni una siquiera de las medallas de plata que hizo grabar el Alcalde para distribuir al público con la efijie del nuevo monarca y las armas de la ciudad; y las loas que para introduccion de las comedias fueron escritas por los injenios porteños de ahora siglo y cuarto.

G.

1. Trelles, Reg. estad.—Dominguez, Hist. Argentina.

DESCRIPCION DE LAS FIESTAS REALES

con que la M. N. y M. L. ciudad de la Santísima Trinidad, puerto de Santa María de Buenos Aires (despues de llorar la muerte del señor don
Felipe V el Animoso, que de Dios goce) celebró con universal regocijo
de todos sus habitadores, la festiva coronacion dél señor don Fernando
VI que hoy goza el cetro como su legítimo hijo y sucesor.

Hiciéronse estando este Obispado en Sede vacante; el gobierno de estas
provincias en el señor don José de Andonaegui, Mariscal de Campo de
los reales ejércitos de S. M., siendo Alcaldes ordinarios de primer voto
don Juan Antonio de Alquiza Leotte, de segundo voto don Francisco Rodriguez de Vida, alguacil mayor del Santo Oficio de la inquisicion por
la Suprema.

———

Luego que llegó la infausta noticia, el funesto fúnebre
aviso de la muerte del Rey N. S. don Felipe (de gloriosa memoria) que fué el dia 10 de abril de 1747, se mandó por el
gobernador publicar bando para lutos generales que durasen
el espacio de seis meses, los que así mismo mantuviesen los
oficiales militares con bandas negras, cuyo nudo fuese lazo
encarnado que avivase mas el sentimiento que indicaba el
triste color de las fajas. No habia en los republicanos sino
espresiones de dolor, no se oian sino lamentos dándose unos
á otros los pésames de tan rigoroso golpe. Dispusiéronse
las debidas exéquias en la iglesia catedral con un magnífico
mausoleo cuya coronide no se encumbraba á lo sumo del
templo por la prevencion que el Rey nuestro señor se dignó
hacer en su real cédula, de que, por lo que mirase á túmu-
los, se moderasen, escusando todo aquello que no fuese
muy preciso; pero en lo demás se veía con hermosa arqui-
tectura sobre cuatro columnas de corpulenta elevacion, una

corona que circulaba sobre la cornisa acompañada de los despojos de la Parca; iluminábanle las luces correspondientes á reales pragmáticas, de unos hachones que con sus lágrimas parecian sombras de albísima cera, y en el centro se descubría una imágen del Rey difunto con tanta propiedad, que su memoria apuraba con el mayor esfuerzo el dolor y pena del numeroso concurso. Convocaron á éste á la hora señalada los clamores y dobles de las campanas que en todas las iglesias se apuraban á competencia para causar mayor angustia y mas con el pavoroso estrépito de la artillería que desde el dia antes se empezó á disparar de hora en hora. Y despues que estuvieron congregados el ilustre cabildo eclesiástico y su clero, el gobernador y capitan general con su cabildo, y todos los jefes militares, se dió principio á la vigilia y subsiguió el alto é incruento sacrificio de la misa, dando los ecos músicos con su acorde consonancia mas ternura á los corazones, pues parece que aun las voces se habian vestido de tristeza. Subió despues al púlpito el R. P. Pedro de Arroyo, de la Compañia de Jesús, ex-provincial de esta provincia de la Asuncion del Paraguay, sugeto de la mas conocida y notoria literatura, y peroró una docta oracion con que hubiera acabado la funcion si no restasen los responsos de las sagradas religiones que asistieron por su órden á celebrar misas cantadas y todas las rezadas que en el intermedio podían salir á los nueve altares que contiene la iglesia, la cual últimamente volvió á enternecer los corazones á todos los asistentes que pasando en compañia del gobernador al Real fuerte, repitieron allí las espresiones que les dictaba su congoja, retirándose despues con semblantes modestos á sus casas á encomendar á Dios nuestro Señor el alma del Rey difunto.

Despues de concluidos todos estos oficios del triste panteon, pasaron los Alcaldes ordinarios á disponer el fausto
triunfal para la aclamacion de nuestro Rey y Señor don Fernando, que se celebró el dia 10 de noviembre del mismo año
de 47 à las tres de la tarde, á cuya hora salió de las casas
de Cabildo el Ayuntamiento con todos sus capitulares que
son en número de doce, presidiendo los maceros, vestidos de
encarnado acompañando el Gobernador y la tropa militar de
dragones formada con espada en mano, y pasando á las casas de don Francisco Rodríguez de Vida, Alguacil mayor de
la inquisicion y Alcalde de segundo voto, quien se hizo cargo
del Real estandarte y tremolarlo rompiendo el supremo nombre de nuestro católico Monarca don Fernando despues del
pleito homenaje que hizo para su recibo, por falta de Alferez Real propietario para conducirlo por las calles acostum-
bradas que se hallaron bellamente vestidas de ricas colgaduras y tapices que enseñaban á la primavera á teger flores;
pues aun la fragancia de olores no era menos agradable al
olfato, prevencion que hizo que la celebridad estuviese
en todo festiva y quedase ejemplar á los venideros siglos,
por donde formasen otras semejantes, causando envidia á las
pretéritas.

Hallábase el Real estandarte colocado en las casas del
Alcalde don Francisco Rodríguez con la guardia de una compañia de infanteria, en un riquísimo dosel en cuyo adorno se
esmeró su lealtad, haciendo manifestacion de su celo y amor,
pues parecia fabricado con el mayor primor, adornado con
rapacejos recamados de oro y encajeria, y un sitial correspondiente á lo que pedia la autoridad régia del asunto. Tenia el célebre hermoso aparato dos cuerpos, el inferior de

cuatro arcos de muy bien hecha pintura y de varios colores que delineaban diferentes fábulas militares, adornando á todo él las invenciones que mas al propósito se acomodaban al intento. Seguía elevado el segundo burlándose de su pavimento por hallarse enriquecido con la grandeza del solio, compostura y ornato muy rico de cuatro aras que ocupaban su recinto ufanos de hallarse con sus bien acomodados follajes de seda, y mas que todo por el escudo de las Reales armas, que en lo eminente se divisaban fijadas difundiendo magestad y realce á toda la idea.

Llegada la marcha al sitio se apeó el Regidor. decano y subiendo á donde estaba el Real estandarte, le bajó y entregó al Alférez Real, quien despues de haberlo recibido empezó á marchar con el acompañamiento que estaba preparado y caminó en esta manera: en la vanguardia marchaba un cuerpo de dragones con espada en mano, cuyo fuego y aire de llevarla á la oreja de los caballos, garbo de ir en las sillas y aseo de los uniformes, parece lo habian guardado para solo aquel dia. Siguióse la compañía de los vecinos, oprimiendo los brutos en sillas de bridas muy costosas, con hermosos mandiles y tapafundas así bordadas de oro y plata en la Europa como fabricadas en esta ciudad con galoneria y rapasejos de oro y plata y todos vestidos de ricas galas, que para este fin mandó hacer cada uno. Aparecía despues en el centro la séria representacion del Cabildo, Justicia y Regimiento en cuyo estremo se colocaba el Alférez Real llevando por colaterales, á la mano derecha al Gobernador y á la izquierda al Alcalde de primer voto. Proseguía despues otra marcha de dragones por retaguardia, como por antecedente, que parece habian estudiado su mayor lucimiento para aquel dia. La alegría que causaba la regular formacion de todo el paseo, su respetuoso concurso, el armonioso tañido de clarines acompañado de las cajas era incentivo al júbilo por los que llenos de regocijo admiraban que en la República se hubiese unido en todos tanto esfuerzo para celebrar la justa aclamacion Real. Aun los brutos cuya espalda suele abrumarse y huir la fatiga del ginete, parece se les habia en este dia infundido nuevo instinto, pues el afan con que jugaban los piés y manos eran indicantes del interior alborozo que les asistía: pudieran haber apostado con los mas ardientes andaluces sin que hubieran corrido peligro de perder.

Llegaron con este concurso á la plaza mayor donde estaba dispuesto un hermoso tablado adornado de muy preciosas colgaduras, al cual subieron el Alférez Real con el Real estandarte, el Gobernador, Alcalde de primer voto y escribano de Cabildo. Estaba en el otro lado en tablado correspondiente un concierto de música cuyas bien acordes sonatas deleitaban el oído, mientras la vista esperaba ansiosa la aclamacion, y despues de los preliminares para ella á que se hallaba el pueblo con el regocijo y alegria que es imponderable, enarbolando el Alférez Real el Estandarte, publicó con animosa voz hallarse Castilla y las Indias por el señor don Fernando VI, y rendirle la debida obediencia á su dominio; cuyas aclamaciones correspondidas con las voces del pueblo demostraban la constante lealtad de los vecinos, á cuyo escesivo júbilo y á la seña que hizo la artillería, con marciales lenguas de fuego, rompió vítores y saludos en aplauso de nuestro católico monarca y dió parabienes á toda la República, cuyo numeroso concurso pedia doblado ámbito del que contiene el espacioso terreno de la plaza á la cual se arroja-

ron las palanganas de plata que el Alférez Real habia prevenido, así de moneda acuñada en el Perú como en medallas
que mandó hacer en esta ciudad para la funcion con imágen
é inscripcion de nuestro Rey que parece se esmeraba en
erogar en el Real obsequio y servicio todo cuanto tenia y podia valer, poniéndose fin. á este acto que todos proclamaban
por la mas gallarda funcion que se había visto en este pueblo
debida á la disposicion del Gobernador y Alférez Real y haberse ejecutado con el mas sobsesaliente lustre.

Caminó el numeroso acompañamiento á asistir en la
iglesia catedral á las vísperas de San Martin, patron de la ciudad, donde se cantó el himno *Te Deum laudamus*, con muy
acorde, dulce y agradable música, retirándose (despues de
fenecidos los divinos oficios) á su casa el Alférez Real con
el mismo honroso acompañamiento, en la cual tenia dispuesta una sala muy bien adornada para el Real Estandarte
que se puso bajo de su dosel que competia con justa razon
al que no fuese supremo sólio de la magestad, y en él estaban colocados dos retratos de nuestros Reyes y Señores. Y
continuó mostrando magníficamente su liberalidad con aplauso de sus Magestades con el suntuoso gasto de dulces y refrescos que de todas especies franqueó liberal al numeroso
acompañamiento que ocurrió de á pié y á caballo este dia de
tan plausible y magestuosa festividad á las doce de la noche
con varias danzas que ejecutaron los indios de las doctrinas
de los RR. PP. jesuitas quienes para este fin y el de la música los hicieron venir del pueblo de Yapeyú.

Siguióse al otro dia el paseo del Estandarte á la Catedral
á la celebracion de la fiesta del patron que se hizo con estrema solemnidad predicando un docto sermon el Reveren-

do Padre Juan Barrera, de la Compañia de Jesus, cuya copia acompaña á esta descripcion, y fenecido con el armonioso católico himno *Te Deum laudamus.* Volvió á su casa el
Alférez Real con el mismo séquito, pompa y órden que habia
marchado el dia antecedente, donde le dejaron, hasta la noche que concurrieron los mas de los habitadores á la plaza
que habian iluminado el Gobernador y Alférez Real á esme-
ros de su cuidado, con tantas luces que no se echaba menos la claridad del dia, antes bien la diversidad de llamas,
hogueras, luminarias y otras luces, hermoseaban con agrada)le perspectiva todo el circuito, haciendo un lindo fuego
con un castillo de artificiosa pólvora que se divertía en tres
cuerpos y unas galeras y navios que se correspondían en guerra lucida, cuyo combate se ejecutó con la mayor propiedad,
y que no pudiera desear Marte mayor delicia para divertir su
belicosa aficion.   A todo acompañaban varios fuegos de manos, distintas especies de voladores, cohetes, tronantes y
montantes, de modo que estaba la plaza hecha un incendio y
que pudiera haber suplido fuego para una Troya ó á Tito y
Vespasiano para el del Templo.

Encendiéronse las guías al castillo, galeras y navíos á
las ocho de la noche, jugando los artificios de la pólvora entre sí causaba el verlos mas deleites que el que dan los juegos de diversion. Duró esto bastante tiempo y acabado por ser
ya hora de recogerse lo hizo cada uno á su casa muy com-
placido aplaudiendo todo lo lleno del dia, pues, para que no
le faltare cosa alguna, el Gobernador y Capitan general, en
quien se divisaba el mas ardiente celo, con singulares demostraciones de regocijo corria su júbilo á raudales en todas las funciones de estas fiestas, por lo que en este dia tu-

vo un franco y magnífico banquete de todas las personas
ilustres y principales de la ciudad que concurrieron muy gus-
tosas por haberlas convidado á celebrar en él la nueva coronacion que invocó en la primera salud brotando en las espresiones la misma lealtad que habia difundido con la presencia
de la persona por todas las calles de la ciudad.

A la noche siguiente ardió otro castillo combatiendo con
unos navios y galeras, con tal proporcion que parecia lo gobernaba todo impulso humano, hallándose la plaza con iluminacion semejante á la primera y deseando las cenizas que
sirvieron á esta ser Fénix para renacer á mayores lucimien-
tos, y mas cuando estaban viendo lo ufano con que ardian las
tramoyas y oyendo los vítores con que los aclamaban las personas mas principales del numeroso concurso.

No se contentó el Alférez Real con los crecidos gastos
de las referidas noches, que él solo de su propia bolsa se
dedicó á hacerlos y repitió nuevo castillo tercera vez con variedad de fuegos, así de cordel que jugaban con bello arte como de manos, ruedas, voladores, montantes, estando la plaza
con la misma iluminacion que las noches antecedentes y sintiendo esta tercera vez se acabase la funcion para desmentir
el que fuesen sombras las de que se viste en la ausencia del
sol ó porque se viera alguna vez claridad continuada por espacio de treinta y seis horas.

Salió al otro dia por la tarde un elevado famoso carro
triunfal cuyo perfil es el que se demuestra en el siguiente dibujo, y á su costeo concurrieron todos los forasteros.
Lo esterior del carro manifestaba una delicada pintura: en
la popa las armas Reales, en la proa las de esta ciudad y los
costados con trofeos militares y otros follajes que llenaban el

campo, que remataba en perfil dorado. Iluminábanle treinta
hachas de cera y seis faroles que le hacían avivar las pinturas.   Ocupaban su espaciosa capacidad las cuatro partes del
mundo vestidas con trajes correspondientes á su naturaleza,
que en distintos metros felicitaban á un infante que en representacion del nuevo Rey se vistió y ocupó el lugar mas elevado en una preciosa silla que se colocó para el efecto.   En
la parte inferior se dispuso un concierto de música bien
acorde y de muy acompasada composicion por cuyas sonatas
se iban cantando varios elogios á nuestros Reyes y señores.
Tirábanle ocho robustas mulas de un color, y para mas adorno de su célebre aparato, dispuso don Tomás Equioz, capitan
de forasteros, suficiente número de uniformes encarnados
con bandas frangeadas, para que con espada en mano fuesen
acompañando la carroza, y en esta conformidad paseó todas
las calles llenando de alborozo la ciudad y confesando aun los
ansiosos ser lo mas plausible que habian visto en esta república, retirándose del paseo hasta la media noche con sentimiento de los que en él se deleitaban, y muchos procuraban
ganar las esquinas por donde había de seguir para lograr el
repetir su vista, y los clamores obligaban á que el otro dia
se repitiese el paseo, porque el pueblo quedase en alguna
manera satisfecho.

Al dia siguiente salió una marcha burlesca acompañada con mas de cuatrocientos hombres, en carro, en cuyo
centro iba de pintura el Tiempo y á sus espaldas el dios Ba-
co, cada uno con las insignias que le representaban.   Llevaba dentro una escuela de fingidos niños todos con barbas, y
el maestro que gobernaba las cartillas, sin ellas: deletreaban
bárbaramente lo que les prevenia la imaginacion y prorrum-

pian todos á una voz en estas: Viva Fernando, viva Maria
Bárbara! Tenía su concierto músico que dentro del mismo
carro cantaba en la misma conformidad y luego que acababa
la música se oia el ruido de un órgano de gatos bien discur-
rido de mayor á menor por concertar sus ahullidos que acompañados de los ronquidos que daban unos lechoncillos que
servian de bajos hacia mas sainetosa la jocosa diversion.
Agradó esto mucho al público, porque los trajes é invenciones que sacaron por habérseles dado libertad á todos para
que saliese cada uno segun su antojo, causó la mas armoniosa marcha que pudiera presumirse. Compusiéronla y costearon los gremios de las artes mecánicas, y porque no quedase sin parte el de los párvulos dispusieron estos una cale-
sita á lo burlesco en que fué un niño sériamente sentado con
su acompañamiento de vanguardia y retaguardia montados en
carneros y con copia de luces, con cuyo particular alborozo
anduvieron todas las calles tres noches recogiéndose en cada una al amanecer del dia siguiente por pasear los barrios
todos de la ciudad y no fatigar con sus aclamaciones á ninguno de los que salian á mirarles.

Síguese el juego de cañas y sortija que se hizo en la
plaza por cuatro cuadrillas de á doce hombres cada una, de
los principales vecinos de esta ciudad, comandados por el
Maestro de Campo don Juan de San Martin, la una de españoles, otra de moros, otra de turcos y otra de indios, que
entraron á la plaza á las cuatro de la tarde; los tres á son de
caja y clarin y la de indios de flautas y tamboril, todos muy
bien vestidos especialmente los turcos é indios, que despues
de haber mandado hacer á propósito los vestidos correspondientes al traje de muy ricas telas de brocato guarnecidas

con franjas de plata y oro, y encajes muy finos, adornaron
toda su bizarria con joyas de piedras preciosas, perlas, y
otras alhajas que daban en muestra al oriente; y puesto en
los ángulos destinados á cada uno de los cuadrilleros, empezaron la corrida de caña, despues de paseada la plaza, que
desempeñaron con grande acierto no menos que en la sortija, á que enlazaron quince veces.   A cada sujeto gratificaba
el Alferez Real por via de *saine* una medalla de las que habia mandado hacer con la imájen del Rey Católico Monarca
de un lado y en el otro con las armas de esta ciudad orlado
de los propios epígrafes y tenia reservado para este dia en el
que quedó toda la república regocijada por los lazos y figuras, y paseo que despues de despedirse el gobernador y
Cabildo hicieron por las calles acompañando á su comandante y despues á sus cuadrilleros, quienes tenían prevenido
refresco de dulces, alojas y otras especies.

Paráronse despues á ejecutar en dos subsiguientes noches, dos comedias que tenian dispuestas los militares de
este Presidio, la una intitulada *las armas de la hermosura*,
y la otro: *efectos de ódio y amor*, precediendo á las dos una
Loa de aprobado metro.   Fué crecido el gusto que tuvieron
para esta funcion, porque habiéndose empeñado en su mayor
aire mandaron hacer y pintar tantos bastidores que se cor-
riesen conforme los lances de las comedias con armoniosa
perspectiva y dieron alma á los sucesos con la voz de los cómicos.   Estaban tan vivas las pinturas de cada mutacion que
parecia se querían asomar á salir del lienzo y mostrar eran
realidades las apariencias.   Formaron con ellas un espacioso y magnífico teatro que merecía lugar y alabanza en el mejor
coliseo, en cuyas tablas ejecutaron las dos comedias con

aplauso universal y vivas con que proclamaron los del auditorio la retórica disposicion de los cómicos.

Siguiéronse despues cuatro días de toros para los que estaba dispuesta la plaza circunvalada en cuadro de ella con tablados vestidos de colgaduras, damasco y tafetan, cuya vistosa variedad juntamente con el tremoleo de copias de banderas y gallardetes enarbolados al viento, causaban un placer muy gustoso sin que hubiere persona alguna poco contenta. Estaba un concierto de música inmediato al asiento del Gobernador y Cabildo cuyos instrumentos se tañeron al tiempo del refresco general que á todos se dió de dulces de varias especies y bebidas correspondientes, costeando esto, como tambien los toros el Alcalde de primer voto y el Alférez Real por no hallarse la ciudad con medios algunos para hacerlo. Vinieron á la lid los tres galanes que rejoncaron vestidos en cuerpo en bien briosos caballos cada uno con su criado para alcanzarte los rejones despues de empleados los que tenian á la mano. No faltaron algunos diestros capeadores que mostraron con bizarria su habilidad y otros en manifestar la que tenian en el total acierto de clavar banderillas á una y otra partida de las cervices de los toros. Algunos de los mas feroces salieron ensillados con un ginete que se burlaba de sus sangrientas iras, corriendo toda la plaza deshecho en cólera sin que pudiera hacer mocion en el ginete. Empezábanse las fiestas á las cuatro de la tarde y acababan á las siete y media que es el tiempo de dar la oracion.

Ocupáronse otras dos noches en la Real Fortaleza con saraos y armoniosos conciertos de música á donde acudió la nobleza del pueblo de uno y otro sexo desde la oracion hasta la media noche en cuyo intermedio danzaban bailes de muchas ideas así los caballeros como las señoras, festivos todos de mirar tan festivo congreso. En las dos noches el Gobernador y Capitan general propinó un magnífico refresco á todos los circunstantes que sirvió de paréntesis para las contradanzas, minuetos y arias.

La noche siguiente ejecutaron en la misma Real Fortaleza los indios de los RR. PP. Jesuitas una ópera de muy bien compasada composicion que tenian prevenida queriendo interesarse en los aplausos generales y universal regocijo de su Rey y Señor. Cantaron con dulce proporcion de voces los recitados, alegres, adagios, fugas y demás composiciones músicas que contenía la ópera, que acabada la sainetaron con bailes muy agradables y que eran sus mudanzas de particular primor.

La subsecuente se repitió en la misma Real Fortaleza una de las comedias dispuestas y costeadas por el cuerpo militar, habiendo para ello formado los bastidores en la debida colocacion, y ejecutaron los papeles con sobresaliente propiedad, á la que asistió lo mas florido de esta república por no haber ámbito para todos los deseosos de ver tanta belleza así en las pinturas como en damas galanes que salieron al teatro con riquísimas galas cuajadas de joyas preciosímas de diamantes, esmeraldas, topacios, jacintos y demás piedras y con perlas de fino oriente, todo proporcionado con muy lucida compostura.

A medio dia del siguiente dió el Gobernador un espléndido convite á toda la nobleza, porque su celo se singularizaba en todas las funciones con el primer respeto que los autorizaba. Sirviéronse en el banquete delicados manjares y copiosa multitud de cubiertos cuya sazon apenas dejaba al paladar discernir cual fuese la vianda. La coperia era igualmente de generosos licores: con los brindis se saludaba el nombre del Rey nuestro Señor, anunciando el primero una salva de artillería en demostracion de inmortalizar su soberana persona. Despues de las varias especies de dulces que se suministraron por postres, subsiguieron mas delicadas bebidas que dando gusto á todos los del convite se retiraron á sus casas muy satisfechos de deleites.

Ultimamente, habiéndose convocado doce personas de España y formado compañia para representar otras dos comedias que fueron índice de su amor, eligieron para ello la intitulada: «Primero es la honra» y «La vida es sueño,» que costearon seis de los compañeros, y las ejecutaron con primor en lucido teatro que compusieron de primero y segundo cuerpo: en aquel vestidos siete arcos de tafetanes muy vistosos y colgaduras de damasco carmesí que sirvieron para las entradas y salidas que hicieron con tan natural propiedad que los lances de ternura causaban igual compasion al ánimo como alegria al gusto de los que miraban. En el segundo cuerpo que se componía de tres arcos igualmente costosos en su ornamento, se veia un hermoso dosel en donde estaban colocados dos retratos de nuestros Reyes y señores y en el centro de la cima las armas Reales, adornado todo el ámbito de colgaduras, iluminados ambos cuerpos con muchas luces que recibían con grande franqueza la variedad de arañas de plata, cornucopias de cristal, que en uno y otro se habían fijado y reflejaban en los espejos que adornaban el cuerpo alto. Intermediaban uno y otro, tres balcones en cuyos estremos se hicieron dos montes para que en ellos se pudiera representar á lo vivo los pasajes de las comedias.

Remataban en la cumbre del teatro una cenefa de prolija compostura adornada de encajeria de plata, y en la cumbre una corona vestida con igual conformidad.

Dos noches dieron de especial regocijo á toda la república, acudiendo á su representacion el Gobernador y Cabildo con todos los oficiales y personas de mas distincion á quienes convidaron cortesanamente por la concurrencia, y desempeñando tanto el festejo con dos Loas que para ello se compusieron en esta ciudad, que se hubieran repetido á no impedirlo la injuria del tiempo, por la instancia con que todas las pedian; pero lograron los mismos europeos hacer dos corridas de toros con sus tablados, saliendo á rejonear en caballos de papel, y otros á capear, poner banderillas y estoquear cuerpo á cuerpo las fieras, á lo que por ser diversion privada no asistió el Gobernador ni Cabildo; pero concurrió á ella todo el lucimiento de la ciudad que quedó con el sentimiento de no poder esforzarse á mas altas demostraciones de regocijo por que les ocupaba todo el pecho los vítores al nuevo Rey y Señor natural, y á nuestra legítima Reina y Señora, á quienes Dios guarde y prospere en mayores aumentos de reinos y Señoríos como la cristiandad ha menester y con felicísima sucesion que es el cumplimiento de nuestros deseos y lealtad, con la que B. S. R. P.

WASHINGTON Y BELGRANO.

DESPEDIDA DE WASHINGTON AL PUEBLO DE LOS ESTADOS-UNIDOS

Traducida de su original—por D. Manuel Belgrano—año 1818.

————

(Advertencia á la Revista)

Las pájinas que vamos á reproducir son poco conoci-
das. El libro que las contiene se imprimió en los primeros
años de la revolucion y apenas si existe de él uno que otro
ejemplar en manos de las personas curiosas.

El historiador de Belgrano le menciona en el capítulo
XIX de su obra, y allí hace resaltar en pocas pero eficaces
palabras, el fuerte y sano alimento con que nutria su espíritu
el héroe de la escuela de Washington, quien, entre todos los
revolucionarios de la América del Sud fué el que mas se
acercó á tan sublime modelo.

El jeneral Belgrano manifiesta en la «introduccion» las
circunstancias en que comenzó á poner en español el testamento político del gran patricio de la primera república de
América, y el objeto que se propuso en esta modesta tarea. No
pueden leerse esos sencillos renglones sin emocion y sin
gratitud, y hoy mismo, que tanto camino hemos hecho en el
estudio y adopcion de las instituciones libres norte-america-
nas, no podremos menos que recojer con fruto la herencia
de buenos ejemplos que nos dejó nuestro gran compatriota
en las preciosas pájinas que vinculan su nombre al *nombre
glorioso* de Jorje Washington.

« Despues de cuarenta años, decia M. Guizot al escribir la vida política de Jorge Washington, es todavia hoy objeto de la ternura popular la memorable proclama de despedida, con la cual, al entrar de nuevo al seno del pueblo que habia gobernado, derrama sobre él los rayos luminosos de su esperiencia y sabiduría. » (1)

INTRODUCCION.

El ardiente deseo, que tengo de que mis conciudadanos se apoderen de las verdaderas ideas, que deben abrigar si aman la patria, y si desean su prosperidad bajo bases sólidas y permanentes, me ha empeñado á emprender esta traduccion en medio de mis graves ocupaciones, que en tiempos mas tranquilos la había trabajado, y se entregó á las llamas con todos mis papeles en mi peligrosa y apurada accion del 9 de marzo de 1811 en el Tacuarí.

Washington, ese héroe digno de la admiracion de nuestra edad y de las generaciones venideras, ejemplo de moderacion, y de verdadero patriotismo, se despidió de sus conciudadanos, al dejar el mando, dándoles lecciones las mas importantes y saludables; y hablando con ellos, habló con cuantos tenemos, y con cuantos puedan tener la gloria de llamarse americanos, ahora, y mientras el globo no tuviese alguna variacion.

Su despedida vino á mis manos por los años de 1805, y confieso con verdad, que sin embargo de mi corta penetracion, vi en sus máximas la espresion de la sabiduria apoyada

1. Véase "Jorge Washington" libro escrito en francés por M. Guizot, traducido por Juan Maria Gutierrez—Buenos Aires, imp. y lib. de Mayo 1870—(pág. 82.)

en la esperiencia y constante observacion de un hombre, que se había dedicado de todo corazon á la libertad y felicidad de su patria.

Pero como viese la mia en cadenas, me llenaba de un justo furor, observando la imposibilidad de despedazarlas, y me consolaba con que la leyesen algunos de mis conciudadanos, ó para que se aprovechasen algun dia, si el Todopoderoso los ponia en circunstancias, ó transmitiesen aquellas ideas á sus hijos para que les sirvieran, si les tocaba la suerte de trabajar por la libertad de la América.

Un conjunto de sucesos que no estaban al alcance nuestro; pues vivíamos sabiendo unicamente, lo que nuestros tiranos querian que supiésemos, nos trajo la época deseada, y por una confianza que no merecia, mis conciudadanos me llamaron á ser uno de los individuos del gobierno de Buenos Aires, que sucedió á la tiranía.

Las obligaciones no me daban lugar á repasar la traduccion, para que se imprimiese, ya que teníamos la gloria de poder comunicar los conocimientos, y que se hicieran generales entre nosotros, y creido de que en la espedicion al Paraguay podría haberla examinado y concluido, tuve la desgracia que ya he referido.

Mas observando que nadie se ha dedicado á este trabajo, ó que si lo han hecho no se ha publicado, ansioso de que las lecciones del héroe americano se propaguen entre nosotros y se manden, si es posible, á la memoria por todos mis conciudadanos, habiendo recibido un pequeño librito que contiene su despedida, que me ha hecho el honor de remitirme el ciudadano don David C. de Forest, me apresuré é emprender su traduccion.

Para ejecutarla con mas prontitud me he valido del americano Dr. Redhead que se ha tomado la molestia de traducirla literalmente, y esplicarme algunos conceptos, y por este medio he podido conseguir mi fin, no con aquella propiedad, elegancia y claridad que quisiera, y de que son dignos tan sabios consejos; pero al menos los he puesto inteligibles, para que mejores plumas les den todo aquel valor que mis talentos, ni mis atenciones me permiten.

Suplico solo al gobierno, á mis conciudadanos y á cuantos piensen en la felicidad de la América, que no separen de su bolsillo este librito, que lo lean, lo estudien, lo mediten, y se propongan imitar á ese grande hombre, para que se logre el fin á que aspiramos de constituirnos en nacion libre é independiente.

Alurralde 2 de febrero de 1813.

MANUEL BELGRANO.

DESPEDIDA DE WASHINGTON
AL PUEBLO DE LOS ESTADOS UNIDOS.

Amigos y Conciudadanos.

Nunca me parece mas á propósito manifestaros la resolucion, que he tomado de separarme del cargo, que ocupo, que en estas circunstancias, en que se acerca el tiempo de elegir un ciudadano que administre el Poder Ejecutivo de los Estados-Unidos, y en el que debeis fijar vuestras ideas

para designar la persona, que se haya de revestir con una
comision tan importante: asi se espresará distintamente el
voto público, y no se me contará en el número de los que
hayan de ser elegidos.

Os suplico al mismo tiempo que me hagais la justicia de
creer, que no he tomado esta resoluccion, sin haber tenido
presente todas las consideraciones, que corresponden á la
relacion que une á un ciudadano obediente á su patria, y que
mi determinacion de retirarme no es, ni diminucion de zelo
por vuestro interés futuro, ni falta del mas agradecido respeto á vuestra pasada bondad, sino un efecto del pleno conocimiento en que estoy de que este paso no es incompatible con aquellos objetos.

El haber aceptado, y continuado hasta ahora en el cargo, á que por dos veces me llamasteis por vuestros votos, ha
sido un sacrificio uniforme de mi gusto al convencimiento en
que estoy de la obligacion que tengo respecto de la sociedad
y de mi deferencia á lo que parecia que deseabais. Esperaba constantemente volver al retiro de que salí con repugnancia y que podria haberlo hecho mas pronto, sin perjuicio
de los motivos que no podré desatender. La fuerza de mi
inclinacion á retirarme, me estimuló á prepararme para di-
rigiros un manifiesto antes de la última eleccion, declarán-
doos mi deseo; pero reflexionando con madurez acerca del
estado de nuestros negocios con las naciones estrangeras,
que era tan perplejo y crítico, y cediendo al parecer unánime
de las personas de mi confianza, abandoné la idea.

Me complazco con que el actual estado de vuestras relaciones, asi interiores como exteriores, no hacen incompatible el que siga mi inclinacion, ni con el conocimiento que

tengo de la obligacion de servir, ni con el decoro: y estoy
persuadido de que en las presentes circunstancias de vuestra
patria, no desaprobareis mi determinacion de retirarme, sin
embargo del afecto que me dispensais por mis servicios.

Cuando por primera vez me determiné á desempeñar el
árduo cargo, os manifesté con oportunidad mis ideas: os diré
solamente eu desempeño de esta obligacion, que he contri-
huido eon buenas intenciones á la organizacion, y administracion del gobierno, y que he hecho los mejores esfuerzos,
segun es permitido á una corta capacidad, sin ignorar desde
el principio la inferioridad de mi talento, mas la esperiencia
propia, y aun mas la de otros, ha aumentado los motivos de
desconfiar de mi mismo; y creciendo cada vez mas el peso
de mis años, me avisa, sin cesar, que la sombra del retiro
me es tan necesaria como me será agradable. Satisfecho de
que, si mis servicios han tenido algun valor, solo ha procedido de las circunstancias, tengo el consuelo de creer que si
la eleccion y la prudencia me llaman á separarme de la escena política, el patriotismo no me lo prohibe.

Mirando hácia el momento que vá á terminar la carrera
de mí vida pública, no me es posible dejar de manifestar el
reconocimiento, en que estoy á mi amada patria por los muchos honores que me ha dispensado, aun mas por la firme
confianza con que me ha sostenido, y por las proporciones
que me ha presentado, de hacer ver mi inviolable afecto con
servicios fieles, y constantes, aunque en utilidad muy desiguales á mi celo. Si han resultado á nuestra patria beneficios de estos servicios, que se recuerden siempre para gloria vuestra, y se conserven como un ejemplo instructivo en
nuestros anales; porque en circunstancias, en que las pasio-

nes agitadas de todos modos estaban sujetas á descaminarse en medio de apariencias algunas veces dudosas, de las vicisitudes de la fortuna que desalientan, en situaciones en que no pocas veces la falta de buenos resultados ha favorecido el espíritu de crítica, la constancia en sosteneros ha sido el apoyo esencial de los esfuerzos, y la garantía de los planes por donde se efectuaron. Penetrado íntimamente de esta idea la llevaré hasta el sepulcro como un estímulo poderoso para pedir incesantemente á los cielos os continúe su beneficencia; que vuestra union, y afecto fraternal sea perpetuo; que la constitucion libre, trabajo vuestro, se mantenga sagradamente; que su administracion en todos sus ramos se señale por la sabiduria, y la virtud; que por último la felicidad del pueblo de estos Estados, bajo los auspicios de la libertad, sea completa por una conservacion cuidadosa, y un uso tan prudente de estos favores del Todo–poderoso, para que adquieran la gloria de obtener el aplauso, afecto, y adopcion de toda nacion, que aun no la conoce.

Aquí, tal vez, debia yo dejar de hablaros; pero mi anhelo por vuestra felicidad, que no concluirá sino con mi vida, y el temor del peligro, natural al mismo, me impelen en esta ocasion, á ofrecer á vuestra contemplacion, y recomendar á vuestra meditacion algunas ideas, que son el resultado de mucha reflexion, de no poca observacion, y que me parecen de toda importancia, para que mirados como una nacion, segun lo estais, permanezca vuestra felicidad. Os las ofreceré con tanta mas libertad, cuanto que en ellas solo vereis las advertencias de un amigo, que se despide, y que no puede tener un interés personal en aconsejaros mal; animándome á ello la indulgencia con que en otra ocasion semejante recibisteis mis ideas.

Está tan íntimamente unido á vuestros corazones el amor
de la libertad, que no creo necesario recomendároslo, ni para que os afirmeis, ni os confirmeis mas en él.

Tambien os es apreciable en el dia la unidad de gobierno, que os constituye una nacion; y á la verdad justamente la
apreciais; pues es la columna principal del edificio de vuestra verdadera independencia, el apoyo de vuestra tranquilidad interior, de vuestra paz exterior, de vuestra seguridad,
de vuestra prosperidad y de esa misma libertad, que tanto
amais. Pero como es fácil preveer, que por diferentes motivos, y diversos puntos se trabaje con mucho empeño, y se
empleen muchos artificios para debilitar, en vuestro concepto, el convencimiento de esta verdad; siendo este el punto de vuestro baluarte político contra el cual se han de dirigir con mas constancia y actividad las baterias de los enemigos interiores y exteriores [aunque muchas veces oculta é in-
cidiosamente] es de suma importancia, para que sepais bien
cuanto interesa vuestra union nacional á vuestra felicidad
general y particular, que fomenteis un afecto cordial, habitual, é invariable hácia ella, acostumbrándoos á pensar, y
hablar de la union como de la égida de vuestra seguridad y
prosperidad política, velando en su conservacion con un celo
eficaz; rechazando cuanto pueda escitar aun la mas mínima
sospecha, de que en algun caso puede abandonarse; y mirando con indignacion las primeras insinuaciones de cualesquier tentativa, que se hiciere para separar una parte del pais
de las demas, ó para debilitar los lazos sagrados, que actualmente las unen.

Para observar esta conducta teneis todas las razones de
simpatía é interés. Ciudadanos por nacimiento, ó por elec-

cion, de una patria comun, tiene esta el derecho de que todos vuestros afectos se concentren en ella. El nombre de
americano, que os pertenece en vuestro estado nacional,
siempre debe escitar un justo orgullo patriótico, mas que
cualquier otro nombre, que deribe de los lugares en que
habeis nacido. Con poca variacion vuestra religion, vuestras costumbres, y vuestros principios políticos son unos
mismos. Juntos habeis peleado, y triunfado en una causa
comun: la independencia y la libertad que poseis, es la obra
de vuestros consejos, de vuestros esfuerzos, de los peligros,
de los sufrimientos, y de las ventajas comunes, que en union
habeis conseguido.

Mas estas consideraciones, que tan poderosamente deben
obrar en vosotros, son infinitamente de menor gravedad,
que las que tocan con mas inmediacion á vuestro interes:
aquí cada porcion del país encuentra motivos los mas impe-
riosos, para conservar, y mantener cuidadosamente la union
del todo.

Comunicándose los países septentrionales con los me-
ridionales, sin restriccion alguna, y bajo la proteccion de leyes iguales de un gobierno comun, hallan aquellos en las
producciones de estos mayores recursos para empresas marítimas y mercantiles, y materiales preciosos para su industria.
Estos, beneficiados por esta misma comunicacion con aquellos, ven aumentar su agricultura, y estender su comercio,
ocupando en parte en sus propios canales los marineros
septentrionales. Vigoriza su navegacion particular y mientras contribuye por diversos modos á alimentar, y aumentar
la masa general de la navegacion nacional, aspira á la proteccion de una fuerza marítima, que no podian conseguir por

si mismos: estando en igual comunicacion los paises orientales con los occidentales hallan ya el adelantamiento progresivo de la comunicacion interior, tanto por agua como
por tierra, y hallarán despues, cada dia, mas salida para los
artículos mercantiles, que vienen del estrangero, ó los que
presenten nuestras fábricas.   El poniente recibe del naciente renglones necesarios á su incremento y comodidad, y, lo
que acaso es de mayor importancia, deberá necesariamente
la seguridad de la extraccion indispensable de sus productos
al peso, influjo y fuerza futura marítima de la parte Atlántica de la union, dirigida por una comunidad indisoluble de intereses, segun corresponde á una nacion.   De cualquier
otro modo, que posea esta ventaja la parte occidental, yá sea
por su propia fuerza separada, ya sea por una coneccion após-
tata, y desnaturalizada con alguna potencia estrangera, será
intrínsecamente precaria.

Mientras, pues, cada parte de nuestro territorio encuentra de este modo un interés inmediato y particular en la
union, todas sus partes combinadas no pueden dejar de hallar en la masa reunida de medios y esfuerzos, mayores recursos, mayor seguridad, en proporcion, contra los peligros exteriores, una interrupcion menos frecuente de su tranquilidad por las naciones estrangeras, y, lo que es de mayor
valor, la union les libertará de las disensiones domésticas,
que afligen con tanta frecuencia á los países vecinos que no
están unidos bajo un mismo gobierno: disensiones, que su
propia rivalidad bastaria para escitarlas, y que las alianzas estrangeras opuestas, las amistades, é intrigas, las fomentarian
y aun las harían mas amargas.   Asi se evitará tambien la necesidad de mantener establecimientos militares crecidos,

que bajo cualesquiera gobierno que sea, son perjudiciales á la libertad, y deben mirarse particularmente como enemigos de la libertad republicana: en este sentido debeis mirar vuestra union como el apoyo principal de vuestra ibertad, y el amor de esta os debe hacer mas interesante la conservacion de aquella.

Estas consideraciones convencen, á todo individuo que piense y sea virtuoso, y demuestran que la continuacion de la union merece ser el objeto primario del deseo patriótico. ¿Dudais acaso que un gobierno comun sea capaz de abrazar un círculo tan dilatado? Que lo resuelva la expèriencia. Seria un delito oir solo la especulacion para decidir. Debemos esperar, que una organizacion adecuada del todo, con las operaciones auxiliares de los gobiernos para las respectivas subdivisiones nos dará un feliz resultado de la esperiencia. Este asunto merece, que ella sea completa, y exacta habiendo unos motivos tan poderosos y obvios, que influyen en todas partes del pais en favor de la union; y se debe desconfiar del patriotismo de aquellos que intentan debilitar sus lazos, mientras la esperiencia no haya demostrado que es impracticable.

Reflexionando sobre las causas, que pudiesen perturbar nuestra union, se presenta como un objeto importante, que hubiese habido algun fundamento para caracterizar á los distritos por medio de distinciones geográficas, á saber, setentrional y meridional, atlántica y occidental: por las que algunos hombres mal intencionados pueden intentar persuadir, que existe una diferencia verdadera de intereses, y de miras. Uno de los medios, de que se valen los facciosos, para adquirir influjo en los distritos particulares, es el de desfigurar las opiniones, y miras de los otros. No podeis cautelaros bastante contra los celos, é incomodidades, que nacen de estos manejos: ellos se dirigen á separar los afectos de los que debian estar unidos como hermanos. Los habitantes de nuestro pais occidental han recibido últimamente una leccion útil sobre si mismos en esta materia: han visto en la negociacion hecha por el Gobierno Ejecutivo, en la ratificacion únanime del Senado del tratado con España, y en la satisfaccion universal que este suceso ha producido en todos los Estados-Unidos, una prueba decisiva de cuán infundadas eran las sospechas que se propagaban entre ellos, de que la política del gobierno general, y los estados atlánticos era opuesta á sus intereses con respecto al Misisipi: han sido testigos de los dos tratados con Inglaterra y España que les aseguran cuanto pueden desear sobre la confirmacion de su prosperidad respecto á nuestras relaciones exteriores; ¿no será sabiduria reposar sobre la union, para conservar las ventajas que por su medio se consiguen? ¿No se dejará de oir á esos consejeros, si es que existen, que intentan separarlos de sus hermanos y unirlos con los estrangeros?

Es indispensable un gobierno general, para que vuestra union sea permanente y eficaz; las alianzas entre las partes, por ligadas que sean, no la pueden reemplazar; porque inevitablemente esperimentarán las infracciones, é interrupciones que han esperimentado en todos tiempos. Conociendo esta verdad importante habeis mejorado vuestro primer ensayo, adoptando una constitucion de gobierno mas adecuada á la union íntima, y á la administracion eficaz de vuestros negocios comunes. Este gobierno fruto de vuestra libre eleccion adoptado despues de una investigacion completa y madura deliberacion, enteramente libre en sus principios, en la distribucion de sus facultades, que une la seguridad con la energía, y contiene en sí mismo arbitrios para mejorarse, tiene derecho á que confieis en él y á que lo sostengais. Respetar su autoridad, cumplir sus leyes, conformarse con sus medidas, son obligaciones que prescriben las máximas fundamentales de la verdadera libertad. La base de nuestro sistema político es el derecho del pueblo, para hacer ó alterar sus constituciones de gobierno; pero la constitucion, que alguna vez existia, mientras no se cambiase por un acto auténtico y esplícito de todo el pueblo, obliga á todos por los derechos sagrados. La misma idea del poder, y del derecho del pueblo á establecer un gobierno, supone tambien la obligacion que tiene cada individuo de obedecer al gobierno establecido.

Todo obstáculo á la ejecucion de las leyes, toda combinacion, y asociacion, sea cualesquiera el carácter que revista, si tiene por objeto verdadero el dirigir, contener, intimidar, ú oponerse á las deliberaciones y acciones arregladas de las autoridades constituidas, es destructivo de este principio fundamental, y de resultados muy peligrosos. Tales medios solo sirven para organizar facciones y darles mas fuerza artificial y estraordinaria, para sostituir á la voluntad de la nacion, la voluntad de un partido, y muchas veces de una parte de la comunidad muy pequeña, pero artificiosa y emprendedora, y para, segun los triunfos alternados de los diferentes partidos, hacer que la administracion pública sea el espejo de los proyectos desconcertados y monstruosos de las facciones, en lugar de ser el órgano de planes consecuentes y saludables, dirígidos por los consejos comunes y modificados por los mútuos intereses.

Sin embargo de que esas combinaciones y asociaciones puedan servir, de cuando en cuando, para los fines populares, están espuestas á que el tiempo y las circunstancias las conviertan en instrumentos poderosos, que sirvan á hombres ambiciosos, astutos é inmorales para destruir el poder del pueblo, y usurpar la autoridad del gobierno, y luego acabar con los mismos medios que los eleven á su injusta dominacion.

Para que se conserve vuestro gobierno, y que vuestra felicidad actual sea duradera, no solo es necesario, que desaprobeis toda oposicion irregular á su legítima autoridad, sino tambien que resistais, con cuidado toda innovacion de sus principios, sea cualesquiera el pretesto con que se intentase .Uno de los modos de asaltar al gobierno podrá ser alterar las formas de la constitucion con pequeñas mutaciones que debiliten la energía del sistema, minando así lo que directamente no se podría derribar.   Siempre que se os proponga alguna innovacion, tened presente, que el tiempo y la costumbre son tan necesarios para fijar el carácter verdadero de los gobiernos como el de las demas instituciones humanas: que la esperiencia es la piedra de toque para probar la verdadera direccion del gobierno que existe en un pais: que la facilidad en hacer mutaciones, fiándose del crédito de una opinion, ó hipótesis, espone á variaciones perpetuas; porque las opiniones ó hipótesis varian sin fin; y acordaos, con especialidad, que en un pais tan dilatado, como es el nuestro, es indispensable para la direccion eficaz de vuestro interés comun, que el gobierno tenga todo el vigor que sea compatible con la perfecta seguridad de la libertad. La libertad misma hallará su guardia mas segura en un gobierno semejante, en que los poderes están bien distribuidos y arreglados. La libertad es poco mas que una sombra, cuando el gobierno es demasiado débil para resistir á las empresas de las facciones, para contener á cada individuo de la sociedad dentro de los límites que le prescriben las leyes, y para conservar á todos el goce pacífico de los derechos personales y de propiedad.

Ya os he manifestado el peligro de los partidos en el estado, especialmente con referencia á aquellos que se fundan en distinciones geográficas. Trataré ahora con mas estension como debeis precaveros del modo mas completo contra los efectos mortales del espíritu de partido en general.

Por desgracia este espíritu es inseparable de nuestra naturaleza, pues tiene sus raices en las pasiones mas fuertes del corazon humano. En todos los gobiernos existe bajo de diversas formas, mas ó menos sofocado, contenido ó reprimido; pero en los populares se descubre en toda su estension, y es á la verdad su peor enemigo.

La alternativa de la dominacion de las facciones entre sí, agitada por el espíritu de venganza, propio de las dicensiones de partido, que en diferentes siglos y en diversos países ha cometido los escesos mas horrorosos, es en sí despotismo espantoso. Pero este conduce, al fin, á otro despotismo mas formal y permanente. Los desórdenes y miserias que resultan, disponen por grados al espíritu á buscar la seguridad y el descanso en el poder absoluto de un individuo; y tarde ó temprano, el jefe de alguna faccion dominante, mas hábil, ó mas feliz que sus rivales, aprovecha esta disposicion, para elevarse sobre las ruinas de la libertad pública.

Sin contraer la atencion á un estremo de esta naturale-

8

za, que, sin embargo, nunca debe perderse totalmente de vista, los males comunes y continuados, que trae consigo el espíritu de partido son bastantes para que un pueblo sabio tenga interés, y mire como una obligacion el desaprobarlo, y contenerlo.

El espíritu de partido trabaja constantemente en confundir los consejos públicos y debilitar la administracion pública. Agita á la comunidad con zelos infundados y alarmas falsas; escita la animosidad de unos contra otros, y da motivo para los tumultos é insurrecciones. Abre el camino á la corrupcion y al influjo estrangero, que hallan facilmente su entrada hasta el mismo gobierno por los canales de las pasiones de los facciosos. Asi es que la política y la voluntad de un país se ven sujetas á la política y á la voluntad de otros.

Muchos opinan que los partidos en los paises libres son frenos útiles al gobierno, y conservan el espíritu de libertad: esto probablemente es verdad, hasta cierto punto; y en los gobiernos monárquicos el patriotismo puede mirar al espíritu de partido, si no con favor, al menos con indulgencia. Pero en los de carácter popular, en gobiernos puramente electivos es un espíritu que no debe fomentarse: por la disposicion natural de los gobiernos populares nunca faltará bastante espíritu de partido para todo efecto saludable. Y como siempre hay peligro de que traspase sus límites, debe ponerse empeño en disminuirlo y mitigarlo por la fuerza de la opinion pública. El espíritu de partido nunca debe apagarse; pero siempre debe haber una vigilancia continuada, para que no devore con sus llamas, en lugar de calentar.

Es igualmente importante que el hábito de pensar ins-

pire, en un pais libre, á los encargados de la administracion
la cautela de contenerse en los límites respectivos que les
prefija la constitucion, evitando en el ejercicio de los poderes
que un departamento usurpe las funciones de otro. Este
espíritu de usurpacion dispone á reconcentrar los poderes de
todos en uno solo, y forma un verdadero despotismo, sea
cual fuese la forma del gobierno. Para convencernos de la
verdad de esta proposicion basta hacer una justa avaluacion
del amor, del poder, y de la disposicion que tiene el corazon humano para abusar de él. Está demostrado por la esperiencia, tanto de los tiempos pasados como de los nuestros
y aun en nuestro mismo pais, y á nuestra propia vista, la
necesidad de sujetar recíprocamente el ejercicio del poder
político, dividirlo y distribuirlo en diferentes depositarios, y
que cada uno constituya el protector del bien público contra
las invasiones de los demas. Luego es tan importante su
conservacion como su institucion. Si en el concepto del
pueblo se encuentra viciosa la distribucion ó modificacion
de los poderes constitucionales, dejad que se corrija por el
modo que la constitucion designa. Jamás debe hacerse una
mutacion por medio de la usurpacion; pues aunque en algunos casos puede ser el instrumento del bien, es indudable que
ella es la arma con que se suele destruir á los gobiernos
libres. Siempre preponderar á el mal permanente que produce su ejemplo, sobre cualquiera beneficio parcial ó pasage-
ro, que resultase de su uso.

La religion y la moral son apoyos indispensables de todas las disposiciones y hábitos que conducen á la prosperidad pública. En vano reclamaría el título de patriota el
que intentase derribar estas grandes columnas de la felicidad

humana, estos apoyos firmísimos del deber del hombre y del ciudadano. Tanto el mero político como el devoto debe respetarlos y amarlos. No bastaria un tomo entero para indicar todas las conexiones que tienen con la felicidad pública y privada. Preguntaré únicamente ¿donde se encontraria la seguridad de los bienes, de la reputacion y de la vida, sino se creyese que eran una obligacion religiosa los juramentos que en los tribunales de justicia son los instrumentos para investigar la verdad? Debíamos lisonjearnos con cautela de la suposicion, de que la moralidad puede sostenerse sin la religion. Por mucho que se conceda á el influjo de una educacion refinada en los espíritus de un temple peculiar, la razon y la esperiencia nos prohiben esperar que la moralidad nacional pueda existir escluyendo los principios de religion.

Es una verdad, que la virtud ó moralidad es un resorte necesario del gobierno popular. Esta regla se estiende ciertamente con mas ó menos fuerza á toda clase de gohierno libre. Siendo amigo verdadero de este ¿cómo se podrá ver con indiferencia las tentativas, que se hagan, para minar las bases de su establecimiento?

Promoved, pues, como un objeto de la mayor importancia las instituciones para que se difundan los conocimientos. Es esencial que la opinion pública se ilustre en proporcion de la fuerza que adquiere por la forma del gobierno.

Sostened el crédito público como manantial importante de la fuerza y de la seguridad. Uno de los medios para conservarlo es hacer uso de él con la mayor parsimonia posible, cultivando la paz para evitar las ocasiones de gastos: sin olvidar al mismo tiempo, que los desembolsos hechos oportunamente, para esperar el peligro, ahorran muchas veces otros mayores para repelerlo; evitando tambien que se acumulen deudas, no solo huyendo de las ocasiones de gastar, sino haciendo esfuerzos vigorosos en tiempo de paz para pagar las deudas que hayan ocacionado las guerras inevitables, y no cargar á la posteridad, de un modo poco generoso, con un peso que nosotros debemos soportar. La ejecucion de estas máximas corresponde á vuestros representantes; pero debe cooperar á ella la opinion pública. Para que puedan estos cumplir con sus obligaciones, con mas facilidad, es indispensable que tengais presente siempre, que para pagar deudas se necesitan rentas, que para tener estas son necesarios impuestos; que no hay impuesto, que no sea mas ó menos incómodo ó desagradable; que la dificultad intrínseca que acompaña la eleccion de los objetos, que se han de gravar, (eleccion siempre dificil) debe servir de un motivo decisivo, para juzgar con prudencia de las intenciones del gobierno que la hace; é igualmente para reposar en ella y soportar los medios que las necesidades públicas pueden exigir en cualesquier tiempo á fin de obtener rentas para atenderlas.

Observar con todas las naciones buena fé y justicia, cultivar la paz y la armonía con todas, es la conducta que ordena la religion y la moral, ¿y seria posible, que no la ordenase igualmente la buena política? Será digno de una nacion libre é ilustrada, y que no está muy distante de la época en que será grande, dar al género humano el ejemplo magnánimo y demasiado nuevo, de un pueblo constantemente guiado por la justicia, y benevolencia mas elevada. ¿Quién puede dudar, que, con el curso del tiempo y las cosas, no compensasen los frutos de un plan semejante los perjuicios pasageros, que resultasen de su adopcion? ¿Será posible, que la providencia no haya vinculado la felicidad permanente de una nacion á su virtud? Los sentimientos que ennoblecen la naturaleza humana, aconsejan al menos, que se haga la esperiencia. ¡Ah! ¿La harán tal vez nuestros vicios impracticable?

Nada seria tan esencial para la ejecucion de semejante plan como cultivar unos sentimientos justos y amigables hácia todas las naciones escluyendo las antipatías inveteradas y permanentes contra unas, y las pasiones ciegas en favor de otras. La nacion que quiere ó que aborrece habitualmente á otra, es en algun modo esclava. Es esclava de su odio ó de su afecto, y basta cualquiera de ellos, para desviarla de su obligacion y de su interés. La antipatia entre dos naciones la dispone con mayor facilidad á insultar y agraviar, á ofender por causas de poca entidad, y á ser altivas é intratables, cuando sobreviene algun motivo accidental y frívolo de disputa. De aquí resultan choques frecuentes, y guerras obstinadas, envenenadas y sangrientas. Una nacion dominada por el odio ó resentimiento, obliga á las veces al gobierno à entrar en una guerra opuesta á los mejores cálculos de la política. El gobierno participa unas veces de esta propension nacional, y adopta por la pasion lo que la razon repugnaria; otras veces instigado por el orgullo, la ambicion, ú otros motivos siniestros y perniciosos hace servir la animosidad nacional á los proyetos hostiles. Por esta causa muchas veces las paz de la naciones se ha sacrificado, y acaso tambien, en algunas ocasiones su libertad.

La pasion escesiva de una nacion á otra produce una variedad de males. El afecto á la nacion favorita facilita la

ilusion de un interés comun imaginario donde verdaderamente no existe, é infunde en la una las enemistades de la
otra y la hace entrar en sus guerras sin justicia, ni motivo.
Impele tambien, á conceder á la nacion favorita privilegios
que se niegan á otras, lo cual es capaz de perjudicar de dos
modos á la nacion, que hace las concesiones; á saber, des-
prendiéndose sin necesidad de lo que debe conservar, y es-
citando celos, mala voluntad y disposicion de vengarse en
aquellas á quienes rehusa este privilegio. Dá tambien á los
ciudadanos ambiciosos, corrompidos, ó engañados [que se
ponen á la devocion de la nacion favorita] la facilidad de entregar ó sacrificar los intereses de su patria sin ódio y aun
algunas veces con popularidad, dorando una condescenden-
cia baja ó ridícula de ambicion, corrupcion, ó infatuacion con
las apariencias de un sentimiento virtuoso de obligacion, de
un respeto recomendable á la opinion pública ó un celo laudable por el bien general.

Tales pasiones son temibles particularmente al patriota
ilustrado é independiente, que ve en ellas innumerables entradas al influjo estranjero. ¡Cuántos medios no proporcionan para mezclarse entre las facciones domésticas, para ejercitar las artes de la seduccion, para desviar la opinion pública, y para influir y dominar los consejos! Un afecto de esta clase de una nacion pequeña, ó débil, á otra grande y poderosa irremediablemente la constituye su satélite.

Conciudadanos mios, suplícoos, que me creais: la vigilancia de una nacion libre debe estar siempre despierta contra las artes insidiosas del influjo estrangero; pues la historia, y la esperiencia prueban, que este es uno de los enemigos mas mortales del gobierno republicano. Mas esta vigi-

lancia debe ser imparcial, para que sea útil; pues de otro
modo viene á ser el instrumento de aquel mismo influjo
que intenta evitar. El afecto escesivo á una nacion, así
como el ódio execivo contra otra, no dejan ver el peligro sino por un lado á los que predominan, y sirven de capa, y
aun ayudan á las artes del influjo de una ú otra. Los verdaderos patriotas, que resisten las intrigas de la nacion favorita, están espuestos á hacerse sospechosos y odiosos, mientras sus instrumentos y aquellos á quienes alucina, usurpan
el aplauso y confianza del pueblo cuando venden sus intereses.

La gran regla de nuestra conducta respecto á las naciones
estrangeras debe reducirse á tener con ellas la menor conexion política que sea posible, mientras estendemos nuestras
relaciones mercantiles. Que los tratos, que hemos hecho
hasta ahora, se cumplan con la buena fé mas perfecta.—Aqui
debemos parar.

La Europa tiene un número de intereses primarios, que
no tienen relacion alguna con nosotros, ó si la tienen, es
muy remota. De aquí resulta, que debe hallarse envuelta
en disputas frecuentes, que son escencialmente agenas á
nuestros negocios. Seria por consiguiente una imprudencia
que nos implicasemos, sin tener un interés, en las vicisitudes comunes de su política, ó en las combinaciones y choques de sus amistades ó enemistades.

Nuestra localidad nos convida y pone en estado de tomar un rumbo diferente. No está distante la época en que
podamos vengar los ataques esteriores, si permanecemos
bajo un gobierno activo en que podamos tomar una aptitud,
que haga respetar escrupulosamente la neutralidad á que nos

hubiésemos determinado; en que las potencias beligerantes, imposibilitadas de hacer conquistas sobre nosotros, no se arriesgarán con ligereza á provocarnos; en que podemos elegir la guerra ó la paz segun lo aconsejare nuestro interés dirigido por la justicia.

¿Porqué hemos de perder las ventajas que nos da nuestra peculiar situacion en el globo? ¿Porqué hemos de abandonar nuestra posicion, para permanecer en un terreno estrangero? ¿Porqué hemos de enredar nuestra paz y prosperidad en las redes de la ambicion, de la rivalidad, del interés, y del capricho Europeo, entrelazando nuestros destinos con los de cualquiera parte de Europa? Nuestra verdadera política es huir de tener alianzas permanentes con cualesquiera parte del mundo estrangero; en cuanto, segun entiendo, nos es libre el hacerlo actualmente, sin que se crea por esto que yo sea capaz de patrocinar la infidelidad á los tratados existentes. Para mi concepto la máxima, de que la rectitud es la mejor política, es tan aplicable á los negocios públicos como á los privados. Repito por tanto, que se deben cumplir los tratados en su verdadero sentido. Pero en mi concepto no es necesario, y seria poco prudente el estenderlos. Si tenemos siempre el cuidado de mantenernos en una aptitud respetable para nuestra defensa con establecímientos adecuados á ella, podremos descansar con seguridad en alianzas momentáneas para cualquiera apuro estraordinario.

La política, la humanidad y el interés recomiendan la armonia y comunicacion liberal con todas las naciones. Pero tambien nuestra política mercantil debe apoyarse en la igualdad é imparcialidad, sin solicitar, ni conceder gracias esclu-

sivas ni preferencias: consultando el órden natural de las cosas: difundiendo y diversificando por medios suaves los manantiales del comercio, sin forzar cosa alguna; estableciendo
para dar al comercio una direccion estable, definir los derechos de nuestros comerciantes, y proporcionar al gobierno
los medios de sostenerlos, reglas convencionales de comunicacion, las mejores que permitan las actuales circunstancias,
y la opinion mutua, pero momentaneas, y susceptibles de va-
riarse, y abandonarse segun lo exigiesen las circunstancias;
teniendo siempre presente, que es locura, que una nacion
espere de otra favores desinteresados; que lo que acepte bajo este concepto será preciso que lo pague con una parte de
su independencia; que admitiéndolos se ponen en precision
de corresponder con valores reales por favores nominales, y
aun á que se les trate de ingratos porque no dan mas. No
puede haber error mayor, que esperar, ó contar con favores
verdaderos de nacion á nacion. Es una ilusion, que la esperiencia debe curar, que un justo orgullo debe arrojar.

Cuando os ofrezco, paisanos mios, estos consejos de un
viejo y apasionado amigo, no me atrevo á esperar, que hagan
una impresion tan duradera como quisiera, ni que contengan
el curso comun de las pasiones, ó impidan que nuestra nacion
esperimente el destino que han tenido hasta aqui las demas
naciones: pero, si, puedo solamente lisonjearme que produzcan alguna utilidad parcial, algun bien momentaneo, que alguna vez contribuyan á moderar la furia del espíritu de partido, á cautelaros contra los males de la intriga estrangera, y
preservaros de las imposturas del patriotismo fingido; esta
esperanza recompensará suficientemente mi anhelo por vuestra felicidad, único móvil que me ha estimulado á dictar-
los.

Los archivos públicos y otras pruebas de mi conducta os manifestarán, y á todo el mundo, hasta qué punto me han guiado los principios que acabo de delinear en el desempeño de mis obligaciones oficiales. Por lo que á mí toca, mi conciencia me asegura que por lo menos he creido haberme dirigido por ellos.

Con respecto á la guerra, que todavia subsiste en Europa, mi proclama de 22 de abril 1793, es el índice de mi plan. El espíritu de esta medida sancionada por vuestra aprobacion y por las de vuestros representantes en ambas salas del congreso continuamente me han gobernado, sin que haya influido cosa alguna, para obligarme á persuadirme á abandonarlo.

Despues de un maduro exámen auxiliado de los mejores conocimientos, que pude adquirir, me persuadí de que en todas las circunstancias del caso, nuestro pais tenía derecho y estaba precisado por la obligacion y el interés á tomar una posicion neutral. Habiéndola tomado resolví mantenerla con moderacion, constancia y firmeza.

No hay necesidad de esponer por menor, aqui, las consideraciones relativas al derecho de guardar esta conducta. Solo diré que, segun mi modo de entender en la materia, lejos de habérsenos negado este derecho por algunas de las potencias beligerantes, ha sido reconocido virtualmente por todas.

La obligacion de tener una conducta neutral se deduce sin buscar otras razones, de la obligacion que la justicia y la humanidad imponen á toda nacion, que se halla en libertad de determinar y de mantener inviolables las relaciones de paz y amistad con otras naciones.

Los motivos de interés, que tenemos para esta conducta, será mejor dejarlos á vuestra propia reflexion y esperiencia. Una razon dominante para mí ha sido el ganar tiempo á fin de que se consoliden en nuestro pais sus instituciones, todavia nuevas, y que progrese, sin interrupcion, al grado de fuerza y consistencia necesarias, para que disponga, hablando humanamente, de su propia suerte.

Aunque revisando los acontecimientos de mi administracion no me acusa mi conciencia haber cometido error alguno con intencion, sin embargo, conozco demasiado mi insuficiencia para creer que probablemente habré cometido muchos yerros. Sean los que fuesen: ruego fervorosamente al Todo–poderoso que se sirva apartar ó mitigar los males que puedan ocasionar. Llevaré tambien conmigo la esperanza de que mi patria los mirará siempre con indulgencia, y que despues de 45 años de mi vida empleados en su servicio con un celo recto, entregará al olvido las faltas de mi talento, como en breve lo deberá ser mi persona á los lugares del descanso.

Confiado en su bondad, en este particular, como en todos, y movido de aquel amor fervoroso, tan natural en uno, que ve en ella su pais nativo, y el de sus antepasados por muchas generaciones, miro con una gustosa anticipacion el retiro donde me prometo realizar, sin mezcla, el dulce placer de participar, en medio de mis conciudadanos, del influjo benigno de las buenas leyes bajo un gobierno libre: objeto siempre favorito de mi corazon, y la feliz recompensa, como lo espero, de nuestros cuidados, trabajos, y peligros comunes.

JORJE WASHINGTON.

Estados-Unidos, 17 de setiembre de 1796.

LA PRIMERA SOCIEDAD LITERARIA

Y LA PRIMERA REVISTA EN EL RIO DE LA PLATA. (1)

En la historia del desarrollo de la enseñanza que hemos ensayado trazar en la presente obra, no aparece mas que la accion del Estado, la accion oficial, sobre la cultura y direccion de los espíritus por medio de un determinado número de hombres revestidos con el carácter de profesores. Pero aparte de esta influencia limitada y encerrada dentro del círculo selecto formado por aquellos que se dedican á las carreras literarias, hay otra que estudiar, nacida del seno mismo de la sociedad, promovida por esfuerzos individuales y con tendencia á derramar entre el mayor número los beneficios de la instruccion. Esta influencia social y democrática la ejercieron entre nosotros, constantemente, con mas ó menos buena fortuna, las asociaciones literarias, promovidas y sostenidas por espíritus generosos é ilustrados. Ellas apa-

1. Este fragmento hace parte de un trabajo detenido que pensábamos dar como complemento á nuestra obra sobre la enseñanza superior, que dimos á luz en 1868. Lo suprimimos entonces por no abultar demasiado el volúmen y los costos de la obra, y ahora creemos que será de alguna utilidad por incompleto que sea, como ensayo acerca del desarrollo de la prensa periódica y de la actividad literaria entre nosotros.

recen al comenzar el presente siglo. Al principio se resienten del estado social propio de la colonia, y toman formas aristocráticas; y tanto por la condicion de los asociados como por la especialidad de las materias á que se contraían, debieron influir muy poco en el espíritu público, aunque no pueda negarse que prestaron muy buenos oficios, al crédito del país, á las letras y aun á las ciencias en general.

A medida que nuestra sociedad fué moviéndose en armonía con el espíritu de la independencia, los promovedores de las asociaciones literarias, no perdieron de vista al pueblo; tomaron las letras mas como instrumento que como fin, y tendieron á que la elocuencia, la poesía, el arte dramàtico, bajasen desde las alturas clásicas á mover con su fuerza á la sociedad hácia las virtudes activas que la lucha requeria para salir de ella triunfante. Cuando se alcanzó la victoria y las pasiones vivaces é indisciplinadas se calmaron ante el espectáculo del bien, de la razon, de la libertad y del órden que presentaba un gobierno salido como por encanto del caos del año 1820, entonces, nuestros pensadores trataron de concentrar las fuerzas intelectuales en el terreno de la ciencia, así como habian concentrado las morales en el de la política. La literatura propiamente dicha fué para ellos accesoria. La lira se inclinó delante del cálculo, la elocuencia se encogió para dar paso á la economia política, á la estadística, á la exposicion de los análisis químicos y á las fórmulas algébricas, porque aquella era época de reconstruccion, y en el siglo presente no se levantan ciudades á la voz de los poetas sino al fragor del trabajo guiado por las ciencias positivas que ablandan y docilizan la materia.

Así, pues, las asociaciones de que nos ocupamos fueron

la espresion de las inclinaciones y necesidades de nuestra sociedad en el momento en que cada una de ellas aparece. Eruditas y triviales antes de la revolucion; populares y militantes durante la guerra de emancipacion; sérias, científicas, doctrinarias, en los años en que bajo la seguridad del triunfo contra el poder armado de la Metrópoli, comenzó á tenerse confianza en el triunfo del órden sobre que habían de basarse las instituciones democráticas en demanda de las cuales se habian hecho sacrificios sin número en un período de largos años.

Como el objeto de nuestro trabajo no es únicamente mostrar de qué manera cumplió la autoridad gubernativa la obligacion de educar que le incumbe, sino tambien reunir en un solo cuadro los antecedentes necesarios para poder estudiar la capacidad y fuerza intelectual de nuestro país en su justo valor y en un período dado de tiempo, nos parece que no estará aquí fuera de su lugar un bosquejo histórico, rápidamente trazado, de los esfuerzos hechos por la comunidad para servir por sí misma, fuera de la esfera oficial, al cultivo de la inteligencia, á la difusion de los conocimientos útiles, de la verdad y del buen gusto. Pero como esta tarea seria demasiado vasta si se tomase en toda la estension que tiene en sí, nos limitaremos á dar cuenta de aquellas manifestaciones muy señaladas, es decir de las «Asociaciones literarias ó patrióticas,» cuyos fundadores tuvieron el propósito de mejorar bajo planes diversos, la condicion moral é intelectual del país.

Al comenzar el presente siglo, en cuyos primeros años fué tan fuertemente sacudida nuestra sociedad, primero con la invasion estranjera y las operaciones militares para repe-

lerla por dos veces, y despues con la santa esplosion del corazon del pueblo contra un sistema de gobierno que le empo-
brecia y agoviaba,—sentíase en Buenos Aires cierto movimiento intelectual que era síntoma de la próxima reaccion de
sus fuerzas morales. Estableciéronse por entonces escuelas de bellas letras y Academias de ciencias desconocidas
hasta de nombre. Hablóse del mejoramiento de las industrias, de la importancia y nobleza de la agricultura, y de la
libertad de comercio. Pero lo mas notable á este respecto
en aquella época, es la aparicion de un periódico, el primero
que se haya fundado en Buenos Aires, en esta ciudad en donde habia de venir á ser su prole con el tiempo tan numerosa
como vasta en dimensiones, y la fundacion de la *Sociedad patriótica literaria y económica*. El promotor de ambas empresas fué un español avecindado por algun tiempo en Lima
y que se propuso dotar al Rio de la Plata con una publicacion
periódica por la prensa y con una asociacion de personas inteligentes y patrióticas que promovieran los intereses materiales é intelectuales del país en que vivian, imitando en una
y otra cosa lo que con tan buen éxito habia visto practicado
en el Perú por los redactores del «Mercurio Peruano.» Nuestro periódico tuvo por título el *Telégrafo mercantil, moral,
político, económico y Historiógrafo del Rio de la Plata*, etc.
y en cuanto al título de la Sociedad ya queda espresado mas
arriba.

La Corporacion consular que como representante del
gremio de comerciantes era rica é influyente, tomó bajo su
patrocinio á la Sociedad patriótica la cual segun el programa
de su fundador debia tener por objeto ilustrar al país en todas las ciencias, ramos de literatura y artes útiles, y de pro-

poner al gobierno las ideas y proyectos que pudieran ser de utilidad al Rey, á los vasallos y á la pátria. Segun el plan del mismo fundador, los miembros debian dividirse en tres clases, á saber, *numerarios* residentes en esta capital, *corresponsales,* y «caballeritos *alumnos* para que se vayan haciendo y puedan pasar á numerarios por plaza vacante.»

El número de sócios de la primera clase, incluso el director, llegaba á veintiuno. No es fácil averiguar hoy quienes fueron las personas que en aquellos dias pudieran asociarse á una corporacion literaria y científica; pero es de presumir que la mayor parte de ellas se encuentre en la lista de suscritores al «Telégrafo,» publicada en su primer número, y de la cual tomamos las siguientes, como capaces, sin duda, de ilustrar cualquiera de las materias á que la Sociedad habia de dedicarse: Doctor don Domingo de Azcuénaga, don José Joaquin de Araujo, don Félix de Casamayor, doctor don Luis Chorroarin, doctor don Juan José Casteli, don Pedro Andrés García, doctor don Julian de Leiva, doctor don Juan M. Lavarden, doctor don Cárlos José Montero, R. P. F. Julian Perdriel, don Pedro Antonio Cerviño, don Manuel Medrano...... Entre los sócios corresponsales contaba el «Telégrafo» con el Oidor Cañete en Potosí, con el naturalista don Tadeo Haenke en Cochabamba, con Prego de Oliver en Montevideo y con don Pedro Tuella en el Rosario de Santa Fé.

Las indagaciones que nos ha sido posible hacer sobre esta asociacion no nos permiten afirmar que tuvieran sus miembros sesiones formales y periódicas, con sus actas y demás formalidades propias de esta clase de cuerpos literarios. Nos inclinamos á creer que la asociacion se redujo á coope-

rar en el «Telégrafo» y que en las pájinas de esta publicacion
se registran, anónimas ó firmadas, las producciones de los
sócios de número y de los corresponsales ya mencionados.
La «Sociedad patriótica y económica» traia desde el nacer un
vicio que la condenaba á vida corta y enfermiza. Su fundador, sobre cuya capacidad hemos emitido un juicio poco
favorable en la noticia que sobre el «Telégrafo» dejamos con-
signada en la nota de una pájina anterior, no era hombre
para reunir en torno suyo ni mucho menos para presidir á los
miembros presuntos de la Sociedad, todos ellos ilustrados y
de posicion brillante entre los mas distinguidos vecinos de
Buenos Aires. El abogado-coronel Mesa, á pesar de sus títulos, no estaba á la altura de Lavarden, de Perdiel y de Araujo : ni versificaba como Azcuénaga, ni era capaz de estudiar el suelo, la poblacion y la industria de una localidad cualquiera con la suficiencia y la aplicacion de que Tuella había
dado muestras en su notable descripcion del distrito del Rosario.

Cuando se conoce la circular que Mesa dirigió, de su
propio puño y letra invitando á varias personas á asociarse á
sus proyectos literarios, no puede menos que admirarse la
discrecion y el patriotismo de aquellos que le segundaron,
pues el tenor de esa circular es un testimonio elocuente del
ningun fundamento que tenian las pretensiones literarias de
quien la firmaba. El ridículo, el pedantismo y la mas des-
greñada ortografia, hacen de aquella circular un documento
curioso. (1)

1. Hé aquí esa circular copiada de una autógrafa, con su propia ortografia. — "Como ami toca haora, pribatibamente nombrar los individuos y oficiales que han de componer y regir la *Sociedad patriótica literaria* que con
sabiduria y permiso de la governacion superior de estas provincias, intento es-

Sin embargo, la «Sociedad patriótica» llenó en parte las promesas de su título, puesto que dió por fruto el primer ensayo periodístico del Rio de la Plata y salvó del olvido ó de una pérdida segura, algunos importantes documentos que solo pueden consultarse en las pájinas del «Telégrafo.» El título in estenso de este periódico era el siguiente:

«Telégrafo mercantil rural político económico, é historiógrafo del Rio de la Plata. Por el coronel don Francisco Antonio Cabello y Mesa, Abogado de los Reales Consejos, primer escritor periódico de estas Provincias, y Reyno

tablecer; las recomendables prendas que como nátibas, brillan y resplandecen en la muy erudita é ilustrada persona de V. me ejecutan á proceder tan sin libertad para elegirlo por uno de los *socios* que deben contribuir su primera y sublime clase, que entiendo que mi eleccion, no solo es acatadísima sino que no pudiera yo hacerla sin clara inspiracion del mayor númen.

Suplico á V. que la admita, sino como presente honrroso de mi voluntad, sea por la obligacion que tenemos, todo buen Patriota, á promover las felicidades y ventajas de la nacion é inspirar entre las gentes las ideas heroicas de aquel sistema moderno de Pclítica que (como infalible termometro, observan vigilantes las potencias cultas.

Finalmente como mi deseo es asertar y pudiera no alcanzarlo por ignorar como forastero en esta metropolí cuales son las Personas que deben colocarse entro el catalogo de los miembros de la *Sociedad*; suplico á V. tambien que reserbadamente me suscriba á continuacion de la adjunta Lista los que por su literatura, conocimientos físicos, mineralogicos, nauticos, politicos, economicos, mercantiles, rurales, deben ser admitidos en la clase de *Numerarios*; porque asi como en un mismo prado, el perro halla la liebre, el buey la yerba y el lagarto el espino asi tambien en el sabio é ilustre congreso de la *Sociedad,* es preciso tener Newtones que empeñen las matemàticas, físicos que conoscan las causas por los efectos; astrònomos que escudriñen las estrellas, quimicos que registren las profundas grutas de la tierra; naturalistas que observen lo mas recóndito de este globo; y en una palabra que la metafisica, jurisprudencia, medicina y cirugia, la quimica, botánica, historia eclesiástica, civil y natural, la elocuencia sagrada y profana, y todos los ramos de las ciencias y artes estén sentenciados á sujetarse al estudio é indagacion del ente racional que como amigo del pais y amante de la patria, lucha continuamente con los errores y tinieblas, ancioso de esclarecer la esfera de la luz y que esta se difunda en pio de sus semejantes. Dios guarde muchos años. Buenos Aires, marzo 6 de 1801 —Francisco Antonio Cabello.—Señor Comandante don Miguel de Azcuénaga.

del Perú etc. Con privilegio exclusivo. En la Real imprenta de Niños Expósitos de Buenos Aires.» (1)

Esta publicacion periódica tenia por objeto, segun la
declaracion de su Editor, adelantar las ciencias y las artes,
fundar una escuela filosófica que desterrase las formas bár-
baras del escolasticismo, estender los conocimientos de los
agricultores, é informar á los lectores de todos los progresos
y descubrimientos nuevos en la historia, las antigüedades, la
literatura y los demás conocimientos humanos. Apesar de
algunas dificultades que el editor sintió al realizar esta idea,
contó al fin con el apoyo de doscientos treinta y seis suscritores, 159 de Buenos Aires y los 77 restantes de las demás provincias del vireynato. El Virey recomendó la publicacion del Telégrafo al Real Tribunal del Consulado, y
este, por la intervencion de su secretario, le ofreció la mas
completa cooperacion suscribiéndose por 19 ejemplares y
franqueándole los papeles de su archivo particular.

El producto mensual de la suscripcion de este periódico
puede calcularse en 500 pesos fuertes á fines de 1801. Segun los datos comerciales de este mismo periódico, valia la
resma de papel de 14 á 16 pesos. Aunque no podemos estimar el monto de los costos de impresion, creemos que estos
eran menos que las entradas, pues desde muy al principio de
la vida del periódico pudo ya su editor ofrecer premios pecu-
niarios á «toda persona que le presentase en su despacho, y

1. 4 tomos in 4.° de 280 págs. 316, 260 y 316. De este periódico se pu-
blicaron, desde el dia 1.° de abril de 1801, 4 tomos completos, y terminó con
el número 3.° del T. 5, correspondiente al dia 15 de octubre de 1802. Cada
número contiene, generalmente, 8 páginas, aunque hay algunos de muchos
mas, como el 8.° del T. IV que es de 43 páginas. Aparecia los jueves y sába-
dos; pero desde el 2.° tomo solo salió los domingos á razon de dos pliegos
impresos al mes.

con calidad de reintegro algunos legajos de papeles inéditos que contuviesen antiguas fundaciones de ciudades, pueblos, conventos, seminarios» etc. De valor de cincuenta pesos seria la recompensa obtenida por el pensador que presentase una memoria sobre cualesquiera de los seis puntos siguientes: Cómo progresarán mas las provincias argentinas, 1.º en comercio, 2.º en agricultura, 3.º en industria, 4.º en poblacion, 5.º en navegacion, 6.º en Policía? Estas memorias debian someterse ante todo á la censura prévia á que el Telégrafo estaba sujeto por disposicion superior, ejercida por una especie de tribunal político-literario compuesto de los oidores Campuzano y Matalinares; y en segundo lugar á la censura individual del editor. El gobierno por su parte contribuia con medidas eficaces para alimentar el caudal de los materiales, recomendando á los gefes de las provincias que comunicasen al Editor, descripciones históricas y topográficas de las respectivas jurisdicciones, bajo el plan y el modelo propuestos por la redaccion del Telégrafo.

La estension misma del plan y la variedad y abundancia de materiales, embarazaban á veces al Editor que no podia disponer sino de un reducido número de pájinas en 4.º para dar á luz las producciones de su pluma y de las agenas, y los documentos inéditos relativos á la historia de estos paises, que se proponía rectificar por este medio. Veíase en la imposibilidad de complacer á todos sus favorecedores, de entre los cuales unos gustaban mas de las «noticias particulares» que de los «rasgos eruditos;» otros deseaban no encontrar en el periódico mas que opúsculos consagrados á las ciencias. Unos se avenían mal con las materias tratadas por estenso, otros con los escritos reducidos ó superficiales. El

comerciante exigía que el Telégrafo se consagrase esclusivamente á los precios corrientes y á las noticias del puerto; el
chacarero solicitaba lo mismo con respecto á las cosechas; los
autores de comunicados ponian el grito en el cielo al ver
postergadas, cortadas ó cercenadas sus producciones; pero
á todas estas voces y quejas oponía el Editor una serenidad
estóica, protestando que, á imitacion de la Luna reflejada en
el agua y cuya imágen piensan morder los perros, ensorde-
ceria á sus ladridos y seguiria su carrera, pues contaba con
la aprobacion de los «patriotas que tienen bien puestas las
entendederas.»

El Editor de este periódico contrajo, sin embargo, un
compromiso superior á sus fuerzas. Propúsose realizar en
Buenos Aires el pensamiento concebido por los redactores
del Mercurio Peruano, sin poseer las luces, la seriedad de
carácter y las calidades literarias que distinguieron á Una-
nue, á Baquijano y á otros sábios de aquella parte de América, fundadores y sostenedores de tan afamada publicacion periódica. Don Francisco Antonio Cabello, natural de
España, filósofo indiferente, primer escritor periódico de
Buenos Aires y de Lima y abogado de los Reales consejos,
como él mismo se titulaba, era un hombre mas movedizo que
activo, fácil en prometer y diestro en sacar partido personal
del trabajo y del patriotismo agenos. En su periódico se
nota una completa falta de método. Las materias asina-
das unas sobre otras reducen al Telégrafo á un verdadero
cajon de sastre en que se encuentran con dificultad los re-
tazos de buena tela que por otra parte abundan en sus pájí-
nas dislocadas. Los peores artículos del Telégrafo son
aquellos que pertenecen al caletre de «Narciso Fellovio

Canton,» anagrama perfecto del nombre y apellido del primer escritor periódico. Su cuerda favorita era la *letrilla festiva*, de la cual se valia para censurar con escasa delicadeza y mas escasa sal ática, las costumbres de los habitantes de Buenos Aires, como puede juzgarse por la siguiente muestra:

SATIRILLA FESTIVA.

Que Cloris esté en la iglesia,
Su marido á trabajar,
Los muchachos en la cama,
Y la olla sin espumar:

Lindo ejemplar!

Que Lucrecia gaste bata,
Mucha pompa y vanidad,
Y que en cada pelo su hijo,
De liendres tenga un millar:

Lindo ejemplar!

Que una madre riña á su hija
Porque se quiere casar,
Y en casa la deje sola
A su anchura y libertad:

Lindo ejemplar!

Que su propio dormitorio,
O en una cama no más,
Duerman padres é hijos juntos
Sin escrupulosidad:

Lindo ejemplar!

Que Leonor tenga una hija
De presencia regular,
Y con la negra la envie
Á las tiendas á comprar:

Lindo ejemplar!

Que una niña de diez años,
Ni el credo sepa rezar,
Y baile el *afandangado*
Sin olvidar un compás:

Lindo ejemplar!

Que en esta tierra muy pocos
Se quieran matrimoniar,
Y en la *cuna*, diariamente,
Vengan niños á botar:

Lindo ejemplar!

Que doncellas y casadas,
Se pongan á desnudar,
A presencia de mil hombres
Cuando se van á bañar:

Lindo ejemplar!

Que Porcia impida á su hija
El que se pueda sentar
Junto á Gil, y que en el rio
Se entre abrazada con Blás:

Lindo ejemplar!

Que Isabela y Ludovico,
Cual *Eva* ella, y él *Adan*,
Se presenten con lisura,
Y tal desonestidad:

Lindo ejemplar!

Que Fátima chille, y brinque
Si algun pescadito vá
A picarla, y que enmudezca
Cuando la pellizca Juan:

Lindo ejemplar!

Finalmente, que en el rio,
(cual si fuese un lupanar)
Hombres, mujeres y niños
Se echen juntos á nadar:

Lindo ejemplar!

Estos desmanes del filósofo indiferente, pasaron sin gran escándalo mientras tuvieron la forma y el metro en que Góngora ha pintado tantas desnudeces. Pero, una vez, el dia 7 de octubre de 1802, habiendo llegado el Telégrafo al número segundo de su tomo V., en prosa no muy elegante y con un raciocinio pobrísimo, acertó á escribir un artículo con el cual sublevó el amor propio de todos los vecinos de Buenos Aires, tanto peninsulares como nacidos en el país. Segun dicho artículo no existia bajo el sol un lugar mas á propósito que este Rio de la Plata para fomentar la haraganería de los estrangeros, á causa de la abundancia de los alimentos y de la superabundancia de mujeres solteras, y amigas de la ociosidad y del lujo. Y para remediar este mal se proponía en el mismo artículo la ereccion de pueblos en la costa patagónica á donde se destinasen, despues de empadronados y casados, todos los solteros españoles, existentes en el país, bajo la pena de regreso forzado á la península para aquellos que no aceptasen la mano de una porteña pobre y no tuvieran por conveniente establecerse en las bahias de San Julian ó de San Matías. Este artículo mal concebido y cuyo análisis crítico puede leerse en el primer número del «Semanario de agricultura, industria y comercio,» causó la muerte del «Telégrafo mercantil,» pues se suspendió su publicacion de órden espresa del Virey en desagravio de los ofendidos.

Apesar de la incompetencia del Editor y de los grandes defectos de que se resiente el Telégrafo, es preciso confesar que su aparicion señala una época de progreso, y que despertando la curiosidad por la lectura y la ambicion natural de producir para la prensa, dió un impulso visible á los espíritus y á las ideas. En sus pájinas aparecieron por primera vez, la oda de Labarden al Rio Paraná, fábulas de Ascuénaga y composiciones de Prego de Oliver y de Medrano que no son despreciables y honran por el contrario los primeros ensayos de la musa patria. Allí se encuentra tambien la descripcion de algunas ciudades argentinas y de varias provincias de su territorio; diversos trabajos del naturalista Haenke; las primeras observaciones meteorológicas que se hayan dado á luz en Buenos Aires, é importantes y curiosos datos aislados acerca de las prácticas comerciales y del precio de los objetos de produccion y de consumo en toda la estension del Vireynato. Esta masa de materias, aunque reunidas sin discernimiento, hace que la coleccion de pájinas impresas en que se encuentran, se considere como una preciosidad digna de buscarse y de conservarse por los aficionados á estudios nacionales retrospectivos.

Cierta vislumbre de un órden nuevo se apercibe al través de los números del Telégrafo, y la impresion definitiva de su lectura esplica el sentido y la intencion del epígrafe con que se encabeza el primer artículo que apareció en él y que copiamos al pié de la letra, dejando al traductor la responsabilidad de la exactitud, pues es tomado de Tíbulo.

Al inocente asido á la cadena
La esperanza consuela y acaricia,
Suena el hierro en los piés y dale pena;
Mas canta confiado en la Justicia.

JUAN MARÍA GUTIERREZ.

DOCUMENTOS

Introduccion.

La historia considerada como ciencia social, está destinada á poner al servicio del presente y del porvenir la esperiencia del pasado.

Ciceron la llamaba la *maestra de la vida*; y mas de una vez repite que los que ignoran la historia deben ser comparados con los niños, por que la edad del hombre es un átomo si no se aumenta con la noticia y el estudio de las edades pasadas.

Pero la historia no puede aprenderse ni enseñarse sin el cabal y profundo conocimiento de todos los elementos y de todos los hechos sociales; sin darse cuenta de la relacion que existe entre las causas y los efectos de esos hechos; sin desentrañar la índole real del individuo, de la generacion, del Pueblo ó de la raza de que se trate ; sin levantar sus cadáveres de la tumba, sin infundirles nueva vida, sin hacerlos vivir en la tierra que vivieron y como vivieron, en su clima, con las ciencias, con las creencias, con los sentimientos, con las pasiones, con todos los ideales y con todas las realidades de su época.

Así para ocuparnos séria y útilmente de los estudios históricos sobre estos países, necesitamos adquirir, ademas de los conocimientos que se relacionan con la geografía física y política, los que deben ministrarnos las tradiciones orales y la tradicion escrita.

Para esto tenemos que examinar los documentos que guardan nuestros archivos y los de nuestra antigua metrópoli; estudiar esos documentos con criterio y con detenimiento, dándonos cuenta de los elementos sociales y políticos que introdujo la conquista española y de los medios y del resultado con que esos elementos trataron de enseñorearse del territorio, de esplorarlo, de dominar ó asimilarse las razas indígenas, á las cuales tambien debemos tratar de conocer en cuanto es posible por medio de los estudios etnográficos, etnológicos y filológicos, sin lo cual no podríamos comprender lo que de esas razas ha quedado en las nuevas sociedades que produjo aquella conquista.

Poco, casi nada de esto se ha hecho hasta ahora en relacion directa y especial con el Rio de la Plata.

Todavia no se han abierto para nosotros los archivos de Simancas y de Sevilla, y, por consiguiente, todavia no ha podido escribirse ni aun la historia verdadera y completa del descubrimiento, de la conquista, poblacion y gobernacion de los Paises que despues formaron este Virreynato del Rio de la Plata.

Por la índole de su sistema de gobierno y por la necesidad de secuestrar á la avidez de sus rivales el conocimiento de lo que encontraba ú ocurría en las *Indias Occidentales*, la España guardaba sigilosamente todos los documentos que le eran relativos.

Sus mismos cronistas oficiáles solo tenian conocimiento
de los que eran necesariamente públicos, como, por ejemplo,
las contratas para las espediciones, su salida de los Puertos
de España y su regreso, que eran los hechos que menos podian ocultársele al Portugal, el mas inmediato, mas avisado
y mas temible de sus enemigos; y en lo que no era público,
los cronistas no podian ser mas que écos de la política del
Gobierno: narraban lo que á él le convenía y como le convenia; callaban cuanto se les mandaba callar.

Por una ley estaba espresamente prohibido publicar nada nobre *materia de Indias* sin que, ademas de las censuras
y licencias ordinarias, se obtuviese una especial del Real y
Supremo Consejo de Indias, (1) que era, como es sabido, el
cuerpo encargado de velar en todo cuanto necesario fuera
para prevenir ó malograr las asechanzas estrangeras contra
los dominios de ultramar.

Sin salir de lo que se refiere á nuestro Rio, se encontraria la prueba de lo que decimos: los historiadores nos dan
las fechas de las salidas de las espediciones de Solís de los
puertos de España, pero difieren, y notablemente, en la del
descubrimiento.

Respecto á la administracion colonial, á la vida y al régimen interior de las colonias, el misterio era todavia mas
absoluto, la oscuridad no solo densa sino impenetrable.

La verdad no es conocida todavía; el mismo gobierno
Metropolitano no siempre sabia lo que ocurría por estas apartadas regiones; y cuando por ventura, algunos hombres de
conciencia como don Jorje Juan y don Antonio de Ulloa vinieron á informar sobre las cosas de América, tropezaron en

1.   Recop. de Indias, tit. 24 lib. 1.°

abismos de ignorancia, de corrupcion y de iniquidad que no habian ni aun sospechado y que les era dificil medir.

En esta parte de nuestra historia todo está por hacer: es un mundo, una época entera que debemos rehacer exhumando sus mejores elementos del polvo en que están enterrados en los archivos administrativos, municipales y judiciales.

Y decimos muy de propósito *municipales* y *judiciales* porque en las representaciones y en las competencias de los Cabildos con los gobernadores y Virreyes, y en ciertos autos judiciales, es donde podemos sorprender en sus mas ingénuas manifestaciones la vida íntima de la colonia.

Conviene tambien recurrir á los archivos de los Conventos y á las crónicas de las órdenes religiosas, que tan importante influencia han ejercido en estos paises; y cabe no desdeñar lo que puede encontrarse en los papeles y en las tradiciones de las familias, y en los libros de los viajeros y de los historiadores estranjeros. En los viajeros hallaremos interesantes descripciones de la fisonomía material y social de estas poblaciones en la época colonial, y en los historiadores, ademas de lo que se relaciona con los sucesos de las armas y de la política de los gabinetes, lo que se relaciona con la navegacion y el comercio, sin lo cual no podríamos apreciar con exactitud la naturaleza y los resultados económicos del sistema á que estuvimos sometidos.

Bastan estas leves indicaciones para que se comprenda por qué no hemos oído y no podemos oir todavia la voz de aquella *maestra de la vida* que debia complementar nuestra edad con la esperiencia de las edades pasadas, y por qué no hemos podido utilizar tan preciosa esperiencia para estudiar y resolver oportuna y acertadamente los problemas sociales y políticos que nos ha legado el régimen colonial; legado que nos ha producido hondas perturbaciones y que aun hoy dificulta el arraigamiento y la práctica de las instituciones libres.

Antes, pues, de pretender escribir y enseñar nuestra historia nos es necesario reunir y estudiar todos los materiales históricos que dejamos indicados, y esta no podria ser la labor ni de un hombre, ni de una vida, en sociedad alguna, y mucho menos en las nuestras, donde apesar del amor á la Patria y á las letras que distingue á nuestra inteligente juventud, todavia no se puede hacer de las letras una carrera esclusiva.

Mucho tienen que adelantar estas sociedades en poblacion, en cultura y en riqueza para que se puedan dar á la imprenta sin el auxilio directo y eficaz del erario público, colecciones metódicas y bien estudiadas de nuestros mas esenciales documentos y noticias históricas; por lo cual, mientras los gobiernos no consagren á este importantísimo ramo de la ciencia social la atencion que reclama y merece, debemos resignarnos á lo único que los particulares pueden hacer, esto es, á salvar, publicándolos, los documentos que les vengan á mano ó que les permitan adquirir sus medios personales, ya sea en colecciones como la de Angelis, Varela y Trelles, ya en *Revistas* como la que fundaron los doctores Navarro Viola y Quesada.

Estas publicaciones individuales son necesariamente incompletas, inconexas, fragmentarias; pero no por eso dejan de ser útiles.

A este jénero pertenecen las que hoy comenzamos en esta seccion de la *Revista del Rio de la Plata*, y que continuaremos asiduamente mientras podamos conservar el lugar con que nos ha honrado en su redaccion la benévola amistad del doctor don Juan Maria Gutierrez.

————

LOS COMUNEROS DE CORRIENTES.

Piezas principales de la causa formada á los llamados «Comuneros de Corrientes,» con motivo de las perturbaciones que tuvieron lugar en la ciudad de ese nombre, por los años de 1762 á 1764, siendo Gobernador de las provincias del Rio de la Plata el teniente General don Pedro de Cevallos.

————

La ciudad de *San Juan de Vera de las Siete Corrientes,* que por abreviacion se llamó despues simplemente *Corrientes*, nació predestinada á la lucha y al martirio.

Fundada en la inmediacion de la confluencia del Paraná con el Paraguay con objeto de asegurar las comunicaciones de la Asuncion con el Rio de la Plata, sus habitantes combatieron, casi sin interrupcion, y por muchos años, con los Guaycurús, los Abipones, los Payaguas y otras tribus del Chaco, para ensanchar el territorio y para defender la vida y la propiedad.

Como si eso no bastase, la proximidad á la parte del Chaco cuya posesion mas se codiciaba, por los grandes rios que la cruzaban, el Bermejo y el Pilcomayo, y por los caminos que por allí se buscaban para la comunicacion con el Tucuman y con las Misiones de Moxos y Chiquitos, condenaba á los correntinos á ser frecuentemente ocupados en viajes de esploracion.

Estos viajes, eran muchas veces emprendidos por inspiracion y en el interés de los Jesuitas; y tanto esto como el
servicio á que solían obligarlos para resguardar y beneficiar
las estancias que aquellos Padres tenian en sus Reducciones
y las que iban fundando en territorios que los correntinos
consideraban suyos, los indispusieron y exasperaron contra los Doctrineros y los Guaranís de las Misiones.

El servicio que se les exigía les obligaba á abandonar
sus casas, sus familias y sus intereses; tenian que consumir
en él sus ropas y sus cabalgaduras, y estos menoscabos y
las penalidades de largos viajes y de rudas fatigas, no recibían
compensacion alguna.   Lejos de compensarles, se les trataba sin conmiseracion y algunas veces con crueldad.

Esto los hizo simpatizar abiertamente con los comuneros del Paraguay; y cuando en 1732 se intentó levantar en
Corrientes, por órden del gobernador Zavala, un cuerpo de
doscientos hombres para reforzar á los Guaranís que aposta-
dos en el Tebicuarí hostilizaban á los comuneros de la Asuncion, los correntinos se sublevaron al grito de *viva el comun!*

La única espedicion de guerra para que se aprestaron y
á la que marcharon con espontaneidad los correntinos, fué la
que se dirigió á someter las Misiones Orientales á la ejecucion del tratado concluido en 1750 entre las coronas de España y Portugal; ejecucion que era resistida por los Guaranís de aquellos pueblos en el interés, por instigacion, y bajo
la direccion de los jesuitas.

Ese era el espíritu de Corrientes y así habían seguido
corriendo las cosas por allí, cuando asumió el mando de estas provincias el general don Pedro de Ceballos.

Ceballos,—el primero entre los hombres de guerra que la España ha enviado al Rio de la Plata,—era la encarnacion del sistema á que estaban sometidos estos paises;—el despotismo militar y el fanatismo religioso.

La compañía de Jesus tenia en Ceballos el mas decidido y eficaz apoyo.

Este apoyo se hizo sentir en Corrientes por medio de nuevas requisiciones de hombres y de nuevas opresiones, para acompañar á los jesuitas en nuevos viajes de esploracion y para beneficiar las estancias de los misioneros sujetando y recogiendo los ganados alzados.

Dispuso Ceballos se hiciera una grande espedicion con las milicias del Paraguay, Corrientes y Tucuman, cuyo objeto ostensible era abrir un camino recto entre estas dos últimas ciudades. Tomó el mando militar de esa espedicion el Maestre de Campo don Bernardo Lopez, cuya persona no era simpática á los correntinos, y se encargó de dirigirla un Regular de la compañia que le acompañaba con el modesto título de Capellan, pero que, en la realidad, era verdadero gefe.

El Padre se apartó del derrotero de las anteriores espediciones y los encaminó por nuevos rumbos, para ir á buscar préviamente la confluencia del Bermejo con el Paraguay, lo que los obligaba á marchar bajo el azote de las copiosas lluvias de aquel invierno, por bañados y tierras inundadas.

Los correntinos representaron al Maestre Campo contra las nuevas penalidades que se les imponían, llevándolos—*«por tierra inundada é incógnita y caminando á opuesto rumbo que el que se debia tomar, y se tenia conocido y traficado en otras dos espediciones y que conducia al monte grande ó del fierro como lo habia ordenado su Exelencia.»*

No habiendo sido atendidas estas representaciones, los correntinos principiaron á desertarse para regresar á sus casas; y esta desercion produjo el retroceso y el abandono de la espedicion.

Vuelto el Maestre Campo á Corrientes, puso en prision á algunos de los individuos de la espedicion, que en vano solicitaron se les formase causa para justificar su conducta.

Escapando de la prision en que se les tenia, fueron á presentarse á Ceballos, que se encontraba en San Borja. Ceballos no les dió audiencia, desatendió los memoriales que le dirigieron, y despues de dos años ordenó que regresasen á sus casas, á las que llevaron el dolor de no haber merecido siquiera que se les oyera.

Poco despues, y cuando iba á emprender el sitio de la Colonia del Sacramento, ordenó Ceballos que el mismo don Bernardo Lopez con doscientos hombres de Corrientes, pasase á incorporarse en la frontera del Rio Pardo con la tropa de línea del gefe don Antonio Catanix, á cuyas órdenes debian hacer aquella campaña.

Despues de marchas penosas, llegaron á su destino, y allí se encontraron á disposicion de los jesuitas.

De acuerdo con el Padre José Cardiel, los correntinos fueron divididos en cortos piquetes que incorporados á gruesas partidas de los Guaranis de las Reducciones, salieron á recorrer los campos para recojer y traer á rodeo los ganados alzados.

Los detalles de los sufrimientos de estos pobres vecinos, que servian sin sueldo ni gratificacion, y en sus propios caballos, se encuentran en los documentos que vamos á publicar; y estos sufrimientos les eran tanto mas intolerables cuanto que se les imponían en servicio y para satisfaccion de los jesuitas, declarados enemigos suyos.

Empezó, como era de esperar, la desercion, y al fin Catanix despidió á los que quedaron, tratándolos duramente y despojándolos de sus armas y de sus caballos, que tan necesarios les eran para andar las trescientas leguas que los separaban de sus casas.

Impuesto de lo ocurrido, dispuso Ceballos que Corrientes enviase otros 200 hombres, á las órdenes de don Bonifacio Barrenechea, en reemplazo de los desertores.

Barrenechea pertenecia, como Lopez, á la parcialidad de los jesuitas, lo que bastaba para hacerlo antipático á los correntinos.

El cabildo, que ya habia representado, aunque inútilmente, contra las exacciones y violencias de que eran víctimas los vecinos de Corrientes, se asoció á la resistencia de los que no querian marchar con Barrenechea sin que se les diesen garantias de que no se renovarian las violencias, las penalidades y los vejámenes á que se habian sujetado en las campañas anteriores.

Se convocó un Cabildo abierto para hacer una representacion, como se practicó, segun dicen los documentos, *«con presencia de muchos Padres de la República y hombres principales,»* y allí se resolvió *por conveniente y aun necesario para el comun sosiego* suspender á Barrenechea en su cargo de capitan de guerra—confiar este cargo á don Diego Fernandez que estaba ejerciendo el de Justicia mayor,—dirigir á su Exelencia el gobernador Ceballos las informaciones que se habian levantado y que irían acompañadas de una representacion del Cabildo y Padres de la República, y á virtud

de la cual esperaban que impuesto su Exelencia de todo lo
ocurrido, proveería como era de justicia y como lo demanda-
ba el bien y el sosiego de aquella atormentada ciudad.

Ceballos recibió estos papeles, y, sin decir palabra sobre
ellos, se dejó seguir por el conductor que hubo de acompa-
ñarlo en las campañas del Chuy, Santa Teresa y Rio Grande;
y desde allí lo despachó, sin entregarle despues de ocho meses de espera mas que un simple y lacónico pasaporte. El
Dean Funes, dando una brevísima noticia de estas ocurrencias, y apesar de su parcialidad por los Jesuitas, dice que
Ceballos recibió las representaciones de Corrientes y les dió
*por respuesta un silencio mas duro que la reprension mas
amarga.*

«Asi se mantuvo mas de un año,—agrega Funes—te-
« niendo á los correntinos siempre en vísperas de recibir el
« golpe de su oculta indignacion.—Diolo en efecto, comuni-
« cando á don Manuel Ribera un poder absoluto para que
« fuese el instrumento de su venganza y de las de sus prote-
« gidos los jesuitas.—*No cabe en la exajeracion el complejo
« de sus crueldades.* Muchos se proscribieron, se aprisio-
« naron, se condenaron en el nombre de la justicia y de la
« tranquilidad pública. La desesperacion, los recelos y te-
« mores se apoderaron de muchos, y haciendo valer el de-
« recho de seguridad tumultuariamente despojaron á Ribera
« del mando. Zeballos (1) *parece que se complacia en ha-
« er gustar á tragos el castigo.* Despues del silencio de to-
« do un año en que con el largo martirio de una incertidum-

1. Escusamos decir que Funes escribe mal este apellido. Cambia en Z
la C.
  Tambien escribe mal el del Teniente Gobernador nombrado por Ceballos
que es don-Manuel de *Rivera Miranda.*

« bre cruel, habia añadido una nueva pena fuera de la ley,
« hizo, por fin, que el Auditor de guerra pasase á Corrientes
« con el auxilio de un destacamento al mando de don Cár-
« los Morphi. Los reos fueron aprehendidos y procesados,
« no habiendo *además uno* en el pueblo que no fuese vindi-
« cado á los ojos de un juez que no esperaba ideas netas pa-
« ra confundir al inocente con el culpado. El reverendo
« Obispo de Buenos Aires y muchos eclesiásticos de uno y
« otro clero, fueron tambien comprendidos en esta estrepi-
« tosa causa.»

Hemos copiado íntegramente á Funes, interrumpiendo
nuestra ligera narracion, porque el juicio de este historiador
favorable á los jesuitas, abona la rigurosa imparcialidad con
que debemos acusar á Ceballos del cálculo frío con que dejaba correr los sucesos de Corrientes de manera que la poblacion entera de aquella ciudad colocada, en una pendiente
en que mal podia mantenerse, se constituyese en abierta é in-
negable rebelion, con lo cual quedaria justificado el ejemplar castigo que se preparaba y con el cual lograria, de un
solo golpe, imponer su autoridad absoluta anulando todo resto de libertad y de derecho, satisfacer los agravios reales y
supuestos de los jesuitas, y entregarles, sometida, aquella
provincia que tan rehacía se habia mostrado á su influencia y
al servicio de sus intereses.

Ceballos, que disponía de las tropas de línea y de los tercios de guaranís disciplinados por los jesuitas en sus misiones del Paraná y del Paraguay, estaba seguro de que el tiempo que les daba y que servia para que cada dia se comprome-
tiesen mas los comuneros de Corrientes, nunca podia alcan-
zarles para organizar una séria resistencia militar.

El nombramiento del teniente gobernador don Manuel de Rivera y Miranda, sujeto entregado cuerpo y alma á la influencia de los jesuitas, y la autoridad ilimitada de que le invistió, debia llevar, y llevó, en efecto, á los correntinos á las últimas estremidades.

En la noche del 29 de octubre de 1764, asaltaron al teniente gobernador en su casa, lo arrastraron, casí desnudo, á la plaza pública; lo maltrataron y lo constituyeron en prision.

La autoridad de que lo despojaron, fué reemplazada por la de la comunidad.

Consumados estos actos, aun esperó Ceballos; y cuando todo estaba comprometido, envió á Corrientes al Auditor de guerra don Juan Manuel de Labarden, á quien invistió del doble carácter de Teniente gobernador y de juez comisionado para *la averiguacion* (dice el auto) *de los delitos de rebeliones acaecidas en la ciudad de San Juan de Vera de las siete Corrientes.*

Como era de esperar en presencía de las fuerzas superiores de que disponía la autoridad Real, Labarden no encontró resistencia: asumió el gobierno de la provincia y principió á encausar á los comuneros;—y en esta causa se trató de comprometer al Obispo de Buenos Aires don Manuel Antonio de la Torre y á varios curas, que, como aquel Prelado, no andaban bien avenidos con los jesuitas.

Todavia inconcluso el sumario, Ceballos, sin duda porque tuvo noticia de su próximo relevo, lo pasó al Fiscal doctor don Miguel de Rocha y Rodriguez,—para que dictaminase sobre la causa en el estado en que se encontraba.

El parecer de ese letrado, fechado en Buenos Aires á

11 de agosto de 1776, era una sentencia en que se imponían, sin haber llegado á plenario y sin defensa de los acusados, las penas mas graves, inclusa la de muerte.

Todo induce á creer que Ceballos la habria confirmado y mandado ejecutar; pero en esos precisos momentos llegó á Buenos Aires y asumió el mando su sucesor el teniente general don Francisco de Bucarely y Ursua.

Esta mudanza era radical, en cuanto á la influencia de los jesuitas.

Bucarely, sin tomar en cuenta el parecer del doctor Rocha y Rodríguez, pasó los autos al doctor Aldao, y con arreglo al dictámen de este letrado se mandó adelantar la causa y oir la defensa de los reos.

Al mismo tiempo el Obispo de Buenos Aires le dirigió un exhorto al nuevo gobernador para que se le diera noticia de lo que contra él hubiere resultado en esos autos, á efecto de que, con el necesario conocimiento, pudiera *vindicar en su justa defensa el agravio y deshonor que se le habia inferido á su dignidad.*

No era posible que, sin comprometer el principio, el gobierno Real autorizase los actos de la comunidad de Corrientes; pero se permitió á los reos la mas ámplia defensa, y aunque concluida regularmente y sentenciada la causa, algunos fueron condenados á muerte, la sentencia fué consultada al Consejo de Indias, y este la mitigó, para todos, haciendo, además, una especial declaracion de inculpabilidad en favor del Obispo de Buenos Aires y demás eclesiásticos.

La llegada de Bucarely y la decadencia del poderío de la famosa compañía, salvaron á Corrientes del sangriento castigo que iba á someterla al yugo de los jesuitas.

Los documentos que publicaremos en seguida, son:

1.°   El parecer del doctor Rocha y Rodríguez, asesor del gobernador Ceballos.

2.°   El del doctor Aldao, asesor del gobernador Bucarely.

3.°   El exhorto del Obispo de Buenos Aires.

4.°   El informe que dá el Teniente gobernador don Manuel de Rivera y Miranda sobre todas las circunstancias que precedieron, acompañaron y siguieron á su deposicion.

5.° y siguientes.   Las defensas de los reos.

Estas defensas nos muestran la sociedad colonial, bajo todos sus aspectos, tal como la habia constituido la conquista,—tal como la encontró la revolucion de la independencia.

Ellas nos indican tambien la raiz de muchos de los males que, todavia hoy, aquejan á una parte, al menos, de la poblacion de nuestras campañas.

Las poblaciones que viven fuera de la accion protectora del derecho, no pueden comprenderlo, no pueden amarlo ni defenderlo.

Buenos Aires, octubre 1871.

A. Lamas.

Continuará)

LA REVISTA DE BUENOS AIRES.

Despues de una vida de ocho años, y formando una coleccion de 96 *entregos*, que equivalen á 14,000 pájinas in 8.º, encerradas en 24 volúmenes, acaba de despedirse temporalmente de su suscritores esta interesante publicacion. Ella deja un vacio en las letras argentinas. La «Revista de Buenos Aires» ha contribuido á despertar en la juventud la aficion á las indagaciones históricas sobre la América en general y especialmente sobre la República Argentina, y ha dado á conocer obras y autores que nos eran descouocidos en Buenos Aires apesar de su crédito en las Repúblicas hermanas, tan aisladas de la nuestra, especialmente en el comercio intelectual. La coleccion de la «Revista de Buenos Aires» es indispensable en toda Biblioteca consagrada al estudio de la América española, porque solo en sus pájinas se hallan publicados por primera vez, documentos, estudios y antecedentes preciosos sobre la época de la colonia y de la revolucion del Rio de la Plata.

Hacemos votos porque la interrupciou que hoy esperimenta este periódico literario sea de poca duracion; y este deseo es tanto mas sincero cuanto profesamos la creencia de que la demanda aumenta con la concurrencia y que toda publicacion literaria suscita lectores para las demás de su especie.

Los meritorios directores de esa Revista, tanto como sus ilustrados colaboradores, pueden contar con las pájinas de la «Revista del Rio de la Plata,» que se considerarán honradas con sus producciones y con los nombres puestos al pié de ellas.

LOS LIBROS IMPRESOS Y LA TARIFA DE ADUANA.

———

Inspiradas por un espíritu ilustrado y previsor, nuestras leyes habian exonerado de todo derecho de importacion á los libros impresos en el estranjero. Era orgullo argentino el poder decir que los frutos del pensamiento humano no encontraban en nuestro litoral, ni censura, ni impedimento para su circulacion, ni recargo de precio por razon de la tarifa aduanera. Recordamos con placer la impresion de sorpresa que manifestó el administrador de una aduana europea, cuando queriendo hacernos pagar *al peso* el permiso de conservar algunos libros de nuestro uso, le dijimos que éramos naturales de una República Sud-Americana en donde los libros en la lengua de aquel funcionario entraban libremente sin pagar derecho de ninguna especie. En aquel tiempo gobernaba el país el menos ilustrado de los mandarines, el tiranuelo Rosas, y apesar de esto nos honrábamos con el goce de la franquicia indicada.

Por los años de 1864, poco mas ó menos, la ley de aduana comenzó á meterse con los libros impresos, y el gobierno que vive de las contribuciones indirectas les impuso un derecho, rompiendo así con una tradicion ventajosa al desarrollo de nuestra cultura intelectual. Triste recurso que no creemos aumente en gran cosa el tesoro nacional!

Nada de lo que se relaciona con el comercio de las ideas nos puede ser indiferente. El libro es una necesidad vital, el producto que mas debiéramos empeñarnos en atraer á nuestro mercado, y es alejarlo de él ó detener y minorar su circulacion el colocarle, como al paño ó al calzado, en la lista de la tarifa aduanera.

El artículo 2.° de la última ley de aduana al enumerar los objetos libres de derechos, incluye en este número *los libros impresos con encuadernacion en tela ó á la rústica.* Esto importa claramente una restriccion á las franquicias de este producto de la industria estranjera: Los libros encuadernados, en pergamino, en marroquin, todos los que se llaman vulgarmente en *media pasta,* no entran, segun el testo de la ley, en los exentos de derechos y deben pagar uno, arbitrario sin duda, puesto que no se designa espresamente.

A qué propósito, á qué idea obedece este alejamiento del consumo del libro que comete el delito de presentarse vestido con decencia á las puertas de nuestro mercado? Se quiere, acaso, favorecer la industria del encuadernador, cuando no se ha dictado ninguna medida, ni indirecta siquiera, para favorecer la industria tipográfica? No se mandan hacer al estranjero las impresiones de los códigos y de los libros elementales de instruccion costeados con el tesoro nacional? No se impone derechos al papel fino de imprimir por el hecho de tener un poco *de cola,* es decir mas cuerpo y tersura que el que se emplea por la prensa periódica?

La tarifa se manifiesta muy comedida con los *efectos* destinados *al culto divino*, y podrán introducirse libres de derechos cuando así lo exija el señor Arzobispo y lo tenga á bien hacerle el gusto el gobierno nacional. No nos importa el hacer notar la desigualdad preferente que se establece á favor de un culto especial, cuando todos los demás son libres entre nosotros, y las cargas son iguales para todos los habitantes segun nuestras leyes orgánicas y los tratados internacionales. Pero hace al caso notar la contradiccion en que incurre la tarifa con respecto á los libros de materia religiosa. Mientras que un lujoso misal encuadernado en baqueta rusa, con cantos dorados y broches de metales preciosos, puede pasar sin gravámen por nuestra aduana, á pesar de su rica encuadernacion, el libro de devocion, el semananastario, el libro de misa forrado en terciopelo, ó en ébano, ó en nácar, como agrada á nuestras devotas ostentarlos piadosamente á par del rosario de oro en las funciones de iglesia, tiene que pagar derechos, puesto que no están exonerados de él sino los libros forrados en tela ó á la rústica. De veras que no comprendemos esta lógica de la tarifa aduanera, y desearíamos que el gobierno nacional renunciase á la pretension de sacar provecho pecuniario de los objetos destinados á favorecer la instruccion y á fomentar el hábito de la lectura tan adormecido todavia entre nosotros.

Visiblemente retrogradamos en muchas cosas, y en la materia de que nos ocupamos estábamos mucho mejor parados ahora medio siglo. Compárese el artículo de la tarifa novísima que acabamos de examinar con el decreto que encontramos en el libro 2. ° de nuestro «Registro oficial,» en el cual á la pájina 37 con fecha 3 de setiembre de 1821, y bajo las firmas de Rodríguez y Bernardino Rivadavia, se lee la siguiente disposicion digna de aquella época en que nos gobernaban patriotas verdaderamente ilustrados y de miras elevadas:

«El gobierno ha resuelto que desde la fecha queden
« derogadas cuantas disposiciones se hubieren espedido *so-*
« *bre la introduccion de libros*, pinturas y grabados; que-
« dando los dueños de estos efectos *en la sola obligacion* de
« presentar al ministro de gobierno una razon circunstancia-
« da de ellas para obtener el correspondiente permiso.»

La tarifa para el año de 1822, no imponía mas que el cinco por ciento á los grabados, pinturas, estátuas, imprentas y *libros*; (artículo 2. ° — Registro oficial — libro 1. ° — pájina 187.)

Esta idea generosa de proteccion directa á los libros impresos fué desarrollándose, como era natural, á medida que mejor se comprendía la utilidad de la instruccion del pueblo, y así vemos que en 14 de setiembre de 1860, se dicta en el Paraná una ley nacionalizando la tarifa de avalúos del puerto de Buenos Aires. Fué por consiguiente convertida en ley argentina la que lo era de una sola provincia, y el artículo 1. ° del cap. 1. ° de la ley dice así:

«Son *libres de derecho á su introduccion* el oro y la plata sellada ó en pasta, las piedras preciosas sueltas, las imprentas y sus útiles, inclusive el papel de imprimir, las prensas litográficas, LOS LIBROS y *papeles impresos*, los ganados para cría, las plantas de toda especie, las frutas, etc. etc.» (1)

1. Véase el T. 3. ° páj. 457 del Registro nacional de la Rep. argentina.

El ministro de instruccion pública decia ahora poco al Congreso: «El censo general de la República arroja la tenebrosa cifra de 350,000 niños que no concurren á las escuelas y que serán mañana hombres con las pasiones y las miserias que la ignorancia engendra;» y añadía: «El peligro se presenta en su verdadera magnitud cuando consideramos que 40,000 inmigrantes se incorporan cada año en nuestras poblaciones y que estos en mas de dos tercios no saben siquiera leer. De este modo su ignorancia se refundirá con la de nuestras muchedumbres, para perpetuar los males que tan hondamente nos han esperimentado en el pasado, sino adoptamos la resolucion de combatirla respecto de todos los que habitan nuestro suelo.»

Para *combatir* esa ignorancia amenazadora, no son hábiles los 8,000 soldados que paga la nacion: el libro barato es el fusil de aguja en esa lucha que es indispensable emprender contra la *cifra tenebrosa* de que nos habla el señor ministro. El libro no abaratará si el introductor ha de sobrecargar su precio con el derecho aduanero, y si para mayor desacierto se manda imprimir fuera lo que pudieran hacer tan bien ó mejor y mas barato las imprentas del país.

Nos constituimos en centinela de cuanto pueda tener relacion con el fomento del arte tipográfico y con la circulacion de los libros, y pedimos que nos ayuden cuantos tengan el convencimiento de que no hay libertad, no hay grandeza nacional sino allí donde no imperan la ignorancia y donde las supersticiones políticas y religiosas no cuentan con la credulidad de los menesterosos de instruccion.

G.

—————

FISONOMIA DEL MES.

———

Los momentos en que comenzamos esta revista ofrecen un vivo interés y son dignos de ser bien estudiados. El pais presenta síntomas curiosos, que á vista de todos tocan en los dos estremos del bien y del mal. Si los analizasemos con una atencion prolija, esos síntomas nos darian el secreto de la condicion social en que nos hallamos: enfermiza y débil, al mismo tiempo que animada con la fiebre de grandes hechos y de sublimes esperanzas.

Si nos detenemos por un momento á considerar el estado de nuestros espíritus, nos será facil conocer que ellos se balancean entre estos dos estremos: que los hombres y los partidos tenemos dias de animacion y de aliento en que nos creemos á punto de conseguir todo el bien tras que anhelamos; y dias de quebranto en que el convencimiento de la apatia y de la ineptitud invaden nuestros cerebros, como el viento del trópico, y nos postran en brazos del desencanto y del escepticismo.

Sin que hayamos logrado todavia salir del círculo estrecho de las oligarquías políticas, que fueron por algun tiempo el resultado necesario de nuestras guerras civiles, y del triunfo armado de los partidos, es incuestionable, por otro lado, que todos, vencedores y vencidos, estamos animados de un vivisimo deseo de entrar en vias mas anchas y mas próbidas. Pero ese deseo, que por ser tan manifiesto como general, podría llamarse tendencia pública de todo el pais, se esteriliza en la práctica; y no ha sido hasta ahora mas que una de esas intenciones anónimas y sanas del patriotismo comun, que no ha tenido vida ni fuerza propia sino en el movimiento moral y teórico de las ideas. La intencion proclamada por todos no ha encontrado aun su fórmula práctica en la aplicacion amplia y genuina del sistema electoral; y es por eso, que no habiendo alcanzado á imponerse sobre el poder público, no ha podido sostituir, con los procederes de la libertad republicana, á las manias y á los resabios que son geniales del centralismo administrativo y judicial que existe todavía en ese cúmulo de hábitos que todos atacamos, y que no puede cambiarse de pronto sino con la influencia de buenas leyes positivas, en cuyo carácter no todos estamos de acuerdo todavia.

Por eso es, que cuando se trata de traducirla á los hechos, la sana intencion de que hablabamos, se estrella contra el poder y encuentra la resistencia de otro hecho consumado tambien: hecho anónimo en verdad, hecho contrario á las palabras y á las protestas de todos los hombres y de todos los partidos; pero que, apesar de eso, tiene en la práctica un poder latente é incontrastable que opera de momento á momento. Nuestros antecedentes revolucionarios y nuestro estado colonial, nos han dejado una herencia de personalidad y de centralismo, que se halla fuertemente incorporada, como por una especie de compromiso tácito, en todos los intereses de los partidos triunfadores. Dueños de las posiciones culminantes que su propio triunfo repartió entre sus fieles, ellos contrastan el movimiento de la reforma, sin que nadie pueda mostrar dónde ni cómo, por un instinto natural de su propio ser.

Esto no es decir que esas mismas influencias, y que los hombres en quienes se personifican, no se hallen sinceramente animados del deseo de cambiar esa situacion, por la gloria de radicar otra de verdadera libertad y de movimiento armónico del todo. Ellos desean la felicidad pública como una consecuencia forzosa, como un efecto necesario de los principios políticos consagrados en 1853 y ratificados en 1860. Todos nos honramos proclamando que esos principios, con todas sus consecuencias, son el hecho fundamental en que vivimos; que no puede ser de otra manera, dado el carácter de las reformas morales, políticas y administrativas que constituyen nuestra organizacion social. Todos sabemos que desde que hemos volcado hácia un lado el edificio de la Colonia, y con él, todo el mecanismo de los gobiernos revolucionarios que nos sirvió para triunfar en la guerra de la Independencia, y que por lo mismo nos exigió continuar el despotismo de las viejas leyes para esa grande cuestion y para todos los demas accidentes de la guerra civil: que desde que hemos levantado, por el otro lado, las exigencias de la sociedad nueva que nos correspondia como á hijos del pensamiento de Washington, destinados providencialmente á completar su obra en el hesmifero austral de nuestro conti-

nente nada era tan natural como la necesidad en que nos encontramos de cambiar los hechos viejos por los hechos nuevos; y de ahí es que el pasado, arrancado, diremos así, del
dominio que ejercía sobre nuestro suelo, zumba aun como
el eco del leon que se retira herido, y constituye sobre todos
una especie de terror, una especie de atmósfera pesada y
contraria á nuestras sanas intenciones, que es lo que nos
dá esta fisonomía ambigua en que se reunen, al mismo tiempo, los briosos ademanes del Yankee con los jestos zurdos del
castellano viejo.

Hé aquí nuestra fórmula del bien y del mal; y por eso,
la reforma misma á que aspiramos tiene su inconveniente necesario en los mismos agentes que con mas sinceridad la desean y la promueven.

Por un movimiento instintivo y natural, inherente al
egoismo personal que anima á todo gran partido que sale
vencedor en una larga guerra civil, se repele, sin saber
como ni por qué, la aplicacion sincera de la teoria de la im-
personalidad; y al mismo tiempo que se proclaman sus principios con una hidalguia caballeresca, se lucha por mantener con la intriga y con el compañerismo la prescripcion del
poder: se cierran los vínculos de la influencia y del favoritismo, para no dejar los insterticios de que necesita la
libertad política para triunfar; y este hecho doble, tan incuestionable como evidente en todo pais que sale al terreno de la reforma renegando de sus viejas prácticas y tradiciones, no es tampoco tan dañoso ni tan criminal como pudiera creerse á primera vista; pues que la sana política y la
sana crítica social debe tomar en cuenta tambien los grandes intereses conservadores, que se adhieren á esas situa-

ciones pacíficas y progresivas que suceden á las guerras sociales dentro de cuyos desórdenes se modifican las Naciones viejas, como la atmósfera del globo se modífica en las tormentas equinoxiales.

La habilidad y la virtud de los partidos deberia ser en semejantes circunstancias, resistir y marchar al mismo tiempo, como si hiciesen jugar los resortes de una gran máquina en la que el poder de la resistencia fuese pro porcional á la finura elástica de la flexibilidad; de manera que las dos tendencias contrarias transen, m omento por momento, sus genios opuestos, y que el resultado de esa transacion sea el movimiento progresivo de todos, y nó la colision del empuje y de la resistencia.

Los poderes que resultan de una revolucion social, por causas agenas á su buena ó mala voluntad, nacen rodeados en innumerables puestos lucrativos é influyentes, de una série de servidores consagrados y oficiales, que vienen á ser los próceres del partido, por que han sido los fieles y los comprometidos de lo que en estos casos se llama siempre la buena causa. Esa posicion forzosa y necesaria, los obliga á relegar en las esferas menos peligrosas del movimiento social, cuando no sea en las del olvido, á otras series numerosas de partidarios antiguos, que no habiendo pertenecido al círculo de los iniciados, quedan en el fondo de la sociedad como ofensores vencidos, perdonados á medias y cuando mas restaurados á medias á un favor dudoso. Si la constitucion social en estos casos se halla enferma, ese gérmen oculto de los vencidos fermenta y fermenta siempre, manteniendo como la malaria, la desgracia y la postracion de la vida pública y civil. Pero si por una feliz vegetacion de las ideas, los

términos contrarios han venido á coincidir en una fórmula
de vida política comun, la inquietud del poder á que esa fórmula responde, desaparece por un movimiento espontáneo
de su propia constitucion; y en la misma proporcion en que
esa inquietud desaparece, van desapareciendo tambien los
ódios, las asechanzas y las intrigas subversivas de los partí-
dos y de los hombres que fueron oprimidos por ese mismo
poder cuando no habia entrado todavia en la via de las re-
paraciones.

Este es, diremos así, el síntoma verdadero de la situacion patológica de nuestro país. Obra de todos, en lo bueno y en lo malo, nos tiene comprometidos á todos en la tarea
de conseguir definitivamente sus resultados. Pero como al
mismo tiempo ella es herencia de pasiones y de combates
pasados, de vicios inherentes al cuerpo enfermiso y caduco
de cuyo tronco salimos para ser injertados en una especie
vejetativa completamente exótica con relacion á la nuestra, nos
balanceamos entre esos dos estremos; y tan pronto obede-
cemos á las prostestas de la tendencia antigua contra la
nueva, como proclamamos una emancipacion repentina y
completa, sin contar ni en uno ni en otro caso con las dos
realidades que se combaten: la niñez de nuestro organismo
político, y la vejez de nuestro organismo social.

De aquí resulta: que si bien nuestro movimiento administrativo ha salido realmente de los compromisos de la persecucion política, personal, reconociendo principios absolutos
y consagrados que no solamente están escritos en nuestras
constituciones federales, sino que se hallan positivamente
encarnados ya en nuestra organizacion social y civil, no ha
salido todavía de los compromisos del favoritismo oligárqui-

co. Y asi es que el nudo imperial del poder aprieta é incomoda todavía las libertades escritas y prácticas que hemos conquistado, á términos que la tentativa solo de desatarlo del todo, para romper la valla que los albaceas de nuestra herencia oponen á nuestra emancipacion, apareceria sin duda como un atentado contra la paz pública, como un ataque contra el órden personal en que se ha consolidado esta situacion presente; situacion que, por otra parte, promete cada dia mas de lo que hasta ahora ha dado.

El espíritu de conservantismo personal que se desprende de todo órden consolidado, la necesidad de la paz y la adquisicion de grandes mejoras incuestionables, han terminado por apagar las resistencias, imponiendo la resignacion á los desheredados del poder; y como por otra parte, esos mismos hechos han venido á inspirar una completa tranquilidad á los favorecidos, el país ha llegado como á encontrarse sentado en una especie de anfiteatro con diversas graderías donde se ha organizado la cómoda escena de *la feliz situacion que atraviesan* los que lo gobiernan.

Pero en esta inamovilidad es donde se halla el mal y el peligro para todos; y á fin de esplicarnos con mas claridad permítasenos con este motivo una breve digresion.

Es muy general, cuando se habla de castas, el error de suponer que las castas son razas históricas que se perpetúan con una misma sangre en el poder. No es así: y esto es precisamente lo que distingue á las naciones que tienen un gobierno aristocrático de aquellas que tienen un gobierno de castas. Las castas son el resultado de un triunfo de partido ó de conquista, que, estableciendo el compromiso del compañerismo, para la esplotacion del poder, sobre el pueblo ó el partido conquistado, inmovilizan la sociedad bajo la presion esclusiva de un hecho, de una doctrina, de un interés personal, reclutándose á medida que camina el tiempo con los adeptos ó servidores de la bandera inamovible que simbolizó el triunfo en que se personificó el poder. La India, y la China sobretodo, paises de industria, de movimiento intelectual, de comercio, y que han alcanzado á preciosos complementos en el órden de las ideas y de la riqueza, se han inmovilizado en el órden político por razon de la conquista y de la esplotacion de las castas, cuyo apoyo está en los mandarines; y aunque parece que en los países cristianos fuese imposible esta completa evolucion del génio de las conquistas y del triunfo de los partidos políticos, no es así; porque los paises cristianos se componen tambien de hombres, y por diversos que sean los caractéres de duracion y de intensidad, las enfermedades humanas presentan síntomas análogos en todas las naciones del mundo. La Roma de los Papas, la Francia imperial, la Rusia autocrática y otras muchas de las naciones que nos mecemos entre los dos estremos del organismo político, ofrecemos en las diversas épocas de los balances de la revolucion, rasgos característicos del gobierno de las castas y de los mandarines, que no están tan lejos, como podríamos suponerlo de los que nos ofrecen los pueblos asiáticos. Los puntos de contacto no son tan confusos que la mente no pueda apercibirlos; y no es tan difícil tampoco, como pudiera creerse, si aplicásemos el sistema de la *ligazon de las ideas* de Condillac que encontrásemos en los Napoleones el perfil de los emperadores de Pekin; en Felipe II, padre genuino de tantos de nuestros hábitos, el perfil de los sultanes. Partiendo de ese punto encontraríamos en nuestro camino á Fernando VII y á Rosas; y debajo de ellos, quizás, y sin injuria, pudiéramos palpar la epidermis de una sociedad con muchísimos de los rasgos que distinguen á las sociedades asiáticas.

Pero al mismo tiempo somos *yankees*: y lo somos por derecho propio; y lo somos con tal legitimidad de herencia, que marchamos seguros y confiados proclamando las doctrinas de Washington; de modo que el contraste no puede ser mas vivo en los dos estremos de nuestros dos balances revolucionarios.

El país y la provincia de Buenos Aires en particular, van hoy como lanzados en un movimiento de trasformaciones profundas; y al ver las resistencias latentes que ese movimiento encuentra en los mismos que lo proclamamos con entusiasmo: al ver la anarquia de los medios y de las ideas que se levanta á cada uno de nuestros pasos: al ver las trabas que sentimos en nuestros piés y el mal humor que provocan los propósitos progresivos, ó las reservas que se hacen contra ellos, cuando incomodan á las castas políticas que esplotan el poder, casi deberíamos creer que las transformaciones yankees á que aspiramos son contrarias á nuestro propio génio; y que ya en lo bueno á que aspiramos, ya en lo malo que deseamos mantener, aquellos propósitos son el efecto de una enfermedad orgánica que ha destruido el equilibrio del cuerpo social; y que debiéramos estudiarla, como un caso patológico, con el método prolijo de la anatomía.

La fiebre y el delirio de hacer mejoras en todos sentidos revienta de repente entre nosotros como si debiese estar sostenida por el poder de una voluntad madura y vigorosa. Se formulan bajo su influencia programas atrevidos que concen-

tran los mas cumplidos adelantos de la ciencia; miramos con
audacia á todos los horizontes del mundo social como una
periferia natural del punto que ocupamos; trazamos á grandes rasgos obras gigantescas y modificaciones ciclopeanas de
nuestro suelo: á un golpe del brazo abrimos de par en par la
gran portada de todos los complementos; y cuando parece
que iluminada nuestra frente por el rayo del génio, y por el
poder viril que realiza sus voluntades, no nos quedara ya otra
cosa por hacer, que marchar por esa via de luz, se hace tambien de repente la oscuridad en derredor nuestro: el ademan
y el esfuerzo se doblan sobre sí mismos descubriendo la impotencia de realizar, y la imposibilidad de comprender hasta
las condiciones necesarias de la vida y de los trabajos de un
pueblo libre.

El espíritu público, al encontrarse con los primeros obstáculos que contrarian sus propósitos, duda y se postra como
si fuese un niño impotente; y sin embargo de esto el aliento
anónimo que dignifica á los pueblos modernos, y que ha prendido tambien en el nuestro, produciría aquí, como en cualquiera otra parte, las maravillas que son hijas de la libertad, si aterrados por el trabajo que eso cuesta, no nos aco-
giésemos á las serviles timideces de la rutina, pidiéndole
abrigo y tranquilidad bajo el techo del edificio colonial contra el mismo génio moderno que nos ha lanzado fatalmente
ya en otra via.

Utopia!....   Porque entre esta lucha que en el terreno
del presente, sostiene el pasado contra el futuro, pedir tranquilidad á la rutina, es querer empezar el éxodo de nuestras
peregrinaciones; y pretender que un pueblo libre pueda ca-
ber ya otra vez en las bóvedas derrumbadas de la organiza-

cion colonial, es pedirle que reconstruya y que viva con la obra de los muertos.

Pero al lado de esta especie de marasmo, se desenvuelve tambien el delirio intermitente del movimiento material. Y aunque ese movimiento adolece de todos los vicios de una actividad ficticia y enfermiza, cuyas convulsiones son azuzadas por la codicia, todos los dias produce sin embargo obras de una importancia suma que cambian radicalmente nuestro modo de ser. Nuestras ciudades bullen con el ardoroso andar de las empresas y del tráfico. Se echan caminos de hierro por toda nuestra campaña, y puentes sobre los rios de nuestra Pampa. El bullicio de los tranways repercute por todas nuestras calles. Y sin embargo, jamás ha estado mas pobre nuestro comercio: jamás han estado mas abatidas nuestras industrias de produccion: jamás la empleomania ha sido de un anhelo mas vivo y mas desesperante para todas las familias: jamás el espíritu de casta política ha mantenido una cintura mas fuerte contra las irrupciones del movimiento libre y democrático: jamás el derecho electoral del pueblo ha sido administrado con mas deliberacion ni con mas prudencia por el poder; y si fuera posible trasuntar en una figura humana la fisonomia moral de la nacion, con todo esto y con su curiosa esposicion de Córdoba, con su Presidente inaugurándola y hablando de la barbarie de nuestros desiertos, no seria del todo absurdo representarla como un cuerpo flaco estendido por la Pampa, y con una cabeza inmensa que se mueve y gesticula sin cesar, al mismo tiempo que la paralisis lo encandena al lugar en donde yace.

Pero esto mismo no seria toda la verdad. La verdad es que somos niños, emancipados, no mas que de ayer, del mas duro despotismo. Hemos arrebatado la llave de los campos á la mano bárbara que nos tenía enclaustrados; y henchidos de libertad, animados de grandes deseos, corremos y vagamos por conquistar la vida de los pueblos libres, echando la mano á cuanto vemos con el desasosiego de la niñez.

De otro modo serian inconcebibles los rayos de luz, que, como los caprichos del génio, atraviesan nuestra frente, y el cansancio que tan rápidamente tambien postra nuestros miembros. De otro modo sería inconcebible que hubiésemos emprendido la rara tarea de hacer al mundo una EXPOSICION DE PRODUCTOS, al mismo tiempo que carecemos de museos donde esos productos puedan ser sériamente estudiados; y cuando totalmente desprovistos de industria y de capital, era completamente ageno de todo juicio político y económico el pensar que podíamos salir con éxito de esa grande tentativa, ni esperar otro resultado que el de mostrar nuestra pobreza social y nuestra ineptitud para levantar con nuestra industria las riquezas que Dios ha dado á nuestro suelo.

Para que una esposicion de productos económicos pudiera servir de algo al mundo y al país que la ofrece, era necesario que el pensamiento que la ha creado hubiese sido un pensamiento comercial y sério; y no un ludibrio de fantasías enfermas ó pueriles. En el pensamiento comercial de una exposicion entran tres términos económicos que deben estar estrechamente mancomunados en. el país donde el hecho se produce; y esos tres términos son: la *materia* propia: la *industria* que la modifica y que la transforma: y el *capital* acumulado en la tierra, que ha de pagar esas transformaciones. Sin estos tres términos, una exposicion no es otra cosa que un museo, con la sola diferencia de que cuesta infinitamente mucho mas; y de que el enorme gasto que nos impone, careciendo de medios de reembolze, se convierte en pérdida absoluta para el erario, para el pais y para el expositor. Los objetos puerilmente acumulados allí, á tanto costo, desaparecerán poco á poco por la imposibilidad de venderlos y de atender á su cuidado: ó irán por lo menos, á caer en un Museo donde debieron haber estado desde el principio con mayor ventaja y con menor gravamen. Las catacumbas de un Museo de Historia Natural son en este caso la única exposicion posible de las materias primas inexplotadas. Por que el valor económico no existe sino en tanto que esas materias, transformadas ó removidas en *Masas comerciales*, se presentan llevando incorporados el *trabajo* del hombre y el capital *circulante* que paga ese trabajo. Cuando es imposible esplotarlas sin que el trabajo que se les entrega y sin que el capital que se les *acredita*, valgan mas que su producto puesto á cambio, falta la posibilidad de *mover* ese producto con *provecho* comercial. No siendo *movible* es inválido, es nulo; y si bien la materia puede y debe figurar científicamente en un Museo, es rídículo y pueril costearle para ello una Exposicion Nacional. Por que una exposicion debe ser una Féria y un Mercado de Competencias.

El pensamiento del Gobierno Nacional estaba pues fatalmente condenado á no pasar de ser un capricho pueril. No habiéndose apercibido de que lo esencial en una exposicion es la *actividad* del trabajo y del capital *circulante*, que dá á la materia prima su valor económico, es decir un valor presente de cambio: no habiéndose apercibido de que la materia prima, en relacion solo con su mérito científico, no es valor económico, el Gobierno Nacional no podia apercibirse tampoco del completo descrédito á que estaba fatalmente condenada tan fantástica tentativa, el dia en que, convertida en un hecho, fuese un hecho dispendioso, inútil y casi cómico para todos.

Ese palacio y esos jardines levantados con tantos gastos mientras que descuidadas las fronteras se sacrifica al campesino en ellas sin pagarle siquiera los gastos de su familia abandonada; y mientras se da la espalda á tantas otras exigencias de la justicia administrativa para no producir NADA, exigirán, para mantenerse en pié' no mas, allí en Córdoba donde estan, un servicio personal competente y carísimo, con el que será preciso agoviar el presupuesto todos los años retirando sus caudales de una aplicacion mas práctica y necesaria.

El esfuerzo acabará por desconcertar el capricho de los que se empeñen en eso, sin querer reconocer que abortaron una obra muerta, y que todo lo que pueden salvar de ella es solo su momia. La partida del presupuesto con que se honre ese sepulcro levantado á un capricho inconsistente con el buen juicio administrativo, hará protestar al fin al pais que tendrá que pagarla; y el crepúsculo del olvido, con el viento secante del desierto moral y civil, en cuyo seno se quiso levantar la maravilla, con tan admirable candor, están encargados desde yá de quebrantar los ajustes del edificio: y vendrá todo ello á ser una ruina abandonada cuyos ecos repetirán con una carcajada sarcástica las frases mas pomposas que el Presidente y sus dos Ministros, pronunciaran en el dia de la inaugaracion.

El acto está en la índole del Presidente. El ministro de

Instrucion Pública es demasiado jóven para que le sean vedadas estas y otras fantasias de su edad; pero el autor de nuestro célebre código civil es demasiado viejo en verdad para que le siente bien la agilidad de ideas que requieren semejantes infatuaciones.

De los tres términos económicos que constituyen el valor de los productos propios de una exposicion, hay uno, la *materia prima*, cuya importancia es totalmente nula si se presenta, como en Córdoba, divorciada del capital circulante y del trabajo.

En vano es que un suelo tenga metales y maderas: en vano que los muestre dentro de sus bosques y en las entrañas de sus cerros con fragmentos tomados allí por la mano de los curiosos. Si no los esplota el hacha y la barreta *instigada* por el capital *circulante* y por la *demanda industrial*, nada se sacará con mostrar lo que todos conocen; y es por esa razon que el único fundamento sériamente económico de una exposicion Nacional consiste en que las cosas espuestas sean verdaderamente PRODUCTOS DE CAMBIO: en que, como tales, provoquen la accion de los capitales y la vida de las competencias. Sin esto era una locura creer en el buen éxito de la exposicion de Córdoba; y el pueblo argentino ha hecho acto de sensatez cuando con su indiferencia ha derrotado la fantasía del Gobierno Nacional. El ha pensado con razon que tres discursos de discurrentes tan conocidos no valian el viaje. Qué hubiera habido que ganar, y hubiéramos visto!

De todos cuantos productos pueden figurar en una exposicion Nacional, los únicos que podríamos llamar *comerciales* serian nuestras lanas y nuestros cueros, por que son los únicos que se pueden esplotar en masas comerciales.

Pero basta que sean *materia prima* para que no puedan ser objetos de *Esposicion Nacional*; por que la única competencia y estudio posible á que se prestan consiste en llevarlas al mercado de su consumo donde se paga segun calidad. Como no es concebible invento ni agregacion posible de mérito artificial en la materia prima, no puede ser tampoco objeto de exposicion Industrial, ni puede figurar de otro modo que poniéndola en oferta en los mercados de su consumo.

No hay en la economia política un pensamiento mas erróneo y nulo que ese que ha presidido á una EXPOSICION DE MATERIAS PRIMAS mostradas al pais mismo donde se producen. Lo conocerá cualquiera que sepa lo que eso es, y que medite en la cosa.

Todas las demas industrias son tan rudimentarias y tan escasas en su produccion, que puede decirse que no se hallan ni se pueden hallar en el mercado: son curiosidades, objetos raros; pero no siendo mercancías no dan productos industriales y no pueden por consiguiente provocar y salvar el éxito de una Exposicion Industrial. Ahí está por prueba el hecho y el despecho de los que incurrieron en tan trivial error.

Aunque de estos antecedentes se desprende la completa seguridad en que estábamos del mal éxito de la tentativa, en un país que no está todavia en el grado de riqueza que se requiere tener acumulada para abrir férias de PRODUCTOS COMERCIALES; protestamos enérgicamente sin embargo contra la mania presidencial de ver en nuestras campañas al bárbaro cuyos instintos son contrarios à toda civilizacion y cultura social, y en las ciudades y en sus manufacturas, á los blandos obreros de la obra de la paz y de la organizacion social.

Las ideas y la esperiencia del Presidente sobre filosofia histórica son poco sólidas y demasiado superficiales para que se les dé ascenso. Donde don Faustino vé un caballo y la llanura de los campos, se refriega los ojos y vé con pavor la barbárie: donde vé un hombre á pié y una fábrica, vé la civilizacion y la organizacion social. Pero no es así. Lo mas que podríamos concederle, es que hay bárbaros de á pié y bárbaros de á caballo. Porque esas grandes ciudades imperiales que él cree focos de civilizacion (porque son focos de industria) son tambien focos de una-barbárie espantosa, de una barbárie mil veces mas atroz y mas desapiadada que la nuestra. Esa civilizacion de la industria acumula la miseria con la barbarie en el fondo de la sociedad; y cuando el cráter revienta, Paris, la ciudad del sibaritanismo industrial, el emporio de la cultura de los de á pié, se convierte en un desierto con mas bárbaros y mas foragidos que todos los que se abrigan en el desierto de nuestras campañas. Lóndres tiene bajo sus plantas el mismo fango, y un célebre Romancista de nuestros dias (1) ha transcripto escenas históricas de matanzas, no muy lejanas, que no tienen ejemplo sino en los paises de la *barbarie industrial*.

Es falso que solamente sea bárbaro el hombre del desierto. Lo es tambien el de las grandes ciudades, así que el desórden abre libertad á sus instintos animales: lo es el artista y el abogado mismo, cuando las pasiones de las masas levantan á las superficies la barbarie humana que se cobija siempre en los abismos: bárbaros de á pié ó bárbaros de á caballo: la cuestion es igual. Los unos valen tanto como los otros.

1. Dickens: BARNABE ROUCGE.

Tratándose de inaugurar una exposicion industrial, el Presidente debía haber tomado la verdadera faz de la cuestion, y no haberla tergiversado con una trivialidad, como aquella, tan injusta cuanto falsa. Prescindamos por un momento de la cándida fantasía de creer que la Exposicion de Córdoba iba á hacer resonar los ecos de la civilizacion, y á imponer sus leyes en los desiertos de la Pampa, al mismo tiempo en que todos hemos visto que las Exposiciones de Paris, y de Lóndres parece que hubieran dado vigor á la barbarie europea, en las nuevas guerras y en las escenas que los *bárbaros de á pié* de la Comuna han representado en Paris, derramando sangre y derrumbando monumentos: prescindamos de la palabreria que desconoce el valor de los hechos y de las leyes del movimiento histórico, y veamos (que eso es lo que nos interesa) ¿por qué es que siendo menos bárbaros como pueblo y como hombres, (apesar de los caballos del Presidente y de los Ministros) que los bárbaros de la industria, somos menos ricos y menos productores.

Ese es el resultado de nuestras leyes administrativas; y precisamente lo es por las leyes y por la política que ha pasado hasta ahora entre nosotros como la mas liberal y la mas adelantada: LA LIBERTAD ABSOLUTA DEL COMERCIO DE CAMBIO.

Ricos, ó mas bien dicho—abundantes de ciertas materias primas, que son casi espontáneas de nuestro suelo, no hemos hecho hasta ahora otra cosa con ellas que recogerlas y *ofrecerlas* al estranjero fabricante, en su estado primitivo: convirtiendo nuestro suelo en una *parte adherente* á la fábrica agena. Qué ha resultado de aquí? Que nuestra materia prima sale á pagar *el flete* del buque que la lleva, á pagar el valor rentístico de ese buque, á pagar las comisiones del comerciante estranjero que la recibe y que la vende, á pagar al trabajador y al industrial que LA MODIFICA. Despues, y así modificada, revierte como mercancia *elaborada* hácia nosotros, y empieza con ella una nueva série de *pagos y provechos,* que, abonados por el valor de nuestra materia prima en *favor del pais estranjero,* vienen á estraer de nuestra sociedad todo ese inmenso capital de pagos parciales que hacemos para ofrecer nuestros productos rurales en los mercados esteriores. Supongamos que ahorrando lo que hemos perdido en levantar la Exposicion Nacional, y lo que seguiremos gastando en ella para mantenerla en pié: que ahorrando tantos otros valores que derrochamos, hiciésemos valer esas fuerzas derrochadas así, en fomentar la elaboracion de nuestras materias primas para abastecer nuestro propio consumo de ellas. Entonces no pagaríamos el flete ni la venta del buque que ahora las lleva: no pagaríamos las comisiones ni el tráfico de los puertos estranjeros: no pagaríamos el trabajo ageno que las elabora; y todas esas porciones del capital, pagadas en el seno de nuestra propia sociedad, irían año por año acumulándose como medio de industria para pagar progresivamente nuestro propio trabajo. El dinero y la representacion suya *que emigra ahora* todos los años para saldar cuentas estrañas, saldaria quedándose dentro cuentas propias; y acumulándose dentro del país, el capital estaria barato y en oferta para ser aplicado á la industria nacional. Mientras que ahora, acumulándose en el estranjero no viene á nosotros sino para reembolsarse y ganar intereses á favor del estranjero. Qué importa que la Inglaterra nos mande capital? ¿Nos lo manda acaso gratis? No: nos lo manda para reembolsarlo con su enorme renta y con su mas enorme descuento. Pero si ese capital fuese interno, su reembolso representaría un beneficio y no una erogacion. Por que el acreedor estaría dentro del país, y seria el país tambien quien se reembolsaria con la renta que hubiere devengado á su favor: la diferencia es inmensa para la industria y para la produccion interna.

Esta es la causa de que la falta del capital sea entre nosotros el obstáculo insuperable que se opone á la esplotacion *industrial* de las materias primas de nuestro suelo. Se harian mil exposiciones para remediar este mal, y el mal se agravaria, porque gastaríamos mal nuestra pobreza. Así se esplica que estando á un mes de Lóndres, el capital valga entre nosotros 12 p☰ como valía ahora cuarenta años, sin haber dado un paso para obviar á los efectos de su carencia. Pero ¿qué digo 12 por ciento?.... que surja en esta sociedad una necesidad cualquiera de capital, que por accidentes comerciales ó por una crísis se suscite su demanda: y se verá entonces hasta donde sube el valor de ese instrumento indispensable de la produccion.

Se cree que el capital se trae de afuera cuando se necesita: error, completo error!.... Un capital no vá á un país sino cuando está representado y garantido, es decir, *cuando está producido el valor* que lo debe amortizar. Así es que á ningun país entra mas capital que el que está representado; y como nosotros devolvemos á la Europa una gran suma de nuestros provechos y pagamos al trabajo y al capital europeo una enorme proporcion del valor que producimos, resulta: que nuestro capital solo recoge y emplea cada año un provecho ínfimo de lo que produce y proporcional al monto de lo que debe pagar afuera. El resultado de esta vida económica solo Dios sabe cual será; y es claro en cuanto amenaza ella nuestro porvenir.

¿Nuestros caminos de fierro, representan acaso la riqueza y el capital de nuestro suelo? Ellos representan una deuda de nuestro suelo á favor de la riqueza .exuberante del estranjero; y nuestro capital sale de nuestras manos todos los años en grandes proporciones para ir á amortizar esa deuda á favor de la riqueza estranjera y no de la nuestra. En los Estados-Unidos, en Francia, en Inglaterra, esos saldos se hacen del capital interno con el capital interno; y por eso es que la riqueza se acrece, y que se derrama el capital sobre esas industrias que necesitan y que pagan las Exposiciones.

Lejos de nosotros la idea de pregonar las escelencias teóricas del sistema proteccionista tomado absolutamente. Pero si diremos que ese sistema, limitado á la manufacturacion de la materia prima que casi espontáneamente produce el país, es cosa muy diversa; y es cosa necesaria de tenerse presente si no se quiere que las Exposiciones sean un ludíbrio vergonzoso como la de Córdoba. El argumento vulgar, acreditado por la escuela de Say de que *es mejor recibir barato que producir caro*, es un sofisma para cualquiera que sepa hacer una cuenta de proporciones. Recibir barato quiere decir *pagar menos* por la mercadería, pero pagar *mucho mas* por el capital con que se compra esa mercadería. Si nosotros por ejemplo pagamos 200 pesos por un sombrero estrangero, es por que pagamos 12 p.⅊ por el capital con que compramos ese sombrero; mientras que si comenzásemos por pagar mas caro un sombrero nacional nos pondríamos en el camino de pagar 3 p.⅊ por el capital sin pagar mas caro por el sombrero despues de un poco de tiempo. En un caso escogemos pues una situacion incurable: renunciamos al capital y á la industria. En el otro caso nos ponemos en camino de ser lo que son los pueblos industriales.

Agréguese á esa demostracion del sofisma, esta otra: un pais que produce materias primas para mercados estranjeros marcha siempre al borde de su ruina; y las crisis frecuentes martirizan su produccion perturbándola fatalmente de periodo en periodo. Los mercados consumidores provocan esa produccion por cierto tiempo con los infinitos alicientes del crédito y del comercio: el pais productor ocupa en ella todas sus fuerzas y todos sus conatos para aumentarla: explota todas sus tierras y coloca en ellas todos sus capitales. Muy bien: pero llega un momento (que nunca se hace esperar mucho) en que los mercados consumidores se *empacan*: la materia prima que *se les ofrece* basta y sobra para su movimiento fabril: rechazan; y entonces, repercutiendo ese rechazo sobre nuestros rebaños y nuestros ganados, una serie de decadencias se pronuncia en los valores, y la *pérdida* se convierte en una crisis que empobrece y arruina á todos los productores. ¿Es esta ó no es esta la historia de nuestras materias primas? Pues bien: Balancéense ahora los saldos del movimiento mercantil: hágase entrar en la cuenta el precio *alto* del capital, y el monto de los valores perdidos en esas crisis del comercio libre; y dígase entonces de buena fé, si no es un sofisma el decantado axioma de que *es mas ventajoso comprar barato á la industria estrangera, que comprar mas caro al principio á la industria nacional para comprar el producto cada vez mas barato tambien.*

Cuando la industria nacional abastece su propio consumo con las elaboraciones de su propia materia prima, se halla libre de crisis. La poblacion interna que consume sus productos es una base cierta del precio gradual de la produccion; y como en proporcion á esa base se retira esa materia de los mercados esteriores, estos tienen que venir á *demandarla* en su fuente de produccion; y para ello tienen que venir tambien á competir en su compra con el fabricante interior, cuya base de consumo es cierta, porque reposa en la poblacion y en su aumento. De modo que estirada esa materia prima por los dos estremos de su mercado, se mantiene *en demanda: acumula* el *capital* en el interior y estiende el empleo del *trabajo personal* en ella, cada vez mas.

Hé aquí pues los tres términos que constituyen los productos industriales. Asi es que, á presidir ideas mas sérias en los consejos del Gobierno Nacional no se hubiera jamás imajinado que sin esos tres términos conjuntos era posible una Exposicion Argentina en Córdoba ó en otra parte cualquiera. Ella tuvo éxito en Chile, por que habiéndose trabajado allí bajo el influjo de mejores leyes económicas, el movimiento chileno ha salido en gran parte de la materia prima; y figura en los mercados de su periferia con respetables cantidades y valores de *materia elaborada.* Los Chilenos representaron en su Exposicion, la materia, el capital y el trabajo, mancomunados en sus productos.

Y sinembargo, la Esposicion de Córdoba és producto de una idea eminentemente argentina y propia de la situacion en que nos hallamos: de esa situacion doble y ambigua que hemos tratado de caracterizar en las primeras lineas de este cuadro sintético con que abrimos nuestra Revista del Mes.

Cabezas de yankees con pies de castellanos, somos unos verdaderos niños en el mundo de las ideas, por la grandiosidad de nuestras aspiraciones, por la seguridad de nuestro porvenir, por el candor de nuestras tentativas, por

la poca consecuencia de nuestras travesuras, y por la cortedad de nuestros medios para realizar las hidalgas proporciones de nuestros propósitos.   ¿Qué niño de genio, de esos que
nosotros llamamos niños de porvenir, no ha soñado mil veces con las magnificencias del poder, de la opulencia, de la
gloria, de la magnanimidad; y no ha concentrado en su cabeza, y al alcance de sus manos, todas las fantásticas fortu-
nas de los héroes de Plutarco? ¿Y esos sueños de la fantasia,
vívidos como el alma que los forja, no son acaso en el mayor
número de los casos, intuiciones fatídicas de un corazon
bien dotado que se reconoce con fuerzas y con vigor para
realizar sus visiones, en la medida que es dable á las condiciones humanas?   Lo son.

Ese balance tan comun en la naturaleza infantil del
hombre, que la lleva por la fuerza de la mente á trazar el
programa de la virilidad, lanzándose, al estremo de la fuerza
completa desde el estremo impotente y primitivo de la niñez
es tambien un fenómeno mental de los Pueblos niños, que
dueños de un vasto territorio, y sintiendo debajo de sus
piés una tierra favorecida para crecer, adelantan hasta la realidad histórica los complementos indudables de su futuro;
y ensayan, por actividad de espíritu, aquello mismo que todavia no pueden obtener.

Nosotros hemos de tener grandes y magníficas esposi-
ciones que han de admirar al mundo.   Pero el señor Sarmiento no tendrá la fortuna de hablar en ellas; y nadie se
ha de acordar entonces de la suya, ni de sus discursos; por
que cuando los niños realizan un propósito rien de las locuras de su edad infantil.

Por ahora tenemos todavia la libertad en la atmósfera,

y los escollos en el terreno en que pisamos. Nuestras sociedades, son política y socialmente, lo que son nuestras ciudades
en su asiento material: tramways, ferro-carriles, palacios, lujo dentro y fuera de ellos, movimiento animado, clima bellísimo.

Pero el lecho está sin niveles: las inmundicias de esa
poblacion rica y próspera envenenan con sus miasmas pútri-
dos el aire que ella misma respira, por que no sabíamos en
este siglo ¡oh verguenza! que digo—no sabíamos?—no habíamos pensado siquiera que una ciudad que se alza á tantos
complementos superficiales debe reposar sobre una reorganizacion deliberada, estudiada, y apropiada del suelo primitivo sobre que se halla asentada.

Sorprendidos derrepente por el golpe fatal de las epidemias, nos hemos quedado asombrados de lo que somos por
debajo; y todas las grandes cuestiones de la higiene y de la
salubridad pública, todos los grandes y costosísimos trabajos
que ella demanda se ha levantado de frente para imponernos
la mas árdua de las tareas sin que tengamos la menor preparacion para resolverla. El problema de los desagues y de
los cloacas nos abruma; y hemos pedido su respuesta á los
oráculos ingleses, de cuyos trabajos nos ocuparemos en
otros números.

Complicada con ella ha surgido tambien otra cuestion
de inmenso interés para el pais: la de los saladeros.

Los saladeros eran nuestros únicos establecimientos de
industria. Concentrados en el Riachuelo eran nada menos
que el mercado de consumo para los ganaderos de nuestra
campaña.

Pero los saladeros arrojaban á ese canal los resíduos

animales de sus faenas; y con el andar de los años lo tenian convèrtido en un foco de podredumbre cuando la fiebre amarilla desató sus horrores sobre la ciudad.

La opinion popular creyó encontrar la causa de esa epidemia en las inmundicias del Riachuelo; y el clamor que se levantó obligó á las autoridades á contemporizar con ella, desterrando á los saladeros del Paraiso que se les habia señalado por las leyes anteriores, porque lo habian convertido, de bello que era, en un verdadero infierno de repugnancia.

Pero entonces, á lo grave de la cuestion higiénica vino á agregarse lo gravísimo de la cuestion económica; y la expulsion de los saladeros del lugar favorable, y quizás único, que ocupaban, se vá á presentar dentro de poco muy séria y muy terrible para el país. Nuestros hacendados no ván á tener precio para sus productos ni para sus gorduras; y el comercio interno queda amenazado de muerte al mismo tiempo que el criador, porque sin que los saladeros trabajen en el Riachuelo, es absurdo contar con la exportacion de los frutos de la campaña que forman un 50 por ciento cuando menos del valor total de toda nuestra produccion.

El país no se halla en condiciones de poder soportar la falta de ese valor. Por la parte que menos debe calcularse que hay á fanear de novecientos mil á un millon de cabezas de ganado, cuyo valor aproximado de produccion es de 18 á 20 millones de duros, que pueden faltar ó entrar en la circulacion, segun sea la medida definitiva que se tome.

Los que resuelven esta grave cuestion por la influencia del miedo personal que les inspira la fiebre amarilla, encuentran facilísimo el resultado; y creen que en cualquiera parte se pondrán saladeros, y que á cualquiera parte se lleva-

rán los ganados. Se engañan: una industria de esa importancia, en la que se halla comprometido todo el pais, tiene
que estar concentrada en una *plaza comercial*. Ella no puede desempeñar su movimiento sin tener á la mano los medios centralizados del crédito, del corretaje y del movimiento marítimo; y los ganaderos no pueden dirigir sus ganados á
la ventura, para *ofrecerlos* sin demanda en lugares aislados;
porque eso equivale á perderlos; y no lo harán:

Irán los saladeristas á comprarlos? No irán en la proporcion necesaria; ni el ganadero puede quedar con sus gorduras librado al acaso de que el comprador se las solicite ó no.
Es de balde: eso no se puede hacer sin mercado establecido
donde la demanda responda á la oferta; y donde el productor
pueda *realizar* su ganado en el acto mismo de introducirlo.
Fuera del Riachuelo, fuera de un centro comercial en donde
converjan y obren todas las fuerzas económicas del país, es
imposible obtener ese resultado; y empeñarse en ello, equivale á postrar la produccion y arruinar nuestra balanza de cambios poniéndola en quiebra de veinte millones de duros al
año.

Por otra parte, mientras la duda del resultado se cierna
sobre el ánimo de los especuladores en frutos, los pocos saladeros que tienten la faena de ganados, se encontrarán pa-
ralizados y oprimidos por la espectativa de los primeros.
Amenazado el mercado de una estagnacion completa, ó de
una resolucion repentina que cambie de improviso sus condiciones, nadie se espondrá al evento, y la paralizacion será
completa tambien. La falta de esas remesas hará subir el cambio
fuera de toda proporcion, y el capital interior disminuirá en
la proporcion geométrica de los veinte millones cuya realiza-

cion dejemos de hacer.   Tal es la séria, la formal gravedad
de la cuestion económica: el país corre con ella muchas
eventualidades á cual mas desgraciada.

Pero no es menos séria la cuestion higiénica.   El señor Puiggary ha demostrado palmariamente, á nuestro modo
de ver, que los saladeros *per se* no pueden ser, ni son focos
de materia pestilencial; y que estos focos se forman solo en
los depósitos palúdicos donde se hallan vegetales impregna-
dos de materias orgánicas.   Pero, á la vez que tenemos en
grande estima sus trabajos y su competencia, nos parece evidente que se ha olvidado de un accidente de la cuestion que
destruye todas sus demostraciones.   Las mas ligeras nociones de química aplicada nos bastarían para reconocer la verdad con que el señor Puiggary demuestra la imposibilidad de
que la caja de un riacho de aguas vivas, y contenidas dentro
de orillas bien bordeadas, pueda ser foco de infeccion.   Los
hechos han demostrado la verdad de sus teorías, puesto que
la Boca ha dado un contingente de mortalidad durante la epidemia mucho menor que otros barrios centrales de la ciudad.
Pero, el señor Puiggary se ha olvidado de que no es en el
Riachuelo, sino en toda la costa sur de la ciudad, donde esas
aguas vienen á depositar los gérmenes palúdicos y malignos
que constituyen la malária.   Arrastradas todas las inmundicias
y los resíduos de los saladeros hasta la Boca del Riachuelo,
esas aguas corrompidas levantan el *contingente* vegetal de los
juncales, y encontrando las corrientes opuestas y los vientos
del sueste vienen á depositar esas inmundicias y resacas á lo
largo de las orillas de San Telmo; allí las hace germinar el sol,
y se forma ese foco de las diversas epidemias y de las fiebres
pútridas que constantemente reinan en esas porciones de la

ciudad. El desaseo y el fango inmundo sobre que habitamos, se encargan despues de repartir y de localizar esos gérmenes: vergüenza ignominiosa para un pueblo que se llama Buenos Aires y cuyas geniales aspiraciones hácia lo grande y lo glorioso nadie disimula.

Basta, á nuestro juicio, la fórmula que acabamos de trazar de la cuestion higiénica para que se comprenda cual es el modo mas práctico de resolverla, resolviendo tambien la cuestion económica. La primer tarea debiera haber sido ya, limpiar y desinfectar á fuego las orillas de San Telmo; y echar desde luego una muralla al pié del mas bajo nivel de las aguas del rio, para que estas no se sequen ni evaporen sus pútridas emanaciones al sol del verano. Entonces, si los saladeros han empleado treinta años en depositar el foco en esa orilla, como lo creemos incuestionable á pesar de la competencia del Sr. Puiggary, una vez limpiada y quemadas á fuego *de brea* sus basuras y resacas, ningun peligro resultaría de que siguiesen trabajando tres años mas en ese mismo lugar.

Y entretanto se haria la obra de su reforma, sin trastornar las leyes del mercado á cuya suerte está ligada la vida económica del país. Esa obra debe reconcentrar allí mismo todos los trabajos de matanza, tanto de saladeros como de todo lo demás bajo un régimen higiénico, y bajo un plan de edificaciones y de caños de desagüe apropiados. Ese es un trabajo fácil, práctico y no largo, que las mismas industrias de matanza pueden costear con un impuesto liviano y provechosísimo para todos los que lo pagaran.

Todo esto nos muestra, pues, que cuando creíamos nuestro suelo en estado de soportar grandes ciudades, complementos de arte, y esos cumplidos espectáculos de las Exposiciones de productos industriales, soñábamos como los niños de génio, adelantándonos de un siglo.

Igual cosa nos sucede con la organizacion social y con los deberes que ella debe desempeñar en el mecanismo de la vida comun. Nuestras calles, con barrios enteros, se nos inundan por falta de niveles para que corran las lluvias: los indios saquean las fronteras: en el *Rio-Cuarto* asesinan familias y valientes *pioneros* en las Reducciones de Santa Fé. El país parece tan inerte entretanto para corregir el nivel de sus ciudades como para escarmentar aquellos atentados. Espera que el mal y el acaso desgraciado no se repetirán, y nada mas, pero al mismo tiempo ruedan los tranways, las empresas, los ferro-carriles: se echan puentes, se discute y se aplican las mas bellas teorias: se admiran obras de arte, y se gozan muchos de los accidentes de los pueblos mas libres y mas felices del mundo.

Eso es porque en la organizacion social presentamos tambien los dos estremos del bien y del mal. Existe bien trazada la ciudad de arriba; pero esa cuidad no tiene desagües ni cloacas, ni administracion higiénica para sus industrias. Lo mismo sucede con el organismo social. Tenemos la parte superior de la ciudad política, edificada en toda regla, y calcada sobre los patrones ingleses y norte-americanos; pero la parte inferior, el suelo en que se apoyan los Poderes Políticos se halla inorgánico, informe ó inmundo, como el suelo en que se apoya la ciudad habitada; y de esa falta de un *pueblo organizado* que sirva de cimiento á un gobierno libre, resulta lo que resulta en nuestras calles, un caos de contradicciones: un desequilibrio y un desnivel completo de corrientes morales y políticas

No bien se vió libre de la guerra civil, y no bien practicó unos pocos años las excelentes reglas del régimen federal planteado en 1853, cuando la provincia de Buenos Aires, por voces unísonas que salieron de todos sus ángulos, pidió la reforma de su constitucion provincial bajo un nuevo modelo. El sentimiento unánime exigia una constitucion libre que desatase las cuerdas del centralismo administrativo, y que dotase á la parte fundamental del pueblo, y de la familia, con el gobierno municipal y con el gobierno de familia usurpado hasta ahora en las esferas políticas del poder central administrativo. El GOBIERNO PROPIO se hizo la aspiracion instintiva de todos; porque el gobierno propio, fragmentado y localizado en cada barrio municipal, es al poder público lo que los trabajos subterráneos y superficiales son á la parte prestigiosa é imponente de las ciudades.

Es doloroso sin duda—que ese movimiento instintivo que animaba el espíritu público en los primeros dias en que pidió con tanta viveza la vida municipal, haya decaido; y que por no estar bien informado nuestro vecindario de las exigencias y de las condiciones de la vida municipal, haya venido el centralismo administrativo á formular un sistema híbrido y falso, que si fuere aceptado produciría las mas desgraciadas consecuencias.

La vida municipal, para ser fuerte necesita estar fragmentada en localidades estrechas, y ser soberana en el gobierno de sus propios intereses. Toda centralizacion administrativa que á título de proteccion ó vigilancia del bien general, se comprometa á controlar la soberanía municipal de cada circuito, es un atentado contra la libertad y contra la propiedad del municipio. Si nuestro pueblo comprendiese esto; y si bajo este sistema, cada localidad defendiese su fuero y su soberanía en el estrecho circulo de su vida propia, los centralistas del poder social no se atreverian á tergiversar los principios, ni á hacer armazones de administracion oficinal á cuyo mecanismo ponen sujeta la vida municipal.

Una ciudad como la nuestra debiera estar conveniente subdividida en porciones vivas, independientes en sí, aunque unidas por la mancomunidad de la habitacion. Cada una de esas porciones debe estar dotada de vida propia, y de poder propio para gobernar sus intereses individuales de barrio, dejando al poder público que gobierne los intereses generales. Organizados así los barrios y su vida individual, la union de esas corporaciones libres dentro del gran grupo que se llama ciudad, se formaría de si propia como en los PUEBLOS MODELOS, con una potencia de crecimiento y de actividad pública admirable. Cada miembro atiende y desempeña su juego con plena libertad de accion; y el conjunto se mueve lleno de robustez, de salud y de poder en la marcha progresiva de sus trabajos.

Pero la condicion esencial de la vida municipal es, que se comprenda: que así como ella es diversa de la vida política, es muy diversa tambien de la vida democrática; y que el poder municipal pertenece solo y esclusivamente á los que pagan la renta y tienen derecho por eso mismo á manejarla.

En una gran ciudad organizada bajo este plan, hay trabajos que salen de la esfera del interés de barrio, por que son del interés general de todos los barrios; y hay otros trabajos que siendo propios del interés de un barrio solo, afectan sin embargo el interés general de todos ellos. Las municipalidades deben estar organizadas para responder á

ambas necesidades: nó por medio del centralismo administrativo, sino por medio de mandatarios que salidos de su propio seno, desempeñen por todos y para todos, las cuestiones
de interés general en una Junta de aquellos.

Estas son las condiciones necesarias de la organizacion de
un pueblo libre. Pero por desgracia ellas se oponen en esto á
nuestros hábitos; y es tan problemático que lleguemos á esas
condiciones de nuestra higiene moral, como lo es que lleguemos, antes de mucho, á acordar y realizar el plan de los trabajos de que necesitamos para nuestra higiene de salubridad.
El poder las resiste; y los que resuelven por el pueblo temen cobardemente acojer é implantar en nuestro suelo el
sistema completo de las libertades sajonas. Pero ellos se
olvidan que sin organizar así los *intereses sociales*, nada se
saca con organizar los poderes políticos; y que cualquiera que
sea el nombre que se les dé, serán un despotismo mas ó
menos caracterizado, pero un despotismo deletéreo siempre.

La suerte de este plan de reforma social y política está
librada al juicio y á la competencia de la Convencion constituyente. Las circunstancias en que este cuerpo deliberan-
te se ha reunido, consideradas en la atmósfera moral del
país, no pueden ser mas favorables, como puede deducirse
de las consideraciones generales con que diseñamos al principio los rasgos fisonómicos del conjunto. Pero es tal la verdad
del doble carácter que esos rasgos presentan, por el lado de
la tradicion colonial, que á veces parece viva aún entre nosotros bajo la máscara de prudencia y de juicio práctico; y
por el lado de los instintos progresivos y liberales que nos
dan nuestras aspiraciones ideales de libertad sajona, que la
Convencion misma, reunida é invocada para resolver la or-

ganizacion definitiva de nuestras libertades públicas y privadas, no ha encontrado todavia un terreno sólido en que pisar; y aunque sabe lo que quiere, vacila tambien entre dobles incertidumbres: entre el estremo de la centralizacion administrativa y judicial del tiempo del coloniaje, y el estremo de la descentralizacion de los poderes públicos, que constituye el modelo perfecto de los pueblos libres modernos. Todos queremos el fin; pero hay grande anarquía en cuanto á los medios y á los procederes; y como es en estos en donde estriba la cuestion práctica de la organizacion constitucional de la provincia, no es fácil discernir todavia el carácter que tendrá la obra política que el pueblo ha encargado á esa Convencion, con un anhelo evidente de la reforma, pero sin que la opinion pública haya diseñado las leyes fijas á que esa reforma debía obedecer.

La Convencion es, pues, el trasunto fiel de la situacion negativa del espíritu público entre estas dos fuerzas del progreso y del retroceso, que operan íntimamente en nuestros ánimos.

Entre tanto, pueblo ninguno, si se esceptúa á los Estados Unidos y la Inglaterra, ha tenido en el mundo la felicidad providencial de ponerse á la obra de su reorganizacion, en tiempos mas ilustrados, mas ricos de vida, y de medios de acierto; ni bajo la influencia de una paz interior y de una corcordia civil mas sólidamente establecida.

Los trabajos convencionales no han salido hasta ahora de la esfera absoluta de los principios generales del derecho público y social. La Convencion ha consagrado esos principios con evidente liberalidad de miras en casi todos los terrenos, si se esceptúa el terreno religioso: en el que, á la vez que ha constituido la libertad mas ámplia de cultos y de opiniones sin ninguna restriccion, no ha sabido atreverse á definir esa materia con los últimos complementos de las doctrinas libres. Siguiendo la prudencia casi retardatária de la constitucion.federal, ha mantenido para el culto católico los favores dudosos del presupuesto, sin emancipar como debiera, á la iglesia del Estado y al Estado de la Iglesia. Resistiéndose á entregar el gobierno de las cosas religiosas á la familia y al barri municipal, que son su verdadero dueño y su verdadero administrador, ha mantenido al clero como una simple dependencia de la *burocracia* administrativa: ha dejado al párroco en las condiciones de un empleado subalterno que administra los Sacramentos al pueblo, independientemente de la accion del pueblo. Ha confundido así, dos hechos morales esencialmente diversos; porque los intereses de las cosas religiosas empiezan para el hombre y para la familia al otro lado del sepulcro; y precisamente en el sepulcro es donde acaba la mision que el Estado desempeña para con el hombre y para con la familia.

El movimiento religioso debiera ser por esto en todo pais libre un fenómeno social enteramente ageno al movimiento político. Sus procederes y su fomento pertenecen de pleno derecho á la accion doméstica del padre de familia: á la accion municipal en donde todos esos padres son soberanos en el órden de cosas que allí les compete; y si asi fuera, mancomunada la religion con el espíritu moral y civilizador del pueblo, y mancomunado el pueblo, por su propio y espontáneo movimiento, con la moral y con el espíritu evangélico de la religion cristiana, la competencia moral y evangelizante del sarcedocio, y sobre todo de los párrocos, unida

asi al movimiento popular de las inteligencias y de las conciencias, harian de la religion y del pais una misma cosa; y
darían por resultado la obra de un mismo progreso, y de una
misma regeneracion. El sacerdocio se elevaria á la dignidad importantísima de un magistrado moral unido al pueblo;
y el pueblo estaria representado en la moral de ese sacerdocio; viniendo la responsabilidad respectiva, como en las
naciones modelos, á constituir la perfeccion del funcionario
y la virtud del administrado.

En vez de esto, se ha dejado al sacerdocio su irrespon-
sabilidad absoluta para con el pueblo cuyos intereses morales administra; y con eso se ha reducido la accion del pueblo
á las prácticas empíricas de sus idolatrías. Al uno: el sueldo y la esplotacion administrativa de sus administrados; al
otro, las ceremonias automáticas del rito; y un abismo entre
ambos, en vez de la union íntima de dos entidades que debieran formar una misma naturaleza. Un sacerdocio irresponsable, é independiente del municipio en donde evangeliza, no
podrá ser otra cosa que un empleado subalterno y sin
moral propia, de los poderes temporales; no será jamás
un cuerpo moral que viva del pueblo y para el pueblo
segun el modelo del Cristo y de su primitiva iglesia,
hasta el siglo IX. Pero aun este mismo olvido pudiera re-
mediarse en adelante, si se resolviese que el poder público
á quien la constitucion ha encargado el favor de mantener
el culto católico, era el poder municipal; pues ese punto capital de la cuestion no ha sido aún resuelto.

En todos los demas principios y declaraciones absolutas que deben constituir el espíritu de la constitucion provincial, la Convencion ha sido hasta ahora esplícita y feliz. Sin

embargo es necesario que se tenga presente que todas esas máximas y garantias vendrian á ser puramente nominales, si su aplicacion no se concretase despues en los procederes especiales á que debe obedecer el ejercicio de todos los poderes. De nada serviria, en efecto, declarar, por ejemplo, la responsabilidad civil de los funcionarios públicos, si no se descentralizase por medio del jurí la administracion de la justicia, dejando en su terreno á la justicia profesional, y creando á su lado el terreno de la justicia popular. De nada servirian las garantias absolutas dadas en favor de la propiedad, de la vida y del movimiento individual, si no se hacen *depósitos abundantes* de justicia ínfima y detallada al lado de cada puerta de la ciudad, al lado de cada caserío de la campaña. Lo que llamamos higiene pública no es otra cosa que una faz de la justicia popular y de la teoria jurídica de los cuasidelitos, que no debe estar en manos de un poder político administrativo, sino en manos de los mismos jueces populares que tienen interés en esos hechos y en sus resultados. El conjunto de estas libertades, de que carecemos absolutamente, es lo que se llama LIBERTADES SOCIALES: organizacion social.

Asi tambien, las *libertades politicas*, que son diferentes de las *libertades sociales*, necesitan de tener procederes prácticos en el régimen electoral, que dén la proporcion de vida libre que le deba corresponder á cada individuo y á cada masa de individuos mancomunados en un propósito ó en una idea. Deben tener procederes prácticos en el movimiento de los cuerpos deliberantes y Lejislativos; de modo que esas deliberaciones representen á cada momento, la actividad de la opinion y los cambios de las necesidades públicas. Este admirable resultado no puede alcanzarse

sino adaptando el organismo ministerial de tal modo que
represente la movilidad del pais al lado del gobierno, y que
represente tambien las exigencias del gobierno en el seno de
los cuerpos legislativos que salen del pais; para que la opinion pública se conserve viva y gobierne siempre, como debe
gobernar en un pais democrático, representativo y libre.

Esta es la grande obra librada al juicio y á las resoluciones de la convencion Constituyente Provincial, á cuyas
necesidades no responde por cierto el plan consignado en
el proyecto que se discute. Nosotros esperamos que ese
proyecto sea fundamentalmente modificado cuando se le dé
su forma definitiva. En cuanto á las municipalidades y
al organismo interno de los tres poderes públicos, él adolece de los vicios del centralismo administrativo que para
nosotros son tradicionales; y sin cuya reforma íntima habríamos cambiado la redaccion de la ley vieja, pero no habríamos
dado á la ley nueva la analogía que debe tener con el modelo de los pueblos libres y modernos, que aspirábamos á imitar
y reproducir cuando se emprendió la obra de la reforma.

Darle al poder un origen mas ó menos electivo no
equivale á cambiarle su índole, si al mismo tiempo no se or-
ganiza el mecanismo de sus resortes prácticos bajo un plan
diverso del que se quiere reformar; y esta observacion es decisiva, como crítica del plan que se ha presentado, en las
cinco ramificaciones de sus poderes: como réjimen electoral, como réjimen municipal, como réjimen ejecutivo, lejis-
lativo, y judicial.

Entre los hechos que han llamado la atencion por la suma importancia que tiene para la riqueza de nuestro suelo, se
halla la concesion que las cámaras lejislativas de la Provin-

cia han acordado al señor don Francisco B. Madero para sur-
tir de aguas corrientes los subúrbios horticultores de la ciudad. Los habitantes y poseedores de todos los terrenos que
nos rodean, al Norte, al Oeste, y al Sud, van á ver derramado
en sus cultivos y en sus casas el caudal fertilizante de las
aguas del Plata. Si entre todo lo que se ha hecho hay un
pensamiento útil para el que lo concibió, valioso para el que
lo esplote y provechosísimo para el que lo pague, ese pensamiento se halla en esa provision de aguas corrientes, cuya
falta era uno de los inconvenientes mas grandes que la poblacion de Buenos Aires tenía para vivir fuera de las calles
estrechas del municipio. Los ferro-carriles, los tramways,
ayudados con la provision de aguas corrientes, van á dar un
incremento inmenso á la poblacion y á la cultura de nuestros
subúrbios; y ciego seria el que no se apercibiese de que ese
precioso hecho es una esplotacion tan rica como próspera,
tan laudable como eficaz para el bien público.

A todos estos complementos internos que forman la fisonomia, lisonjera á veces y enfadosa otras veces, de la situacion
en que vivimos, vienen á unirse del exterior ciertos accidentes de una feliz coincidencia. No solamente somos nosotros
mismos los que nos lisonjeamos con las prósperas promesas
que nos hace la tierra. Las esperanzas que ofrece el conjunto
de su vida y de su marcha, irradian á lo lejos; y poco á poco,
lo están convirtiendo en un centro de atraccion para muchas
notabilidades europeas. El señor Gaston Maspero, uno de
los hombres nuevos de mas sólida reputacion en las ciencias
históricas, lengüísticas y arqueológicas de la Francia, debe
llegar en breve tiempo á establecerse entre nosotros con un
caudal de conocimientos, que unido á la cumplida honora-

bilidad de su persona, lo harán un servidor especialísimo del progreso del país en donde él quiere ser un sábio argentino, para descansar de los dolores y de los martirios que le ha impues⁻to la vida europea. Mr. Chartton, otro de los mas distinguidos dibujantes y *lapicistas* del mundo artístico, y de cuyos errores políticos no nos incumbe hablar, ha venido tambien á tomar techo y patria en nuestro suelo, y ha marchado inmediatamente á Córdoba para trasuntar los paisages de aquella preciosa naturaleza y para reproducir los accidentes pintorescos de la Exposicion.

Un distinguidísimo pintor que vive en Montevideo, artista sério y educado en la grande escuela del arte clásico, se apronta á traernos en estos dias un episodio de la epidemia pasada, que ha derramado sobre el lienzo con una belleza escepcional y con un acierto de colorido que tiene admirados á cuantos estudian y conocen la obra. Ella hará sensacion profunda entre nosotros. En nuestro próximo número podremos tal vez estudiarla, pues que ese cuadro, segun la opinion pública, no solo rivaliza, sino que supera la inolvidable tela de Montero.

No hace mucho que la célebre Ristori conmovia nuestras almas con los ecos de su estro trágico, desde el teatro hasta los rincones del hogar. Hoy tenemos á Rossi; y si en aquella era pobre, por no decir otra cosa, el vulgarísimo repertório á cuyo través nos exponia sus talentos, el repertório de Rossi es lo mas encumbrado que conoce el arte trágico. Libres son todos para criticar los detalles con que el artista interpreta los heróicos caractéres consagrados en la historia del drama; pero nadie puede negar con justicia la profunda filosofia, el sério estudio del alma humana, la riqueza y la variedad de los medios con que nos exhibe al personaje mismo creado por el poeta. Otello, tierno y blandamente erótico en los momentos alhagüeños de la pasion, solícito en los instintos carnales y en los ademanes lascivos de su deseo, es bárbaro y salvage tambien en el otro estremo del contraste, y ruge y se arrastra con actitudes felinas cuando la vorágine de la furia destructora y rencorosa lo emancipa de la cultura veneciana. Hamlet, hipocondríaco é inocente al mismo tiempo, animado de todos los sentimientos de la honradez y del candor, se estrella de repente contra el crímen ageno; y la demencia que se apodera de su cerebro en ese su atroz conflicto de los sentimientos humanos, toca en todos los contrastes de lo sublime y de lo grotesco, con asco unas veces, con pasiones ideales en otras; y es siempre natural, y es siempre sublime como la creacion del génio que lo concibió. Cuando Rossi lo interpreta en el famoso monólogo, obedece demasiado tal vez á las exigencias de su naturaleza italiana, y quizás á las exigencias plásticas y pintorescas de su público. Puede echarse de menos la concentracion tétrica del génio y del *spleen* inglés cuando el trágico meridional recita ese monólogo, porque el espleen inglés es la inspiracion trágica de toda la obra. Puede estrañarse que en vez de recitar ese trozo, como una consulta de su corazon con el juicio del público, no le haya dado las formas de una meditacion grave, confusa, contrastada y profunda dentro de su propio corazon: que no haya creído mejor decirlo solo con el suelo que pisaba y con la mesa en que apoyaba su frente invadida por la fiebre sin acordarse de que habia allí un públco á quien mirar. Pero por equivocado que se crea el espíritu en que lo toma, el arte del desempeño está mas arriba de toda crítica.

Diremos ahora para concluir—que al trazar este cuadro general de la situacion en que nuestra Revista toma su marcha, conocemos bien que hemos salido del círculo estrecho á que nos limitaba el título de esta seccion; y que las diversas partes de este cuadro no son simplemente la *fisonomia histórica del mes*, sino el conjunto complejo de un sinnúmero de hechos sociales que tienen siglos de preparacion y muchos años de existencia. Pero debe perdonársenos la estension y la generalidad que le hemos dado hoy; porque para llenar esta seccion, y para hacer lógicas entre sí nuestras revistas de los meses subsiguientes, necesitábamos determinar el conjunto de los hechos que nos servirán de punto de partida para darles analogía comun á todas. Nos proponemos hacer en ellas una labor séria, y de conciencia cuando menos, manteniéndonos en el terreno de los principios; y séanos permitido con este motivo, declarar:—que si bien domina un solo pensamiento general, armonioso y concordante, entre los hombres que nos hemos puesto á la cabeza de esta empresa, la responsabilidad de los detalles es esclusivamente propia del que firma cada trabajo.

Nos es muy sensible carecer de espacio en este número para ocuparnos de dos trabajos muy interesantes. El Discurso que ha pronunciado el señor Olivera en la Exposicion de Córdoba; y el libro del doctor don Eduardo Costa que lleva el modesto título de Informe sobre la Agricultura. El primero es sin disputa la pieza mas bien nutrida de hechos que ha producido aquella tentativa abortada; y el segundo—es uno de esos estudios pacientes y prácticos cuya utilidad reside no solo en la materia de que se trata, sino en el juicio crítico y oportuno con que se hace sus aplicaciones prácticas. Pero como la una y la otra son obras durables, es probable que nos permitamos estudiarlas en los números subsiguientes; con tanta mayor razon, cuanto que en ellos vamos á estudiar los intereses comerciales y productores de la campaña, en relacion con su verdadera situacion política y social.

VICENTE F. LOPEZ.

REVISTA DEL RIO DE LA PLATA.

N.º 2.º

UN CUADRO AL VIVO

DEL ESTADO SOCIAL Y DEL GOBIERNO DE UNA PROVINCIA ARGENTINA ENTRE LOS AÑOS 1764 Y 1769.

El mas antiguo de nuestros historiadores pátrios ha consagrado largas pájinas de su Ensayo, al relato de los disturbios de la provincia de Tucuman durante el gobierno de don Juan Manuel Campero. «El alma de este mandatario, segun el Dean Funes, era formada de todos los vicios que puedan hacer infeliz una república.» Suspicaz, disimulado, avaro, malversador de los dineros públicos, bajo, lisongero de sus superiores, terrible y aborrecido; tales son los rasgos y colores con que el autor del «Ensayo» bosqueja el retrato que hasta ahora conocemos del sucesor de Espinosa en el gobierno de Tucuman. (1)

---

1. La jurisdiccion de esta provincia comprendia entonces los territorios y ciudad de Santiago del Estero; San Miguel de Tucuman; San Fernando de Catamarca; Todos Santos de la Rioja; Salta ó San Felipe de Lerma y San Salvador de Jujui La aduana estaba situada en esta última ciudad y el gobierno residia en la de Còrdoba, capital de toda la antigua provincia del Tucuman.

El documento inédito que damos á luz á continuacion
de estos renglones, tiene tanto mayor interés cuanto mas
enormes son los cargos formados á Campero y mas despro-
visto parecia el acusado de medios de defensa, puesto que el
historiador mencionado, mas que como juez imparcial, se muestra inexorable censor de la conducta de aquel gobernante.

Pero no es bajo este aspecto que le presentamos al público. El Dean ha ennoblecido con la gravedad de las formas de su estilo las rencillas y desavenencias de los pueblos
pobres y conterráneos que formaban el distrito del gobierno
de Tucuman en la época colonial, y por lo tanto los ha des-
figurado, distrayendo la atencion del lector del único punto
de vista que tiene aquel drama en el cual se agitan las pasiones y las intrigas por intereses de poca importancia. Lo
que hay de verdaderamente interesante en él, consiste en el
cuadro que ofrece de la vida colonial, de sus miserias, de
sus viciadas propensiones y del mal estar general que producia el sistema administrativo y la forma del gobierno que
aspiraba al título de protector y de paternal.

Los que se encuentren inclinados á considerar como
inocentes y en el goce de los encantos del idilio de la Edad
de oro á aquellos pueblos apartados de los grandes centros
del bullicio humano, educados bajo la influencia de sábias
corporaciones religiosas,—semillero de famosos casuístas,—
con Cabildos protectores de los intereses de la comunidad,
y favorecidos con los dones de un terreno feraz y de un clima benigno, no podrán esplicarse cómo y por qué, en la realidad, no habia allí mas que discordia, parcialidades, insegu-
ridad personal y sumision sin réplica á las órdenes de mandatarios dispuestos á todos los abusos del despotismo.

La solucion de este problema que es aun hoy mismo importante hallar y señalarle á la atencion de los espíritus reflexivos, puede hallarse en parte en las pájinas del proceso que al gobernador Campero ha formado la historia, y en parte, en los descargos que él presenta en las que ahora publicamos por primera vez, firmadas de su puño y letra.

En ellas se verá como era imposible que gobernase con acierto un funcionario en quien se acumulaban tan varias como delicadas funciones, y en cuya mano estaba parte de la justicia civil en último resorte, el mando de las armas, la seguridad y la salud públicas y hasta la direccion de los sentimientos morales y religiosos de las personas sujetas á su jurisdiccion.

El manejo de los caudales públicos, ya por parte de los Cabildos, ya de los empleados en los diversos ramos de la administracion, ya del gobernante, era el punto de mira de la atencion pública, el motivo de las hablillas en secreto; y de la arca del fisco, como de la caja de Pandora, brotaban con frecuencia los disturbios, los celos y la malquerencia. Por otra parte, el régimen aduanero esencialmente prohibitivo, alentaba al contrabando, y la lucha entre las prerogativas del erario y las necesidades de los consumidores, ponia en sérios conflictos al gobernante deseoso al mismo tiempo de cumplir con su deber y de no enagenarse la voluntad de los numerosos comprometidos en el comercio clandestino.

Las sospechas que recayeron sobre la integridad de Campero, como administrador de las contribuciones de guerra, y la tacha de codicioso con que el historiador Funes ennegrece su retrato, pesaban sobre casi todos los gobernantes enviados por la Córte española á sus colonias en América.

Esa Córte borraba hasta la última apariencia de equidad que manifiesta el texto escrito de las leyes de Indias, encomendando su ejecucion á manos ávidas de riqueza. Los favoritos de los Ministros aceptaban cargos ultramarinos y se resignaban á una expatriacion temporal, cón la esperanza de disfrutar en la Península, algun dia, de los goces é importancia social que proporciona la posesion de los metales preciosos tan abundantes en las cordilleras americanas. Así lo atestiguan mil ejemplos. Vamos á referir uno que aunque nos toca de cerca ha permanecido hasta ahora sepultado entre las hojas de un libro de contabilidad de una antigua casa de comercio de Buenos Aires, en donde la casualidad ha hecho que le descubramos no ha mucho.

El teniente general don Francisco Bucareli, trajo al Rio de la Plata en 1766 la mision qus se consideraba en aquellos días como la mas delicada que pudiera encomendar el Rey al mas celoso de sus favorecidos. Esa mision tenia por objeto el secuestro de las casas y bienes que poseía en este Vireinato la Compañia de Jesús, y realizar la espulsion de sus miembros de conformidad con lo dispuesto en las reales cédulas redactadas sobre la materia por el conde de Aranda, el mas notable de los Ministros de Cárlos III. De nada menos se trataba con aquella ruidosa medida que de salvar al Estado de la absorcion paulatina que aquella corporacion teocrática iba operando de los principales elementos de influencia y de gobierno en los dominios españoles, especialmente en América. Apoderada la Compañia de la educacion de la juventud, de los territorios mas vastos y pingües al norte y al sur del Ecuador, y de la direccion de la conciencia de las gentes acaudaladas y de alta posicion social, pareciole al monarca que debía llegar momento en que su poder y sus prerogativas fuesen ilusorios y en que en lugar de súbditos de la corona solo hallara en sus dominios súbditos de la compañia de Jesús.

Tales eran las aprensiones que inquietaban el ánimo real y debieron ser por consiguiente las únicas que absorvieran el espíritu de su representante. Pero no fué así. Bucareli no descuidó sus intereses personales y cuidó de ellos, desde antes de salir de España, como pudiera haberlo hecho un mercader de Sevilla, y como si no estuviera honrado con un gran cargo de confianza ni llevara por cauda de su apellido una série de títulos aristo-ráticos. (1)

Llevado por el ejemplo y la corriente establecida, descendió hasta mendigar el favor de un mercader rico, convirtiéndose en traficante de tegidos y manufacturas al amparo de su empleo y del monopolio de que eran víctimas los consumidores de las colonias.

Bucareli salió del puerto de Cádiz á bordo de la fragata de guerra «La Industria,» el dia 3 de mayo de 1766. Un comerciante de aquella plaza llamado don Juan Antonio Gimenez Perez le prestó la cantidad de 99,886 1/2 pesos fuertes, bajo escritura pública y demás formalidades de estilo, con cargo de inmediata devolucion á su arribo á Buenos Aires. Pero esta cantidad no fué prestada en numerario sino en efectos de fabricacion europea, ni en las escrituras figuró el

___

1. "Don Francisco Bucareli y Ursua, caballero comendador del Almendralejo, del Orden de Santiago, Gentil hombre de Cámara de S. M. con entrada, Teniente general de los Reales ejércitos, Gobernador y Capitan general de la provincia del Rio de la Plata." Tales eran el nombre y los titulos de este personaje.

nombre del próximo Virey sino el de su apoderado y agente en Buenos Aires don Domingo de Basavilbaso, á cuya consignacion se despachó el cargamento. De manera que los soldados y cañones reales de la fragata «Industria» custodiaban al mismo tiempo al enviado de la Córte y á los fardos de mercaderias despachadas por Gimenez Perez, sócio en participacion, en una empresa mercantil, con el sucesor de don Pedro Ceballos y comendador del Almendralejo.

Las mercaderias debieron ser escogidas con tino y negociadas en Buenos Aires con inteligencia y celo, pues en los dias 24 de mayo y 5 de julio del año 1767, á los doce meses de haber llegado «La Industria» al puerto de Montevideo (22 de julio de 1766) embarcaba el señor Basavilbaso á bordo del navío «La Vénus,» la cantidad espresada arriba, adeudada por Bucareli al mencionado mercader gaditano.

Bucareli, á pesar de traer consigo á mas del secretario un mayordomo, (1) padeció la inadvertencia de no proveerse en Europa del ajuar conveniente para la casa de un virey, pues hemos visto apuntes minuciosos por los cuales consta que toda la plata labrada que lució Bucareli en sus habitaciociones del «Fuerte,» le fué facilitada temporalmente por el señor Basabilvaso, tanto de la de su propiedad como de la de otros vecinos ricos de Buenos Aires, amigos suyos. Cuando llegó el caso de devolverse estas halajas á sus respectivos dueños ya se había verificado el espendio de las mercaderias de «La Industria» y pudo comprar para su uso, el señor Virey, trescientos seis marcos de plata labrada á razon de ocho y medio pesos fuertes cada uno.

1. El primero se llamaba don Juan Andrés de Arroyo y el segundo don Antonio Gonzalez Viejo,

· Nos parece innecesario advertir que referimos esta anécdota como un rasgo característico de la influencia del régimen de las colonias sobre el carácter moral de los súbditos españoles, de cualquiera categoría que fuesen, y como una prueba mas de las tentaciones á que esponia en el camino resbaladizo de las adquisiciones indecorosas á los empleados públicos: nada mas. La conducta privada de Bucareli nada absolutamente tiene que ver con la causa que le traia á América ni con los destinos de beneficencia é ilustracion pública que se dieron á las *temporalidades* jesuíticas, con las cuales se crearon el Colegio de San Cárlos, el Teatro, la imprenta, la casa de expósitos y tantos otros establecimientos que contribuyeron poderosamente á mejorar la condicion social del Vireynato bajo la sábia administracion del mejicano don José de Vertiz.

Volvamos á Campero. Los trastornos de que fué teatro la estensa provincia del Tucuman durante la administracion de este gobernador, no deben considerarse como escepcion sino como la manera comun de ser de la sociedad colonial. El mismo Campero ha tenido cuidado de poner en relieve este hecho, consignando una série de conmociones intestinas anteriores á su época, las cuales se hallan confirmadas por el historiador citado que le es tan adverso.

El antiguo fermento producido, á nuestro entender, por la mala forma del gobierno y por la nulidad y oscurantismo á que estaba condenado el pueblo, subió de punto en los dias de Campero á consecuencia de una influencia accidental que debe tomarse en cuenta y que transpira contra la intencion del escritor en las pájinas del Dean Funes.

Campero fué el brazo de que se valió Bucareli para hacer efectivo el estrañamiento de los jesuitas en la parte del Vireynato que aquel gobernaba, y debia tener en contra á los numerosos amigos de aquellos sacerdotes, quienes no pudiendo dar de frente contra el mandato real, desahogarían sus resentimientos en la persona del mandatario que le daba cumplimiento. Zamalloa, que como se verá del documento que publicamos, llevaba muy en alto la bandera en las parcialidades formadas contra el gobernador, no disimulaba, como lo dice el Dean Funes, su modo de sentir á aquel respecto y «censuraba con libertad la espulsion de los jesuitas,» atrayéndose por este motivo la prision á que le condenó el gobernador de Buenos Aires.

El gobierno de Campero fué una enredada tragedia mezclada con episodios verdaderamente cómicos, como, por ejemplo, el del desairado paseo del «estandarte de la Santa bula» por las calles de la ciudad de Córdoba.

El que se jacta de buena mano para reducir indios salvajes y contenerles con las armas, no la tuvo tan afortunada al entenderse por la fuerza con sus súbditos civilizados. A pesar de sus ínfulas de hombre de guerra y de título de capitan general, fué atacado mas de una vez y hasta herido en la frente, no por las flechas de los indígenas sino por balas cristianas; sufrió una prision en Buenos Aires por sentencia de la junta de Temporalidades, y tuvo al fin que abandonar el país confiando el cuidado de su vindicacion á los apoderados que nombró para que le representasen en el «juicio de residencia» á que *pro forma* debian someterse los gobernadores y Vireyes.

Las instrucciones que con este objeto remitió desde Madrid, revestidos de su firma autógrafa, son las mismas

que publicamos ahora por la primera vez y sin alteracion de
ninguna especie. (1)

Ignoramos si tuvo lugar este juicio. Nos inclinamos á
creer que no; pero sí podemos asegurar que Campero no
perdió un ápice por su conducta en el gobierno de Tucuman
del crédito de que gozaba en la córte, á pesar de que debieron llegar hasta ella las acusaciones dirigidas contra él por
sus rivales, ya por la via secreta ya por la oficial desde Lima.
Para pensar así, tenemos una razon poderosa: con fecha 13
de agosto de 1778 firmó el Rey en San Ildefonso la cédula
que trasladamos á continuacion encontrada en copia en el
mismo archivo en donde hallamos las «Instrucciones.»

«En atencion á las circunstancias del Teniente coronel
« de infanteria don Juan Manuel Campero, electo goberna-
« dor de la provincia de Chucuito, he venido en hacerle mer-
« ced de Hábito de la Orden de Santiago.—Tendreislo en-
« tendido para su cumplimiento.—A don Diego Bergaña.»

J. M. G.

---

1. Hace parte del archivo de la familia del doctor don Miguel Olaguer, á
cuya bondad debemos su conocimiento y la autorizacion para darle á luz.

Instruccion á que se arreglarán mis apoderados para contes-
tar el juicio de Residencia que debo dar, de los empleos
de Gobernador y capitan general de la provincia del Tu-
cuman, que entré á servir por febrero de 1764 y dejé
por setiembre de 1769. Para cuya mayor claridad se
ponen separados los acaecimientos de cada ciudad en la
forma siguiente:

CIUDAD DE CÓRDOBA, CAPITAL DEL GOBIERNO.

El mejor gobernador no puede contentar á todos, y será muy bueno si diese gusto á la mitad de sus súbditos. En
esta ciudad tomé posesion de los empleos el citado año de
64, y á pocas horas me intimó el Cabildo una Real Provisiou
para que no pudiese conocer, en grado de apelacion, de las
causas seguidas por los jueces ordinarios ó inferiores, bajo
la multa de cuatro mil pesos.

No faltó quien me advirtiese estaba derogado por un despacho del señor Virey, y que era una superchería del Cabildo su intimacion, dirigida por don Juan Antonio de la Barcena, su alférez real, para que el gobierno no tomase conocimiento de la opresion en que tenian al vecindario: así me lo
acreditó el mismo Superior despacho protocolado en el archivo de aquel gobierno.

Con este primer paso me fué fácil comprender la oposicion y enemistad con que se manejaban los jueces y vecinos: lo que mi antecesor don Juan de Pestaña trabajó para

cortarla y reducirla; las prisiones que hizo de sugetos que la Real audiencia graduó por reos; el desgraciado fin de uno de ellos, y las causas que, fuera de estas, tenia pendientes Barcena fulminadas por tres gobernadores, de que hace mencion la Real cédula de 14 de julio de 1768, y finalmente reconocí la gran dificultad de contentarlos.

Esta situacion y la de seguir divididos con los vecinos, los eclesiásticos y comunidades religiosas, obligaban á obrar con prudencia y sufrimiento; y tomándolos por nivel de mis resoluciones, convoqué á todos á las salas de Cabildo, donde, para que se conviniesen, les hice un paternal requerimiento, y protesté que si abusaban de mi ruego, continuando en sus desavenencias, me valdria de los empleos para corregirles. Véase copiado en los libros de acuerdos de aquel año, si fuese necesario.

Los partidos en ambas jurisdicciones, eran poderosos, y tambien los esfuerzos para atraerse cada uno los respetos y autoridades del gobierno, consta de sus informes y recursos. Violentados pues de este deseo, ó cansados de la indiferencia, se resolvió el Cabildo hacérsela perder al gobernador el dia del paseo del estandarte de la Santa Bula negándose á recibirlo en las puertas del Tesorero, porque no era de su partido, y resistiendo las órdenes del gobierno hasta cerca de ponerse el sol, que estuvo detenido.

El escándalo y conmocion del pueblo segun los sentimientos del partido que seguia, mis apoderados lo presenciaron; y solo debo advertirles que no pude dejar de proveer la asistencia del Cabildo en fuerza de la costumbre, que se hizo constar, y de lo que S. M. tiene resuelto en Real cédula de 31 de diciembre de 1658 que podrán reconocer en el archivo de gobierno.

Las obligaciones de los empleos y requerimientos del señor provisor me precisaron hacer varias reconvenciones á Barcena por la administracion de propios de la ciudad: á don José Martinez, alcalde provisor y ordinario por los excesos de sus cuadrilleros: al Regidor don Vicente Piñero para que dejase su vida licenciosa: al alguacil mayor, don Nicolás Garcia Guilledo para que se arreglase al arancel en los derechos, y á las limitaciones con que la Real audiencia le restituyó el empleo: á don Nicolás Leon de Ojeda para que fuese á su vecindario é hiciese vida maridable: á don Rafael Calvo Mariño para que no prestase su nombre y proteccion á los estranjeros sobre comercio prohibido: á don Juan de Alberro, concuñado de Barcena, por seis mil y mas pesos, que sustrajo de la Sisa, siendo Tesorero de este derecho, que repusieron sus fiadores; y á los jueces ordinarios por los agravios que me representaron varios litigantes. Y en atencion á que sobre todos estos particulares se hicieron autos, mis apoderados los pedirán al archivo de gobierno si les fueren necesarios; á cuyas actuaciones deben referirse, como á cualquier otra que pueda suscitarse.

Como todas estas providencias eran opuestas al despotismo de Barcena y el Cabildo; y por otra parte se hallaba sin esperanzas de ser mi Teniente en aquella ciudad, no obstante los poderosos esfuerzos que á su favor me hizo un religioso en la carta de 1.° de diciembre de 1763 á nombre de los P. P. mas graves de su religion; se propuso malquistar mi nombre, y poner en cuestion las referidas providencias. Para esto fué concitando todos los quejosos del gobierno, y el

Cabildo, que además de su particular queja, le tenia por alma de su cuerpo, no solo siguió sus inspiraciones sino que convino en darle su poder para el efecto, y ochocientos pesos de los propios y rentas de la ciudad; como si fuesen bienes destinados para su venganza.   Puesto en Lima, se dió á conocer en todos los Tribunales por instigador y capitulante mio, despues que se desembarazó de una causa que le obligó á comparecer preso en aquella córte; donde dedujo contra mí los varios puntos de que se irá haciendo mencion.

Los agravios que algunos litigantes alegaron haber recibido de los jueces inferiores, me obligaron á pedir los autos y dar algunas comisiones para remediarlos.   De aquí provino quejarse Barcena al señor Virey que Yo quitaba á las justicias el conocimiento de sus causas, desaforando las de sus juzgados, y que tenia varios tenientes ejerciendo jurisdiccion sin la confirmacion que las leyes determinan.   Lo primero se convence de falso y calumnioso con la certificacion de número 2 en que los alcaldes ordinarios de aquella ciudad asientan no faltar proceso alguno de sus juzgados: y lo es tambien lo segundo de público y notorio; porque no tuve mas teniente que don Prudencio Palacios, y éste aprobado por la Real audiencia del distrito.   Mis apoderados se quejarán de este insulto al señor juez de residencia, para que enterado de la iniquidad, proceda contra el falso calumniante segun fuere de justicia.

Las muertes practicadas por los indios abipones en los campos de los Monigotes, y otras hostilidades sobre las fronteras de Córdoba y Santiago, antes de mi ingreso al gobierno; obligaron á mi antecesor á resolver su castigo, y la construccion de un fuerte en las Higuerillas: pero faltándole

para franquear el comercio en derechura desde Santiago, á
Santa Fé, y que no entrase á Córdoba con ruina del de sus vecinos: que habia llevado treinta fusiles de aquella sala de armas para armar dicho piquete: que este piquete, sobre no necesario, era inútil su vestuario para conducirse por aquellos
montes: que yo por mi arbitrio sin consultar á las ciudades,
determinaba las entradas al Chaco y el castigo de los enemigos: que la conduccion de municiones y bastimentos para ellas,
la habia ordenado sin satisfacer los correspondientes bagajes:
que habia hecho sacar de la tesorería de Sisa de Salta, doce
mil pesos sin saberse su inversion: que atropellé al Cabildo
de Córdoba obligándole fuese á las puertas del Tesorero de
Cruzada á recibir el estandarte: que tambien le obligué fuese
á sacarme de mi casa para las funciones públicas: que conferí las comandancias de las fronteras á oficiales sin esperiencia: que trataba con aspereza á los vecinos: que me apro-
vechaba de la Sisa, defraudándola á la provincia.

Desfiguradas de este modo mis providencias, les dió color de aparentes cargos con el poder y apoyo del Cabildo;
pero con remitirse á los procesos, informes, cuentas, cédulas y reales órdenes mencionadas, queda descubierto el artificio y convencida su malicia.

Los comandantes de las fronteras lograron la dicha de
sujetar á los infieles todo el tiempo de su comandancia, y
faltó á Barcena la prueba de su insuficiencia. Visité á los
vecinos y familias de ambos partidos con la mayor decencia
y urbanidad, en los dias de sus duelos ó festividades. Hice
rendir al ramo de Sisa las ventajas de cincuenta mil pesos
mas que todos mis antecesores desde que se impuso; y se ha
hecho demostrable al Real Consejo por documentos irre-

fragables: siendo digno de notarse, que confesando las entradas al Chaco en el propio hecho de sindicarlas con sus gastos, se diga tambien que se ignoraba la inversion de los doce mil pesos referidos. El Cabildo, por costumbre inmemorial, saca al gobernador de su casa para las funciones públicas, y acompaña el Estandarte de la Santa Cruzada desde las puertas del Tesorero, como se hizo constar uno y otro punto por la informacion número 3 ante don Santiago Allende y don Enrique de Olmedo, siendo alcaldes por él electos.

Sobre todos estos particulares, sin que precediese audiencia mia judicial ni extrajudicial, proveyó el señor Virey lo que consta de su auto de 12 de mayo de 1766, y se halla inserto en Real cédula de 22 de abril de 1768 ya citada, donde se exceptuó la condenacion del piquete de dragones ó su vestuario. Podrá verse en la contaduria mayor de Buenos Aires, por haberla remitido á ella el señor Virey: y mis apoderados segun fuesen demostrando en residencia la falsedad de estos capítulos, irán pidiendo el castigo del calumniante.

El año de 1765 mandé sacar de la sala de armas de Córdoba ciento y cincuenta fusiles para la expedicion de Matogroso por órdenes del señor Virey y Presidente de Charcas: demandómelos don Gerónimo Matorras, y fué preciso contestarle instruidamente en la carta de 5 de setiembre de 1770 de número 4. Léanla mis apoderados para pedir, en caso necesario, las diligencias que sobre los puntos de su contesto haya practicado el señor Presidente don Ambrosio de Benavides, segun debe inferirse de la recusacion de Matorras, por mis apoderados á número 5, y hagan conocer al señor juez de residencia la injusticia de oprimir á un gobernador subalterno porque obedeció al Rey, á su Virey y Real audiencia en urgencias de su Real corona.

Tambien me pidieron el señor Presidente y Real audiencia quinientas mulas para conducir la tropa de Cochabamba: y á fin de aliviar á la Real hacienda de un costo indispensable, pasé algunos oficios á las ciudades, por si gratuitamente quisiesen dar algunas para el arreo y servicio de los que habian de conducirlas. En efecto rindió esta diligencia las ciento y sesenta mulas que refiero en dicha carta de número 4, y se distribuyeron en los términos que en ella se puntualizan. Remito á mayor abur damiento la razon original de la contribucion á número 6, para que en caso necesario se valgan mis apoderados de ella; y aun de los autos á que se contrae, que deben parar en el archivo de gobierno y alhacena de tres llaves del Cabildo. Encárgoles tambien pidan contra el Procurador Isasi por los escritos que presentó contra el gobierno en aquellas circunstancias, acumulados á dichos autos, la correspondiente pena á sus desacatos.

Contribuí al fomento de la Real hacienda y estimacion del teniente de oficiales reales que la recaudaba, con toda la autoridad del gobierno hasta proveer que se le diese asiento en el Cabildo, como lo tienen certificado sus ministros en varios espedientes.

Hice del teniente Rey y oficiales de milicias la estimacion que les era debida, sosteniendo su jurisdiccion, respeto y honradez cuanto me fué posible; proporcionando que usasen uniformes y que entrasen de Regidores para conformar las dos jurisdicciones, é irles cortando sus diferencias: consta de las respectivas actuaciones.

Permití las diversiones sencillas, decentes y honradas de

los vecinos, con ánimo de civilizarlos é irlos sacando de sus perjudiciales fanatismos, y particularmente en los dias del Rey promoví diversiones públicas; á fin de atraerlos al amor y fidelidad de su real servicio: fué público y notorio.

Observé la mejor armonia con los Prelados eclesiásticos, particularmente con el señor Obispo y su Cabildo librando acordemente providencias para remedio, correccion y castigo de los pecados públicos: consta de sus informes en todos los Tribunales y procesos citados, y antes de advertir lo demas que hice, debo protestar á mis apoderados, que no lo diria, si solo consultase á mi natural defensa, y no á la obligacion de vindicar el honor de mis empleos, que tanto se ha vulnerado.

Repetidas veces acompañé por las calles al Santísimo Sacramento de dia y de noche por cumplir con mi obligacion y darles este ejemplo de reverencia y sumision á tan gran Misterio: consta de público y notorio.

En tiempo de peste el año 1766, remedié lo que pude de sus necesidades, proporcionándoles Médico que no tenian y visitando á los mas infelices en sus posadas, haciéndolos alimentar de mi propia mesa y contribuyendo para sus mortajas y entierros: fué público y notorio. Finalmeute no hice mas en su obsequio, porque no pude, ó porque no se me previno: y no podrán negarme de justicia que la administré á todos sin interés alguno.

CIUDAD DE SANTIAGO DEL ESTERO.

En la citada respuesta que dí á Matorras de número 4, se instruye el número de armas que se sacaron de esta ciudad para la espedicion de Matogroso: y respecto que yo no

pude negarme á obedecer al señor Virrey y Presidente de
Charcas, se remitirán á estos Tribunales mis apoderados para que se les manden devolver si se las demandaren.

Don Francisco Zuasnavar que era Teniente de oficiales
Reales podrá certificar la estimacion que hice de su persona
y de su empleo para fomentar sus facultades. Don Francisco de Paz, que fué escribano y despues alcalde, el celo y desinteres con que desempeñé los asuntos de justicia: los vecinos el aprecio que me debieron visitándolos en sus casas con
la mayor urbanidad y decencia; y finalmente los hijos de tres
matrimonios que dejó don Juan José de Paz y su viuda podrán con mayor razon asegurarlo, pues los puse en posesion
de sus bienes sin que gastasen un pliego de papel en el in-
trincado pleito que se les preparaba.

Todo el vecindario sabe que no perdoné fatiga por be-
neficiarlo. Dijéronme que les convenia el citado fuerte de
las Higuerillas, y convine en establecerlo: querian que el
Rio Salado corriese por su antiguo cauce, y puse los medios
mas eficaces para facilitarlo: que visitase los indios de sus Reducciones para sugetarlos, y caminé muchas leguas por des-
poblados, salitrosos y sin agua por darles este gusto, sufriendo las incomodidades que algunos de ellos presenciaron.

No podrán negar estos hechos, y el haber andado sus
fronteras para tenerlas defendidas: que no ocupé sus milicias sino en casos muy urgentes, y derivados de sus solicitu-
des. Con todo hay entre sus vecinos algunos que son amigos de la novedad, y de poco talento para conservar los adquiridos, á quienes solo el tiempo y los desengaños enseñan
sus deberes. No se tenga por de este numero a d:a Diego
Lezana por ser vecino muy honrado

Alteróse la buena armonia de este vecindario despues de la espulsion de los Jesuitas por una deuuncia que hizo al señor Virey contra los comisionados, el Alcalde Prov. don Roque Lopez, á que se ha satisfecho completamente, y se espera que el Real Consejo Estraordinario aprobará la resolucion de la Junta Prov. de Buenos Aires con providencia que escarmiente tan enormes desafueros.

Puede convenir que mis apoderados se instruyan de los sujetos que intervinieron á justificar dicha denuncia, para tacharlos en residencia si alguno se presentase en ella. Don Gerónimo Matorras fué el Juez, y los testigos don Claudio Medina, don José Ignacio Rice de la Vega, don José Silveti y don Antonio del Castillo con otros menos criminales. Pedirán en cualquier recurso los autos á que refiere sus agravios, y no siendo de temporalidades, que á estos no sé contestar, se satisfará con ellos mismos.

CIUDAD DE SAN MIGUEL DEL TUCUMAN.

Constan de hechos notorios y calificados, las varias diligencias que practiqué para que los vecinos de esta ciudad lograsen agua dentro de la Plaza; para que se dorase el retablo mayor de su iglesia: para que sus familias no fuesen insultadas, como antes, en el rio al tiempo de lavar sus ropas, para que fuesen socorridas con los pres de cien reclutas de soldados que harian anualmente en su jurisdiccion: para que reportasen la utilidad de reducir sus trigos á biscocho para la tropa; y para que tomasen ejercicios espirituales, á mi costa, cuantos quisieran de ambos sexos, con distincion de Semanas, que pasaron de ciento y cincuenta y tres personas. Ellos finalmente saben la moderacion y secreto con que los reprendí cuando tuve precision de hacerlo; y que á todos visité con la decencia y urbanidad debida.

El Cabildo de esta ciudad tuvo en su poder los Libros Reales.originales en.que se asienta la Sisa desde su imposicion: las cartas cuentas de los Tesoreros y Veedores principales que la recaudan y distribuyen; y aun á estos mismos hice comparecer en su presencia, para que con su intervencion los examinase por sí y demas vecinos de su confianza que diputó para el efecto: y reconocido por todos, certificó que resultaba en tiempo de mi Gobierno, el aumento de mas de cincuenta mil pesos á todos mis antecesores; y que sin ejemplar, se hallaban existentes en caja cerca de setenta mil.

Refiriéndose á este irrefragable documento, que para perpetua memoria se halla protocolado en el Consejo de Indias con un testimonio de los Libros Reales, que me dió el mismo Cabildo, argüirán mis apoderados contra los que sin conocimiento de lo que dicen, propusieren lo contrario, particularmente á Barcena, ó sus confederados; de quienes por hallarse convencida su iniquidad, deberán quejarse al señor Juez de Residencia por la injuria que han hecho á mis empleos y persona en materia tan sensible.

Observé buena armonia con los Jueces y Prelados eclesiásticos; podrán certificarlo todos, y mas en particular el Guardian de San Francisco, porque ayudé la fábrica de su Iglesia con diez mil ladrillos, fuera de otras limosnas que no debo espresar, no obstante la antecedente protesta. Conferí al Teniente de Oficiales Reales don Pedro Collante para que fomentase los ramos de Real Hacienda, los primeros empleos de la República; y con efecto los aumentó considerablemente, segun acreditaban las anuales cartas cuentas que presentó á los oficialas Reales de la Provincia. Pero con todos estos rasgos de estimacion y celo, no pude contentar á todos: los quejosos saben el motivo: yo diré algunos. El Alferez Real don Simon Dominguez estaba en discordia con su padre don Diego, y no es estraño que lo esté tambien conmigo, cuando por esta causa, y otras de Temporalidades de Jesuitas fué preciso corregirlo.

Separé el Alguacil Mayor don Francisco Tejerina y á don José Caenzo de la Administracion de dichas Temporalidades y tanto sintieron esta providencia, que se arrojaron vergonzosamente á calumniarme ante Matorras en la pesquiza que se ha declarado calumniosa. Don Gabriel Rubert fué tambien uno de los testigos, y está notada su declaracion de varias contradiciones. Presentó contra mí el pedimiento á que se refiere la citada respuesta número 4: y en fin la propension á la bebida, y el no saber escribir mas que su nombre, le proporcionaron la estimacion de Matorras para colocarle en los empleos que jamás habia obtenido.

Don Fermin Poyo intentó en algo sindicarme, pero se tendrá presente estar casado con hija de mi Teniente de Gobernador don Miguel de Araoz, y sobrina del doctor Madrid, cura Rector de esta ciudad á quienes debo guardar los respetos de la buena amistad que me profesaron, y atenciones con que trataron mi familia despues que no tuve los empleos. Don Vicente Escobar insultó mi casa para sacar una criada de ella, cuya violencia contuvo el alcalde don Fermin Tejerina. Hízose mi Juez pesquisidor sobre Temporalidades, y tengo reclamados sus desafueros en los procesos que penden del Consejo Extraordinario. Don Gerónimo Romano á quien nombró por Defensor de Temporalidades, habia sido confinado á uno de los fuertes de esa Provincia por sentencia de la Real Audiencia en que no tuve mas parte que obedecerla; pero resentido se señaló en sindicar mis providencias.

Ténganlos presentes mís apoderados para tacharlos en el Juicio de Residencia, si dieren ocasion y motivo para ello.

Don Pedro Antonio Araoz tendrá la bondad de no señalarse en la residencia contra mí. Pero si faltando á sus obligaciones lo hiciese, contéstenle mis apoderados con referencia á los hechos y autos que dedugere, dejándome el derecho á salvo para tacharlo en el consejo, en cuyo solo caso lo haré con manifestacion de la prueba.

La ciudad del Tucuman es de las mas próximas á la frontera por donde salen los infieles Tobas y Mocovies á invadir la Provincia. Por esta causa se llevaron de su Sala de Armas á los Fuertes que las defienden, los fusiles que se refieren en mi citada carta de número 4, y de sus milicias por su mayor gentio, fueron de socorro á reforzar sus guarniciones. Entre ellas hay soldados sin honor que abandonaron el puesto resistiéndose al comandante Arrascaeta como constará en el archivo: hay otros muy buenos, particularmente oficiales, en cuyo obsequio me desentendí de castigarlos. Hago estas advertencias por si sucitaren alguna queja sobre estos particulares, que pidan mis apoderados los autos é investiguen las causas del recurso, deduciendo en su vista y la de dicha carta, lo que tengan por conveniente.

Don José Figueroa, don José Molina, don Luis Aguilar,

don Fermin Tejerina, don Juan de Helguero, los hermanos Villafañe, don Fermin de Paz y don Miguel Laguna, estoy persuadido no serán contrarios en mi residencia, si alguna preocupacion no los violentase. Tambien debo creer, que no lo serán mi Teniente Araoz y su hermano el doctor Madrid, y el Alcalde Provicional y que contribuirán á su mayor lucimiento y desempeño.

(Concluirá.)

DOCUMENTOS PARA SERVIR
Á LA HISTORIA COLONIAL DEL RIO DE LA PLATA.

LOS COMUNEROS DE CORRIENTES.

Continuacion. (1)

I.

Parecer del doctor Rocha y Rodriguez, Asesor del Gobernador don Pedro de Ceballos, sobre la sumaria informacion relativa á las sediciones de Corrientes.

Excmo. Sr.: Tengo vistos los autos que se han formado en la ciudad de Corrientes de órden de V. E. á fin de averiguar el orígen de los tumultos y sublevaciones repetidamente en ella acaecidas, y los delincuentes que han tenido parte en estos excesos, que con los que anteriormente se actuaron sobre esto en esta ciudad en distintos tiempos, fué V. E. servido mandar que se me pasasen para que sobre todos le exponga mi dictámen: Bien quisiera, señor Exmo. verlo dado de otro, y aprender: pero siéndome forzoso cumplir con lo que se me ordena, en primer lugar hallo ser tan preciso y necesario hacer en aquella ciudad un ejemplar castigo, tanto que juzgo no será posible contener aquella gente en obediencia ni que habrá quien quiera irla á gobernar si no es viéndola con el castigo morigerada y corregida.

1. Véase la páj. 138.

Las dos rebeliones ó levantamientos que consecutiva-
mente han sucedido, están solidando este discurso: pues en
el primero se vé preso á don Bonifacio Barrenechea sin otra
causa que haber salido comandando doscientos hombres, que
de órden de V. E. debian pasar al Yaquí, frontera del Rio
Pardo á estar á su resguardo, bajo las órdenes del teniente
coronel don Antonio Catanix, que se hallaba allí al propio fin
destacado. Ninguno de los mismos delincuentes acierta á
decir cual fué el motivo de aprisionar é intentar poner grillos
á Barrenechea, porque lo feo y abominable de esta osada accion les hace titubear en sus palabras, y así no ejecutan otra
cosa que echar la culpa propia á otros para evadirse del
cargo que de este civil sacrilegio les resulta: no se puede
ver las insolencias con que á consecuencia de este atrevimiento obligaron al Cabildo de aquella ciudad á ceder á las
capitulaciones que produjeron para sosegar al tumulto. No
es fácil esplicar la comun idea ó concepto de aquellas gentes al ver que por sus propias confesiones quieren muchos de
ellos dar á entender que no solo no es delito un levanta-
miento de esta especie, sino que merece el renombre de
Señoría el comun de aquella gente levantada, empeñándose algunos de los reos aprisionados en dar razones aparentes para haber tenido por lícito aquel tumulto, ó que á lo
menos las habia para haberse suspendido la marcha de aquellos doscientos hombres destinados á guardar las citadas fronteras del Rio Pardo en unas circunstancias de guerra en que
los pocos soldados pagados que habia en esta vasta jurisdiccion
no alcanzaban á dar abasto á las militares operaciones que se
traian entre manos á beneficio de la misma provincia, en defensa de ella y en servicio de S. M.; creen ó dan apariencias

de creer de que aquellos son verdaderos padres de República que en iguales ocasiones los auxilian, fomentan y defienden tan locas y erradas ideas: con esta sediciosa especie
crían á sus hijos desde tiernos, y aquel es mas famoso entre
ellos que cuando llega alguna de estas sobresale y se distingue entre todos, de que nace que hay en aquella infeliz ciudad
unos famosos caudillos y cabezas de motines que se presentan
á capitanearlos cuando les parece que es conveniente hacer
la causa comun: tienen la osadía de tomar el gobierno de
la ciudad y alzarse con él escribiendo al Superior con altiva
esperanza de obtener aprobacion de sus desatinos, dándose
por ofendidos de que á la loca Señoría de su comun, no se
le responda y aun disponiéndose á resistir con armas al que
se les envia á gobernarlos.—Si á ellos mismos se les pregunta la causa que tuvieron para cometer el desacato y abominable sacrilegio de haber entrado armados la noche del veinte y nueve de octubre del año de sesenta y cuatro, á sacar
de la cama arrastrado á don Manuel de Rivera Miranda, puesto en aquella ciudad por V. E. para lugar teniente de gobernador; si se les apura para que ellos propios digan el motivo
que les impelió á arrastrar así desnudo hasta la plaza, amar-
rado de piés y manos á golpearlo y escarnecerlo, à herirle el
rostro y ponerlo en peligro de perder la vida, y últimamente
á remacharle un par de grillos y echándole fuera todos los
presos que con legítima jurisdiccion lo estaban, ponerlo á
él en lugar de ellos, entregando el gobierno de las armas y
ciudad á uno de aquellos reos que tenia procesados; ellos
mismos no aciertan á decir el verdadero motivo de tan osada insolencia: confiesan lo escandaloso de la osadia y pro-
curan encubrir con mañas la parte que cada uno tuvo en ella,

y aunque concurrieron varias injustas y reprobadas causas á
mover los ánimos para la ejecucion de este desatino, cada
uno se movió por aquella que mas se acomodó á sus ideas,
viniendo á hacerse una entre todos, la de tratar de aquel violento y sacrílego modo al lugar teniente gobernador.—Si al
ver de esta suerte tratado al que en nombre de S. M. gobernaba aquella ciudad, si viendo á los propios delincuentes
prender á su juez, apoderarse de sus procesos y causas, hacer cantar misas en accion de gracias por el infeliz triunfo
que lograron, y á cantar en coplas elogios á los que se señalaron en esta bárbara accion, se dejase de hacer un ejemplar castigo en aquella ciudad miserable, cuál quedaria esta
en lo futuro? Las ciudades vecinas notoriamente propensas
á iguales desaciertos, qué escàndalo no tomarán? Qué juez
tendria constante valor para obrar con rectitud, para corregir y castigar á los inquietos, díscolos y atrevidos inobedien-
tes? Sí solo la mala crianza que ellos mismos ó descubren
en el alma de sus dichos ó confiesan en sus hechos, les ha
precipitado á tamañas insolencias, ¿á donde llevaria á los
que han andado en ellas si observasen ahora que quedaban
sin castigo sus locos atrevimientos? Dos son las principales
sublevaciones que se averiguan en el presente proceso, pero algunas mas se descubren en él, pues como aseveran varios testigos ha mas de treinta años, que estas infelices gentes adolecen de este achaque sin conocer mas que superfi-
cialmente la obediencia, habiendo criado raices el vicio de la
sublevacion, porque á este gobierno no se le han proporcionado los medios precisos para destinar gente que autorizando á la justicia los ponga con el castigo en el debido respeto á ella.—Haber de castigar á todos los que por distintos

modos han tenido parte en estas dos sublevaciones, tiene el
inconveniente que no es necesario exponer, y en medio de
este y de los que nacerían de la impunicion, parece regular
entresacar de los culpados aquellos mas audaces que ó en la
ejecucion se señalaron, ó con su consejo, influjo, indebida
tolerancia y oculto disimulo esforzaron los ánimos de los demás para arrojarse á cometer aquellas atrocidades, y á permanecer sublevados hasta que el temor que les infundió el
respeto de las armas con que se auxilió la justicia, viéndolas
insuperables á sus cortas fuerzas les obligó á someterse á la
obediencia.—Procediendo pues, por este camino medio, encuentro en el proceso que para ejemplo de los demás y castigo de sus delitos deben sufrir la pena del último suplicio
Diego Cardoso y Ramon Paredes, el primero preso, el segundo ausente y fugitivo, pues á mas de haber sido los que
por la propia confesion del primero sacaron de la cama sacrílegamente arrastrando al lugar teniente de gobernador, y
le amarraron con sus fajas y ceñideros los piés y las manos,
Paredes que está llamado á edictos y pregones ha sido caudillo en las repetidas sublevaciones de aquella ciudad, y Diego Cardoso fué uno de los que con mas osadía é intrepidez
se señaló en la noche del veinte y nueve de octubre entrando con deliberado ánimo de ejecutar lo que hizo con el teniente de gobernador, habiendo noches antes hecho otra igual
entrada al propio efecto que no se les logró: á estos deberá
acompañar José Telleria, que se halla preso en esta real
fortaleza con el nombre de Marcos Muga, que se sobrepuso
para no ser aquí conocido despues que se vino de Corrientes con cautelosa sagacidad huyendo del castigo que conoció merecia su sacrílego atrevimiento, pues como mozo in-

trépido y audaz, estando en la plaza la noche de la sublevacion, se incorporó con la gente del motin, y haciendo burla y
escarnio del lugar teniente, despues de haberle remachado
por sus manos un par de grillos, le llenó de vituperios y con-
tumelias, y continuando en los dias sucesivos le cantó en las
puertas de su prision versos satíricos y burlescos en desahogo de su temerario arrojo, creciendo la gravedad de su culpa, á vista de lo que el mismo al negarla en su confesion por
el horror que le causa al verse ya en manos de la justicia,
expresa del lugar teniente, pues para hacer increible su culpa y verosímil su negativa, dice que no tenia contra aquel
juez el menor motivo particular de queja, confesion que llama
toda la atencion para mayor conocimiento del espíritu dominante en aquellas gentes, pues para atropellar á los jueces y
poner en sus sagradas personas sus sacrílegas y violentas
manos no necesitan hallarse oprimidos ni injuriados, sino
ver una tropa de gente osada y perseguida de la justicia por
sus inquietudes, para unirse á ella queriendo denominar tirania la persecucion del delito y ejercicio de la misma justicia:
todo lo que se halla plenamente probado en los autos, aunque este reo mas cauteloso que otros está negativo en su confesion; pero como para proceder al castigo de delitos de esta
especie baste uno ú otro, no pudiendo este reo huir del convencimiento, parece que tampoco es necesaria otra cosa para sujetarle á estas penas, para cuya ejecucion seria conveniente llevarlo á la misma ciudad de Corrientes, para que
allí donde se le vieron cometer sus delitos se le vea tambien
pagarlos, y ayude á servir su vista de escarmiento á los demás, clavándose en la plaza pública de aquella ciudad las
manos derechas de éste y de los dos antecedentes Cardoso

y Paredes, y los cuartos en aquellos parajes por donde entraron é hicieron sus convocatorias y juntas.—Parece que
tambien deben sufrir la propia pena de muerte José Gonzalez de Alderete, Nolasco Pabon y Gaspar de Ayala, pues á
mas de los diferentes delitos que por distintos modos cada
uno de ellos en particular cometió, todos tres tienen el de
haber sido Maestres de campo nombrados por el comun, ó
rebelion, habiéndose metido á gobernar y mandar en aquella
ciudad, como si los empleos que obtuvieron y aceptaron les
hubiesen sido conferidos por legítimo superior y no por un
motin de gentes levantadas, que por el mismo hecho de ser
por ella elegidos por sus caudillos y haberse sujetado á obe-
decerlos los proclamaron cabezas de sus locas ideas, y ellos
se confesaron cómplices y apoyadores de ellas: fuera de que
visto el proceso con respecto al proceder de cada uno de estos tres en particular, está sobradamente comprobada la justicia que les sujeta á esta pena; pues José Gonzalez de Alderete fué cabeza de motín, en el que se levantó contra Barrenechea, andando en solicitud de presentar escritos al Cabildo en nombre del comun, que conmovía, para que se suspen-
diese la marcha; fué á dar disposiciones cuando se revolvió
la gente, trayendo preso á Barrenechea, entró al Cabildo
osadamente con armas á saber lo que en él se habia proveído sobre lo que pretendia el comun, y dijo con arrogancia
aunque él lo niega, que se alegraba de que el Cabildo hubiese concedido lo que el comun solicitó, porque tenia quinientos hombres para obtenerlo en caso de que no se le conce-
diese: en fuerza de estos y otros atentados, la gente moza
de aquella ciudad, viendo á este viejo intrépido que á cara
descubierta salia á la defensa de sus locuras, y que ha-

cia causa comun la falta de respeto y obediencia, le
han mirado como á padre, y él se ha engreído y desvanecido con esta reputacion en fuerza de sus temeri-
dades, se ha grangeado tomándose como el mismo lo dice el
gobierno luego que lo sacaron de la prision en que por sedicioso la tenia el Lugarteniente Rivera, intentando en su
propia confesion él mismo persuadir que si lo hubieran lar-
gado de ella hubiera apasiguado la gente por la confianza que
sin duda tiene de la gratulatoria obediencia que conoce le
tienen como á un anciano desvanecido que en sus locuras les
protege, añadiendo Bartholomé Nuñez por otro nombre el
Lunarejo al tiempo de ratificarse en su confesion que este loco anciano dias antes de prenderle, temeroso de que le su-
cediese le dijo, que si llegaba este caso se juntasen algunos
mozos y lo sacasen de la prision que el despues los defen-
deria de esta temeridad, y que esto lo tuvo presente para
esforzarse cuando Ayala le convocó para entrar á prender al
dicho Lugarteniente.

Nolasco Pabon fué igualmente columna de la rebelion
que se levantó contra Bárrenechea por lo que teniéndolo
preso la noche que se sublevó la gente contra don Manuel
Rivera Miranda le sacaron de la prision habiendo salido á la
cabeza de otros á sorprender al Correo que iba de esta Ciudad despachado por V. E. á su Lugarteniente, siendo
siempre mirado por aquella gente sublevada como columna
de sus rebeliones, y como tal elegido por su Maestre de
Campo para suceder á José Gonzalez de Alderete cuando se
disgustaron con él, habiendo pasado á prender durante su
empleo á Barrenechea, á quien le puso, ó hizo poner un
par de grillos, teniéndolo de esta forma tiranizado hasta que

logró huirsele de la prision, y si bien durante el tiempo que fué Maestre de Campo, ó tirano en aquella tierra dió estension de carceleria al Lugarteniente Rivera, permitiéndole que debajo de fianza pasase á convalecer al pueblo de Itaty, por lo que aquella gente sublevada que no ha querido quien los gobierne, sino quien con nombre de Juez les deje hacer su gusto le depuso, ó privó del título de Maestre de Campo que usurpaba y le pasó á prender, esta locura del Pueblo no prueba que este reo no hubiese sido antes loco con él, sino que llegó á conocer en parte la temeridad con que teniendo usurpado el mando conservaba tambien preso á su superior por lo que abajó un poco su tirania, pero esto no lo exime de la grave culpa de ser acérrimo comunero y no padre, sino tirano de su patria, y por consiguiente tampoco debe eximírsele de la insinuada pena de muerte.

Gaspar de Ayala á mas de estar convencido, él mismo confiesa haber sido caudillo de los que se levantaron y entraron arrojados la noche del veinte y nueve de octubre con premeditado ánimo á prender al Lugarteniente Rivera, habiendo antes consultado su temeraria resolucion con el Cura y Vicario de aquella Ciudad doctor don Antonio Martínez que hoy se halla preso en esta real fortaleza, siendo innumerables los desatinos, que practicó en el tiempo que duró el motin que él conmovió habiendo sido uno de sus locos pensamientos empeñar la Provincia del Paraguay para que saliese á su defensa, ofreciendo sugetarle la Ciudad, y prestarle obediencia á su Cabildo y Gobierno para lo que escribió cartas á ambos, cuyas respuestas originales se hallan en los autos, y es un hecho, ó desatino que el no niega en la substancia demanda con su confesion en estado de notorios sus delitos á mas de serlo públicos, y escandalosos.

En la propia pena deberá acompañar á este Marcos Nuñez pues habiendo sido uno de los que andaban convocando gente para la prision del Lugarteniente Rívera, tuvo el alevoso atrevimiento de ganar el Real estandarte para obtener el perdon que se publicó á beneficio de los que arrepentidos se acogiesen á él; y despues de este acto, la noche del veinte y nueve de octubre se incorporó con los del motin y siguió entre ellos cooperando en los desatinos: de suerte que aunque niega alguna parte de esto último está comprobado en el proceso haber sido este uno de los mas esforzados en los desatinos.   Esta propia pena es regular se aplique á Pedro Nuñez el cautivo, y á Pedro de la Quintana Gamboa, hombres osados, y acérrimos comuneros dispuestos siempre para seguir motines: este último mantuvo disenciones en las Saladas, y con ellas fué causa de los azotes que Ayala mandó dar á Molina.   Deberá seguir á estos Fernando de Córdova alias ceja blanca, mozo audaz y propenso á sublevaciones que se halla con Pedro de la Quintana Gamboa llamado á Edictos y pregones.

Con igual pena deberá ser condenado Bartholomé Nuñez comunmente cónocido por el Lunarejo; pues él propio confiesa que fué uno de los principales que anduvo con Ayala convocando las gentes para cometer el sacrílego atentado de la noche del veinte nueve de octubre: no siendo menor el delito de José de Correa; pues igualmente dice él propio en su confession haber sido uno de los mas osados en aquella noche, que echando pié á tierra desarmó la centinela que estaba á la puerta del Lugarteniente concurriendo así mismo á la prision, y azotes que Ayala mandó dará Molina y cometiendo otros varios escesos, y atentados que no niega haber perpetrado con que parece justo que acompañe en la pena á los que acompañó en las atrocidades; como tambien Juan Hilario Ossuna que en aquella propia noche entre las maldades cometidas se distinguió dándole una puñalada á Manuel Diaz tan violenta que quedándosele el cabo del cuchillo en la mano le dejó esta arma encajada en el cuerpo como el propio lo contó haciendo gala, y vanagloria de su delito, habiéndole tambien dado dos golpes con una bola á don Francisco Salinas; hechos que aunque niega están con testigos de vista convencidos.

Tanto destrozo de vida causa horror á la humanidad, pero siendo un cancer pestilente el que tiene corrompido el infeliz cuerpo de aquella República que ha tantos años que adolece de este contagioso occidente , de que no le han podido curar aquellos remedios que es presumible se habrán aplicado en otros tiempos, habiendo ido tomando mas cuerpo las insolencias de aquellas gentes, haciendo renacer de las cenizas nuevos incendios, parece que á tamaño mal es preciso usar del remedio, que si mirado en sí es horroroso cotejado con el daño que corta, no lo es tanto.

No hay que buscarle culpas al Lugarteniente de Gobernador para cohonestar estos desatinos, pues ni ellos en sus confesiones y declaraciones se las imputan, ni á V. E. en cosa de cinco meses, que tardó esta gente en sublevarsele, contados desde su recibimiento, jamás les dieron quejas contra él, como V. E. mismo se lo tiene al Asesor asegurado, ni ellos han menester otra causa para sublevarse contra el que los gobierna, que el que este no haga el gusto de todos; pues desde el veinte y nueve de octubre del año de sesenta y cuatro hasta el cinco de abril del presente, en que se rindieron al Comandante que se destacó con tropa, ellos mismos remudaron tres Maestres de Campo, que á su satisfaccion eligieron: están poseídos de que la loca Señoria de su comun la que manda sobre todos, y que lo que les parece á cuatro infelices mal contentos, que es conveniente á su república debe hacerse causa de todos, y levantarse una sublevacion contra el que manda, que toma mas cuerpo si los desdichados que andan en ello encuentran como los presentes con personas que debiendo encaminarlos al acierto los precipitan por sus particulares fines y privados intereses y pasiones á un abismo de yerros y desatinos.

Si estando pues hoy la justicia auxiliada de las armas en aquella ciudad no se aplica el oportuno, y competente remedio, no será mucho que otra que lo deberán temer mas y no esperarlo, metan al Estrangero en la Provincia: pues ya se oyó entre ellos el susurro de llamar al Indio bárbaro Guaycurú en su defensa, ó sugetarse á la Nacion Portuguesa, desatino ciertamente dificil de practicarse; pero que manifiesta la deslealtad y altanería del ánimo: no siempre están las armas en esta Provincia desocupadas, y expeditas pera contener iguales alborotos: esto ha tenido á estas gentes del modo insolente que se ha visto, y se descubre de los autos, con que no parece que debe la prudencia esperar la quietud y debida obediencia en adelante, si por la humanidad quedase en solo amago el merecido castigo, pues mientras no han visto la justicia armada, no solo no la han obedecido, sino que la han atropellado, y escarnecido constituyéndose Jueces sobre ella; y si pareciese no obstante duro el haberse de destruir tantas vidas, fijense los ojos prudentes de la refleccion á mirar á un teniente de Gobernador sacado arrastrado de su cama hácia la plaza, golpeado, vituperado, y escarnecido; y en los demás daños que ha causado el no haberse podido antes practicar este remedio, que sin duda se conocerá que es mayor el daño que debe aguardarse de no usarse de él en este tiempo oportuno.

Con esta propia refleccion, y por que no pase adelante la natural destruccion de los demas delincuentes, ni quede por este piadoso pensamiento espuesta aquella ciudad, á que los que por la humanidad se dejan con vida sean en adelante ruina de su Patria, y columnas de nuevos alborotos, parece conveniente que á Francisco Gonzalez, Francisco Rios, Pablo Inzaurralde, y Pascual Aquino, que en uno, y otro motin han tenido bastante parte se les destierre á algunos de los Presidios de la Africa para que no puedan volver á servir en aquella tierra, ni en estas Provincias de perturbacion ni alboroto, siendo esto conforme á lo que S. M. tiene mandado en las leyes del Reyno.

Joseph Cardoso y Lorenzo Moreira son hombres muy ançianos; pero tambien resulta del proceso ser muy viejos consejeros de las locuras que han cometido los mozos y parece conveniente se les destierre de aquella Ciudad, obligándolos á que vivan en esta donde no podrán hacer á la vista de este Gobierno el daño que alli causarían con su residencia.

Miguel Segovia ha seguido el comun, y de órden de Ayala fué el que dió los azotes á Molina: Raphael Cardoso tambien siguió la sublevacion: amarró á Molina y le tuvo de la soga atado mientras le azotaban. Francisco Javier Toledo, fué secretario de Ayala, resulta ser un mozo sin juicio, ni escarmiento; pues huido de Montevideo donde estuvo desterrado, fué á dar á Corrientes á tener parte en la rebelion. A todos estos pide la precaucion se les quite de aquella tierra, y parece necesario remitirlos ó bien á España para que no puedan volver acá, ó á alguno de los Presidios de este Reyno.

Don Juan Almiron, Marcos Fernandez, Bartholomé Fernandez, D. Alonzo Idalgo y Solano Cabral resultan igualmente cómplices por diversos capítulos, y parece conveniente separarlos de aquella Ciudad, desterrándolos por algun tiempo de ella.

Joseph Chaves Sargento Mayor en el Partido de Saladar nombrado por el comun resulta constantemente sedicioso, y por serlo le nombraron por tal Sargento Mayor para aquel Partido, deponiendo de este empleo al que lo tenia por el theniente de Gobernador, y fué quien en compañia de Pedro de la Quintana Gamboa, escribió especies contra la fidelidad de Pedro Molina; de que le nacieron los afrentosos azotes que recibió, por lo que parece conveniente remitirle desterrado á uno de los Presidios de España con los demas que llevan este destino.

Bernardo Sanchez hombre anciano, que tambien estuvo preso la noche de la sublevacion contra el Lugar theniente Rivera por imputado de cómplice en la rebelion contra Barrenechea, no parece que hay mas fundamento para haberle culpado que ser padrastro de los Inzaurraldes quienes en su casa trabajaron los papeles para cohonestar las causas de su sublevacion, y asi parece que se le debe poner en libertad.

Ignacio Zacarias aunque entró á la Plaza entre los levantados la noche del veinte y nueve de octubre consta por las confesiones de los reos, que le forzaron á entrar atają́n-

dole en el camino por lo que debe, segun parece, ponérsele
en libertad de la prision en que se halla: y habiendo sucedido
lo propio á su hermano Pedro Francisco Toledo, y á Francisco Alderete que igualmente entraron forzados, aunque estos dos últimos no están presos, como se pusieron en la lista ·
de los reos ausentes y se hallan entre todos llamados á Edictos y Pregones, deberán tambien ser declarados por libres;
como tambien Felipe Aguirre, Bernardo Amaya y Luciano
Perez Montril, porque contra estos no resulta cargo de mayor consecuencia: y aunque Antonio Nuñez consta fué
Ayudante de Ayala, no resulta hiciese mal á nadie; y asi parece que deberá ser igualmente suelto.

Los demas reos que se hallan presos, que son Antonio
Luque, Antonio Delgado, Antonio Fernandez, Balthazar Castillo, Francisco Albarado, Ignacio de Arze, Ignacio Sandoval, Juan Estevan Gonzalez, Juan Marcelino, Joseph Ledesma, Pascual Ibarra, Raphael Cardoso, Ramon Moreira, Roque Beron y Vicente Aguilar, aunque hay mas, y menos culpa entre ellos, pueden correr bajo de una arbitraria pena que
V. E. se servirá imponerles.

Don Joseph Añasjo, y don Sebastian Casafuz, resultan igualmente culpados por distintos modos; pero como
hombres mas sagaces y advertidos no eran de aquellos que
á cara descubierta procedían; procuraban siempre disfrazar
sus acciones y asi piden ellos mismos, se les oigan sus defen- ·
sas, porque están negativos en los cargos: por la comun
estimacion del Pueblo son dos sujetos que nada se reme-
diaria si ellos allí quedasen; pero como su artificio ha puesto
la cosa no tan clara como en los demás, será conveniente

convencerlos, agregándose á los autos la declaracion que á la pasada por Santa-Fé se tomó á don Juan Francisco Barragan, ante el Alcalde ordinario de aquella Ciudad, á pedimento de don Antonio Nazarri, para que descubierto el artificio de estos, reconozcan ellos mismos, que si su simulacion hizo mas difícil el averiguarselos, y por consiguiente que se les aplique la pena á que se hicieron acreedores, que deberá conmutárseles á proporcion de lo que se les convenciere.

Juan Estevan Martinez, Notario Eclesiástico, resulta tambien del proceso ser hombre inquieto, y consejero inícuo; pues aunque no hubiese tomado las armas en la última rebelion de este Pueblo, le culpa Francisco Gonzalez de haberle animado para que entrase en el motin; y Joseph Borjes de haberle amenazado porque no era de los amotinados, asegurándole que estos saldrian bien, y él las pagaria; igualmente otros varios le culpan de hombre inquieto y sediciso; mas como medianamente instruido en papeles por el oficio que tiene, ó en que se ha ejercitado de Notario, en su confesion procede con artificiosa destreza, niega los cargos que se le hacen, y pide se le reciba prueba de sus operaciones, y como el diferir la sentencia para el mayor convencimiento del delincuente es regular en iguales casos en que el mismo reo pide tiempo para su defensa, parece consiguiente que á este se le oiga, como á los demas antecedentes.

Entre los reos ausentes que han sido llamados á Edictos, y Pregones los que entraron á la Ciudad á prender, y atropellar al Lugar theniente Rivera la citada noche del veinte y nueve de octubre fuera de Ramon Paredes, sobre quien ya tiene el Asesor expuesto su parecer, fueron los siguientes:

Estevan Enrriquez Puitá, Gregorio Sanchez, Gregorio Esquibel, Joseph Obregon, Joseph Meza, Joseph Martinez,
Julio Bravo, Felipe Garay, Pedro Ojeda y Sebastian
Sena, todos estos ellos mismos se han desterrado, huyendo del castigo, á que sin duda se conocen acreedores, y parece regular se les aplique esta propia pena, para
que bajo de perdimiento de vida salgan de esta Provincia y
de las del Paraguay, y Tucuman, pues viviendo en cualquiera
de estas tres no será fácil hacerles cumplir esta pena de destierro, y podrán ir á Corrientes siempre que les parezca no
consiguiéndose el fin que se solicita con desterrarles de que
no vuelvan á alborotar la Ciudad con el poco escarmiento
de la impunicion.

Esta propia pena si pareciere á V. E. conveniente podrá
aplicarse á Ilario Sanchez uno de los principales comuneros,
á Gregorio Monzon, Claudio Inzaurralde, Andrés Lezcano, y
Antonio Machado, que siguieron á la gente sublevada distin-
guiéndose entre otros cada uno con particulares atrevidos
hechos, y han huido igualmente reconociéndose culpados;
como tambien Joseph Inzaurralde, cabeza principal del motin
contra don Bonifacio Barrenechea, y Domingo y Francisco
Benitez subcesores; todos ausentes, y llamados á Edictos y
pregones.

Parecerá demasiada severidad el desterrar á tanto vecino, y habitador de aquella tierra; pero si se pone la atencion
á que en ella hubo quinientos hombres de armas que se
acuartelaron para hacer frente y resistir á la órden de V. E.
para que doscientos de ellos pasasen al Yaqui, obligando al
Cabildo á acceder á las capitulaciones que quisieron poner por
leyes, si al mismo tiempo se mira que de mas de cuatrocientos hombres que habia en la Plaza de Corrientes acuartela-

dos para resistir la invasion de veinte y tantos mozos osados que pretendían sacar de la prision á los cabezas y principales columnas del motín pasado, no hubo suficiente número de leales que les contrarrestasen, y estorbasen su insolente atrevimiento, habiéndose visto arrastrado por las calles y puesto en prision el Juez haciendo que tomase el mando de aquella gente uno de sus columnas, no es regular que parezca tan severa la providencia.

Y si todos los que causan algun daño lo deben satisfacer, habiendo todos estos causado varios, parece de justicia que sus bienes que se hallan embargados, se apliquen á esta satisfaccion pagándose en primer lugar las costas procesales, y destinando los demas para que se resarzan los que se causaron en sus bienes al Lugarteniente Rivera, á don Antonio Nazarre y á los demas que justamente los demanden oyéndolos en justicia el señor Teniente General y Auditor de guerra que se halla en aquella ciudad con la tropa que se destinó para esta expedicion, teniéndose presente por dicho señor las legítimas deudas anteriormente contraídas, acciones de terceros escluyentes ú otras que salieren y se legitimaren.

Resta solo decir lo que deba practicarse con los Curas de Corrientes y Partido de Saladas señores don Antonio Martinez y D. Joseph Cassafuz presos en esta Real fortaleza y de los demas Religiosos compreendidos en estos delitos; pues aunque con la mayor sagacidad, y advertencia que reside en estos sugetos se conoce que procuraron encubrir sus apasionados procedimientos, especialmente los dos primeros; pero estando á lo que contra ellos produce el proceso, resulta que tienen en la conspiracion la principal parte, pues con sus influjos,

malos consejos y perniciosas persuaciones se han mantenido
los sublevados en la rebelion esperando ser de estos protegi-
dos, y que no llegaría el caso de ser castigados: su tolerancia, y artificioso disimulo con el oculto influjo los precipitó
cada dia en mayores desasiertos á aquellos infelices hombres.
Que los Eclesiásticos por la alta dignidad de su estado y privilegio de su fuero estén exemptos de la jurisdiccion real, no
tiene duda, pero como la potestad económica que los señores Gobernadores ejercen en estos Paises en nombre de S.
M. se estiende en casos de esta naturaleza en las personas
del Estado eclesiástico para poder contener los Pueblos y
Ciudades en la debida obediencia, paz y quietud pública, si
estos han sido por tantos modos causa de tantos daños es regular se consideren sugetos al efecto necesario de aquella
gobernativa y económica potestad.   Los inconvenientes que
para usar de ella por los términos regulares y ordinarios se
ofrecen, los está el mismo proceso manifestando, y estos que
desde el principio se empezaron á asomar aparecen hoy con
mas vigor subsistentes.   Por lo que habiéndose por V. E.
elegido el arbitrio de consultar á S. M. con testimonio de
todo lo que hasta entonces se habia actuado parece regular
que siguiéndose este propio sendero se saque íntegro testimonio de todo lo que hasta aqui se ha obrado y se dé cuenta
con el á la misma Magestad, para que informado de todo lo
que produce delibere lo que sea mas conforme á sus sobera-
nas y justificadas máximas y conveniente á la quietud, sugecion
y obediencia de estos sus dominios: que es lo que me ha parecido mas arreglado á prudencia y justicia, salvo etc—Buenos Aires y agosto once de mil setecientos sesenta y seis.—
Exelentísimo Señor—Dr. Miguel de Rocha y Rodríguez.

II.

Parecer del doctor Aldao, asesor del gobernador Bucarely.

Exmo. señor: las judiciales diligencias que ultimamente ha remitido á V. E. el comandante don Francisco Gonzalez, y lo que en esta misma ocasion escribe dilatadamente el señor theniente general y Auditor de guerra don Juan Manuel de Labarden que todo se ha servido V. E. pasarme, para que lo tenga presente, me influyen con la mayor eficacia á no producir en todas sus partes el dictamen que ya había formado, y estendido, con arreglo á lo que en el *estado de sumaria* ministraban los distintos cuerpos de autos obrados sobre el tumulto acaecido en la Ciudad de Corrientes la noche del veinte y nueve de octubre de sesenta y cuatro, pues efectivamente ya hoy debe sospecharse de la verdad con que hayan declarado los mas de los testigos del sumario, y es por lo mismo que hay necesidad de oir á los principales reos que deducen varios hechos cuyo conocimiento puede influir mucho en la determinacion, con este concepto que producen las citadas deligencias, y cartas teniendo asi mismo presente la gravedad de las causas y considerando que ya pacificada aquella Ciudad cesa aun aquel urgente motivo que en estos casos estimula á verificar un pronto castigo que contenga; es mi dictamen que siendo V. E. servido podrá mandar se siga y sustancie la causa por sus términos respecto de los reos siguientes:

A saber: Ramon Paredes, Diego Cardoso, Gaspar de Ayala, Joseph Correa, Marcos Nuñez, Gregorio Sanchez, Jo-

seph Telleria (á quien V. E. siendo servido podrá remitir
preso á dicha Ciudad y con testimonio de la confesion que en
esta se le tomó) don Joseph Gonzalez, Nolasco Pabon, Pedro
Nuñez, Pedro de la Quintana, Fernando de Córdoba, Bartolomé Nuñez, Juan Ilario Ossuna, Hilario Sanchez, Joseph Inzaurralde, Joseph Obregon, Joseph Mesa, Francisco Gonzalez, Francisco Rios, Pablo Inzaurralde, Pascual Aquino,
Joseph Chaves, Miguel Segovia, Francisco Toledo y Diego
Cardoso, señalándose los estrados y siguiéndose en rebeldía
la causa á los ocho que de estos veinte y seis reos están ausentes, y no han comparecido en el término de los edictos:
por los demas es mi dictámen que á don Juan de Almiron,
don Alonzo Hidalgo, Francisco Solano Cabral, Marcos Fernandez, Bartholomé Fernandez, Joseph Cardoso y Lorenzo
Moreira siendo V. E. servido podrá desterrarlos por seis
meses de aquella ciudad: á Estevan Enrique Puitá, Gregorío
Esquibel, Joseph Martinez, Julian Brar, Fhelipe Garay, Pedro Ojeda, Sebastian Sena, Gregorio Monzon, Claudio Inzaur-
rálde, Andrés Lescano, Antonio Machao, Domingo y Francisco Benites podrá V. E. mandar que continúe el destierro
que ellos mismos se han determinado ausentándose de aquella Ciudad, y sea por el tiempo de dos años, con apercibí-
miento que de restituirse á aquella Ciudad ó su jurisdiccion
antes de este término se les duplicará esta pena: A todos los
demás que son Bernardo Sanchez, Ignacio Sacarias, Pedro
Francisco Toledo, Francisco Alderete, que estos dos están
ausentes, Phelipe Aguirre, Bernardo Amaya, Luciano Mon-
tiel, Antonio Nuñez, Antonio Luque, Antonio Delgado, Antonio Fernandez, Balthazar Castillo, Francisco Albarado, Ignacio Arzes, Ignacio Sandoval, Juan Estevan Gonzalez, Juan

Marcelino, Joseph Ledesma, Pascual Ibarra, Ramon Noriega, Roque Beron y Vicente Aguilar, podrá V. E. siendo servido mandar se les ponga en libertad, pues la prision que han tolerado se debe contemplar una bastante satisfaccion de los hechos de poco momento que diversamente resulta contra su conducta. Del mismo modo podrá V. E. declarar por libres á don Sebastian de Cassafuz, don Joseph Anazjo y á Juan Estevan Martinez Notario Eclesiástico, pues ni los mezclan los reos con el tumulto ni contra su conducta resulta hecho alguno de consideracion. Que todo asi lo juzga con arreglo al mérito que pueden producir los autos, segun el concepto de las últimas diligencias, y carta citadas.—Buenos Ayres, y octubre diez de mil setecientos sesenta y seis—Exmo. señor —DOCTOR ALDAO.

AUTO—Visto el dictámen antecedente me conformo con él y téngase por providencia reteniéndose en esta ciudad á Joseph de Telleria para que se le siga su causa—BUCARELY.

(Continuará)

—••+●●+•—•—

MEMORIA DE GOBIERNO

PRESENTADA AL MARQUÉS DE LORETO POR SU ANTECESOR EL
VIREY DE BUENOS AIRES D. JUAN JOSÉ DE VERTIZ.

———

Publicada por la primera vez segun el texto oficial.

Introduccion.

Una ley de las Recopiladas de Indias, ordenaba que al terminar los Vireyes sus gobiernos, diesen noticia á sus sucesores del estado en que dejaban los negocios cuya administracion correspondía á las vastas y variadísimas atribuciones de estos mandatarios. No era forzoso que se dieran estas noticias por escrito; pero algunos Vireyes introdujeron esta costumbre, dejando «útiles y prudentes advertencias» consignadas bajo su firma. (1)

Como todo cuanto se referia al gobierno y á la sociedad colonial debia guardarse por la córte de España como un secreto de Estado, estos documentos permanecieron escondidos en los archivos privados de cada vireynato, y solo de pocos años á esta parte han comenzado á ver la luz formando colecciones ordenadas cronológicamente.

1. Politica indiana, Lib. V. Cap. XIV. n. 22.

La primera de este género que haya llegado á nuestro conocimiento, es la que bajo el título—«Memorias de los Vireyes que han gobernado el Perú durante el tiempo del coloniage español,» ha publicado en Lima, á espensas del Estado, don M. A. Fuentes, el año de 1859. (1) Diez años despues han aparecido impresas en Nueva-York, y en un volúmen in 8. ° de mas de setecientas pájinas, las «Relaciones de los Vireyes del Nuevo Reino de Granada,» compiladas por el doctor don José Antonio Garcia y Garcia, antiguo encargado de Negocios del Perú en Bogotá, con una introduccion del editor don Ignacio Gomez y un prólogo del señor Garcia y Garcia. (2)

«Algun servicio se hace á la historia, dice el compilador de las *Relaciones*, cuando se salva de entre el polvo del olvido un documento que ayude á hacer conocer lo que fueron nuestros paises en tiempos tan apartados y tan diversos de los nuestros, y yo me creeré ámpliamente recompensado de mis esfuerzos con la idea de que pueda ser útil alguna vez, en la oscuridad de la historia antigua de nuestra América, la publicacion que hago de estos papeles oficiales, que estaban, si no perdidos ya para el estudioso y el historiador, espuestos al menos á las devastaciones de la revolucion social y política, á los incidentes del tiempo y á los peligros de la incuria.» (3)

1. 6 volúmenes 4. °

2. El ejemplar de esta obra que tenemos á la vista, pertenece á la Biblioteca de la Universidad por donacion del señor doctor don Manuel B. Garcia, ministro argentino en Washigton.

3. Prólogo páj. XV. 17

El señor Fuentes se manifiesta movido por los mismos propósitos al dar á luz las Memorias de los Vireyes peruanos, pues comprende, dice,—«cuánto conviene á la ilustracion de un país conservar esos documentos antiguos que marcan la índole y la vida política de un pueblo en sus primeras edades, y difundir los conocimientos que de tales documentos pueden sacar los hombres del gobierno, el estadista y el historiador.»

Nosotros al dar á luz por la primera vez un documento de esta especie, servimos con él los intereses del momento, y traemos antecedentes preciosos para la solucion acertada de graves problemas que la buscan todavia sin encontrarla completamente satisfactoria. Creemos tambien que entre las «Memorias» que puedan conservarse de los que fueron Vireyes del Rio de la Plata, la de Vertiz debe ser la mas interesante y la que abrace mayor número de materias, en atencion al carácter del hombre que la firma, á su duracion en el mando, y á la época en que se halló al frente de los negocios públicos, como gobernador y como Virey. El primer cargo le comenzó á desempeñar en el mes de setiembre del año 1770 y la fecha de la «Memoria» destinada á su sucesor es de 12 de marzo de 1784. Hay sin embargo que rebajar de estos catorce años de funciones gubernativas el periodo durante el cual estuvo el general Ceballos al frente del Vireynato.

La época del mando de Vertiz fué fecunda en acontecimientos ruidosos, con la creacion de instituciones que transformaron súbitamente el aspecto social del Rio de la Plata. La sublevacion de Tupac-Amaru; una guerra de hecho con los portugueses; amenazas sérias de una espedicion inglesa contra las colonias españolas del Plata; sublevaciones de indígenas y defensa de las fronteras; esploraciones de la costa Patagónica; aplicacion de los bienes jesuíticos á objetos de beneficencia y de cultura intelectual, como fundacion de estudios públicos, de la imprenta, de casa de expósitos, de hospitales y de teatros, todo esto absorvió la atencion y la actividad de Vertiz. Pero su mision no estaba reducida á esto solo. Él comprendía el papel nuevo que estaba destinada á desempeñar en adelante la ciudad de Buenos Aires desde que se elevaba al rango de capital de su vireynato. Méjico y el Perú debian tener una rival, y Vertiz se propuso hacer que la mas antigua de las poblaciones del Plata se convirtiese en una ciudad verdaderamente civilizada, en la cual las plazas y calles estuviesen iluminadas en la noche, se frecuentase el teatro y los bailes públicos, la imprenta derramara sus benefieios, se cultivaran las ciencias, y hasta el lenguaje de los ciudadanos fuese culto y elegante por el ejemplo de los buenos actores dramáticos. (1)

En este sano propósito no dejó de hallar sus tropiezos. La casa de comedias proporcionaba al público la diversion de los bailes de máscara no sin despertar el celo religioso de algunas personas que tomaban á mal la proteccion que á semejantes entretenimientos públicos dispensaba la autoridad.

Aunque los *bailes públicos de máscara* se hacían *con todas las precaueiones necesarias*, segun espresiones del mismo Vertiz, no faltó un sacerdote franciscano llamado Fr. José de Acosta, que declarase desde el púlpito que todos los concurrentes á aquellos bailes se hacian reos de condenacion eterna. El mandatario tomando la proposicion del predi-

---

1. Véase su memoria al bablar de la fundacion de la casa de comedias.

cador como una atrevida censura al permiso á favor de los
bailes concedido por el Rey, ofició al guardian de San Francisco, ordenándole que desterrase á un convento lejano al
P. Acosta, y dispusiese lo necesario para que otro sacerdote
de su comunidad le desmintiese en público y desde el mismo púlpito. Los dos mandatos del Virey se cumplieron: el
censor de los bailes fué á su destierro, y un tal frai Antonio
Oliver fué el encargado de desagraviar la autoridad y de tran-
quilizar las conciencias timoratas, predicando á favor de los
disfraces y los bailes en el teatro. El sermon del P. Oliver,
fué un verdadero sainete jerundiano que hizo reir á la numerosa concurrencia atraida por la novedad de la palinodia.
El orador demostró, como pudo, que el «señor baile puede
honestamente contraer matrimonio con la señora devocion:»
*maridaje sacrílego y burlesco ageno de la magestuosa grave-
dad del púlpito,* segun opinion de uno de los fiscales del
Consejo de Indias que entendió en este ruidoso negocio, con
motivo de haber dado cuenta de él á la Córte (por mandato
de esta misma) el gobernador de Buenos Aires.

Durante el Vireynato del señor Vertiz, tuvo lugar en uno
de los estremos de la jurisdiccion de su mando, el acontecimiento mas ruidoso del siglo XVIII en esta parte de América. Desde el corazon del Perú hasta los territorios tucumanos de Salta y Jujui, cundió como una llamarada el alzamiento de los indígenas acaudillados por el desventurado
Tupac-Amaru, descendiente de los antiguos Incas. Cuanto
puede aconsejar la venganza al hombre inculto oprimido: ho-
micidios, robos, insultos á la honestidad de la mujer de orígen europeo, irreverencias contra los altares y sus ministros,
hambre, fuego, ros desvrados de su cauce y convertidos en

torrentes despeñados sobre las poblaciones; todo esto y mucho mas que consta de las relaciones de aquellos sucesos consignados en documentos que merecen fé, se vió por entonces en el territorio gobernado por don José Vertiz.

La raza esclava por la conquista, diezmada por el trabajo de las minas, la mita y los repartimientos, y empobrecida y humillada por el despotismo y la avaricia de los corregidores y los curas, quiso recobrar sus derechos y volver á la tutela de las leyes mansas de los soberanos indígenas, cuyo recuerdo vive entre ellos como una tradicion lisonjera para su patriotismo. El indio luchó con el blanco, como la *Puma* con el *Leon*, sin tregua, sin darse cuartel, á muerte, hasta que, como era natural, se decidió la victoria por los mas civilizados y aguerridos como en los tiempos de Pizarro.

El descendiente de Atahualpa fué despedazado á la cincha de cuatro caballos en la misma ciudad en donde pretendia restaurarse el trono y ceñirse la *vincha* de sus mayores.

La «Memoria» de Vertiz es lacónica, al ocuparse en el capítulo que en ella se titula «Pacificacion de las provincias del Vireynato,» de los sucesos de la sublevacion del Perú, « por haberlos referido por menor en sus informes al Rey acompañados con los documentos respectivos en que instruía puntual y dilatadamente su Real ánimo;» documentos que dejó Vertiz en la secretaria del Vireynato y que deben ser del mayor interés y dignos de darse á luz. El historiador de Cárlos III tuvo á la vista uno de esos informes, y de él y de otros antecedentes que halló aquel autor en los archivos españoles, podemos deducir que si las medidas dictadas por Vertiz para evitar la conspiracion, por actos de justicia á favor de los indígenas, no hubieran sido burladas por el Cor-

regidor de la provincia de Chayanta don Joaquin Alós, pro-
tegido por la Audiencia de Charcas, se habrían evitado probablemente, los horrores de un alzamiento cuyo triunfo habria sido de lamentar apesar de la justicia que hasta cierto
punto le abonaba. (1)

Dos años antes que estallase, un indio principal de Ma-
cha, llamado Tomás Catarí, habia atravesado las seiscientas
leguas interpuestas entre su domicilio y la capital del Vireynato, para deponer ante su primera autoridad fundadas quejas contra las tropelías y vejaciones que afligian á sus paisanos.   Pero Vertiz, como todos los españoles, estaba distante
de presumir que se hallaba sobre un volcan mas terrible que
los de las cordilleras, y habiendo podido restituir la confianza á los ánimos que fermentaban en secreto, inspirándoles
con hechos, fé en la justicia, se contentó con lamentar los
abusos introducidos por la codicia y con recomendar á la Audiencia que atendiese, conforme á las leyes de Indias, que
nunca fueron sino letra muerta y simulacion de buen gobierno, las reclamaciones del indio prudente y animoso. Estas amonestaciones del Virey fueron desoídas, y Alós y la
Audiencia, lejos de atraerse al generoso Catarí, le prendie-
ron y encarcelaron.   Los indios se sublevaron para conseguir la libertad de su cacique; pero aunque la obtuvieron
por medio de una transaccion desmoralizadora para el poder
de autoridad de la Audiencia, este movimiento fué la chispa
que levantó las llamas en que perecieron muchos y valiosos
intereses.

Este episodio de la historia de nuestra América, ha dado materia para largas discusiones sobre la causa motriz de

_____

1. Historia del reinado de Cárlos III en España, por don Antonio Ferrer
del Rio, T. 3. ° lib. 5. ° cap. 5 °

la insubordinacion de los indígenas, trayendo con este motivo á tela de juicio las medidas económicas y administrativas
del ministro Galves, á quien acusan varios, y Funes entre
ellos, de encarnizado enemigo de los americanos, mientras
que el doctor Maciel, nuestro compatriota, lo defiende de
esa misma inculpacion (antes que el ensayo histórico fuere
concebido) en una de sus obras mas estensas, que como las
demás del ilustre santafecino, permanece inédita. (1) La
razon dirá siempre que aquellos infelices tuvieron causa justa para alzar la cabeza y sacudir (como hasta las bestias de
arar lo hacen) el yugo que ya no podian soportar al cuello.
Pero dirá tambien, que su triunfo habria sumido la ya adelantada civilizacion del Perú, alto y bajo, en una noche completa de barbarie, pues en ódio á la raza española se mostró
la indígena, poco apegada á la doctrina del cristianismo, por
mas que apareciese como modelo de devocion á las prácticas
del culto católico.

Como todavia quedan muchos bárbaros que atraer al gremio de la civilizacion, á pocos pasos de nosotros, bueno seria no echar al desprecio la leccion que nos ofrece este hecho, sumándola con la otra no menos elocuente que nos dan
las ruinas sociales de lo que fueron misiones jesuíticas. Nada bueno, ni la semilla de la religion por santa que ella sea,
puede fructificar en el corazon del esclavo.

Durante la administracion de Vertiz tuvieron lugar los
ensayos infructuosos de poblar la parte sur de la Patagonia.
El Virey hizo presente á la Córte lo gravoso é inútil de los
establecimientos meditados por don Francisco Viedma y don

---

1. Nos proponemos publicar el último capítulo de la obra aludida, en el
cual trata Maciel de las causas de la sublevacion de Tupac-Amaru.

don Juan de la Piedra, los cuales quedaron suprimidos á escepcion del *Cármen* situado á la boca del Rio Negro, «el cual (segun una real órden de 1. ° de agosto de 1783) quiere el Rey subsista por lo mucho que se ha gastado en él, y porque puede conducirse de allí porcion de sal y servir de gran fomento su comercio.»

Por entonces tambien tuvo lugar la esploracion del Rio Negro, que nace de la gran cordillera y echa sus aguas, suficientes para ser navegadas, en mares al sur de Bahia Blanca. Todos estos trabajos de reconocimiento de lugares lejanos y desconocidos dejaron para la posteridad un rico caudal de nociones geográficas y de noticias sobre las costumbres y carácter de los naturales, que nos permiten conocer hoy las regiones australes de esta parte de América, así como sirvieron desde entonces para desvanecer las ilusiones de la famosa ciudad de los *Césares*, alimentadas por la ignorancia de la geografia.

Un rasgo honroso de la vida de Vertiz, es el empeño que tomó por fundar lo que entonces se llamó los estudios públicos. Él fué quien cónsultó á los Cabildos sobre los medios de establecer *escuelas* y *estudios generales*, logrando que á pocos dias despues de consultados se espidiesen con detenidos informes que recomiendan el patriotismo de aquellas corporaciones.

Despues de estenderse prolijamente los informantes sobre la bondad y gran número de los talentos del pais; sobre los inconvenientes que se sentían para trasladarse los jóvenes á Córdoba, Chile ó Charcas, para seguir las carreras científicas; sobre las ventajas que por el clima y la abundancia de las cosas necesarias para la vida, proporcionaria Buenos Aires á los concurrentes de la banda Oriental, del Paraguay y de la gobernacion del Tucuman, sentaban que era urgente el fundar un *Colegio* para reclusion de la juventud estudiosa, y una *Universidad* con autorizacion para conferir grados, cuyas cátedras se diesen por oposicion al mérito reconocido.

El número total de cátedras proyectadas para la Universidad y el colegio, fué de once, con doce profesores, bajo un presupuesto anual de sueldos que importaba 5100 pesos, sobre lo cual dió cuenta á la córte en un informe que no ha llegado á nuestro conocimiento. Sin embargo, en la Memoria que' vá á leerse, consagra un capítulo especial á dar cuenta á su sucesor del estado en que. encontró á su regreso de Montevideo el asunto de la ereccion del Real consistorio Carolino, que él llevó á cabo, encomendando el rectorado al ya mencionado canónigo don Juan Baltasar Maciel.

Vertiz solicitó su relevo y lo obtuvo por Real cédula de 17 de julio de 1783. Por otra de 24 de setiembre del mismo año fué exonerado del juicio de Residencia á que segun las leyes de Indias debia sujetarse como gobernador y como Virey, en atencion á la notoria integridad y justificacion con que habia desempeñado esos empleos durante quince años casi cumplidos. Este excelente magistrado emprendió su viaje de regreso á Europa embarcándose en Buenos Aires el 12 de abril del año 1784, y allí falleció en el año 1799, segun nuestra Guía de Forasteros del año 1803.

J. M. G.

Exmo. señor·

Muy señor mio: Al mismo tiempo que la constante justificacion del Rey, en su Real órden de 17 de julio próximo, gradúa por bastante los motivos con que he solicitado

mi relevo y vino en concedérmelo con las muy honrosas espresiones de estar bien satisfecho de mis méritos y servicios,
propios de su incomparable bondad; espone tambien haber
nombrado á V. E. por mi sucesor en el mando de Virey,
Gobernador, y Capitan General de estas Provincias del Rio
de la Plata; dispensándome igualmente por otra de 24 de setiembre último la Residencia que segun las leyes debia dar
de los empleos de Gobernador y de Virrey, en atencion, como allí se espresa, á la notoria integridad y justificacion con
que los he servido y desempeñado por cerca de quince años:
repetido Real concepto que releva sobre manera el crédito
de mis operaciones, y en que la inimitable piedad del Rey
nuestro señor ha querido caracterizarlas, solo por aquel manifiesto anhelo y celoso deseo de servirle con toda la rectitud
y fidelidad imaginables, que siempre fué principio indefecti-
ble de mis deliberaciones: así consiguientemente ha sido por
muchos títulos plausible la exaltacion de V. E. al Vireynato
de estas Provincias y todos debemos ciertamente persuadir-
nos de su comun felicidad, dirijidas en lo sucesivo por los
muy instruidos y prudentes conocimientos de V. E. y en
quien se unen la justicia, la clemencia y todas las demas
cualidades que bien esperimentadas le han hecho justamente acreedor á tan alta dignidad.

Ya en este caso de ser yo relevado y del ingreso de V. E.
al cargo y ejercicio de Virey, Gobernador y Capitan General
de las Provincias del Rio de la Plata, me corre la obligacion
de entregar á V. E. todas las cartas, cédulas, órdenes, instrucciones, despachos reales, en materia de gobierno espiritual, temporal y de guerra, por que los de real hacienda ha
dispuesto el Rey, separarlos del conocimiento de los Vire-

yes, antes superintendentes de ella: y todas se hallan en la Secretaria del Vireynato, al cuidado del Marqués de Sobre Monte encargado de su manifestacion, é instruido de su tenor; motivo porque no ha pasado al gobierno é Intendencia de la Provincia de Córdoba para que está destinado: aunque por no perjudicarle con esta ordenada detencion, le puse desde luego en la correspondiente posesion, recibiéndole antes el juramento prevenido; y me incumbe tambíen instruir á V. E. del estado en que dejo esta Provincia, y de los sucesos dignos de notar ocurridos durante el tiempo de mi precedente gobierno, obligacion que determinada en las leyes de estos dominios, se ha prescripto por otras Reales órdenes en el concepto de su utilidad, y aun necesidad para continuarlo con acertado conocimiento, si bien que no ignorándose por su publicidad cuán urgentísimas fueron las atenciones que se me han multiplicado en todo mi mando: interesándose en ellas ó el honor de las armas del Rey, que me precisó á repetidas y dilatadas ausencias de la Capital con indispensables fatigas; de la subordinacion debida á su soberania de que ingrata, escandalosa, y criminalmente se substrajeron algunos espíritus rebeldes; seduciendo á muchos otros á tan depravada y detestable conducta, nunca deberá estrañarse que distintos negocios públicos ó de diversa clase no se hayan adelantado como yo deseaba: sin embargo instruiré á V. E. en jeneral de las providencias y principales acaecimientos de mi anterior mando, y V. E. podrá perfeccionar mis disposiciones si las meditare convenientes á la comun utilidad en que consiste su esencial objeto, y por lo cual debe ser siempre susceptible de ulteriores esclarecimientos ó modificaciones que la esperiencia misma acredite necesarios.

ERECCION DE ESTA REAL AUDIENCIA PRETORIAL.

Erijida en esta Capital la Real Audiencia Pretorial, de que trata el Real despacho de 14 de abril de 1783, compuesta de V. E. como su Presidente y de los señores Ministros que en él se espresan con otros dependientes, sueldos y asignaciones que se determina, solo tengo que remitirme á este Real Despacho de su establecimiento y que insinuar á V. E. que quede aun pendiente la formacion de las ordenanzas de este superior Tribunal á que V. E. en consorcio de los señores Regentes y Oidores debe proceder con presencia de las de la Real Audiencia de Lima, de la de Charcas que pertenece al distrito y mando de V. E. y aun de la que anteriormente hubo en esta Capital, cuya copia se acompañó con la misma Real Cédula, advirtiendo que á consecuencia de los oficios que espresa mi decreto de 14 de octubre del mismo año puesto á continuacion del citado Real despacho, se han recibido ya las ordenanzas que dirijian en la de Charcas, y es de creer lleguen dentro de poco tiempo las de Lima.

ESTABLECIMIENTO DE INTENDENCIAS.

Por la reciente real ordenanza de que V. E. vendrá instruido perfectamente, ha resuelto el rey, movido del paternal amor que le merecen todos sus vasallos, aun los mas distantes, y del vivo deseo de poner en buen órden, felicidad y defensa estos dilatados dominios, dividir este vireynato en ocho intendencias incorporadas á ellas los gobiernos políticos y militares; una general de ejército y de provincia en esta capital, y las demás solo de provincia, con el nombre tambien de las capitales que en ella se designan y en que habrá de residir el intendente, quedando las que en la actualidad se titulan provincias con la denominacion de partidos: en esta misma real ordenanza se especifican los juzgados todos y las juntas, así superiores como inferiores á que queda reducido este distrito: deslindándose igualmente sus jurisdicciones y conocimientos en los cuatro ramos y casos respectivos á que se contrae, y en vista de este nuevo plan de gobierno y tribunales, me refiero en este particular á la misma real ordenanza, bien persuadido que á los que incumbe cuidar de la exacta observancia y V. E. principalmente por sus omnímodas facultades que segun el artículo 2 continúan con todo el lleno de su superior autoridad, lo que se comprueba igualmente por las tres advertencias contenidas en la real órden reservada de 5 de agosto último, sabrán llevar hasta su total cumplimiento las rectas y piadosas intenciones del rey, que yo habia empezado á poner en ejecucion con muy buen efecto.

En el artículo 53 se manda tambien á los mismos intendentes que por ingenieros de toda satisfaccion é inteligencia hagan formar mapas topográficos de sus provincias, en que se señalen y distingan los términos de ellas, sus montañas, bosques, rios y lagunas, encargándoles la exactitud y espresion posibles. En el siguiente 54, que por medio de los mismos ingenieros y las relaciones individuales se informen particular y separadamente del temperamento y calidades de las tierras que comprende cada provincia, de sus producciones naturales en los tres reinos, mineral, vegetal y animal; de la industria y comercio activo y pasivo con lo demás que

allí se espresa; y en el 55, que con todo cuidado y esmero
soliciten saber las inclinaciones, vida y costumbres de los vecinos y moradores de su gobierno, y estas descripciones encargadas por nuestro soberano, en el concepto, como afirmaba Ciceron de que ninguna cosa puede ser entendida ni
tratada cuyo sugeto no fuere primero sabido de las personas
que de ello hubieren de conocer, se hacen tanto mas urgentes cuanto este reciente superior gobierno ha tenido que mendigar todas aquellas referidas noticias que en los citados artículos se mandan puntualizar, y no escusaré decir á V. E.
que queda fijado en la secretaria el mapa geográfico de esta
América meridional y que así esto y el particular instruido
de esta provincia, que incluyo á V. E., y sobre todo, los individuales informes que he debido al señor intendente general, como que corrió todas las provincias del vireynato, á fin
de establecer en ellas la real renta de tabacos y naipes, han
suplido suficientemente la falta que hoy se procura justamente reparar; lo que verificado con la precisa exactitud
proporcionará á V. E. un conocimiento individual de las provincias de su mando, en todo la estension que dichos artículos se proponen consultando á fines muy útiles y públicos:
y por lo mismo conceptúo necesario, que no se retarden estas
prevenidas investigaciones.

ESTADO ECLESIÁSTICO.

En este distrito se contienen tambien seis iglesias catedrales; esta de Buenos Aires, la Metropolitana de las Charcas, la de la Paz, la de Santa Cruz de la Sierra, la del Tucuman y la del Paraguay: el clero secular y regular de la
primera, de que con inmediato conocimiento puedo instruir

es, en mi concepto, y generalmente, de los mas ejecutados, aunque alguna otra vez he tenido que contener en los religiosos franciscanos la indiscreta libertad ó las espresiones poco meditadas con que han declamado en los púlpitos en ódio de las providencias del gobierno, sin penetrar su verdadero espíritu y necesarios fines á que propendían y sin acercarse antes á manifestarme los defectos que presumían y que no debian persuadirse que á calificarse, no se remediasen con mejor celo: de esto resultaba que las determinaciones del gobierno se hacian el asunto comun de las conversaciones, y en cierto modo una popular inquietud, viniendo á ser así su predicacion, no de paz, como lo enseña Cristo por su evangelio, sino de sedicion y determinadamente dirigida en ofensa y agravio manifiesto del gobierno, contra lo que amonestaba San Pablo repetidamente á los de Corinto y Philipenses, se halla prevenido por los mas antiguos cánones y concilios y prescriben tambien nuestras leyes pátrias y muy recientes reales cédulas, cohibiendo todas en los predicadores esta licencia abusiva de su ministerio y evangélica mision.

CONTROVERSIA CON EL REVERENDO OBISPO.

Sin embargo, embarazaron mucho otras precisas atenciones de este gobierno las irregulares contradicciones del Reverendo Obispo de esta Santa iglesia, hoy arzobispo de Santiago, y tratando de este particular con toda la moderacion que debo, podré afirmar á V. E. que este prelado, estremamente aligado á sus dictámenes, solo adhería á sus errados juicios: tengo informado al rey con testimonio de los

espedientes seguid•)s y la satisfaccion de que sus reales resoluciones, que hasta ahora se han recibido, acreditan de
justas y arregladas mis providencias, como podrá V. E. instruirse cabalmente por los mismos espedientes reales, órdenes y despachos respectivos: la defensa y jurisdiccion del
Real patronato escrupulosamente encargada y que ha de sostenerse por los medios y esfuerzos posibles, y las prerogativas debidas á la alta dignidad de los Vireyes, como viva imá-
ɣen y que representan inmediatamente la real persona en estas distancias, le eran insufribles á este prelado, aun á vista
de las leyes mas constantes y de la posesion y estilos que se
le justificaban con el ceremonial recibido en otros Vireyna-
tos y especialmente en el de Lima, que antes comprendía
todas estas provincias, é imbuído en los conceptos y por diversos principios que con generalidad y violencia acomodaba
á sus ideas, en todo suscitaba disputas y tropiezos, que no
de otro modo se podian allanar que judicialmente y por los
términos propios de la autoridad: siendo aun mucho mas
notables los irregulares é imprudentes partidos que tomaba,
y entre otros el no cumplimentarme en el dia del augusto
nombre de nuestro Soberano: retirar públicamente sus vestiduras pontificias de la iglesia, por mi precisa asistencia á
ella y negarse á toda contestacion de mis oficios, aun en
distintas materias, con otras demostraciones que solo servian
de un general escándalo que me era irremediable prevenir,
porque no podía permitir que la Real jurisdiccion, el Real patronato y el decoro de mi empleo, se menoscabasen de este
modo y con tanta irreflexion.

CURATOS DE NUEVA CREACION.

Nada puede ser mas conforme á la real intencion, ni tan urgentemente preferente que el reparar las necesidades espirituales porque se refunden en la parte mas noble y principal y distraen del muy alto y único fin que es la salvacion eterna: por lo mismo afirmando el Reverendo Obispo en su oficio de 19 de junio de 1780 que en la visita de este Obispado, observó en varios partidos que carecían sus diocesanos del pasto espiritual, acudí inmediatamente á la ereccion de las nuevas parroquias que con este antecedente me proponia; encargadas tambien por distintas reales cédulas, como que la causa era justa y las acreditaba la misma asercion del prelado, digna de toda fé por su dignidad y pastoral ministerio: escusando consiguientemente el pedirle las prescritas averiguaciones y diligencias que lo comprobasen y que dilatarían los auxilios y precisa instruccion cristiana de aquellas almas que tanto la necesitaban.

Verificada de este modo la ereccion de nuevas parroquias y divididos los dilatados territorios que antes comprendian las antiguas, se fijaron en ellas edictos para su provision conforme á las leyes del real patronato; y aun el prelado redujo por entonces á este solo título el de órdenes mayores que solicitaban algunos eclesiásticos, y segun se esplicaba, para que así estimulados á la oposicion quedasen establecidas aquellas parroquias: si esto fuese el fin parecia conveniente, y sin contradiccion á las leyes en el concepto de preceder necesariamente la presentacion del Vice Real patrono, y así juntamente dedicado al pronto socorro espiritual de aquellos prójimos infelizmente abandonados, no se me presentaron los inconvenientes que despues he tocado, resultantes de la misma restriccion: el primero, que algunos de los curas, no deteniéndose por entonces en lo ténue de los beneficios, con el deseo de recibir las sagradas órdenes, están incóngruos y lo han representado, y de que infiero que resfriado ya aquel deseado fervor de los tiempos primitivos no habrá en lo sucesivo muchos eclesiásticos seculares de la probidad y virtud necesarias que abracen estos destinos en el campo sin medras temporales: y el segundo y mas principal, que debiendo ser removidos otros de estos mismos curas por sus excesos y estimulado á ello el prelado para que lo ejecutásemos por la via y ley de concordia, me lo ha dificultado en la misma pobreza de esos beneficios, y porque ordenados á solo este título no les quedaba congrua alguna: de modo que propendiendo á evitar nuevas disputas y en el concepto del tiempo que se insumiria en estas; tuve por conveniente representarlo todo al Supremo Consejo en 12 de julio del año próximo, adelantando en este informe cuanto consideré conducente y que aun no convenía en estas partes admitir por título de las sagradas órdenes el de beneficio, y la real resolucion de S. M. serviria de regla para lo que haya de ejecutarse en este y otros casos de la misma clase y circunstancias.

SEMINARIO CONCILIAR.

En real cédula á 30 de junio de 1774 se mandó auxiliase al reverendo obispo para el establecimiento del seminario conciliar, que segun el Tridentino debe erijirse en todas las Catedrales con proporcion á sus rentas y diócesis, y por entonces como que al prelado eclesiástico es á quien incumbe esta obligacion, solo tuve que imponerle de mi encargo y ofrecerle cuantos ausilios pendiesen de mi arbitrio.

Posteriormente el doctor don Juan Baltazar Maciel, canónigo magistral de esta santa iglesia, ya concluida la obra material, representó á mi antecesor el señor don Pedro de Cevallos, por que se verificase el formal establecimiento de este seminario Conciliar, esponiendo tambien la notable falta que hacia al servicio de la iglesia, y se formó espediente sobre el particular que quedó sin efecto ni activa providencia que lo determinase.

El último prelado lejos de propender á la misma plantificacion del Seminario, le convirtió en habitacion suya desde su llegada á esta Capital, y todos estos antecedentes que no ministraban una clara idea de la inatencion con que se trataba un asunto tan recomendado, me indujeron á pasarle oficio con el justo deseo de que las disposiciones del concilio y del rey tuviesen su puntual observancia y cumplímiento.

A don Pedro Picasarri, Chantre de la misma iglesia y encargado por el Reverendo Obispo don Manuel Antonio de la Torre de llevar hasta su efecto este Seminario, le previne igualmente que me instruyese de la inversion de los ingresos, de los ramos de que dimanaban y de su producto anual, y no habiéndolo ejecutado le reproduje en 14 de enero de este año aquella misma prevencion que le fué hecha en 2 de julio del anterior, notándole, como es justo, su incontestacion.

Con fecha 21 de julio de 1783 me significó el Reverendo Obispo que para formar el plan de los colegiales que debe tener este seminario y los pensionistas que pueda admitir, como tambien los salarios del Rector, Vice-Rector, Maestros, Pasantes y demas dependientes, convendria tener pre-

sente el estado que el Chantre don Pedro Picasarri debia
presentar de sus rentas, y que entre tanto lo producía, y con
el fin de adelantar tiempo y proceder con conocimiento se
escribía á Cbarcas solicitando una razon del establecimiento de aquel Seminario y su método que sirviese de modelo,
de cuyas resultas nunca me dió noticia alguna.

Mas como el Chantre encargado tampoco me produjese
aquella razon sobre que le insté, y viese yo reducido
tan recomendable asunto á solo este estado, mandé
dar vista al abogado fiscal en quien se halla el espediente,
que conceptúo debe ajitarse con la mayor eficacia para que la
disposicion del concilio logre todo su preciso efecto; esta
iglesia destituída, algunos mas ministros en sus funciones,
y tambien el público, los útiles efectos que son consiguientes á este establecimiento.

CAPELLANES REALES.

Por el recurso que hicieron al Rey el doctor don Anto-
dio Rodriguez de Vida y don Santiago Baez, ambos presbí-
teros de conocido mérito, á efecto de que les confirmare el
nombramiento de capellanes reales que obtuvieron del venerable Dean y cabildo desde el arribo á esta capital del primer virey, mi antecesor; bien que con perjuicio de la facultad que á este competia en esta nominacion, que fué siempre de los Vireyes, y tambien por que les determinase la asignacion que fuere de su real agrado y proporcionada á su decente subsistencia, se me pidió informe por real órden de 10
de febrero de 1782, y no teniéndose en este superior gobier-

no todos los conocimientos puntuales y necesarios, fué indispensable ocurrir al de Lima á fin de que me instruyere en la
materia, y lo hizo completamente precediendo informes del
capellan mayor de aquella real capilla, cuyo testimonio me
dirigió.

Con estos documentos satisfice á la citada real órden
en 12 de julio del año próximo, mas como de los otros Vi-
reynatos de las Indias sea mayor el número de los capellanes
reales y reflexionase que solos dos, no podrian desempeñar
con el preciso decoro las funciones y cargos anexas á este ministerio, determiné aplicar para otros tantos capellanes los
veinte mil del antiguo fondo de capilla que aun subsisten
depositados en las cajas de los regimientos y eran correspondientes á los militares difuntos de artilleria, infantería, y
dragones y que este principal se impusiese á réditos á cinco
por ciento, como se ejecutó por congrua y dotacion de los
mismos capellanes, con la obligacion de celebrar cien misas
anuales por las almas de los dichos interesados, haciendo
asi fructuoso aquel su caudal, y una al mes por la muy importante salud y apreciable vida del rey que siempre debe
ser un permanente y primer objeto de nuestros votos, con
otras circunstancias declaratorias que mas estensamente resultan del espediente, y se esponen en el referido informe
que dirijí, y aun pende de la real aprobacion con la que tendrá V. E. que perfeccionar este particular, en el cual si es
cierto que se interesa el lustre de su real capilla, aun es mas
constante que aquellas almas reciben estos sufragios útiles
y de infinito valor que no reportaban.

SUBSIDIO ECLESIÁSTICO.

Mi informe al Exmo. señor don Josef de Galvez, de 31
de diciembre último, número 875, no solo espresa las órdenes y cédulas recibidas y que se contraen á la averiguacion
de lo enterado en estas reales cajas, procedentes de los sub-
sidios eclesiásticos concedidos á S. M. mediante los breves
pontifícios de 1721 y 1740 sino que por menor refiere todos
los acaecimientos y trámites de este particular y su último
estado con arreglo al espediente seguido de que V. E. podrá
informarse: ello es cierto que la misma antigüedad del
asunto, la falta de los libros reales respectivos, y el no encontrarse en el juzgado eclesiástico, que parece fué el ejecutar á estos breves, los papeles correspondientes, hacen muy
dificil su esclarecimiento; pero en mi concepto sin abandonarse la solicitud de los mismos documentos debe referirse
á lo que últimamente pide el abogado Fiscal en vista de lo
obrado; y habrá de agitarse por que no quede ilusoria aquella gracia pontificia que cede en beneficio del erario, privado
por tantos años de estos productos.

REFORMA DE RELIJIONES.

En estos últimos dias he recibido los planes de reforma que los visitadores nombrados conceptuan deberse hacer
en las relijiones de Predicadores, y Mercedarios, segun la
mente é instruccion de S. M. á este efecto; por ellos resultan los nombres de los conventos que hay en todo el distrito,
su renta fija, y los proventos eventuales, la cuota en que re-
gulan la sustentacion anual de cada relijioso con respecto á

la mas ó menos escasez de las Provincias, los religiosos actualmente existentes en los mismos conventos y el número á que deben quedar reducidos, proponiendo para ello el medio que consideran adoptable, por el cual lentamente y sin menoscabo de las funciones y ministerios de estas comunidades é institutos, pueda arribarse al fin propuesto: y quedan en la secretaria del Virreinato para su superior resolucion de V. E. que sabrá muy bien distinguir, si en este estado ha de darse cuenta á S. M. ó determinar acerca de lo mas urjente: con arreglo al espíritu de las mismas Reales resoluciones, y segun mi concepto seria ya necesario reprimir con prudencia el ingreso de religiosos, porque no reducidas estas comunidades á la vida comun, y descuidado tambien que los prelados provinciales y locales sean de acreditada religiosidad, prevencion que siempre repetí al tiempo de sus capítulos en observacion de la ley de Indias que así lo ordena, nunca podrá firmemente establecerse la reforma á que por tan justos fines se procede, ni lograrse la primitiva observancia regular decidida en sus institutos, y que tanto conviene á la relijion y causa pública.

REPARTICION Y DISTRIBUCION DE DIEZMOS.

En mi dilatado informe al supremo consejo de 24 de octubre último, se contiene todo lo ocurrido con ocasion de la Real Cédula de 29 de junio de 1775 que conforme á la ley de Indias determina se haga por cuartas partes la distribu-

cion de los diezmos de esta iglesia, y no por terceras como
se pretendia, mediante un artículo de la ereccion; y tambien
por la conexion de los asuntos, y en cumplimiento de otro
real despacho de 25 de noviembre de 1782 espliqué reserva-
damente como se encarga, mi concepto acerca de la suficiente dotacion de estos prevendos, acompañando dos estados
que por distintos medios y con alguna corta variacion manifiestan ser factible sin perjuicio de su decente sustentacion
el aumento de algunas canongias ó raciones: y verificable
asi mismo el que estas rentas decimales sufraguen á las precisas erogaciones en músicos y cantores de que absolutamente carece esta iglesia, repartiéndose los cuatro novenos
sobrantes de diverso modo que lo ejecutó provisionalmente
y con mi permiso la junta de diezmos, por no estimar justo
que todo este superavit se aplique á la mesa capitular desa-
tendidos los otros necesarios oficios, que tambien contribu-
yen al decoro de las funciones en la misma iglesia: y V. E.
no podrá menos que admirar el escaso lustre con que en
ella se desempeñan los que no depende de alguna cofradía ú
otro pio establecimiento: esto mismo manifiesta que el asunto está por ahora pendiente de la real resolucion, y me per-
suado, que V. E. bien sea conformándose con aquella distribucion que manifiestan los remitidos estados ó por otros medios que le dicte su notoria piedad, influirá constantemente
á la mayor descencia en esta iglesia, que con especialidad pertenece á su Vice-Real Patronato.

COLOCACION DEL CORO EN LA NUEVA CATEDRAL.

Pretendió el Dean y Cabildo eclesiástico que la colocacion del coro en la misma iglesia Catedral fuese á la entrada de ella, segun lo estuvo antes y se observaba jeneralmente en las Indias; el Prelado se proponía situarlo á espaldas del retablo mayor, y por esta diversidad de conceptos me pareció mas conveniente dar cuenta á S. M. como lo hice; y annque no he obtenido directamente resolucion, una real cédula de 23 de febrero de 1779, tratando de conceder franquia de derechos al mayordomo de la fábrica, don Manuel Basavilbaso, por el fierro y otros materiales que condujere de Vizcaya, para esta obra, decia que no se hiciese novedad en las torres, ni en el coro, hasta estar resuelto el punto de las cuentas que debió dar, y efectivamente tiene producidos las que se hallan en el Tribunal mayor de cuentas para su examen, y por lo cual queda el asunto suspenso y pendiente de aquella operacion.

El mismo Basavilbaso me representó despues que estando concluido el retablo mayor, temia justamente que si faltaba el que lo habia construido no hubiese quien lo colocase con todo el primor del arte, y obra, y tambien que este artífice reclamaba continuamente el embarazo que le causaban las muchas y grandes piezas sueltas, pero que no pudiendo situarse sin precedente resolucion acerca del lugar del coro, se hacia preciso que determinase yo este particular sobre que se formó espediente; y despues de oídos varios dictámenes que en él constan, incluyendo el del reverendo Obispo, que ya era se colocase en el presbiterio: tuve por conforme á las razones y fundamentos que se esponian, que se situase al principio de la iglesia, y le pasé oficio á este fin, y el de que consiguientemente podria colocarse el altar mayor en el centro del presbiterio, pues aun que se objetaba que estaba debajo del panteon, donde deben sepultarse los canónigos, y ser contra rito el celebrar sobre otros cuerpos ó reliquias que de los santos, se califica con el plano que aun siendo, como es, triangular el altar mayor, no cabe ninguno de los altares sobre los nichos ó cuerpos de los difuntos prebendados, porque estando estos formados en las paredes que son los pies derechos de las bóvedas, no alcanzan el retablo á ellos en lo principal, y aunque el reverendo obispo no contestó, conformándose con esta resolucion, parece lo estuvo, pues se ha empezado á colocar el altar en el centro de la bóveda, la cual se acreditó tambien por el reconocímiento del Brigadier don José Custodio de Saa y Faria, que podia resistir muy bien aquel peso, que era uno de los fundamentos que se representaba para seguir la otra idea de colocar el coro en el presbiterío, retirando mas el altar hácia la pared.

(Continuará.)

SEPARACION DE LA IGLESIA Y DEL ESTADO

Discurso del Sr. Dr. D. Eugenio Cambacerés

En la sesion de la Convencion de la Provincia para la reforma de su constitucion del 18 de Julio de 1871

Voy á permitirme, señor Presidente, hacer uso de la palabra, con el objeto de proponer una enmienda al artículo que se acaba de leer.

Partidario ardiente de la libertad en todas sus manifestaciones, en esta cuestion estoy porque ella predomine tambien, en el sentido de la mas absoluta libertad de cultos; de la mas completa separacion de la Iglesia y del Estado.

Tratare de esponer lo mas brevemente que me sea posible las razones de mis creencias.

Para que los eternos preceptos del código de la moral se estiendan mas allá del mundo de las abstracciones y lleguen á regir los destinos del hombre, es menester que penetre en su mente y en su corazon un principio activo, un agente que grabe en él el sentimiento del deber, fuente del bienestar y de la felicidad de las naciones.

Ese principio activo, ese agente, no es ni puede ser otro que el sentimiento religioso, único capaz de traducir á la práctica el perfeccionamiento moral.

Imaginemos una sociedad sin religion, y el cuadro de la mas completa decadencia se presentará á nuestros ojos— Basta para convencerse de esta verdad dirijir la vista hácia el pasado y detenerla un momento en los tristes ejemplos que la historia de la humanidad nos ofrece: cuando la estincion de los sentimientos religiosos llega, la acompaña siempre la corrupcion mas profunda y una vez rota la valla, el desborde de las pasiones inunda por do quiera á la sociedad.

Por fortuna, señor Presidente, son estas circunstancias escepcionales, que, como contrarias á nuestra esencia misma, se producen solo en épocas de rápida transicion.

Y forzoso es que así suceda.

El sentimiento de la religion, (observaré que tomo aquí la palabra religion en su acepcion natural y filosófica) es una necesidad imperiosa del hombre: su constitucion física, intelectual y moral, todo en él, así lo demuestra y cuando el espíritu tiende su vuelo por las regiones del mundo ideal, si la razon, esa que bien pudiera llamarse brújula del alma, lo acompaña, se remonta de una manera fatal y necesaria hasta encontrar el dogma salvador de la divinidad.

Yo no creo, señor Presidente, en el ateísmo síncero y razonado; para mí, él es imposible, y me lo esplico solo como la consecuencia absurda de una mala fé sistemada, ó de una completa obcecacion mental.

Inútil será, por otra parte, combatir directa, ni indirectamente, en las masas el espíritu religioso de que se hallan poseídas, cualquiera que él sea, desde que todas las religiones de los paises civilizados encierran un fondo de moralidad bastante á regir las acciones del hombre y á guiarlos por la senda de la virtud.

Ademas, solo llegaria por este medio hasta renovar las dolorosas escenas de sangre y carniceria, por desgracia tantas veces repetidas. Ahí están las huestes cristianas devoradas por las fieras en los circos de la antigua Roma, al ruido atronador de los aplausos del populacho; ahí está el pueblo protestante desterrado, encarcelado, sacrificado en el patíbulo y dèspedazado en la noche terrible de la San Bartolomé; ahí está la maldita raza de los judios, objeto durante tantos años de la mas injusta persecucion, que bien elocuentemente atestiguan la verdad de mis palabras.

¿Y qué se consiguió, señor, con la perpetracion de tantas iniquidades?

Los preceptos sublimes del Evangelio, fuerou divulgándose mas y mas por el mundo entero: despues de la bárbara matanza que acabo de recordar, mas de tres millones de protestantes aparecieron de pronto en Francia al despuntar la aurora de la libertad, y los dogmas del Judaismo, prevalecen todavia en el espíritu de una gran parte de las poblaciones Europeas.

En la imposibilidad pues de estinguir el sentimiento religioso, así como de imponer una sola religion á todo el pueblo ¿qué hacer? ¿cuál es el camino que se nos presenta, preguntaré con uno de los tribunos de la revolucion francesa?

La contestacion no es dudosa, señor Presidente; sancionar la libertad de cultos, garantiendo á cada cual el ejercicio del suyo.

Cualquiera comprende que hablarle de libertad y negarle al mismo tiempo la de profesar su culto, es á la par que una contradiccion, una violacion flagrante de sus prerogativas y derechos.

Y no se crea que vengo á defender aquí una libertad á medias como la tenemos en el Estado de Buenos Aires, en cuya constitucion, á la vez que se reconoce en cada cual el derecho de rendir culto á Dios-todopoderoso segun su conciencia, se consigna tambien la limitacion de hacerlo respetando las leyes existentes, leyes que son coartivas de esa libertad, puesto que destruyen la igualdad, y sin igualdad la libertad no existe.

No me conformo tampoco con el dictámen de la comision de *Derechos* y *Garantias*, porque á mi juicio ese dictámen no es franco—No aborda la cuestion de un modo decidido—No sanja la dificultad abierta y terminantemente.

Lo que vengo solicitando es la mas completa libertad en materia de religiones—No sancionemos facultades que se estienden solo á los estrechos recintos de la conciencia y del hogar doméstico—No establezcamos restricciones y limitaciones injustas.—No acordemos privilegios odiosos.—No legitimemos ante los ojos de la República ese aborto político que se llama Religion de Estado!

La religion se halla fuera de los límites de la política; el Estado no puede conceder proteccion de ninguna clase á asociacion religiosa alguna, sin quebrantar el principio de la igualdad política, base de toda democracia por que es la base legal de los derechos del pueblo.—Su rol debe reducirse simplemente á asegurar la existencia y el ejercicio de todas, dentro de la órbita de accion que la naturaleza de las cosas les ha determinado.

¿Qué es Estado? en efecto, señor Presidente:—el estado en su acepcion política, es la reunion de los poderes públicos; y desde que esos poderes se hallan constituidos por los delegados, por los mandatarios del pueblo, el estado no es sino la espresion, la manifestacion, diré así, del pueblo mismo.—Partiendo, pues, de esta base y profesando el pueblo, como profesa, diferentes creencias religiosas, con qué derecho declara el Legislador una religion oficial? ¿sobre que fundamento jurídico se apoya el estado para decir, yo soy católico, protestante, judio ó mahometano? Él, representante de los católicos, de los protestantes, de los judios, y de los mahometanos á la vez?—Evidentemente, señor, la contradiccion mas palpable se encuentra en una declaracion semejante; y falso el principio, falsas tienen que ser tambien las consecuencias.

Justifíquese, sino, el sostenimiento de la Religion católica, la retribucion de sus ministros, la construccion y refaccion de sus templos etc., con los dineros del pueblo.—Pruébese que es justo y equitativo decir al protestante, por ejemplo, tan ciudadano como el católico: tiene vd. la facultad de ser protestante, si le place, pero al mismo tiempo pague usted impuestos y contribuciones de todo género destinados á costear un culto que no es el suyo; esto es, compre usted el derecho de ser protestante, pagando su culto á los católililicos.—No, señor Presidente, la simple enunciacion de una doctrina tal, consagrada en el mismo código que reconoce la facultad de rendir culto á Dios segun la propia conciencia como un derecho, es la refutacion mas elocuente que de ella se puede hacer.

El estado de Buenos Aires, llave de un territorio inmenmenso, se halla destinado á ser con el andar del tiempo, uno de los centros de riqueza mas poderosos del mundo; pero, para ello es necesario que la agricultura, las manufacturas é industrias de todo género, reciban todo el impulso, adquieran todo el desarrollo de que son capaces, y esto, únicamente puede alcanzarse, llamando hacia nosotros á la industria estrangera; facilitando la llegada á nuestras incultas playas del elemento vivificador de la inmigracion: no lo rechazemos, pues, con leyes injustas, y sobretodo, con leyes injustas en materia de religion que tanta influencia tiene en el espíritu de las masas.—Allanemos en vez de acumular los obstáculos que se oponen á la naturalizacion del estranjero en nuestro suelo y á su identificacion con nosotros mismos.

Que cultive nuestros campos; que desarrolle nuestro comercio; que perfeccione nuestras industrias; que vele sobre la educacion de sus hijos, ciudadanos argentinos encargados de trasmitir á las generaciones venideras la herencia de la libertad, y que labrando su propia felicidad contribuya al aumento de la riqueza nacional y labre á la vez la prosperidad y el engrandecimiento de la República Arjentina.

Pero, no es únicamente bajo estos puntos de vista que la reforma religiosa es necesaria y conveniente.

La union del estado y de la iglesia tal cual existe entre nosotros, ataca los derechos políticos del ciudadano, desde que con arreglo al artículo 3 de la Constitucion que declara religion de estado á la religion católica; el artículo 88 que impone al Gobernador la obligacion de jurar sobre los Santos Evangelios al recibirse de su cargo, y las consecuencias que de ellos se desprenden si bien imponen, igualmente cargas, no reparten con igualdad los beneficios.

Sensible es decirlo, señor Presidente, pero, hasta hoy, con arreglo á las prescripciones de la Constitucion que nos rije, únicamente el católico ha podido llegar á ejercer ciertos cargos públicos.

Un caso reciente y que está en la memoria de todos, ha venido á poner de manifiesto tan triste verdad.—La Cámara de Diputados del Estado de Buenos Aires, negó su entrada á un electo del Pueblo que se reusaba á prestar juramento sobre los Evangelios, por no creer en su caracter divino, y por mucho que esa negativa le pesara la Cámara no pudo proceder de otra manera; siguió la senda demarcada por la ley.

El artículo 88 que acabo de citar, establece esplícitamente la fórmula con arreglo á la cual el Gefe del Poder Ejecutivo debe prestar juramento invocando los Evangelios, y aunque esta formalidad no se llenó tratándose del juramento de los diputados, la union íntima, sin embargo, los numerosos puntos de contacto y analogía que existen entre uno y otro cargo, conducían á la Cámara de una manera necesaria, á mi juicio, por medio de una recta interpretacion de nuestra carta fundamental, á la consecuencia siguiente: segun la constitucion, tanto el juramento de gobernador como el de diputado, se hallan sometidos á la misma forma y obedecen á la misma regla.

Es indudable, señor, que el legislador, al exigir que el Gefe del P. E. prestase juramento sobre los Santos Evangelios, tuvo en vista razones y fundamentos que le sirvieron de guia, y que, por otra parte, bien claramente aparecen al espíritu.—Estas razones y estos fundamentos son: que declarando la constitucion á la relijion católica, relijion del Estado, no podia dejar de imponerse al Gefe de ese mismo Estado la obligacion de respetarla y defenderla desde que es la única que el estado reconocía como verdadera y como legítima; y que siendo lógicamente imposible imponer á nadie la obligacion de respetar y defender una religion cuyos dogmas no profesa, se desprendia como consecuencia inmediata la necesidad de que el gobernador fuese católico, y por lo mismo, y en su calidad de tal, pudiera y debiera jurar sobre los Evangelios, cuya santidad es dogma de la Iglesia Católica.

Tal fué, á no dudarlo, la mente del legislador.

Ahora bien: la obligacion de respetar y defender la Constitucion, en todas y cada una de sus partes, no es menos esplícita, ni tiene menos fundamento en el miembro del Poder Legislativo que en el del Ejecutivo, ni sería menor, ni menos manifiesta la incompatibilidad de defender una religion que se cree falsa y errónea, en un representante, que en un gobernador.—Absolutamente las mismas razones militahan, pues, en uno y otro caso, y desde que en jurisprudencia se conoce una regla de interpretacion que dice: *donde existe la misma razon, debe existir tambien la misma disposicion de derecho*, en virtud de tal principio, si el gobernador ha debido jurar sobre los Evangelios, ha debido igualmente hacerlo el diputado, aunque la obligacion no se haya espresado en el testo de nuestra carta fundamental.

Es en virtud de estas consideraciones que, á mi juicio, la Cámara, al negar el acceso á su recinto á un electo del pueblo que se negaba á prestar juramento sobre los Evangelios, no hizo sino cumplir los preceptos constitucionales; siguió solo la senda que le habia demarcado la ley.

Pero, véase ahora adonde conduce la doctrina consagrada por nuestros ligisladores.

El ciudadano á quien me refiero ha debido, como ciudadano, cumplir sus deberes de tal, ponerse al servicio de su patria, defenderla cuando ha reclamado el auxilio de su brazo, y hasta sacrificarse por ella; y sin embargo, patriota, inteligente y meritorio como el que mas, no ha podido como ciudadano ocupar su puesto de representante del pueblo en la legislatura de su pais, pais en donde, para que la injusticia sea mas chocante aun, se reconoce en cada cual el derecho de rendir culto á Dios segun su propia conciencia!

En el seno de esta Convencion, señor Presidente, se sentaba otro ciudadano argentino que, celoso al llamado de la patria, corrió á lavar con su sangre, en los campos de batalla, donde tuvo su pecho mortalmente atravesado por una bala enemiga, la mancha arrojada sobre el pabellon azul y blanco, por el tirano Francisco Solano Lopez.—Y, no obstante haber llevado su abnegacion por la patria hasta donde es posible llevarla, hasta encontrarse con un pié en el sepulcro; ese ciudadano, señor, lleno de aptitudes, de patriotismo, de ilustracion y de méritos, solo por profesar el credo protestante, hubiera encontrado en la adopcion de los principios que combato, un obstáculo insuperable á la direccion de los destinos de su patria.

¡Digno de morir por ella, seria indigno de gobernarla!

No, señor Presidente, la Convencion, prestando su sancion soberana, no ha de consignar doctrinas tan absurdas, tan contrarias á la razon, como negativas de toda igualdad y de toda justicia.

La union del Estado y de la iglesia, por otra parte, señor, no es otra cosa mas que un cambio, mediante concordatos,
de autoridad incompatible con el poder que la ejerce, y, por
lo tanto, perjudicial no solo al Estado, sino tambien á la
Iglesia misma.

Muchos de los grandes reveses sufridos por la Iglesia
Católica son debidos precisamente á esa ambicion que siempre la ha dominado, pugnando por desconocer la naturaleza
íntima de las cosas y confundir en una, dos jurisdicciones muy
opuestas, sin embargo: la de los espíritus y la mas positiva de
los intereses materiales.

Citaré, aunque suscintamente, algunos hechos históricos en apoyo de mi acersion; hechos analizados en su mayor
parte, con una fuerza de lógica irresistible, por Julio Simon
en su libro. «La politica radical.»

En el concordato celebrado en 1516, entre Francisco I,
rey de Francia y el Papa Leon X, (y observaré que cito hechos
de la historia de Francia, precisamente por ser la Francia en
gran parte un pais eminentemente católico y porque, por lo
mismo, se le podría considerar en condiciones mas ventajosas que muchos otros, para proclamar y mantener con es-
cito el principio de la union del Estado y de la Iglesia), en
este concordato, digo, se hacían las siguientes concesiones
mútuas:

El rey de Francia nombraba los obispos y demas personas de la gerarquia eclesiástica, y podía rehusar la entrada
á territorio frances de todo escrito que partiese del Papa ó de
la Iglesia Universal, que antes no fuese aprobado por los parlamentos franceses y el consejo real.

La Iglesia, por su parte tenia asegurada la intolerancia

de otras sectas y gozaba de una participacion directa en los actos de la vida civil, asi como de otros muchos privilegios.

Un momento de reflexion señor Presidente, basta à comprender toda la inconveniencia que encerraban las concesiones hechas por Leon X; ellas atacaban por su base la organizacion eclesiástica y la ponian por lo mismo en grande peligro. ¿Puede, acaso, considerarse de otro modo el nombramiento por un miembro del poder civil, autoridad del todo estraña á la Iglesia, de los obispos, de los pastores universales, de los que reunidos en el concilio, tienen segun la Iglesia, nada menos que el don de la infalibilidad?

Otro tanto sucedia con el derecho de pase ó *exequatur* sobre los dogmas estipulado á favor de los monarcas franceses; y así, despues de la promulgacion hecha por la iglesia del concilio de Trento, fué discutido en los parlamentos de Francia, y rechazados algunos de sus artículos.

Véase pues, á que situacion se vió reducida la Iglesia, en retribucion de bienes imaginarios; á la situacion falsa y violenta de que autoridades laicas, como eran los parlamentos franceses, discutieran y rechazaran principios proclamados por ella.

Bienes imaginarios, he dicho, señor Presidente; y efectivamente no pueden reputarse de otro modo las concesiones acordadas á favor de la Iglesia en el concordato á que me he referido, pues fueron una de las causas determinantes de la gigantesca revolucion de 1789 y de la destruccion, por consiguiente, del poder clerical en Francia, á fines del siglo pasado.—Esa terrible y elocuente protesta del pueblo francés iba dirigida no solo contra las odiosas prerogativas del trono y de la nobleza, sino tambien contra las del poder

eclesiástico: contra el empleo enteramente improductivo de
una parte del territorio francés esterilizado por los conventos y corporaciones regulares; contra las pingües rentas que
la Iglesia, se apropiaba, rentas que en 1789, alcanzaban poco
mas ó menos, á 80 millones de francos; y tambien contra la
intolerancia de otras sectas; contra la bárbara persecucion á
los que no profesaban la religion oficial.

Pocos años despues de las reformas liberales llevadas á
las materias religiosas por los principios republicanos de la
revolucion, la Iglesia Católica, empeñándose en desconocer
las elocuentes lecciones del pasado, los reveses que su alianza con el poder civil le habían acarreado, pugnaba por esta-
blecerla de nuevo y sufrió por alcanzar su objeto, una nueva
serie de vejaciones en los años siguientes al concordato de
1801.—La deposicion de los obispos llamados refractarios y
la reposicion de los constitucionales; es decir, la condenacion mas chocante para la Iglesia y por la Iglesia misma, de
sus verdaderos fieles, de los que no trepidaron en esponerse
á todos los furores de la revolucion por acatar los mandatos
del Papa; la adhesion del emperador Napoleon al principio
de la libertad de conciencia y por último, la prision del Papa
en Fontainebleau, tal fué la série de tristes resultados, á que
se vió arrastrada la Iglesia, por su pasion de un dominio á
que no puede legítimamente aspirar.

Y no solamente en Francia, señor Presidente; aun en la
misma España, donde el catolicismo ha echado desde los
tiempos antiguos raices tan profundas; donde la intolerancia ha dominado como reina absoluta; donde la Iglesia ha figurado siempre con su doble caracter de poder y doctrina,
¿puede, acaso, sostenerse de buena fé que su alianza con el

poder civil haya sido para ella una fuente de prosperidad, haya afianzado su existencia y contribuido á su engrandecimiento?

Quinientos mil judios comerciantes á industriales, espulsados del suelo español bajo el reinado de Fernando é Isabel—Un millon de labradores moriscos proscritos de España por Felipe III—Innumerable cantidad de víctimas bárbaramente inmoladas á nombre del Dios de los católicos, durante tres siglos por la mano férrea del Tribunal de la Inquisicion—¿Qué? ¿Páginas tan negras en la historia de la humanidad, grabadas por la mano del fanatismo, pueden acaso recorrerse indiferentemente, sin que el alma se subleve de indignacion á su lectura?

¡Qué mucho, entonces, que ellas hayan contribuido poderosamente al sentimiento de aversion con que una gran parte de las poblaciones del globo mira á la Iglesia católica! ¡Qué mucho que la España reconociendo, por fin, la causa de sus errores y de su atraso, haya proclamado ante la faz del mundo la libertad de cultos!

Si la historia nos enseña, señor Presidente, que, aun en la misma España, el pais católico por escelencia, la alianza de la Iglesia con el estado no ha producido á aquella sino infinitos males, nos vemos, por lo mismo en la necesidad de proclamar bien alto, que el interes verdadero de la Iglesia católica aquí y en el mundo entero, está en cobijarse bajo el manto protector de la libertad.—Como doctrina, por la pureza misma de sus principios, por la sublimidad de sus dogmas, tendrá que ser respetada hasta por sus mas encarnizados adversarios.—Cómo poder con todo ese séquito de abusos, de violaciones y hasta de crímenes que tantas veces la han acompañado, tendrá que ser combatida siempre y en todas partes.

Es el caso de decir con uno de los genios de nuestro siglo: *solo quedan dos caminos á los católicos, ó bien repudiar toda alianza con el poder civil, que les impone concesiones tan contrarias á la esencia de la religion, ó bien confesar que la religion, no es á sus ojos, sino un medio de policia.*

Y no se diga, señor Presidente, que una reforma tal como la que vengo defendiendo es imposible entre nosotros, como contraria á las creencias populares.—Una aseveracion tal, carece absolutamente de verdad; el pueblo, en general, y en especial, la generacion que se levanta, exenta de odios y de preocupaciones, alimentando en su pecho el fuego ardiente de la juventud y levantando en alto el pendon de la ciencia moderna, reclama enérgicamente la reforma.

Y aun cuando así no fuese, aun cuando las preocupaciones fatales del fanatismo se hallasen arraigadas en el espíritu de las masas; las grandes verdades proclamadas por la ciencia y encarnadas en esos genios inmortales que se llaman Colon, Galileo, Fulton y tantos otros, han tenido siempre que luchar y abrirse paso al traves de las barreras opuestas por la ignorancia y el oscurantismo.

Una consideracion tal no bastaría, pues, á detenernos en la senda que debemos recorrer; poco ó nada importaria á nuestro objeto y llevando con la conciencia tranquila nuestra mision de legisladores de un pais libre, dejaremos colmadas las esperanzas del pueblo que ha confiado en nuestras manos la norma de su porvenir, y que, ávido de progreso y de civilizacion contempla su futura grandeza afianzada sobre la base de la mas absoluta libertad, libertad política, libertad de industria, libertad de cultos etc.

Basado en estas consideraciones y obedeciendo á una conviccion profunda, propongo á la Honorable Convencion una enmienda al artículo que se discute, agregándole las siguientes palabras ú otras análogas· «el Estado no tiene religion, ni costea culto alguno.»

ESTUDIO SOBRE LAS OBRAS

Y LA PERSONA DEL LITERATO Y PUBLICISTA ARJENTINO
DON JUAN DE LA CRUZ VARELA.

Continuacion. (1)

(Ojeada histórica sobre el teatro de Buenos Aires desde su orígen hasta la aparicion de las tragedias Dido y Argia.)

Parva propia magna.

VII.

Don Juan Cruz Varela ha dejado como frutos de su talento dramático, dos trajedias impresas en los años 1823 y 1824. Pero antes de hablar sobre el mérito de estas producciones notables, echaremos una mirada hácia los oríjenes del teatro arjentino, para comprender mejor la importancia de los progresos que señalan en este ramo de literatura, la *Dido* y la *Argia.*

El vecindario de Buenos Aires fué siempre como de oríjen español, aficionado al teatro; y con ocasion de los regocijos públicos de carácter oficial en los tiempos coloniales, asistía gustoso á los espectáculos que le proporcionaban los *aficionados.* En el mes de noviembre del año 1747, por ejemplo, para celebrar el advenimiento al trono del rey Fer-

1. Véase la pàj. 14.

nando VI, los oficiales de la tropa de línea de la guarnicion, convertidos en actores y maquinistas, improvisaron un salon de teatro, representando en él las piezas tituladas "Las armas de la hermosura" y "Efectos de odio y amor", con sus respectivas *loas* alusivas á la situacion. El tosco conjunto de los disfraces y mascaradas con que en aquellas fiestas fué obsequiado nuestro público por los *alcaldes ordinarios*, da la medida de la propiedad y cultura con que los Capitanes del *Presidio* interpretarían los pensamientos de los autores dramáticos del antiguo teatro español.

Pero ni aun estos inocentes pasatiempos dejaban de tener sus sinsabores en aquellos tiempos bienaventurados. Siempre hubo en los pueblos españoles un gran partido en pugna contra el teatro, partido formado por la jente devota y sostenido por los predicadores, cuyo celo, como es fácil comprender, se manifestaba exajeradísimo en las colonias. El virey Vertiz que favoreció cuanto pudo las diversiones honestas, especialmente las dramáticas, tuvo que emplear unas veces la enerjía de soldado y otras la habilidad de hombre de mundo, para triunfar de los obstáculos que levantaba contra sus miras la palabra del púlpito. De manera que cuando creyó oportuno el establecimiento de un *teatro público*, puso esta idea profana bajo el amparo de los sentimientos de la caridad, aplicando el producto de la *casa de comedias* al mantenimiento de los Niños Espósitos; y para vencer del todo las resistencias de los espíritus timoratos, se rodeó de una especie de consejo, de personas de crédito y de ilustracion, que purgasen las piezas que se representaban de cuanto pudiera servir de escándalo al público y de mal ejemplo á la juventud. El sábio virey, como él mismo lo ha di-

cho en su *Memoria de gobierno*, tomó las mas estrechas
providencias para que no se cometiesen desórdenes por los
asistentes al teatro y encomendó la policia de este nuevo establecimiento al intendente general y á los oficiales de la
guarnicion.   Y por último, como él era uno de los concurrentes infalibles á las funciones, disimulaba la verdadera razon de su asiduidad, con la obligacion en que se creia de imponer compostura á los demas asistentes con el respeto de su
persona.

El edificio construido por el Sr. Vertiz, fué un humil-
dísimo *galpon* de madera cuyo techo pajizo se levantaba en
el gran patio de la *Rancheria de Misiones*, en donde existe
hoy el mercado principal.   No es pues estraño que una
fábrica tan frájil fuese devorada por las llamas en la noche
del 16 de agosto de 1792, encendidas por un cohete volador
desprendido desde el templo de San Juan, cuya *colocacion* se
celebraba.

Este primer ensayo, semilla de que debia nacer un dia el
edificio de Colon, no fué del todo estéril para el progreso de
nuestra literatura dramática.   Fué bajo la paja del galpon de
la Rancheria, que la musa dramática, inspiró á nuestro compatriota LAVARDEN la afamada trajedia *Siripo,* aplaudida
sucesivamente por dos jeneraciones, antes y despues de la
revolucion.

VIII.

El mas antiguo de los periódicos publicados en Buenos
Aires, en su múnero correspondiente al dia 19 de Noviembre
de 1801, recordaba la falta que hacia un teatro, y deploraba

que la "la preciosa capital Arjentina estuviese desairada sin
el único solaz del hombre civil." Tres años mas tarde levan-
tábanse los cimientos del *Coliseo*, bajo los auspicios del Cabildo, en el mismo sitio donde está construido el principal
de nuestros teatros. Pero como aquella obra comenzó bajo
un plan vasto y costoso para su tiempo, hubo necesidad de
levantar provisoriamente el *Teatro Arjentino*, frente á la
Iglesia de la Merced. Á esta casa están vinculados los
recuerdos de las manfestaciones del entusiasmo por la
libertad en los primeros años de la revolucion. Allí resonó
el himno patrio recien salido de la mente de Lopez é ins-
trumentado por el maestro Blas Pareda. Allí, para es-
cucharle alzábanbanse reverentes de sus asientos, hermosea-
das con los colores del cielo, las madres y las esposas de los
héroes y las víctimas de la nueva causa. Allí la juventud en
entusiasta y varonil que se preparaba á la lucha, cubrióse la
cabeza con el gorro fríjio, símbolo pagano de las ideas
democráticas.

Sin embargo, el teatro se resintió de su insignificancia
antigua hasta el año de 1817. El paso de los Andes y la
victoria de Chacabuco vinieron á sacudirle de su letargo.
Con el objeto de celebrar este acontecimiento tan glorioso
para las armas arjentinas y que aseguraba nuestro territorio
contra la invasion del enemigo, costeó el Cabildo una gran
funcion teatral, representándose por jóvenes aficionados en
la noche del 7 de marzo, una trajedia en verso titulada *La
jornada de Maraton*. Esta pieza abundante en sentimientos
patrióticos y en arranques contra los tiranos, fué traducida del
frances en verso español, "por un hábil patricio en el estrecho espacio de cinco tardes."

El Gobernador Intendente de la Provincia concibió entonces la idea de crear una *Sociedad del buen gusto del teatro,* compuesta de aquellos ciudadanos mas conocidos por su inclinacion á las letras y por su patriotismo. Figuraban en aquella sociedad los Señores D. Estevan Luca, D. Vicente Lopez, el sacerdote chileno Camilo Henriquez, el Dr. D. Bernardo Velez, y otros de menos renombre literario, hasta el número de veintiocho.

La Sociedad *de buen gusto,* tuvo su primera sesion á fines del mes de julio de aquel mismo año 1817 y en ella, en un discurso muy aplaudido, manifestó el Intendente cual deberian ser en su sentir los objetos á que habia de contraerse el celo y la capacidad de las personas allí reunidas. Dijo que con los esfuerzos mancomunados de personas tan ilustradas no podia menos que concebirse la esperanza de ver mejoradas las costumbres públicas: que, mientras el génio de la Guerra coronaba de laureles á la república, y el de la Lijislacion y la Política preparaban su prosperidad pacífica, estábale reservado á aquella asociacion de ciudadanos cultos el "fundar la gloria intelectual de la Patria.»

Este ambicioso programa fué hábilmente desenvuelto en la introduccion al reglamento de la Sociedad de buen gusto, que escribió el digno ciudadano y aventajado poeta, Coronel D. Juan Ramon Rojas. Segun este juez competente, entregado nuestro teatro al esclusivo cuidado de la Policía, y habiendo pasado Buenos Aires por una época crítica llena de inquietudes y riesgos, durante la cual no pudieron tener sus hijos otro conato que el de afianzar la causa política que habia de traerles su prosperidad ó su ignominia, no era de estrañar que los espectáculos dramáticos se arrastrasen en los senderos de la rutina y careciesen de la perfeccion de que eran susceptibles. Rojas en aquel mismó escrito, aseguraba que los aficionados á las bellas letras, los pensadores, los que habian tenido ocasion de visitar los teatros de Europa, y los estranjeros entendidos y liberales avecindados en el pais, hacian votos por que llegase cuanto antes el dia de la reforma de "la escuela práctica de la moral," y se colocase esta en harmonia con las demas mejoras traídas con la revolucion jeneral de los espíritus. Lamentábase de que la corte de las Provincias Unidas de Sud América, la hermosa ciudad del Arjentino, en los actos mas solemnes y espresivos de su civismo heróico se resintiese aun "del gusto corrompido del siglo XVII, devorase sus composiciones despreciables, se dejase llevar del aparato de decoraciones májicas," en tanto que la antigua metrópoli, haciendo una pausa á la corrupcion y embrutecimiento acababa de ofrecer un modelo sublíme de cultura en la sociedad de literatos cuyo establecimiento «echaba un eterno velo á los estravios de su Mecenas el Príncipe de la Paz.

La sociedad de buen gusto, debia ser, pues, segun la idea del mismo Rojas un plantel de erudicion, una pauta de conocimientos útiles y un motivo de estímulo poderoso para el adelantamiento jeneral del país. En su entusiasmo de poéta veia ya salir de su seno obras de teatro capaces de rivalizar en mérito con las mejores producciones del talento europeo; memorias importantes sobre la mejora de los preceptos del arte; discursos elocuentes y debates luminosos dignos de la atencion de la posteridad. En fin, si en concepto del promotor de aquella sociedad estaba esta llamada á fundar la gloria intelectual de la Patria, para el sócio redactor

del reglamento, debia ser "el muro donde vinieron á estrellarse, el *fanatismo*, la anarquia, la corrupcion y el despotismo," y su historia habia de llegar á ser la historia de la grandeza é importancia de la América del Sur.

Apesar de esta efusion inmoderada de esperanzas, síntoma infalible de próximos desalientos y desengaños, como lo
atestiguan los repetidos ejemplos que tenemos en la historia
de nuestras empresas literarias, la sociedad tocó en terreno
firme, y sus miembros se dividieron en comision entre las
cuales se repartió el trabajo activo. Las piezas dramáticas
que se hallaban archivadas en la intendencia, pasaron al
exámen de una de esas comisiones, para elejir las selectas y
condenar al olvido las defectuosas ó inmorales.

Otra tomó á su cargo la revision y censura de las obras
que habian de darse al público, ya fuese por medio de la
representacion ó de la prensa; y por último una comision
especial debia promover la mejora de la música y del canto en
relacion con los espectáculos dramáticos.

No estará de mas advertir cuales eran las reglas de crítica
que por el lado meramente del arte y del gusto, debió seguir
la sociedad en el exámen de las piezas. Para conocer esas
reglas basta estar iniciados en las propenciones literarias de
Rojas, que eran sin duda las de sus demas cólegas, puesto que
se habia educado en las mismas escuelas que Lopez y Luca, y
era como estos partidario del movimiento de reaccion contra
el antiguo teatro español que con los triunfos de Moratin se
habria radicado en la península. El coronel Rojas llama, en el
escrito á que nos hemos referido mas arriba, *absurdos góticos*
á las producciones de Calderon, Montalvan, de Lope de Vega,
y recomienda como únicos modelos dignos de seguirse las
trajedias de Corneille, de Racine, y las comedias de Moratin,
de Piron y Moliere.

I X.

Los primeros ensayos de la Sociedad del buen gusto fueron muy ruidosos y ajitaron profundamente los espíritus. Para solemnizar esta institucion, que bajo apariencias literarias tendía á introducir reformas de carácter social al servicio de la revolucion, se preparó un lucido espectáculo para la noche del 30 de agosto. Abrióse ante un numeroso y escojido concurso con una brillante sinfonía del maestro *Romber* y con una alocucion en verso dirijida al heróico y magnánimo pueblo bonaerense, pronunciada con intelijencia y sentímiento por el actor Morante, y se representó en seguida un drama trájico titulado: *Cornelia Bororquia.* Esta pieza, que no hemos tenido ocasion de leer, fué anunciada como "obra maestra y orijinal de uno de nuestros compatriotas", y segun las críticas de entónces se distingue por un "terrible sublime", por un colorido sombrío que recuerda al del dramático francés Crebillon y por el golpe maestro con que termina.

Pero no fueron las condiciones literarias de esta pieza las que le dieron celebridad, sino su argumento. En ella se presentaba el tribunal de la Inquisicion en toda su fealdad, y en la "plenitud de sus sombras", segun la espresion del ilustre Camilo Henriquez. Habia elejido su autor una de las épocas en que aquella institucion astuta y despiadada se presenta en la historia con los caracteres mas horrorosos. La víctima y protagonista es una doncella inocente y simpática, cuyos méritos la llevan á los calobozos del santo oficio; y cuando está ya bajo el poder aborrecible de este, y próxima

20

á caer en la infamia ó en la hoguera, la accion de leyes mas humanas y la voz de los jueces seculares penetran hasta su prision y la vuelven á la libertad y á la luz en medio del albo- rozo que inunda el corazon conmovido de los espectadores.

Fácil es concebir cuán grande debió ser en Buenos Ai- res, el escándalo que produjo esta representacion ahora cer- ca de medio siglo, asi que fué conocido el argumento de Cornelia Bororquia por aquella jente que no asiste al teatro, por las beatas, y por los frailes, numerosos é influyentes to- davia, puesto que la reforma eclesiástica no tuvo lugar hasta siete años mas tarde.   Una dama que asistía á aquella fun- cion, interrogada sobre el efecto moral que le producia, dió una contestacion llena de juicio y de filosofia: «en esta noche, dijo, no puede quedarnos duda de que San Martin ha pasado los Andes y ha triunfado de los españoles en Chile.»

Pero, como ya hemos insinuado, cierta parte crecida de la sociedad de Buenos Aires, no miraba el hecho bajo el mismo aspecto luminoso en que se presentaba á la espiritual porteña, y considerábalo como un desacato á la religion, como desdoroso para los sacerdotes del culto esclusivo, co- mo ejemplo pernicioso y abominable ofrecido á la juventud incauta por espíritus innovadores y pervertidos.   El gober- nador del obispado, uno de esos hombres respetables y amantes de su pais, pero que creían conciliable la revolu- cion y la independencia con el mantenimiento de los instru- mentos caducos de la esclavitud y tutelaje colonial, levantó el grito de su celo y acudió con la mayor eficacia al Directo- rio, pidiendo en nombre de la religion y de la patria una re- paracion de las ofensas que una y otra, á su juicio, acababan de recibir.   Por fortuna, no faltó ni la ilustracion ni la entereza en el jefe del Estado y la libertad adelantó un paso considerable en el terreno que prepara todas las demas libertades. El Director que estimaba mucho al sacerdote que gobernaba el obispado, sin mortificarle ni desoirle, se negó á consentir en que las piezas dramáticas se sujetasen á la censura prévia de la autoridad eclesiástica, como lo pretendia el Provisor.

Los púlpitos resonaron escandalizados con el nombre de Cornelia; porque los predicadores tienen frecuentemente el mal tino de defender aquello que la voluntad del siglo se lleva por delante.

X.

Los esfuerzos de la Sociedad de buen gusto para sacar al teatro de su antigua decadencia, no fueron estériles en cuanto á estimular los talentos inclinados á la poesia dramática. En los años que median entre 1817 y 21, se dieron á la prensa la *Jornada de Maraton*, ya citada, traducida del francés en verso libre español por el doctor don Bernardo Velez; la *Camila ó la patriota de Sud-América*, comedia original de Henriquez: una sátira dramática imitada del inglés por don Santiago Wilde, titulada *la Quincalleria*. Otras obras de mayor mérito que estas quedaron inéditas, como por ejemplo *la Revolucion de Tupac Amarú*, produccion en verso, con intérvalos de música, debida á la fecunda pluma de Ambrosio Morante, actor distinguido de nuestras antiguas tablas; la trajedia *Aristodemo*, escrita en buenos versos por don Miguel Cabrera Nevares, y algunas otras piezas mas de menos importancia.

Entre las producciones de aquella época, nacidas del seno de la *Sociedad de buen gusto,* hay una que merece especial mencion no solo por su mérito literario sino por la respetabilidad del nombre de su autor. Este trabajo que permanece aun inédito, es el *Felipe segundo*, de V. Alfieri, traducido en verso por don Estevan de Luca con una fidelidad y una maestria notables.

La eleccion hecha por Luca de la pieza con que quiso contribuir á los fines de la sociedad de que era miembro, demuestra mas que nada cuales eran esos fines que como lo hemos insinuado, tendian á levantar el espíritu público y á llegar por todos los caminos al goce completo de la libertad. El traductor no eligió la mejor de las piezas del terrible dramático italiano, sino la mas adecuada para producir en los ánimos santo terror por los déspotas y repugnancia republicana por las tenebrosas bajezas de las cortes arbitrarias, desmoralizadas por la tiranía y el fanatismo. Aunque la traduccion sea bella, el traductor mas que literato al emprender su laudable tarea, fué patriota, y en este sencillo acto de su vida se mostró, como en la duracion de toda ella, convencido de que sin ayuda de las fuerzas morales no es fructuosa la mision de la espada en un pueblo que se revoluciona con el objeto de emanciparse. Cuando Alfieri compuso el «Felipe segundo» no tenia aun suficiente esperiencia de los resortes del arte en que tanto ilustró su nombre, y las consideraciones de órden moral, nacidas de las relaciones entre Felipe, su esposa y Cárlos su hijo, detuviéronle la pluma en el desarrollo de las pasiones del amor y de los celos que debían ser el alma única de esta trajedia. Pero apesar de este defecto que el mismo autor original reconoce en su obra, ella produce eficazmente en los ánimos un hondo aborrecimiento por el carácter sombrío del famoso tirano, y por las intrigas de un palacio sobre cuyas alfombras se arrastraban como serpientes, el fanatismo, la adulacion, la violencia y el predominio de una voluntad sin freno. Ya que no habria sido fácil popularizar en el pais las *Relaciones* de Antonio Perez, desgracido favorito y cómplice del hijo de Cárlos I, de España, nada mas propio que el cuadro dramático de Alfieri para hacer aborrecible el trono de Felipe, y para dejar sin réplica á quienes pudieran atreverse á defender la vieja forma gubernativa en el seno de una sociedad que luchaba para alcanzar la democrácia, con dificultades de todo género.

XI.

Hemos tratado de mostrar el estado de nuestra literatura dramática, el cual resulta bien pobre, por cierto, á pesar de los esfuerzos de algunos ciudadanos ilustres para alentar los talentos é inclinarlos á escribir para el teatro. La pieza mas notable entre cuantas se representaban, y se compusieron en Buenos Aires hasta el año 1820, no era orijinal. La trajedia ya citada de Alfieri, aunque traducida con bastante esmero, al fin era una inspiracion ajena, trasportada á nuestras tablas por una mano hábil; pero sin cambiarla un ápice en la forma ni en la disposicion jeneral de la estructura orijinaria. Sin embargo, los versos castizos y nobles de esta traduccion de Luca, lucian como perlas al lado del *Ma-*

homa, de la *Alzira*, de la *Maria Estuarda*, trajedias vertidas del francés á lenguaje *jenízaro* segun la espresion de un notable crítico de nuestra literatura nacional (1). Estando á lo que afirma este mismo escritor, el repertorio de nuestro teatro contaba entonces con otra obra titulada *Los Araucanos* á la que clasifica de *insulsa*. Pudiera ser muy bien que perteneciese esta produccion á la misma pluma que escribió el *Tupac-Amarú*, aunque Morante mas pecaba por enfático que por escaso de calor y de color en el estilo. Ademas, por mediocres que fuesen sus dramas, jamas bostezaba en ellos la concurrencia, pues con el manejo diestro de los bastidores producia *golpes* inesperados de situacion y perspectiva. Sobre todo, aquel autor-actor, esperimentando en su propia sensibilidad, habia llegado á comprender la influencia poderosa que ejerce la música sobre el ánimo de un auditorio numeroso, y la empleaba frecuentemente en los vacíos de la escena, haciendo que los instrumentos de la orquesta guardasen armonía con la situacion moral de los personajes que se movían en las tablas.

El doctor Lafinur, argentino de variadísimos talentos, compuso algunos trozos de música para que sirvieran de acompañamiento y de relieve á las composiciones de Morante.

XII.

Estos ensayos imperfectos de la musa dramática argentina, fueron totalmente eclipsados en una noche del invierno de 1823, en la cual se leyó por primera vez, en la casa

1. En el periódico *El Tiempo*, 1828.

habitacion del señor Ministro de Gobierno y Relaciones Esteriores, la trajedia de don Juan Cruz Varela, titulada Dido.
A esta reunion concurrieron los demas ministros de la ilustrada administracion de entonces y el Plenipotenciario del
Perú, Blanco Encalada, Vice-almirante de Chile é hijo de
Buenos Aires. Otra lectura en presencia de mayor número
de personas, entre las que se contaban varias damas distinguidas, tuvo lugar pocos dias despues en la misma habitacion
en donde se hizo la primera. El éxito del jóven autor fué
completamente satisfactorio en ambas ocasiones.

Aquel espectáculo era nuevo en el pais. Un poeta llamando la atencion de los gobernantes; ministros de Estado
que ocupaban las horas de la malilla y del tresillo en escuchar los versos de una trajedia, dieron materia, de seguro, á
los chistosos de la escuela satírica de Castañeda; pero cierta
porcion de la sociedad que comprende en todas las épocas
y situaciones lo que es bueno, noble y culto, se sintió digni-
ficada asi que supo y conoció las distinciones con que tan elevados personajes habian honrado el talento ya bastante notorio del señor Varela. La prensa periódica no solo vió en este proceder del gran Ministro, un acto de justicia, sinó uno
de los mas felices pasos que hasta entonces habia dado en el
camino abierto por la revolucion, considerándolo como enmienda palpable del desden mal intencionado con que las
autoridades coloniales miraron el adelanto intelectual de los
injeniosos hijos de este suelo. El periódico que redactaban
en aquellos dias los miembros de la *Sociedad literaria*, impresionado con la novedad de lo ocurrido y con los bellos
versos de la trajedia á la moda, espresa su entusiasmo del

modo siguiente: «La bella literatura que bajo el sistema antiguo fué rechazada en nuestro pais, como todo lo que podia despertar el talento, ha sido lo que primero se ha presentado á acreditar la aptitud con que cuenta el pais para sus empresas ulteriores . . . . Es ciertamente por primera vez que hemos visto en nuestra patria un cuadro que no puede menos que escitar fuertemente la emulacion y el deseo de obtener en cualquier género la admiracion y el aprecio que se tributa al mérito.»

(Continuará

JUAN MARIA GUTIERREZ.

LA CIUDAD DE ORAN.

Bajo la dolorosa impresion producida por la nueva de que la ciudad de Oran·ha sido borrada del mapa de las poblaciones argentinas, por el sacudimiento de la tierra en que estaba asentada, vamos á registrar algunas de las noticias que sobre ella encontramos en los papeles y libros que temos á mano.

A consecuencia de los conocimientos que adquirió en el viaje de exploracion del Rio Bermejo en el año de 1790, el coronel don Juan Adrian Fernandez Cornejo propuso la traslacion á las orillas del dicho Rio de los Fuertes que á la parte de la frontera del Chaco se estendian, casi sin utilidad, desde la ciudad de Salta hasta la de Corrientes.

Los Fuertes, cuya traslacion se proponía, eran once.— El de *Senta, Ledesma, el Piquete y Santa Bárbara*, pertenecientes á Jujuy; *San Fernando y Rio del Valle,* de las fronteras de la capital de Salta; y los otros cinco situados en los territorios de Córdoba, Santa Fé y Corrientes.

Opinaba Cornejo que de estos fuertes solo convenía conservar el de *Senta*. «El fuerte de Senta, decía, situado « á distancia de 70 leguas, poco mas ó menos, de la ciudad « de Jujuy, en paraje avanzado hácia el Chaco, puede sub- « sistir en el mismo lugar que ocupa sobre las márgenes del « Rio del mismo nombre, y haciendo principio del cordon « meditado, poner á cubierto de invasiones la distancia me- « dia hácia Jujuy, y mas si se refuerza con una poblacion « de españoles para aprovechar aquellos deliciosos valles, « montes y campañas capaces de muy apreciables produc- « ciones naturales é industriales.» (1)

La idea de fundar una nueva poblacion en aquellos va- lles, no fué perdida: la encontramos reproducida en diferen- tes documentos, y al fin, la vemos realizada por el Intenden- te gobernador de Salta don Ramon Garcia Leon de Pi- zarro.

Pizarro acordó fundar la nueva poblacion, á la que dió el nombre de «*San Ramon de la Nueva Oran,*» en el año de 1793,—comenzaron las construcciones en 1794, y el Rey, aprobando lo hecho, designó los límites del territorio que quedaba correspondiendo al distrito de Oran por la Real cédula de 4 diciembre de 1796. (2)

Don Benjamin Villafañe, ha publicado en 1857 un ex- celente trabajo sobre el distrito y la ciudad de Oran, del que tomamos las siguientes noticias:

1. Representacion del coronel don J. A F. Cornejo de noviembre de 1790. (Documento todavia *inédito.*)

2. Todos los documentos relativos á esta fundacion se encuentran en la vida del general Pizarro, publicada por su familia en Madrid en el año próxi- mo pasado de 1861, con el título de "*Sucinta esposicion documentada de los nobles hechos, grandes servicios y padecimientos del Teniente general Marqués de Casa-Pizarro.*

«Oran, division importante de la provincia de Salta, fué uno de los diferentes distritos comprendidos en esta antigua capitania general, una de esas tenencias de gobierno que, bajo los nombres de Jujuy, Tucuman, Santiago y Catamarca, se administraban por Cabildos y subdelegados locales, bajo la mirada tutelar de aquel centro político.

«La revolucion sorprendió á Oran en su cuna, por eso no es hoy como sus otras hermanas una provincia independiente. Pero conserva sus títulos, sus archivos, donde yace la Real cédula en que Cárlos IV le acordó un escudo de armas, las preeminencias y dominios de costumbre á la ereccion de cada distrito.

«Cuando Jujuy se emancipó de Salta, Oran quedó tambien separado de ella por 50 leguas de territorio, y desde entonces colocado entre dos vecinos mas fuertes, entre Jujuy y Tarija, se ha visto, dicen sus gentes, mas de una vez invadido en ciertos derechos, durante siniestras épocas de desquicio y de violencia.

«Oran dá mucha importancia á la especialidad de su orígen y no le hableis de dejar á Salta para incorporarse á tal ó cual de sus otras hermanas: fuertemente adherido á la tradicion, seria capaz de todo, el dia en que alguien pretendiera violentar su modo de ser en ese seutido.

«Por su parte, Salta ha respetado las condiciones del pacto primitivo. Diferente á los otros departamentos que integran la provincia, éste ha tenido siempre sus munícipes, una primera instancia para sus juicios y un teniente gobernador para sus actos.

«Oran es el único punto de la república, donde el principio municipal se ha conservado á despecho de nuestros reformadores. La moda estraviada ha dado vueltas por todas partes, y al volver hoy á su punto de partida, no ha debido sorprenderse poco de hallar á Oran en su traje de ahora cuarenta años.

«Fué fundada esta ciudad en 1794 por el Intendente gobernador y capitan general don Ramon Garcia Leon Pizarro, y los límites señalados á este distrito por la cédula de 1796, de que hemos hecho mencion, fueron:—Por el N. la vereda del Rio de la Quiaca, ó términos del camino de-Tarija;—por el S. el rio de las Piedras, que lo separa de Jujuy,—por el O. la cúspide de la cordillera de Humahuaca,—y por el E. la Rancheria de los indios del Chaco.

«En 1798, una comision de individuos salidos del lugar, precisó con toda claridad los linderos mencionados: dió mercedes y posesiones en Caraparí, practicó diligencias análogas en otros rumbos, y la jurisdiccion del distrito quedó definitivamente instalada. De entonces á aquí ha sufrido algunas desmembraciones en provecho de Tarija; Caraparí y sus adyacencias han dejado de pertenecerle.

«De todos modos, el brazo de Oran se estiende hoy sobre 50 leguas de N. á S., y como 70, poco mas ó menos, de E. á O. Todo este territorio cae desde los Andes, formando valles mas ó menos estrechos en su primer tercio y llanuras sin horizonte despues, á medida que se estiende por el Chaco hácia el Naciente.

«La ciudad se halla colocada en un valle espacioso que empieza donde terminan los cerros que á la manera de contrafuertes parecen sostener la cordillera de Zenta. Su latitud es la de nuestro trópico, minutos mas ó menos, y su altura respecto del mar, sensiblemente inferior al nivel en que se hallan las ciudades de Salta y Jujuy.

«Sus calles son rectas de N. á S. y de E. á O.: son anchas de 16 varas y cortadas en 167 manzanas ó cuadras de 150 varas por costado. Cada manzana contiene seis solares con 75 varas de fondo y 50 de frente hácia la calle. De estas 167 manzanas solo hay 111 medio pobladas; las otras conteniendo mas de 500 solares no son todavía sino líneas imaginarias.

«Las casas son de ladrillo crudo y paja; bien que de algun tiempo á esta parte empiezan á aparecer algunas de teja trabajadas con mas esmero. A falta de edificios hay muchos cercos de multiflor ó de sacha-rosa, árbol bajo, bien tejido y áspero que dá una flor parecida á la rosa. Raro es el solar que no contenga algunos naranjos, lo que dá á la poblacion un colorido sombrío, y embalsama su ambiente en cierta estacion. La plaza, lo mismo que la mayor parte de sus calles, se cubre de verdura durante el verano.

«Por el N. y el E. la ciudad está rodeada de una faja de chacras que tienen una y dos cuadras por costado. Hay 454 cuadras distribuidas en esa forma, y otras tantas por distribuirse aun. En esas chacras se siembra maiz, arroz ó se planta caña de azúcar y algunos árboles frutales.

«Este distrito fué fundado con 808 individuos de ambos sexos, que se convocaron por bando, y que concurrieron de varias partes atraidos por el ofrecimiento de una estancia, de una chacra y de un solar. Hoy dia la poblacion está diseminada en la proporcion que veremos despues, segun el censo que acaba de levantarse (año 1857). La ciudad solamente contiene 1380 individuos, entre los cuales se cuentan todavia algunos de sus fundadores.

«En sus primeros años la colonia sufrió sérias contra-

dicciones, menos de los indios que de la naturaleza del clima. El calor era excesivo y las fiebres mal atendidas, des-
vastadoras. De treinta años á esta parte la temperatura es
benigna, y en cuanto á enfermedades no creo que Tucuman
y Salta se hallen en mejores condiciones.

«El viento dominante es el del Sud. Durante el verano, rara vez pasan seis dias sin que el aire se renueve por
una violenta tempestad, con pocos truenos y sin el granizo
que en otras partes daña tanto á las sementeras. En los meses de diciembre y enero en que los calores son mas fuertes, el termómetro de Reamur ha marcado en el verano anterior las siguientes variaciones dentro de la habitacion:—
22, 23, 21, 19, 18, 20, 23, 22, 23, 24, 22, 23, 24, 22, 22,
21, 20, 21, 22, 23, 21, 20, 19, 16, 14, 16, 17, 18, 18, 19,
19, 19, 18, 20, 20, 20, 22.—Esto en el mes de diciembre y
fines del anterior. En el de enero, las lluvias fueron mas
frecuentes y la temperatura algo mas benigna.

«No hay enfermedad alguna que pueda llamarse endé-
mica. En la estacion lluviosa, la terciana se hace sentir ligeramente en las gentes descuidadas que toman sin reparo
la fruta medio verde, ó que vive á toda intemperie.

. . . .

«Por su lado Oeste se levanta la cordillera de Zenta (1)
corriendo de N. á S. como una ancha faja azul. De esa cordillera, cuyo primer escalon comienza á cuatro leguas de la
ciudad, se desprenden cinco ríos que cortan el valle cor-

1. Como se vé, el señor Villafañe escribe este nombre con Z; Cornejo lo
escribia con S, y como Cornejo lo escribe Arena'es.—No falta, sin embargo,
quien, como Castelnan, lo escriba con C; y esto seria lo mas correcto, si, como
lo afirma M. de Moussy, el nombre que se le dió á la cordillera y al rio de
que se trata fué Ceuta, tomándolo del presidio africano que tienen los españoles sobre el Estrecho de Gibraltar.

riendo de poniente á naciente hasta perderse unos en el Bermejo y otros en el Grande ó de Jujuy.

. . . .

«Tiene el valle treinta y tantas leguas de largo y desde tres á ocho de ancho. La mayor parte de su superficie está cubierta de altos y frondosos bosques, donde se encuentran todas las maderas de que daré cuenta despues.

«A mas de los rios indicados y que serán otros tantos caminos al Bermejo en tiempo de crecientes, hay en los bosques muchos y abundantes manantiales de una agua que no se enturbia jamás y cuya frescura es la misma en toda estacion.

«Esos rios y manantiales están llenos de pescados.

. . . .

«La naturaleza se ofrece aquí activa, ruidosa. La vida circula donde quiera, en el aire, en la tierra, en el agua. Una vez en esos bosques, uno cree sentir en todas partes las pulsaciones vigorosas de una naturaleza enferma de exhuberancia, y flamante como el primer dia.

«En los claros que hacen los bosques, dando lugar á tal cual faja de campo, el terreno produce un tabaco que puede rivalizar con el de la Habana, (no necesita mas que de buenos operarios,) el arroz que dá desde 150 hasta 200 por uno, mejor en calidad que el del Brasil y Tucuman, el maiz que dá 800 por uno, el añil silvestre, la caña de azúcar y los árboles frutales de que hemos hablado.

«Sobre esta superficie que es la misma en que se halla la ciudad, se vé una que otra planta espontánea de algodon, cuya calidad se supone igual al de Catamarca.

«Tal es el valle de Zenta. Probable´es que sus bosques oculten misterios los mas picantes. Se aseguraba, por ejemplo, que la Coca era espontánea, pero nadie se atrevia á decir, yo la conozco, yo la he visto. De un año á esta parte, su existencia y calidad esquisita son hechos comprobados.

. . . .

«Tan oportunamente situada en las cabeceras del Bermejo, esta circunferencia parece haber sido destinada esclusivamente á producir embarcaciones y productos tales como el algodon, el añil, tabaco, arroz, azúcares, etc.

«Las crias de ganado, y que serán muy abundantes, están hácia el Chaco, en un pais, cuya forma y condiciones no menos ventajosas, difieren notablemente del que acabamos de mirar.

«Cuando navegado el Bermejo llegue la vez de cultivarse esta region, tendrá Oran una ventaja inmensa sobre las otras provincias de la Confederacion, tal será la abundancia de brazos para toda clase de trabajo,—los indios, de que hablaremos despues.

«Hoy dia el número de habitantes del valle, es como sigue:

En la ciudad. 1380
En San Antonio ó costa del Rio Pescado. . 145
En el Rio Colorado. 333
                                              ————
                                              1858

«El resto, hasta 8241 individuos registrados en el censo reciente, están desparramados en las otras secciones del distrito.

«El agua que se bebe en Oran es esquisita; se le trae de muchos manantiales inmediatos donde permanece inalterablemente pura y fria.

«La cal, la piedra, la tierra para teja y ladrillos, la arena, maderas, todo lo necesario para la construccion de sus edificios, Oran lo tiene á mano.

«El suelo en que se halla la ciudad *no es bastante firme, las paredes gruesas y pesadas se desquician fácilmente y piden renovaciones frecuentes.* Tan luego como se establezca un aserradero todas las casas se construirán sobre esqueletos de madera.

«Hay en Oran gusto para la lectura: se leen con interés los periódicos de la Confederacion, de Bolivia, el Correo de Ultramar y otras publicaciones que el viajero no supone en aquella localidad tan central y escondida hasta hoy. He hallado allí algo del génio de Biron, Chateaubriand, Lamartine, Klopstok, Sué, Dumas, el Instructor empastado, la historia Universal de Cantú, de la Civilizacion por Guizot, Rouseau, cartas de Lord Chestelfield, la Revista de Ambos Mundos y otros escritos notables de la época.

«Aquí todos son «publicistas» me ha dicho cierto amigo á mi llegada. Y en efecto, tenía razon, por cuanto las doctrinas de nuestra ley fundamental se hallan en el espíritu y la conciencia de todos. El anhelo por la paz, las aspiraciones hácia un porvenir de prosperidad bajo la influencia del trabajo, una repugnancia profunda por esa política locuaz y personal, cuyos últimos ecos tienden á estinguirse en nuestro pais; son para estas gentes un sentimiento apasionado, discreto, instintivo. Estando yo allí llegaron unos números del Nacional Argentino en que se daban detalles sobre el cul-

tivo del algodon en Catamarca y del tabaco en Tucuman.
Estos números fueron mas buscados que los otros y leidos
con predileccion.

«Una tentativa de colonizacion en estos lugares, una promesa de inmigrantes europeos que se les hiciese ya por el
gobierno ó por empresarios particulares, seria para ellos el
cumplimiento de una esperanza, la realizacion de un ensueño.

«Desde que el Bermejo es libre y transitable como un
camino cualquiera, el mas humilde gaucho cree hallarse á
orillas de un nuevo mundo. Comparando este lugar con
otros de mi pais, y de mas allá de mi pais, he tenido ocasion de repetirme frecuentemente estas palabras de la Escritura:—*los últimos serán los primeros.*» (1)

El terremoto que en la noche del 22 al 23 del último
octubre ha abatido los mal asentados y toscos edificios de la
ciudad de Oran, no ha podido arrebatar la inmensa masa de
riquezas, todavia no tocadas, de aquel pedazo de la tierra argentina;—no ha agotado ni desviado los rios que, con mediana industria y perseverancia, llevarían aquellas riquezas
á los mercados interiores y esteriores;—ni, merced de Dios,
ha aniquilado las vidas de los escasos pero útiles habitantes
de aquellos derruidos edificios.

Todo lo importante ha quedado intacto: ahí está el fer-
tilísimo valle con sus bosques espesos, llenos de todos los tesoros de la naturaleza intertropical; ahí está su suelo vírgen y
fecundo dotado pródigamente para los mas importantes productos agrícolas é industriales; ahí están los ríos que deben

1. *Oran y Bolivia á la margen del Bermejo, por B Villafañe. Salta: Imprenta del Comercio* 1857.

ponerlos en fácil contacto con las artes de la civilizacion y con las fuerzas creadoras del comercio;—ahí está, en fin, ese núcleo de poblacion preparado para la libertad y para el progreso porque supo salvar la autonomía del municipio, porque tiene el amor de la paz y el amor del trabajo.

Si una mal entendida caridad, contribuyese á dispersar ese núcleo de poblacion, centuplicaria el tamaño de la calamidad porque acaba de pasar.

Pero si, por el contrario, atendiéndose desde luego, y como es urgente hacerlo, á la subsistencia y al abrigo de la poblacion desalojada por el derrumbe de la antigua ciudad, se evita la dispersion, tratando séria é inmediatamente de la reconstruccion de una nueva Oran, puede sacarse grande partido de aquella misma calamidad.

Puede aprovecharse esa calamidad para colocar á la ciudad en terreno mas firme y en situacion mas ventajosa para su porvenir industrial y comercial, acercándola, tanto como sea posible, á la parte en que el Bermejo es navegable, al menos en muchos meses del año (1); y con motivo de auxiliar la reconstruccion de los edificios, puedan enviársele máquinas y mecánicos que utilizando las buenas maderas que abundan en aquellos bosques, al paso que levantarian en poco tiempo y á poco costo casas mas seguras y mas cómodas

---

1. Al reunirse los rios Bermejo y Grande forman un valle magnífico que parece ser el lugar mas conveniente para establecer el Puerto del Bermejo, cuando se decidan á abrir al comercio esta bella arteria de la América meridional. ¡La confluencia del Bermejo y del Grande se encuentra á 16 leguas al Sud de Oran, á 50 leguas al Sud Oeste de Jujuy y á una distancia casi igual al Sud-este de Tarija.)

(H. A Weddell—Tomo 6 de la *Expédition dans les parties centrales de l'Amerique du Sud, éxécutée par ordre du Gouvernement Français, sous la direction de Francis de Castelnau.)*

que las antiguas, importarian en aquella localidad los ade-
lantamientos mecánicos y las industrias que le son indispensables para esplotar ventajosamente sus riquezas naturales y
facilitar su exportacion.

No basta dar el dinero: es necesario tratar de que se
emplee con propósitos de mejora y de progreso.

En nuestro sentir, la reconstruccion de Oran (1) puede
combinarse con los fines que se propone la empresa que en
estos mismos momentos lucha con los obstáculos, muy su-
perables, que ofrece la navegacion del Bermejo;—y esta combinacion, favorecida inteligentemente por los gobiernos y auxiliada por la buena aplicacion de los fondos que colecta la
caridad particular, podria reemplazar á la ciudad que vege-
taba escondida en los bosques inesplorados por una ciudad
abierta al comercio, visitada por la navegacion á vapor y destinada á irradiar y estender nuestra civilizacion por las soledades y entre los aborígenes del Chaco.

A. LAMAS.

Noviembre 16 de 1871.

1.   Sobre el origen de este nombre, que sin duda se conservará por haber
sido el del pueblo natal para la gran parte de los que en él vivian, sabemos
que le fué dado en recuerdo de la ciudad africana de Oran, que perteneciendo
á los españoles, fué evacuada por ellos á consecuencia de haber quedado casi
totalmente destruida *por temblores de tierra*, que tuvieron lugar en los años
de 1790 y 1791.—Desde 1831, Oran es una ciudad francesa.

CANJE DE LIBROS AMERICANOS.

Si la Revista del Plata no se ocupara con preferencia á toda otra materia, de libros, de su difusion, de vincular por medio del cultivo de las letras unos con otros los pueblos sud-americanos, faltaria de lleno al objeto que se ha propuesto, como faltaria tambien á él si dejara pasar con indiferencia un hecho cualquiera que tuviera relacion con aquel propósito.

Por esta razon vamos á ocuparnos de una noticia que encontramos no ha mucho en uno de los diarios de esta ciudad, la cual estaba concebida en estos términos:

OBRAS AMERICANAS.

«La Universidad de Chile ha presentado una preciosa coleccion de libros y mapas, que forman mas de 2,300 volúmenes al ministro brasilero en aquella república, Consejero Lopez Netto. Pero este presente es una retribucion del que hizo este caballero á la universidad chilena de 3,000 volúmenes de obras de autores brasileros.

«La Universidad de Chile tambien ha regalado al instirtuto Histórico y Geográfico del Brasil una coleccion de 1,500 volúmenes, igualmente rica por el lujo de algunas ediciones y por el valor literario y científico de los libros.

«*Muchos de los escritores mas distinguidos del Brasil se han encargado de escribir noticias y juicios literarios sobre las principales obras de esa coleccion.*»

¿Por qué razon, nosotros que oficialmente somos aliados del imperio vecino, no hemos sido obsequiados como los chilenos, ni con tres mil, ni con tres siquiera de los volúmenes que ha presentado el señor Lopez Netto á la universidad chilena? Creemos que la razon consiste en que no hemos dado á conocer todavía el empeño con que de algun tiempo á esta parte, se hacen esfuerzos parciales por reunir en Buenos Aires y poner al alcance de los estudiosos las producciones de la prensa de América; y, por que, es preciso confesarlo, nuestros gobiernos hacen muy poco de su parte para servir los intereses literarios, desconociendo que no hay lustre, ni brillo esterior para un pueblo, si carece de libros que vayan á dar testimonio á todas partes de que ese pueblo piensa y no está reducido á mera máquina de trabajo y de produccion material. Pudieran talvez imajinarse nuestros mandatarios que nada de provecho poseemos en materia de letras y que hariamos papel desairado el dia que nos preguntasen ¿dónde está el caudal de la inteligencia argentina enumerado en productos tipográficos? Sin duda que la lista de nuestras producciones no rivalizaria con el mas pobre catálogo de la libreria de los pueblos europeos; pero pueden llegar á muchos cientos los títulos de los libros impresos en Buenos Aires en los últimos diez años, sobre materias interesantes

para el estrangero, y muchos de los cuales se han impreso
á espensas del tesoro público. Una coleccion completa del
Registro Estadístico de la provincia; del de igual clase de toda la nacion; las diversas colecciones de leyes pátrias; la coleccion de la Revista de Buenos Aires que se compone de 24
volúmenes; la del Archivo que encierra el jénesis político de
nuestra sociedad; los trabajos históricos de Nuñez, de Mitre, de Dominguez; varias obras poéticas y de invencion é
imaginativa entre las que se distinguen las de Rivera Indarte,
de Mármol, de Echeverria, de Balcarce, de Mitre, del doctor
Lopez, de Cané, de Delcampo, de Guido, etc., las obras di-
dácticas de Gonzalez y de Puiggari, impresas por cuenta del
erario provincial; las obras originales sobre derecho Constitucional y las traducidas; las Memorias oficiales de los
ministerios y oficinas, que tanta luz comunican sobre la situacion de un pais que se gobierna representativamente; los
diarios de sesiones de nuestros parlamentos; colecciones
ordenadas de cuanto se escribe y se publica en opúsculos
sobre materias de interés social, como inmigracion, colonizacion, bancos y demas establecimientos de crédito; todo esto, abrazando un largo periodo de tiempo, escederia en número é igualaria en importancia á la copiosa retribucion hecha
por la Universidad de Santiago al diplomático brasilero; estableciendo con este hecho un comercio literario con el imperio que nos proporcionaria ocasion de conocer su adelantada literatura y los esfuerzos que hace allí el pensamiento
humano en sus diversas manifestaciones.

Este comercio existe medio iniciado con respecto á alguna de las repúblicas de nuestro mismo orijen. No necesitamos mas que mantenerlo y fomentarlo con mejores me-

dios y con mayor actividad que hasta ahora.   Tanto el ministerio de instruccion pública, como la biblioteca provincial y de la Universidad de Buenos Aires, han abierto relaciones de canje de publicaciones impresas, con Chile, con Nueva Granada, con el Perú, con Bolivia, y podemos concebir la esperanza de que no desmayando en la empresa, podremos disponer dentro de poco de una copia suficiente de materiales auténticos para estudiar bajo todos sus aspectos unos pueblos cuyos aciertos y cuyos errores influyen sobre nuestra dicha como influye la suerte de un miembro en el bienestar ó la desgracia de una familia entera.   «Ningun lazo de union y afecto entre los pueblos, decia un escritor sudamericano, será jamás tan fuerte como el del cultivo de las mismas artes y del mismo idioma:» y asi es la verdad; porque es objeto frecuente de nuestra sorpresa personal, el ver cuánto se asemejan en aspiraciones, en sentimientos, en ideas, los pueblos de orijen español, diseminados en el vasto continente colombiano, estudiando su índole en las producciones de sus escritores notables, desde Méjico hasta el Rio de la Plata. Una misma sensibilidad, una misma alma, transpira en todos ellos, y al cerrar la pájina que nos hacia revelacion tan lisonjera, hemos tenido siempre la fortuna de contar con un hermano mas, con un amigo nuevo, en las relaciones del espíritu.

Pero no está todo limitado á almacenar libros en los estantes de los establecimientos públicos: el libro que no hojea la mano del hombre, le devora el diente de la polilla, y no hay espectáculo mas repugnante á los ojos y al entendimiento que el que presenta un volúmen cuya bella encuadernacion, cuyos anchos márgenes, están surcados por los in-

sectos durante la siesta indolente que duermen los encargados de su custodia. Si aspiramos á poseer publicaciones
americanas, no ha de ser para almacenarlas como cosa adquirida gratis, sin empastarlas convenientemente, sin catalogar-
las con método y sin anunciarlas al público para que se informe de su existencia y concurra á aprovecharse del tesoro.
Los jóvenes estudiosos que aspiran á ensayarse en el arte de
escribir, tendrian así una mina que esplotar y materia primera que elaborar, segun las inclinaciones de cada uno y las
carreras á que se dedican; porque el exámen descriptivo ó
crítico de un libro ó de una série de ellos, es un excelente
aprendizaje y una provechosa gimnástica para fortalecer el espíritu y alentar las alas del estilo en gérmen. Esto se ha
comprendido bien por los brasileros, segun la noticia á que
nos referimos al principio, pues los libros chilenos destinados á Rio Janeiro, deben ser examinados por escritores brasileros con el fin de dar á luz noticias y juicios literarios sobre aquellos que mas lo merezcan.

De pasada, daremos un punto de partida á la crítica de
los escritores del imperio, para que aprecien con equidad el
valor en general de la obra intelectual de la república que
van á juzgar por sus producciones impresas. El hombre
no puede prescindir de la comparacion para avaloror un objeto cualquiera, y si la impresion que reciba un americano
del habla portuguesa al poner en balanza las producciones
chilenas con las brasileras, en cuanto al número de ellas y
de autores, fuese desventajosa para el pueblo del Pacífico,
debe tomar en consideracion que compara un todo con una
parte de otro todo, y que así es imposible el equilibrio ni la
igualdad relativa. Chile es una porcion pequeña de la Amé-

rica en que se habla castellano; no es, pues, representante sino de la labor que á él le toca como á una de las partes en que se subdividió el inmenso dominio de los Reyes de España en América.   Cuando se habla por ejemplo de la literatura poética del Brasil ¿qué importa que José Basilio de Gama y José de Santa Rita Duráo, hayan nacido en Minas, Araujo Porto–Alegre en R. Pardo, Gonzalves de Magalháes en Rio, si todos ellos nacieron bajo una misma bandera, bajo una misma ley y en un pais cuya capital es una sola, como uno solo es su gobierno?   Todos ellos enriquecen el caudal de la literatura brasilera.   Los americanos de orígen español no nos hallamos en igual caso: la literatura de esta habla anda dispersa, subdividida, y tiene tantas manifestaciones, con sus tintes especiales, como hay repúblicas independientes que fueron colonias gobernadas desde Madrid.

Por lo demás mucho nos complace el que los literatos brasileros hallen hoy ocasion de rectificar el pobre juicio, que con alguna razon tenian formado de la literatura sub-americana, ahora veinte años, cuando se publicaba la preciosa coleccion que se titula:—«Florilegio da poesia brasileira,» cuya *introduccion*, despues de pasar en revista los poemas referentes á la conquista, escritos por poetas españoles, deja establecido que «tanta savia prestada, poco valió á los paises á que aquellos poemas se refieren, por haberse, tal vez, secado el árbol antes que cobrase fuerza suficiente para nutrir nuevas ramas.»

Volviendo al canje de publicaciones sub-americanas, vamos á referir cual es el resultado que han dado las relaciones que á este respecto tiene establecidas la biblioteca de nuestra Universidad, con Bolivia, Chile, Nueva Granada y el

Perú. Estas relaciones datan desde 1868, y comenzaron con la primera de estas repúblicas por medio del señor Ministro don Quintin Quevedo. El Rector de la Universidad le dirigió una nota suplicándole pusiese á la disposicion de su gobierno algunos libros argentinos para las bibliotecas públicas, manifestándole al mismo tiempo el aprecio con que serian recibidas en retribucion las publicaciones análogas de la prensa boliviana. El gobierno boliviano se interesó vivamente en el buen éxito de aquel comercio de impresos y encargó á su director general de las bibliotecas nacionales, don J. Domingo Cortés que formase y remitiese á Buenos Aires una coleccion de las obras mas notables escritas por hijos de aquella república. El director cumplió con celo la órden de su gobierno; pero quiso la suerte que la remesa se hiciese en el vapor *Santiago* de la carrera del Estrecho, y allí se perdió, en el naufragio que esperimentó aquel vapor no hace mucho tiempo.

Bolivia retribuia generosamente el obsequio de la Universidad, pues segun el catálogo comunicado con antelacion y de oficio, mandaba mas de ciento entre las cuales algunas llaman la atencion por sus títulos y ninguna parece despreciable. Desearíamos poder dar á luz ese catálogo, porque encierra probablemente la bibliografia completa de aquella república en un largo periodo de años.

Igual proceder se siguió con Chile. La primera abertura que se hizo al bibliotecario de Santiago el señor don R. Briceño es de agosto de 1869 y el primer envío de libros argentinos consta de *cuarenta y nueve* títulos, el segundo en 8 de enero de 1870 de *sesenta y dos*, el tercero en 30 de junio de 1871 de siete títulos. La Universidad ha recibido ca-

si todas las publicaciones de mas estension é interés tanto
impresas allí como en el estranjero; á saber: La gran obra
de M. Gay sobre la historia y la geografia de Chile; la Coleccion de sus historiadores; todos los documentos oficiales
inclusos los interesantes anales de la Universidad de Santiago que alcanzan á formar 30 volúmenes gruesos; las observaciones del observatorio astronómico; los trabajos estadísticos de la oficina oficial del ramo; las obras de Domeiko, de
Amunátegui, de Barros Arana y de otros escritores tan distinguidos como estos, viniendo á componer por todo doscientos ochenta y tres volúmenes. (1)

En Nueva Granada encontró la Universidad preparado
el campo de antemano; pues en aquel pais existe una oficina
especial de canjes adherida á la biblioteca nacional de Bogotá, autorizada para comprar aquellas obras que pertenecen
á sus autores, y se venden en las librerias por cuenta de estos.   Sin embargo, los impresos que se han recibido de ella,
una sola vez, son casi todos oficiales á escepcion de la célebre novela «Maria,» de la cual remitió para la biblioteca de
la Universidad un ejemplar su distinguido autor el señor Iseas,
aprovechando aquella oportunidad. Los títulos de la lista de
la remesa neogranadina llegan al número de 206. La distancia,
las dificultades del trasporte y el ningun auxilio que presta
la accion diplomática de nuestras repúblicas, tanto aquí como en el Pacífico, anulan completamente el celo con que los
señores bibliotecarios de Chile y de Venezuela y Perú, sirven el pensamiento de canjear nuestras respectivas producciones.

1. Los principales están ya encuadernados á espensas de la Universidad.

Por cartas recientes del señor doctor Vigil, dignísimo bibliotecario de la nacional de Lima, sabemos que el gobierno peruano va á tomar medidas parecidas á las que tomó con respecto á estos canjes el de Nueva Granada, y que pronto poseerá la Universidad de Buenos Aires algunas producciones peruanas en retribucion de las remitidas á Lima por el intermedio del señor doctor Mesones, ministro plenipotenciario del Perú en el Rio de la Plata.

Las personas que desempeñan funciones diplomáticas y cuya principal mision consiste en suscitar motivos recíprocos de estima entre la nacion que representan y aquella donde residen, pueden hacer mucho á favor de la idea de que nos ocupamos. Como hemos visto, los señores Quevedo y Mesones procedieron con empeño cuando fueron solicitados á intervenir en los canjes con Bolivia y el Perú; pero ni el uno ni el otro tenian á este respecto recomendacion alguna por parte de sus gobiernos, los cuales, como los demás de Sud-América no cuidan de los intereses intelectuales, sino en aquello muy comun y trillado, como escuelas, colegios y Universidades, y eso siempre con mezquindad y dentro de las partidas del presupuesto. Hay otros medios de gran eficacia para servir aquellos intereses sin gastar un real, como vá á verse de dos hechos que pasamos á revelar.

El caballero von Güllich, encargado de negocios de Prusia, por algunos años en el Rio de la Plata, sorprendió á su pais mostrándole el fenómeno inesperado de un pueblo americano, nuevo, mercantil por excelencia, que se ocupaba de la literatura y cultivaba las letras con discernimiento y brillantez. Él vulgarizó en Alemania los nombres de Marmol, de Alberdi, de Lopez, de Echeverria y de otros argentinos, haciendo traducir allí por personas competentes algunos cantos del«Peregrino,» «La novia del hereje,» «La cautiva,» y las «Bases y puntos de partida para la organizacion de la República Argentina,» y algunos artículos puramente literarios que reprodujeron las Revistas de Prusia, con la firma de sus autores hijos del Rio de la Plata. · Ahora acaba el señor Balcarce, por un movimiento espontáneo de su patriotismo y nada mas, de presentar á una de las primeras corporaciones de Francia, algunos libros impresos en Buenos Aires, y por la contestacion que ha obtenido de dicho cuerpo, se verá cuán mal haríamos en no repetir con frecuencia y de una manera oficial esta clase de envios, con los cuales probaríamos á la Europa que no somos meros productores de materias primas, de peleterías y de lana. Hé aquí la correspondencia canjeada entre nuestro plenipotenciario en Europa y el Secretario del Instituto nacional de Francia, que debemos en copia legalizada al señor don Manuel José Guerrico, vecino de Buenos Aires.

Legacion Argentina— *Traduccion*

Paris, 26 de Septiembre de 1871.

A Mr. Mignet, Secretario perpetuo del Instituto Nacional de Francia.

Señor secretario perpetuo:

Mi amigo y compatriota el señor don Luis Dominguez, ministro actual de hacienda de la República Argentina, conocido y estimado en su pais por diversos trabajos literarios, me ha recomendado que ofrezca á nombre suyo al Instituto Nacional de Francia un ejemplar de la *Historia Argentina*, impresa y publicada en lengua castellana, en Buenos Aires, donde ha merecido el honor de tres ediciones hasta la fecha.

Me complazco en cumplir con esta comision, como lo hago remitiendo el ejemplar del indicado libro, y me es grato al mismó tiempo agregar á él, con la misma calidad de respetuoso obsequio, la historia de mi padre político don José DE SAN MARTIN, por el doctor don Juan Maria Gutierrez, y una coleccion notable de «Noticias históricas sobre el orijen y desarrollo de la educacion pública superior en Buenos Aires desde 1767 hasta 1821,» escritas por el mismo señor Gutierrez que ocupa un puesto eminente en el mundo literario de América por sus exelentes producciones; y á mas un pequeño volúmen de poesias argentinas de mi hermano Florencio Balcarce: que murió á la edad de 21 años, sobreviviendo muy poco á sus composiciones, llevando al sepulcro las esperanzas que hacian concebir tan brillantes ensayos.

Espero, señor secretario, que se servirá usted acojer con interés, en nombre del Instituto Nacional, esas producciones intelectuales del otro hemisferio, en donde la literatura y el genio francés gozan de universal aceptacion, y aprovecho la presente oportunidad para ofrecer á usted la espresion de mi mas distinguida consideracion.

MARIANO BALCARCE.
Ministro plenipotenciario de la República Argentina.

Contestacion— *Traduccion*,

Paris 1.° de Octubre de 1871.

Instituto de Francia, Academia de Ciencias Morales y Políticas.

Al señor don Mariano Balcarce, Enviado extraordinario de la República Argentina.

Señor:

En ausencia de M. Mignet y reemplazándole interinamente en la oficina de su cargo, me he impuesto de la nota dirijida por usted al señor secretario perpetuo, acompañando los libros con que usted obsequia á la Academia, la cual los ha recibido con agradecimiento y con todo el interés que despiertan esas publicaciones que han visto la luz en otro hemisferio y se estiman en el nuestro como monumentos del espíritu humano dignos de fijar la atencion del gran cuerpo literario á quien dirije usted este precioso obsequio.

He dado conocimiento de la nota de usted al señor Mignet y estoy seguro de la favorable impresion que debe haberle producido. Mientras tanto la Academia de Ciencias morales le dá á usted gracias por haberla juzgado capaz de simpatizar con la idea que usted ha realizado, y tengo la honra de suscribirme.

De Vd. affmo. servidor.

CH. GIRAUD.

FISONOMIA DEL MES.

———

Tratando de los intereses de la ganaderia en el número anterior, decíamos que la cuestion higiénica provocada por los saladeros era tan grave como la cuestion económica; y que nuestras producciones se arruinaban, á la par que nuestro comercio, si ambas cuestiones no eran prontamente resueltas, de manera que concentrándose las faenas de los ganados en un solo mercado, la *demanda* y la *oferta* viniesen á quedar en contacto recíproco como lo estaban antes en el Riachuelo.

A nadie que conozca la forma y las condiciones con que se realiza el movimiento comercial de esta provincia, se le puede ocultar esto y las causas que lo hacen ser asi: una produccion desparramada en una superficie tan vasta, necesita de moverse hácia un centro general marítimo que le dé facilidades de embarque. Las carnes saladas que nosotros entregamos á la exportacion tienen infinitas contingencias; y quedan fatalmente espuestas á perderse si no pasan pronto del saladero á la bodega del buque en que deben ser estivadas, para no ser mas removidas hasta su desembarque.

22

De aquí viene para el saladerista la necesidad forzosa de
formar compromisos por cargamentos completos, que deben
ser entregados á términos y dias fijos.   Si no se coloca pues
en un punto á propósito para llenar esos compromisos, y si
no tiene á mano un mercado surtido y abundante donde pueda proveerse en toda clase de emergencias, ya de ganados, ya
de carnes elaboradas por otros, para complementar las faltas
ó para acomodar los escesos que le dé su propia elaboracion,
puede asegurarse que en muy poco tiempo quedará reducido
á la impotencia, por la falta de salida oportuna para sus productos.

Desparramados los saladeros en la vasta estension de la
provincia no podrán vivir; y la fuerza de las cosas los lleva-
rá á *concentrarse* de nuevo en puntos marítimos de nuestras
costas donde sus trabajos producirán peores efectos, para la
higiene, que los que se han hecho sentir en el Riachuelo.
Esos efectos comprometerán del mismo modo la salubridad
de la ciudad, despues de haber hecho pasar al comercio y al
pais por tres ó cuatro años de suspension y de perturbaciones profundas: lo que equivale á decir por una pérdida efectiva de 20 millones de duros al año, que debiendo ser calcu-
lados en proporcion geométrica, hacen por lo menos 100
millones de duros al cabo de los tres años.

Podemos asegurar que el gobierno de la provincia ha
recibido informes auténticos, pedidos oficialmente, sobre el
espantoso estado de desaseo en que se hallan los pequeños
saladeros colocados en Chascomús y la Ensenada; y queremos suponer, que, movidos por el espíritu de especulacion, se
acumulen otros establecimientos mas en cualquiera de esos
puntos ó en otros.   Para juzgar de lo que sucederá téngase

presente que siendo Buenos Aires el puerto de importaciones, cualquier punto en que los saladeros se concentren tiene que quedar á inmediaciones de Buenos Aires, á fin de que el movimiento marítimo, con sus fletes y seguros, no venga á ser tan caro, que recargando escesivamente los retornos, anule su valor para los productores de la provincia.

Desde que el punto de las salazones quede próximo á la ciudad, el desaseo ha de producir en ese punto los gérmenes de la malaria que engendran el cólera y la fiebre amarilla; y como la ciudad tendrá siempre los gérmenes que engendra una grande poblacion, (y mucho mas teniéndola en las condiciones en que se halla, con sus letrinas, sus basuras, sus mataderos y demás servicios) nada habremos adelantado desde que estemos á diez ó quince leguas de focos inmundos que en una ó en dos horas pueden comunicarnos todos sus gérmenes *por importacion* como ahora se dice.

En esta materia nosotros tenemos que partir de dos hechos inmutables y forzosos: nuestro puerto y nuestra industria. El primero nos obliga á reconcentrar en la ciudad todo el movimiento marítimo de la internacion de las mercaderias; y por lo mismo nos obliga á reconcentrar tambien todo el movimiento de los retornos de nuestra industria. Querer *concentrar* el primero y *desparramar* las fuentes de la otra, es querer arruinar á los dos. Porque si perturbamos la concentracion de los retornos que el comercio de exportacion tiene que verificar para encontrar el canal mas fácil y espedito de salida, y si alejamos de nuestro puerto sus fuentes, pondremos á nuestra industria en tales dificultades para que encuentre su mas barato embarque, que no podrá prosperar ni vivir; y todo el mundo sabe que depereciendo los retornos, deperecen las introducciones, los capitales, las industrias y el valor de la tierra.

Por lo mismo pues que somos una ciudad marítima populosa, nos vemos forzados á *tener sobre nosotros* las industrias que producen el movimiento mercantil de que vivimos: no podemos estirpar las fuentes propias que nos alimentan, y no podemos ser puerto ultramarítimo sin tener en él nuestros retornos bajo condiciones buenas y baratas.

Es de todo punto incuestionable que seria mil veces preferible que en vez de que nuestra provincia esté, como ahora, reducida á un solo puerto de ultramar, tuviese muchos otros, ó algunos cuando menos, que se hiciesen competencia en el movimiento de exportacion. Porque si los hubiese, las diversas localidades y puntos productores de nuestra campaña tendrian *eleccion* y *movimiento libre* para concentrar sus valores y los retornos donde la ocasion, la posicion y las ventajas momentáneas del comercio les presentasen una mejor oportunidad ya fuera por los fletes ó por otras conveniencias accidentales que nacen del albedrio para elegir libremente las condiciones particulares de un negocio.

Pero esto no es posible en nuestras condiciones actuales, ni puede ser el resultado de medidas coercitivas, sino la obra del tiempo y del movimiento espontáneo de los capitales y del trabajo.

Hemos dicho antes que todo producto se compone de cuatro elementos necesarios, y que la falta de uno solo de esos elementos arruina el valor del producto. Esos elementos son: la materia, el capital, el trabajo y el provecho. Es imposible que el capital y el trabajo se incorporen á una materia, para convertirla en *producto de renta* (los economistas vulgares dicen *de cambio,* incurriendo en una doctrina falsa) sin que se tenga en vista *el provecho;* es decir—aquella parte de la venta que debe quedar en poder del vendedor como título legítimo de propiedad, y como *valor nuevo* creado por el *servicio* que hace al comprador vendiéndole un objeto, ó una masa de objetos, apropiada para sus necesidades y para sus miras. Y por eso, como en el *cambio* no hay provecho líquido sino traslacion de un valor igual por otro igual, no hay tampoco *valor nuevo* como lo hay en el *precio;* de lo que resulta que la economia politica no es la ciencia del cambio, sino la ciencia de la *compra-venta.*

Este principio que parece tan sencillo, esplica porqué es que en un pais cuyo comercio, como el nuestro, se reduce al *cambio de la materia prima, embrionariamente apenas modificada,* es tan escaso y tan caro el capital. Y eso es por que no dando á la venta sino los primeros productos de nuestra tierra, es decir—aquello que ella produce con una proporcion ínfima de trabajo inteligente,—es natural que ese producto espontáneo que nosotros llamamos *riqueza,* tenga *que pagar:* 1.º el servicio vital que el capital estranjero le hace con sacarlo de aqui, *donde* es *inútil* para nuestro consumo, por nuestro atraso industrial, para modificarlo: 2.º el servicio que le hace la industria estranjera, es decir: el trabajo ageno que lo *elabora;* de modo que de *inútil* (como lo damos) se convierta *en útil* para nuestro consumo: 3.º convertido en útil, por el trabajo estranjero, tiene que pagar el capital estranjero que lo aproxima á nuestro consumo, porque nosotros no somos bastante ricos para tener buques propios en que ir á buscarlo.

Véase pues—que cuando nosotros producimos materia

prima la recogemos en un estado *inútil* para nuestro propio
trabajo; y relativamente útil tan solo para que el trabajo estranjero la *aproveche* y la *monopolice*. El valor económico
de la produccion es relativo à la suma de inteligencia que lo
cria. Todos los brillantes del Brasil y todo el oro de Méjico, no valdrán para la riqueza del país que los produzca,
lo que valen las fábricas de Manchester para la Inglaterra, y
las fábricas de lienzos para los Estados Unidos EN UN SOLO
AÑO. Porque no hay riqueza sino EN EL PROVECHO; y porque
no hay provecho sino en relacion al trabajo ó servicio que
modifica y que adapta *inteligentemente* la materia prima.

   Nosotros ofrecemos una produccion embrionaria que no
podemos consumir, *que nadie puede consumir sino por el trabajo y la riqueza agena.* Es claro pues que el provecho que
debemos recoger tiene que ser pequeño y relativo à la *falta
de trabajo inteligente y de capital* con que lo producimos; y
como el capital se compone de la acumulacion de provechos,
es claro tambien que cuando los provechos son ínfimos el
capital no se acumula, sino que se escurre por los inmensos
gastos que impone la vida social.

Para cualquiera que mire con ojos claros la situacion
económica de nuestra ganaderia, verá un fenómeno que no
ha llamado todavia la atencion como debiera: la inmensa
estension de campo de que cada propietario necesita; la pequeña proporcion de trabajo (de trabajadores) que cada área
representa; la carestia del pequeño capital empleado en explotar esas áreas que son mas estensas que provincias y que
condados ingleses. Esto quiere decir: que el único instrumento de produccion que tenemos, es la *fuerza natural* y
germinante de la tierra, y que siendo el capital y el trabajo

escesivamente caros y escasos, el ganadero se halla obligado á servirlos, en vez de hacerse servir por ellos como sucede en los paises industriales y poblados.

¿Donde está, pues, en la provincia de Buenos Aires, la única fuente de trabajo modificador (aunque sea embrionario) la única fuente de capitales circulantes? No hay otra que la ciudad. Luego, en un pais inmenso donde la tierra está en peores condiciones que el trabajo y que el capital, es natural y es indispensable que el producto de la tierra camine y converja *por fuerza* hácia el único centro donde puede encontrar trabajo y capital para adaptarse á su embarque. Por mas medidas coercitivas que se espidan no se conseguirá con ellas variar la naturaleza de las cosas.

Es evidente que saldrán capitales á uno ù otro punto de la campaña para poner saladeros. Pero, como no saldrán por una combinacion libre, sino teniendo por base la estagnacion de los saladeros de la capital, irán *con sacrificio* á esplotar la condicion *forzada* y *esclava* en que la falta de un mercado de competencia pondrá al ganadero; y ese sacrificio durante cuatro ó cinco años estará pesando sobre el productor en favor del capital y del armador estrangero, porque es claro que todo sacrificio en economia política pesa sobre la parte forzada. Esto solo bastará para arruinar la produccion haciéndola decaer de año en año, y despoblando las tierras mas lejanas como es natural.

Por otra parte, todos los capitales que ya estaban concentrados en el Riachuelo y cuya raiz se vivifica en Buenos Aires, no pueden ponerse en accion inmediata para hacer frente á un cambio violento de cosas; y quebrada la fuerza de absorcion que ejercian en favor del consumo de los ganados, han de pasar cinco años por lo menos antes que ese giro convalezca; y queda la gravísima cuestion, de saber si nuestros criadores pueden soportar esta suspension de sus entradas y las mortandades que ocasiona la pérdida de los engordes, hasta que el movimiento libre de los capitales para esa industria se restablezca.

Pero de cualquier modo que ella se restablezca ha de criar centros grandes de matanza, y donde quiera que los crie, ha de criar focos de inmundicias y de infeccion tanto mas repugnantes y perjudiciales cuanto mas distantes estén de la capital. Y siendo esto así ¿hay cuarentena posible que pueda salvarnos de la peste, teniendo nuestros mataderos y tantas otras fuentes de desaseo para que prenda?

Por mucho que se haga, el Riachuelo ha de ser siempre un lugar de grande desaseo si no se le dota de obras apropiadas. Bastan para ello sus condiciones esclusivas para puerto de cabotaje, y la inmensa poblacion que tiene que acumularse allí, ya maritima sobre el canal, ya en sus orillas. Cincuenta mil almas viviendo allí con todos los servicios de la vida y del tráfico, equivaldrán para ponerlo inmundo, á mas del doble de los saladeros que se han arrojado de sus cercanias. Esas aguas inmundas vendrán siempre á depositar su fondo de letrina en las costas y resacas de San Telmo, mientras no se adelante un paredon que las garanta, al nivel vivo de las aguas; y siempre estará allí la *malaria* de las fiebres y de las epidemias.

Estas son cuestiones tan graves y de tan vital interés para nosotros, que deben tratarse como los casos de honor y de conciencia: séria y honradamente como cada uno lo entienda. No son cuestiones de pasion, de amor propio ni de brutales recriminaciones; sino de estudio prolijo para que cada uno vea y juzgue.

Para juzgar de lo que es la orilla de San Telmo, y de lo que necesita para ser desinfeccionada, comparémosla por un momento con los campos de batalla recientes de la Francia al rededor de Paris, y convendremos en que nuestro problema es infinitamente menos sério que aquel.

Ahora pues—si aplicamos á nosotros el método empleado allá, usando aquí del criterio local que corresponde, veríamos que todo lo que hemos debido hacer se reduce á remover la parte inferior de los barrancos donde están depositadas las resacas hasta mas de un metro sobre la tierra; hacer masas ó montones proporcionados de esas tierras y resacas, mezclándolas con pajas y otras materias combustibles, con breas y aceites ordinarios, y pegarles fuego por pequeñas secciones ó cuadras, á medida que adelante su remocion. Esto basta para remover el foco pútrido, porque no hay gérmen de *infusorios víbrios*, ó elemento alguno de malaria que resista á la accion directa del fuego, y porque despues de esa accion ejercida sobre el depósito mismo de las emanaciones no hay foco posible de germinacion que pueda infestar la atmósfera.

. Destruido así el foco, en un pais como el nuestro, en donde la fiebre amarilla y el cólera no son endémicos, y donde no tenemos ninguna de las condiciones del suelo y de la vegetacion asiática, como las tiene el Brasil, las Antillas y otros puntos americanos, no hay motivo ninguno racional que nos lleve hasta los estremos á que hemos ido con los saladeros.

Ese foco una vez destruido, no se podria reproducir si no *en muchos años de nueva incubacion*; y como estos asertos son innegables para toda persona que sea entendida en la materia, (1) se deduce que no ha habido necesidad de tomar una medida tan violenta contra la riqueza del pais como ha sido la imposibilitacion de los saladeros, pues que habria bastado con desinfectar la costa de San Telmo, como lo propuso el señor don Enrique Sundblad en un proyecto que formuló como diputado provincial en marzo del año pasado. En dos ó tres años se habría construido la muralla fronteriza sobre el nivel vivo del Rio, y se habrian construido caños de desagües para los resíduos líquidos de las salazones, quedando así apartadas para siempre las causas del peligro por ese lado.

Mientras que como hemos dicho antes—la carencia de capital y de brazos *obligue fatalmente* á nuestra única industria á no poder vivir sino al abrigo de esta concentracion relativa y *única* de capital y de trabajo, que se llama la ciudad, no tendremos mas remedio que soportar esa condicion forzosa y forzada de nuestra vida económica y de nuestro puerto para los retornos; y cualquiera parte á donde se envien los saladeros, tendrá que ser punto de costa al alcance de nuestro puerto, y será preciso hacer en él las obras de limpieza cuya falta nos ha perjudicado tanto; pues de otro modo estamos en el mismo peligro. Si no lo vemos es por que hacemos como los niños que tapándose los ojos para no ver creen que consiguen no ser vistos.

1. Escrito esto, hemos tenido ocasion de hablar con el señor A. Quinke, competentísimo quimico aleman que se halla de tránsito en esta ciudad, y él dá una aceptacion plena á este plan, fundándolo en fórmulas científicas que superan nuestros alcances, sobre los efectos de la combustion para la purificacion de la tierra. Su ciencia lo hace digno de que el Gobierno de la provincia le consulte.

Desde que los saladeros son indispensables para nuestros ganaderos, es indispensable construirles obras que los hagan inocentes para la salud; y desde que sea preciso construirlés obras, es de absoluta necesidad que esas obras se construyan en Buenos Aires por ahora, concentrando todos los desagües y servicios de la ciudad en un mismo sistema.

El señor Bateman, encargado por el gobierno de la provincia de proyectar en grande escala las obras hidráulicas ó higiénicas de la ciudad, ha venido á corroborar á este respecto nuestras ideas. Cuando las expusimos en nuestro número anterior, no teníamos todavia el gusto de conocer los trabajos de este ingeniero, que hemos venido á conocer despues por la fineza de nuestro distinguido amigo el señor Agote, ministro de Hacienda de la provincia de Buenos Aires.

Con respecto á los saladeros el señor Bateman dice así en su informe: «Lo que simplificaria mucho las obras de « que necesita la ciudad y el costo del *dragaje* (ó arrastre « de materias servidas) tanto para el presente como para el « futuro, seria la obligacion impuesta á todos los saladeros « distantes de concentrarse en un punto al sur entre Barra- « cas y la Boca. Una vez completadas las obras no seria « permitido, ni habria motivo ó necesidad para arrojar re- « síduo alguno al rio. Los líquidos caerian en las cloacas; « y los sólidos serian modificados de manera que no causasen « ningun daño. Los saladeros pueden trabajar en estas con- « diciones sin que se pueda tener la menor aprension por « la salud......................................

« Comprendiendo bien lo importante de que los salade-
« ros sean emancipados *tan pronto como* se pueda de las di-
« ficultades en que los ha puesto la prohibicion de arrojar
« sus residuos al rio; y viendo como veo, que los mismos
« caños que deben arrastrar las materias servidas de la ciu-
« dad, arrastren tambien los líquidos de los saladeros y los
« desechos de la poblacion de la Boca y Barracas, tengo pre-
« parados ya las propuestas que me hacen algunos industria-
« les, etc., etc.»

Aquí se vé pues que el ingeniero inglés coincide con
nuestras opiniones anteriormente manifestadas; y no podia
dejar de ser así desde que las tres cuestiones—de ingenieria,
de higiene y de economia social, se ligan de tal manera que
no son sino tres faces de una misma cuestion: la cuestion
económica.   Por eso es que vamos á esponer el sistema de
trabajos que proyecta.

El sistema de trabajos que nos ha proyectado el señor
Bateman es racional en el fondo, vulgar en su conjunto; y
sobre todo fácil de entender y de apreciar como era natural;
porque esta es una simple cuestion de declives subterráneos
que cualquiera puede entender y que cualquiera puede juzgar.

La materia es de tal importancia para nuestra ciudad,
que conviene que todos la conozcan; y por eso vamos á espo-
nerla como el asunto capital del mes.

Desde luego diremos que el señor Bateman ha sido es-
pléndidamente pagado por un trabajo que no tiene nada de
especial; y diremos tambien que segun el mismo señor Bateman confiesa, sus trabajos se atrasaron y se hallan incompletos porque su encargado el señor Moor *tuvo miedo* de en-

trar á Buenos Aires durante la fiebre; los cincuenta mil pa-
tacones pagados por ese trabajo prévio y *tan urgente* no fueron
bastante aliciente; y como el señor Bateman tuvo tambien
miedo de que se le enfermase el señor Moor, lo hizo volver
á Inglaterra y quedaron por eso demorados los estudios.
Resultó de esto que el señor Bateman ha tenido que formar
su trabajo sobre los datos recogidos y trabajados por el señor Coghlan, haciendo conjeturas en unos puntos, y en otros
partiendo de hechos que él dá por asertivos sin que lo sean
tanto como veremos.

Mr. Bateman no ha hecho tampoco un grande hallazgo
en cuanto á encontrar los puntos capitales del asunto. Buenos Aires se halla al borde de un *rio inagotable*: luego puede
tomar de esa fuente tanta agua cuanta necesite sin temor
presente ni futuro de agotar la fuente; y por mas millones de
hombres que se acumulen en su seno, esa agua es inagotable. Lóndres y Paris no tienen esa ventaja; y quizás en el
mundo, Buenos Aires es única en gozarla.

Tres sistemas hay para hacer la limpieza de una ciudad:
1.° Los CARROS PNEUMÁTICOS, que se llaman tambien
atmosféricos. Para hacer este servicio se necesita canalizar
cada manzana habitada de manera que todos esos canales
converjan á un depósito construido con tapas de hierro en
cada *cuatro esquinas.* Las aguas servidas y fecales caen á
ese depósito; y cada noche son alzadas en los carros para ser
eliminadas por el sistema de irrigacion.

Mr. Bateman se pronuncia con razon en contra de este
medio. Necesita una policia esmeradísima y constante para
cuyo servicio no estamos habilitados; y si se contratara con
empresas particulares seria peor, y espuesto cada dia á que-

jas interminables de parte del vecindario; fuera de los inconvenientes de rebalces y obstrucciones. En Paris, dice el señor Bateman, que este sistema ha sido ya abandonado despues de haberlo ensayado con muy mal éxito.

2.° Sillas de tierra seca: igualmente inadecuadas para una ciudad populosa, donde haya plebe y clases menesterosas; y como exigen un servicio abundantísimo de carros, hacen mas dificil la organizacion de un buen servicio regular y barato, en paises como este donde el trabajo diario es escasísimo, caro y MALO.

3.° Cañerías cubiertas de desagües y de arrastres movidos por masas suficientes de aguas servidas ó frescas.

Hallándonos á las orillas del Rio de la Plata, es incuestionable que no puede buscarse un método de limpieza mas eficaz que este; pues que ese medio es tan inagotable en su accion contínua como es inagotable el caudal que lo provee.

La única cuestion grave y séria, consiste en saber qué derrame se le ha de dar á ese servicio, para eliminar las materias arrastradas y anular su influencia remota ó directa sobre la vida social. Para ese objeto se presentan dos métodos: uno que nos permitiremos llamar *bárbaro*, y que consiste en derramar al rio, mas ó menos lejos, las inmundicias; el otro que llamaremos *científico*, porque consiste en ELIMINAR las sustancias por medio de la absorcion que la vegetacion y la tierra operan *orgánicamente* sobre ellas. Llamamos *bárbaro* al primero, porque es primitivo en su base y consiste en arrojar las basuras y las aguas á las calles y á sus corrientes: llamamos científico al otro porque consiste en el aprovechamiento de las nociones suministradas por la química orgánica. El señor Bateman nos propone el primer modo, separándose de las opiniones del señor Coghlan que habia aconsejado el sistema de la irrigacion, y creemos que á esto solo se reduce la originalidad de su *valiosísimo trabajo*.

El señor Bateman conviene sin embargo—en que los desagües eliminados por irrigacion *son el único proceder que completa la purificacion de una manera efectiva y completamente feliz* (effectually and succesfully;) y no hace otra objecion al no-valiosísimo trabajo del señor Coghlan que la circunstancia de que ese sistema no ha sido adoptado *in-extenso*, en Inglaterra. A esto agrega que siendo la tierra tan fértil en Buenos Aires, *no necesita de ser así abonada*, ni habria como vender ese abono con ventaja.

El señor Bateman está equivocado en los tres puntos de su objecion, y nos permitimos este aserto resueltamente porque se trata de hechos y cosas en las que podemos opinar como él, con el estudio de la materia.

La cuestion para nosotros no *es de vender* ni de aprovechar de semejante producto, sino precisamento la contraria: la de *destruirlo*. No es tampoco de consagrarlo al servicio de la agricultura, al menos por ahora, utilizándolo; sino de *gastar dinero* para que la vegetacion LO ABSORVA pagándoles nosotros ese servicio á la vegetacion con *dinero efectivo* en vez de querer sacar dinero de la vegetacion que él produzca.

Por consiguiente, las dos últimas objeciones del señor Bateman son nulas; y parece que al usarlas no se hubiese penetrado bien de su insignificancia ó de la necesidad especial del pais que le encomendaba ese valiosísimo trabajo.

En cuanto á la primera objecion—de que en ninguna parte se ha ensayado todavia el método de la eliminacion por la irrigacion, en mayor escala, estrañamos de veras que lo

diga el señor Bateman; pues no estamos tan lejos del mundo
para no saber que ese sistema se ha *ensayado* y ADOPTADO en
Calcutta (1) CON UN ÉXITO COMPLETÍSIMO; y nos cuesta creer
que el señor Bateman no haya tenido presente este hecho
incontrovertible, cuando en la pájina 5 de su informe nos dice *que este sistema es el único que completa efectiva y felizmente la purificacion* de los arrastres fecales y aguas servidas.

Por otra parte, el señor Bateman está en relaciones, como en su informe lo muestra, con el doctor Frankland, el
inglés mas competente en estos ramos de la ciencia; y este
sàbio *con otros muchos* (lo confiesa el señor Bateman) asegura que el sistema de irrigacion como *medio* para eliminar las
aguas servidas y materias fecales, es eficaz y de un resultado
completo *aun en climas de un sol ardiente.* Y si nos fuere
permitido agregar algo—diríamos que precisamente *en climas de un sol ardiente* debe ser mas eficaz por la mayor potencia *vegetativa del suelo.*

Esta es la opinion no solo del doctor Frankland, sino de
otros muchos sàbios que, segun Mr. Bateman, *han estudiado
atentamente esta cuestion.* Permítanos, pues, Mr. Bateman,
que le observemos que hay en esto algo mas que una teoria:
hay una teoría probada por mil ensayos relativamente pequeños que han sido estudiados por la ciencia y COMPROBADA
POR EL GRANDE HECHO DE CALCUTA; que es al que el señor
Frankland se refiere para dar como definitivo este sistema
de purificacion, cuyos resultados han maravillado á todos.
(Times.)

Ahora pues—si Calcutta, donde el clima es tropical, ha
obtenido completos resultados con ese sistema establecido allí
desde 1866, ¿cómo podría dejar de tenerlos Buenos Aires?

1   *Times* del 2 de octubre 1870.

Para conseguirlos no se necesita sino *un terreno bajo* y *estenso*, que pueda entregarse á plantíos inútiles al principio, y *que no sea de nadie*, pues es claro que hay que *inmovilizarlo*. Esta es la razon de que las capitales europeas tengan una dificultad casí insuperable para el empleo de este medio: á lo que se agrega tambien la repugnancia fantástica de los vecindarios para recibir ese riego en sus terrenos: nadie lo quiere por la misma razon que nadie querria beber leche en ciertos muebles recien tomados de un almacen y en un estado perfecto de limpieza.

Buenos Aires tiene precisa y felizmente terrenos al sur con todas las condiciones para convertirlos en PRADOS DE ELIMINACION, y antes de dos años, la municipalidad tendría una pingüe, pingüísima renta de arrendamiento por los pastos y otros vegetales utilísimos que podrian aclimatarse en ellos. El famoso doctor Liebigh cree que con irrigaciones de ese género pueden hacerse prosperar las plantas tropicales en paises que no lo sean, y nosotros hemos visto ensayos del método de Liebigh hechos por un amigo que al leer este trabajo encontrará quizás el fruto de sus conversaciones informativas.

Pero ya lo hemos dicho—la cuestion financiera no es aquí de ninguna importancia. Lo único que debemos tener presente es que los *Prados de irrigacion son un medio probado para eliminar de una manera completa y efectiva las materias fecales.*

Este resultado es pues la fórmula *científica* de la cuestion. El derrame de la materia al rio, es la fórmula *bárbara*.

Vamos ahora á exponer el sistema de todas estas obras

para que se vea que la fórmula científica es mas barata en su costo que la fórmula *bárbara*, tal cual la aconseja el señor Bateman.

En cuanto á la planta de la obra, el señor Bateman no ha hecho nada nuevo, nada que no sea vulgar y facilísimo como se vá á ver. Cualquiera persona entendida en su ramo habría hecho lo mismo. De modo que no hay nada que elogiar, ni cosa que reprochar sino ese derrame al rio que él nos da como único medio posible de eliminacion. ¿No habrá influido en esto la necesidad de ponerse en contradiccion con el señor Coghland para dar carácter original á su trabajo?

Buenos Aires se halla situada en una colina que forman las barrancas del Rio. Seis séptimas partes de su área poblada, es decir, desde la Recoleta hasta las barrancas de Lezama y Santa Lucia se hallan á una altura sobre el nivel del Rio que permite construir cañerias de desagües sin otra fuerza que la simple gravitacion. Quedan dos distritos importantes que necesitan *presion artificial*, y son: el valle del Riachuelo y la lonja de tierra que corre al norte del Paseo de Julio.

Todos sabemos que el suelo blando, y la forma de los cuadriláteros constituyen dos facilidades grandes para las obras, porque las escavaciones no necesitan de la esplosion; y porque las líneas rectas no ofrecen complicaciones. Hay sin embargo un inconveniente—la estrechez de las calles, que obliga á construir los caños debajo de la fuerza del tráfico; y para evitar la destruccion es preciso hacerlos muy profundos y fuertes por la misma naturaleza débil del terre-

no que ha de prestarle apoyo en su estension para que no se
partan   Hay que hacer pues *túneles sólidos*.

La grande dificultad que segun dice Mr. Bateman se le
ha ofrecido, ha sido la de acomodar el desagüe de los grandes aguaceros que, como en marzo de 1870, pueden repetir-
se é inundar la ciudad otra vez.   De veras, no nos parece
que el problema fuera tan grave como este señor dice, pues
si era demasiado caro hacer los caños ordinarios con dimen-
sion para aquellos *torrentes eventuales*, bastaba construir un
caño especial para este último desagüe; y como esas aguas
son tanto mas limpias y superficiales cuanto mas violentas y
voluminosas, nada mas fácil que hacerlas caer rectamente
al Rio.

La combinacion que habia que hacer para lograr cum-
plidamente el servicio de los torrentes y la baratura proporcional de la obra, no tenia nada de abstracto ni ofrecia el
mas simple problema de ingenieria.   Bastaba proporcionar
los caños *ordinarios* para las lluvias *ordinarias*, cuyo cálculo de volúmen no se debe al señor Bateman sino al señor
don Manuel Eguia que fué quien LO DIÓ para el valiosísimo
trabajo del primero; y una vez hecha esa proporcion hacer
un tajamar lateral á los caños ordinarios, de modo que subiendo la agua del nivel proporcionado para ellos se derra-
mase en la grande arteria de los CAÑOS DE TORRENTE calcula-
dos para llevar todo el volúmen al Rio evitando las inundaciones.

El que quiera consultar la Historia natural de Plinio (1)
encontrará ya desde el tiempo de los Romanos toda la base
del trabajo de Mr. Bateman.   La *cloaca máxima* estaba des-

1.   **Libro XXXVI:** 15: 24.

tinada á conducir al *Velabro* y al valle del Foro todas las aguas de las colinas adyacentes, derramándolas despues en el Tibre. Tito Libio dice con este motivo:—«*Et infima urbis loca circa forum aliasque interjectas collibus convalles, quia ex planis locis haud facile evehebant aquas, cloacis é fatigio in tiberini ductis siccat;* y en el libro 43, título 23 del Digesto pueden ver los estudiosos la preciosa legislacion de los romanos sobre las cloacas: *Curavit autem Prætor....ut cloacæ et purguentur et reficiantur: quorum utrumque et* AD SALUBRITATEM CIVITATUM ET AD TUTELAM *pertinet: nam et cœlum pestilens·et ruinas minantur inmunditiæ cloacarum.*

Cualquiera pues de los antecedentes históricos que tiene la materia, y la grande abundancia de hechos pasados y presentes que ella tiene, le ha bastado al señor Bateman para hacer un trabajo fácil y sin tropezar con ningun problema grave; tanto mas cuanto que las aplicaciones del vapor como fuerza de presion, le remediaba todos los defectos de los niveles para la fuerza de gravitacion.

En la actualidad las aguas de torrente se derraman por cuatro *cañadas* ó honduras naturales del terreno; y son calles enteras destinadas á ese servicio.

Era preciso pues, combinar los arrastres de materias servidas y fecales con el desagüe de las inundaciones; y el plan se reduce á unir las casas por medio de cañerias menores cuyo sistema no formula Mr. Bateman por *falta de datos*,con una red de cloacas *receptoras* que recibirán los afluentes de materia servida, y cuyo espesor estará calculado para que reciba y arrastre tambien una y media pulgadas de aguas de lluvia por hora.

Estos caños *receptores* derramarán su corriente en otro

sistema de caños *interceptores* aptos por sus dimensiones para este servicio y para arrastrar *un cuarto* de pulgada por
dia de aguas de lluvia.

Toda la masa de aguas llovidas que se alce en los caños
interceptores sobre este nivel de un cuarto de pulgada se es-
capará por aperturas ó tajamares laterales, y caerá en algi-
bes ó cámaras de las cuales pasará á los *conductos* de torrente, por donde irán rectamente á caer en el Rio por un punto
medio *entre el Gas y la Boca*. La distancia es demasiado
ambigua; y á no haber procedido el señor Bateman por conjeturas, debia haberla fijado.

Es inútil, por supuesto, que entremos en el detalle de
las dimensiones, declives y demás operaciones facultativas,
porque al paso que son especialidades vulgares para las gentes de la profesion, son agenas al juicio comun.

Deshaciéndose así Mr. Bateman de las lluvias torrento-
sas, pasa á organizar las cloacas; y sitúa el arranque de la arteria madre de ellas en la altura que está á espaldas de la
Recoleta, á 2т piés de elevacion. De ahí la trae al mercado
6 de junio, y por las calles del *Juncal, Talcahuano y Santiago del Estero,* la lleva hasta el borde de la altura que domina
á Barracas, próxima á los *Mataderos del Sur*. Allí termina
la cloaca de albañileria, á una elevacion de 14 piés, en un
gran depósito con esclusas. Desde este punto debe comenzar la cañeria de hierro para conducir por ella los arrastres
al través del Riachuelo á otro grande depósito, desde el cual
se puede precipitar su caida al Rio de la Plata ó dirigirla á
los terrenos de irrigacion, si esto se prefiere, *pues la elevacion es apropiada para este fin*.

Nosotros hemos consultado personas competentes, por-

que este punto nos ofrecía dudas; y podemos asegurar que
esa elevacion *no es bastante.* Este es pues un punto de muy
sério exámen y de graves conjeturas que señalamos á la atencion del Poder Ejecutivo. Mr. Moor debe contraerse á él con
grandísimo cuidado; pues debe repararse que si el señor Bateman se equivoca *en esa altura* que toma conjeturalmente,
toda la base de su sistema se altera y se inutiliza; refluyendo
hácia atrás los caños interceptores pondrán en conflicto á la
poblacion y á cada casa. Tenemos pues aquí una cuestion
del mayor interés que no debe resolverse ligeramente; y re-
petimos que es muy digna de atencion desde que el mismo
señor Bateman nos dice lo siguiente:

«Por falta tambien de informes acerca de los niveles,
« etc., solamente se han puesto en el plano las cloacas de
« una porcion de la ciudad; pero el principio adoptado *se*
« *aplicará á todas las partes.*»

Segun entendemos, para un caño de derrames, cuya di-
mension tendrá que ser de una legua por lo menos, corresponde, Á LO MENOS, una altura de veinte piés. Si esto fuera asi, como casi estamos ciertos que es, los catorce piés que
el señor Bateman toma por base nos prepararian un chasco
(a faillure.)

Despues que Mr. Bateman lleva los arrastres de materias servidas por una cloaca de albañileria hasta la barranca
de Barracas, las hace pasar, como hemos dicho, á los caños
de fierro, hasta una *boca de caida* ó desembocadura á 900
metros de la costa en la distancia media de Quilmes y la Boca. Construye allí un *grande estanque capaz de contener todo el volùmen de los arrastres inmundos, dotado de compuertas, y con un* PERSONAL SUFICIENTE, *para que la materia quede*

contenida mientras el rio estè crecido, y para que luego que se pronuncie la bajante, se le deje escapar al rio llevándola por un *conducto suficientemente internado* en sus aguas á fin de que caiga en la masa de las corrientes.

Para nosotros aqui es donde se halla toda la parte objecionable de este sistema que es verdaderamente *primitivo* y *bárbaro*. Aplicado al Támesis, Mr. Bateman confiesa que lo pone *poluto;* pero asegura que *no será lo mismo aplicado al Plata*. Nosotros lo dudamos. El se apoya en que las crecientes del Támesis son mas violentas y altas que las del Plata, y que esto hace refluir la materia pútrida con mayor fuerza hacia adentro. Pero las bajas son tambien mas violentas en el Támesis, y teniendo estancados los arrastres se dà mayor violencia tambien á las descargas.

Ese gran *reservatorio* es una construccion costosísima; y si en lugar de ir á esa obra, la materia fuese recibida por terrenos labrados para *eliminarla por irrigacion*, se ahorraria muchísimo, porque la preparacion de esos terrenos, y la difusion del derrame en ellos no sale de la clase de trabajos habituales y conocidos entre nuestros chacareros. Además de la construccion del gran *Reservatorio* y de todas sus máquinas y compuertas para verificar la descarga, se ahorraria tambien todo el sistema de caños ó grandes conductos que deben internarse al Rio *hasta una distancia conveniente*. Mr. Bateman no nos dice cual será esa distancia y la cosa vale la pena de saberse.

No es esta la única objecion á que se presta ese gran reservatorio de materias fecales y de aguas servidas. Hay otras objeciones que nos parecen muy sérias. La primera es que la construccion análoga que Lóndres tiene sobre el

Támesis es una gran construccion *cubierta* con *solidísimas bóvedas;* mientras que la que Mr. Bateman nos ofrece es una gran *tinaja descubierta;* lo cual hace mucho mas barata la obra, pero en esa misma proporcion la barbariza. Mr. Bateman nos ha tratado mal en su valiosísimo trabajo. La segunda objecion es esta: Mr. Bateman asegura que ese gran depósito es inocuo como lo prueba la salud de los trabajadores que viven cerca de él. Pero él sabe tambien que no cesan las quejas del vecindario de Lóndres en aquel lugar; y eso que ese es un depósito *cubierto* con bóvedas y *admirablemente manejado*: no es un depósito abierto como el que se nos proyecta, expuesto siempre á un sol ardiente y fermentando con infinidad de gases, cosa probada en Calcutta. La tercera objecion es de una gravedad que merece ser meditada. *Algunas veces,* segun Mr. Bateman, *por crecientes escepcionales, será preciso dejar caer al Riachuelo una proporcion pequeña* de las materias fecales y aguas servidas, porque esas crecientes harán retroceder las aguas y reducirán la capacidad descargante de los caños. Por poco que sea, entregado á un arroyo tan débil como el Riachuelo, pondrá polutas las aguas, con el tiempo y será un contingente fuerte para todas las inmundicias que de fuerza acumulará el cabotaje y la poblacion en esas aguas.

Teníamos pues razon cuando decíamos que el sistema bárbaro que el ingeniero inglés nos aconseja, es mil veces mas costoso y caro que el sistema científico.

Vamos ahora á ver si es mas eficaz. Mr. Bateman supone que echadas así las materias á la corriente de las bajantes se hace imposible que putrifiquen el Rio. Para asegurarlo seria preciso saber cómo son las corrientes de nuestro rio, y á qué variaciones están espuestas. Este es un estudio que no se ha hecho y en el que nadie puede decir nada de definitivo.

Hay datos para presumir que esas descargas de materias corruptoras irian depositándose á lo largo de las costas hasta la Ensenada ó mas adelante. Y si este temor, aunque remoto, se le compara con el *resultado completo y satisfactorio* que dá la eliminacion por irrigacion, se comprenderá: 1.° que este último medio elimina totalmente el gérmen pútrido, mientras que el otro lo hace *flotar* y *correr* en las aguas del Plata. 2.° que el sistema de irrigacion es muchísimo mas barato porque exije menos obras de grande albañileria que el sistema del derrame.

Para que se pueda juzgar de la diferencia vamos á trascribir aquí el número del Times antes citado (2 de octubre 1871.) «Tengo el gusto de comunicar á ustedes una de las « mas positivas é importantes victorias del sistema sanita- « rio de la India.»—Despues de ponderar la situacion difícil del ingeniero encargado de las obras de arrastre, dice:— « No habia uno entre ciento que comprendiese el plan; pero « 99 lo atacaban por diversas razones. Los unos porque no « podia operar mecánimente el alejamiento de las materias; « los otros, porque derrames en el suelo para irrigacion « iban á emponzoñar la ciudad (Calcutta.) El *ingeniero mu-* « *nicipal* tenia poca esperanza de que se adoptase su plan. « Pero una comision de eminentes ingenieros, nombrada « para examinar los ensayos, informó de tal manera que los « magistrados municipales declararon que *el éxito habia sido* « *completamente satisfactorio* (a complet success) por consi-

« guiente ordenaron, que se adoptase el sistema para toda la
« estension de Calcutta.»

Hemos espuesto el plan y los medios que nos propone
Mr. Bateman. Hemos prescindido de todo lo que es profe-
sionalmente mecánico en medidas, volúmenes, proporciones,
cantidades, etc., porque son puntos de proceder científico y
de cálculos exactos no sujetos á discusion, y capaces de ser
alterados segun convenga.

Incidentalmente trata tambien el señor Bateman de la
depuracion del Riachuelo, pasando al gobierno los informes
del doctor Frankland. El método se reduce á sumergir
grandes cantidades de CAL VIVA. Su eficacia es completa, y
se funda sobre el mismo principio que aconsejamos con el
señor Sumblad para desinfectar las orillas de San Telmo, EL
FUEGO. Es sabido que la cal viva hace hervir el agua en que
se le sumerje, y que en ese estado de ignicion produce el gas
aparente para estirpar los gérmenes infusorios víbrios.

Ahora bien—si se emplease inmediatamente ese proceder y se le repitiese cada semana por medio de un impuesto
ad hoc sobre los saladeros, limpiando tambien á fuego las
orillas de San Telmo, que ya debieran haberlo sido desde
abril, los ganaderos podrian vender sus ganados y trabajar
los saladeros dos años sin ningun riesgo para la ciudad. Consúltese á quien se quiera, con tal que sepa lo que es el doctor
Franklan y su suficiencia.

Junto con las obras de limpieza manda Mr. Bateman su
informe sobre las aguas corrientes. Hoy no tenemos tiempo
ni espacio para tratar esta materia, cuya iniciativa partió del
señor don Emilio Castro, y á ella le deberá siempre la ciudad un recuerdo grato y justo. Porque en efecto—esa obra

ha sido el punto de partida para todas las demás; y su concepcion, así como su ejecucion fué debida al arrojo que este distinguido servidor del pais tomó, en la conciencia de que á costa de una irregularidad iba á plantear para siempre una obra de una utilidad permanente y suprema.

Muchas veces sucede así—que un solo hombre bien inspirado resuelve como por capricho un problema insoluble para otros. Las aguas corrientes son un ejemplo; y otro ejemplo no menos notable—es la CAJA DE CAMBIO *á tipo de metálico*, creada por el señor Alsina, y que formará la honra de su periodo gubernativo.

La discusion tenida con este motivo en el Senado provincial y en la Convencion constituyente, demuestra que la mayoría de los opinadores resistia la aceptacion de esa medida como buena. Pero como su bondad estaba en la naturaleza de las cosas, el resultado fué completo. Puede hoy discutirse cuanto se quiera sobre si el Banco de la provincia está ó no en aptitud para entrar á la conversion del papel moneda á 25 por uno. La cosa es UN HECHO; y ese hecho es definitivo *si no se emite* mas papel como es de esperarse.

¿Qué es un Banco?.... Hay inocentes que se figuran que un Banco es una máquina artificiosisima; y que no presumen que un Banco es como una tienda cualquiera, sin mas diferencia sino que en la tienda se compra y se venden géneros, mientras que en el Banco SE VENDE EL CRÉDITO PROPIO Y SE COMPRA EL CRÉDITO AGENO. Ni mas ni menos; y desde la puerta hasta su última oficina, un Banco es eso y nada mas que eso. Cuando descuenta, el Banco COMPRA el crédito ageno, cuando admite depósitos, emite ó abre cuentas corrientes, el Banco vende su propio crédito.

El nuestro, que tan injustamente ha sido tenido por un
mónstruo, es por el contrario una cosa natural y propia: un
establecimiento orgánico que puede ser mirado como la gran
salvaguardia de la riqueza provincial. Es hijo del pais y de
su historia. Es el pais mismo; y por lo tanto digno de ser
estudiado.

Cuando el Banco pasó á ser del gobierno y declaró en
quiebra su emision por los efectos de la guerra contra el
Brasil, la provincia de Buenos Aires tenia una área poblada
muy pequeña. El mundo mercantil no habia sentido todavia la necesidad de pedirle sebos y lanas; y la misma exportacion de los cueros y de las carnes estaba reducida á proporciones ínfimas. De esto resultaban dos efectos: poco
monto de propiedad en movimiento de venta; y necesidad
de poca moneda relativa para representar el movimiento de
la propiedad y de su produccion.

Pero precisamente en esa época comenzó el movimiento esterior en favor de nuestras lanas, de las gorduras
vacunas, de los cueros, de las cenizas, de las astas, etc. etc.,
que poco antes no habían tenido aplicacion alguna; y en tres
años, de 1827 á 1830, se pronunció una decidida inclinacion de los capitales pequeños, (y por supuesto de los grandes) á *comprar* y á *poblar* tierras, pronunciándose tambien
una alza y una demanda *crecientes* por los frutos pastoriles.
De manera que al mismo tiempo que el Banco de la provincia convertido en Banco de gobierno EMITIA continuamente
en descubierto, los valores que el exterior venia á pedirnos
aumentaban en masa y en cantidad; y como esos valores tenian que ser representados en las operaciones de compra
venta *sobre una escala creciente,* á pesar del abuso estremo

de las emisiones, el tenedor del papel encontraba aplicacion para las masas emitidas *amortizando sus provechos personales en tierras y ganados;* y esta amortizacion creciente era la base única del valor relativo en que quedaba la masa de papel circulante para las necesidades del comercio y de la vida. Ese valor nominal *sérvia* para comprar una tierra y una produccion, que, por *circunstancias providenciales,* estaban para el mundo en auge y en incremento, es decir, *en demanda;* y como á todo *servicio social y humanitario corresponde* una compensacion ó un *precio real* relativo á la masa de intereses intelectuales y vivos que se sirve, el papel, que *hacia al mundo el servicio de fecundizar nuestra tierra,* merecia el valor relativo que aquí tenia para el estranjero y para nosotros; pero nosotros confiados en ese servicio abusamos de sus fuerzas hasta que la reflexion nos mostró los peligros gravísimos del esceso; y que la inmoralidad del juego aleatorio de las oscilaciones hacia pesar sobre el comercio y sobre todos los valores circulantes una amenaza constante de ruina.

Se comprende, pues, que un Banco montado sobre estos ejes tuviese una base inconmovible: el incremento de un pais nuevo y la *creacion* de materia prima que cada año se renovaba tambien para hacer convergir los valores industriales del mundo. Y esta ventaja transitoria que no debia durar sino mientras no llenásemos el nivel de la demanda, salvó al Banco de Buenos Aires y á su papel de caer en la *putrefaccion* en que habian caido los *Asignados* franceses.

La Francia dejaba de producir al tiempo mismo que emitia, y no solo dejaba de producir sino que agotaba todas las fuentes destruyendo las bases establecidas de la propiedad y perturbando el giro de todos los capitales. Era natural que no teniendo produccion interna ni valor circulante en papel moneda, no tuviese ningun *servicio social* que desempeñar: á ningun servicio corresponde ningun valor. Nosotros estábamos en el estremo opuesto: desempeñando *servicios humanitarios* con nuestras lanas, cueros, *carnes*, etc.; á esos servicios correspondía el valor de la moneda ficticia con que los hacíamos, y *el valor de los provechos* relativos que le quedaban al pais.

Ahora se comprenderá pues que un Banco puesto en semejantes condiciones como el nuestro tenia que ser *único* y *privilegiado*: tenía que ser del pais, porque es el pais; y porque en manos de particulares, y *ganando* para particulares, por el servicio *social* que desempeñaba como hemos visto, habria sido un contrasentido. Todo su valor reposaba sobre la DEMANDA DE LA PRODUCCION que hacían las plazas estranjeras: reposaba pues sobre el movimiento vital de la sociedad y del pueblo, tenia que ser, como ha sido, y como lo será una ADMINISTRACION PÚBLICA del pais; y á este respecto digo como de las leyes *proteccionistas* (de las cuales el Banco es una de las principales sin que quizás se haya reparado que eso muestra que esas leyes son parcialmente buenas)—que poco importa que esté en contradiccion aparente con las doctrinas estranjeras, pues nos basta y sobra que esté en armonia con nuestros hechos y doctrinas. El Banco de Buenos Aires es demasiado bueno, y ha servido demasiado bien al pais para que derrumbemos todo el sistema benéfico que él ha creado en la circulacion, por la teoria ideal de los *Bancos libres*, como lo demostraremos en otro número de esta Revista.

Es ahora evidente—que correspondiendo *el valor efec-*

tivo del papel moneda á un *servicio social* efectivo y permanente, el mundo lo pagaba ese servicio al papel con mercaderias, y la tierra se lo pagaba con productos.

El servicio era pues *efectivo*, pero la relacion en que se hacía era *movible* y *arbitraria;* por las emisiones, y de ahí el juego. De 1863 para adelante, el pais sintió casi eléctricamente que su produccion de materia prima había superado la demanda esterior: la crisis de 1857 habia sido un anuncio muy sério; y como habia coincidido la pacificacion de 1862, la aceptacion de las bases constitucionales de 1853, con un sentimiento de repulsion en contra de las emisiones que se hacía tanto mas fuerte cuanto mas se habia aumentado la masa de provechos propios que cada uno queria salvar, se comprendió que las emisiones, *aumentando la masa* de papel, degradaban el servicio que ella hacia; y que suspendiendo las emisiones, *la relacion de la masa de papel con la relacion de valores propios y agenos que ella servia quedaban equili-brados.*

Bastaba pues tomar ese equilibrio en un promedio presente y fundar una oficina de cambio fijo con el mismo capital del Banco. Este es el incuestionable mérito de la medida que lo realizó

Pero el Banco habia ganado mucho, y lo habia *ganado legitimamente.* Agente directo del país y de todas sus fuerzas productoras, habia estado desempeñando, como hemos visto, un *eminente servicio humanitario y social,* cualesquiera que sean los abusos que se hayan hecho de su posicion; y el mundo le ha pagado ese servicio con valores y provechos legítimos. El Banco tiene pues un capital propio bien ganado, con el que sirve á la circulacion y al crédito; y como el Banco es el país, es la provincia independientemente de su gobierno y de toda otra autoridad, enteramente distinto en esto de todo otro establecimiento bancario, concentra para el servicio público y particular todos los valores del pais entero, sin la presion de ningun interés privado; y hace por el pais en tiempos ordinarios y en tiempos de crisis, lo que jamás harán los Bancos libres. Porque estos, movidos por la codicia particular, estienden la *venta de su crédito* fuera siempre de límites en los tiempos ordinarios, y en los momentos críticos se encuentran *emparedados*, absorvido en el crédito ageno su capital, y teniendo que arrastrar al abismo á sus acreedores con toda inocencia, porque sus fuerzas son limitadas, mientras que las del pais son ilimitadas.

El Banco de Buenos Aires no deja nada que desear como establecimiento de servicio del crédito. Como corporacion administrativa pudiera ser menos oligárquica y mas abierta al movimiento público; y los cargos sérios que antes se le han hecho provienen de esa causa.

Los principios que hemos espuesto muestran porque es que el Banco de Buenos Aires es una cosa séria; y porque es que el Banco Nacional proyectado por el ministro Velez Sarsfield no puede pasar á tener vida real; y si la tuviere pasaria pronto á mejor vida como la *Exposicion de Córdoba.*

Un Banco como el de la provincia de Buenos Aires tiene que ser hijo de las circunstancias y de las épocas históricas de un pais; y el Banco del Ministro Nacional, hijo de un artificio puramente convencional no puede tener nada propio, no puede ganar nada, porque no tiene ningun *servicio social* que hacer á los valores esteriores de importacion y

exportacion, cuya masa se sirve ahora sin exigencia evidente
de otros agentes, con los medios existentes.

Para que así no fuese era preciso inventar lo que no
se puede crear: *la demanda de frutos y de nuevas tierras* que
empezó en 1823 en una escala siempre creciente hasta 1867.

La única base séria del Banco Nacional se halla en el
Banco de la provincia; y esa evolucion se haria naturalmente, y se haria con mayor rapidez y ventajas inmediatas, si el
doctor Velez Sarsfield no le hubiese puesto un grillete fatal
al Banco de la provincia, y quizás calculado, con su famoso
Código civil; cuyas consecuencias cada dia mas sèrias y mas
graves se han de ir sintiendo cada vez mas.

La evolucion natural del Banco de la provincia para
transformarse en Banco Nacional y para hacer á las demás
provincias todos los bienes que hace á la de Buenos Aires, es
la de establecer sucursales en ellas, sucursales que ellas mismas pedirán. Pero el Banco de Buenos Aires necesita, para hacer ese bien inmenso, que la ley de cada provincia sobre
el Banco sea *uniforme* con la ley de Buenos Aires, es decir:
que se remunere al Banco con los mismos privilegios y garantias. A esto se opone el Código civil; y las provincias le
deben este servicio á esa obra del silencio, de la imprevision
y del antojo puramente personal.

Podria creerse que el riesgo se salvaba con hacer que
la *ley provincial* rehusase su sancion al Código civil en este
particular. Pero no es así; porque suscitándose causas judiciales entre argentinos y estranjeros complicados por actos
civiles, los unos ó los otros, en contra de los intereses del
Banco, el caso iria á la justicia federal; y á pesar de que no

estamos lejos de reconocerle á esta justicia el derecho de hacer lo que le dé la gana, aun contra el *texto espreso* del Código y de todas las demás leyes del mundo, tenemos que admitir que en casos como aquel tendrá que prescindir de la ley provincial y que condenar al Banco por la letra del Código civil. El Banco seria pues á cada instante sacrificado; y solo es remediable este inconveniente fatalísimo por una ley del Congreso que derogase la letra del Código en cuanto á las sucursales que el Banco de Buenos Aires estableciese en las demás provincias.

Decimos que ese es un inconveniente fatalísimo para el Banco y para las demás provincias, porque ese es el obstáculo insuperable que tiene el establecimiento de la sucursal que ha pedido la plaza del Rosario. Esta plaza, al ver los resultados que la sucursal ha dado en San Nicolás, donde los depósitos ascienden ya á 15 millones, y el giro de descuentos y préstamos á 11 millones, ha comprendido lo que seria allí una sucursal del Banco de Buenos Aires, pues que el Rosario es hoy la segunda plaza comercial del Rio de la Plata.

La sucursal del Rosario haria natural y necesaria la sucursal de Córdoba, y así de las demás provincias; de modo que en uno ó dos años el Banco podria declarar abierta la conversion á 25 por uno, seguro de que su capital bastaba ya para ello; y de que la conversion no seria jamás *un hecho* efectivo contra *su caja*, sino un derecho nominal aunque obligatorio y perentorio tambien.

De las sucursales de provincia al Banco Nacional, independiente por su organismo, y tan autonómico como una provincia, no habria sino un paso. Ante este progreso está el espectro legal, el esqueleto del pasado que llamamos Código civil: obra que irá siendo apreciada y juzgada á medida que se vaya rozando con las necesidades públicas y privadas de nuestro pais.

Para que las sucursales de campaña dén todo el resultado feliz que pueden dar, habilitando el trabajo, la propiedad y el movimiento productor, es preciso agregarles la descentralizacion administrativa, y suprimir cuanto antes los jueces de paz gubernamentales, entregando todo el servicio interno de cada localidad á su propio municipio.

En un pais que desea y que debe ser libre, es un gran defecto orgánico el de poner en antagonismo y en confrontacion indispensables—el poder municipal y el poder administrativo; porque viene necesariamente la lucha, el desórden y la necesidad de intervenir arbitral y arbitrariamente á cada paso, para dejar á una parte bajo la accion rencorosa de la otra. El centralismo se convierte necesariamente en *proteccionismo personal del gobernador*; y bien se comprende los frutos que puede dar este sistema tan abiertamente establecido entre nosotros. Cualquiera que sea el mérito de las personas que lo apliquen, los frutos tienen que ser amargos y vilipendiosos para el ciudadano, porque el poder público lo maneja y le quita toda iniciativa; y porque *debiendo el gobernador saberlo todo desde lo personal á lo general, y debiendo hacerlo todo bien y en el momento oportuno*, no hay hombre capaz de responder á ese encargo sino por la arbitrariedad, el gusto y la inclinacion personal. El bien y el mal vienen de los antojos del poder; y no hay rincon de campaña ni de la ciu-

dad, cuya vida libre, política ó municipal, no esté sometida
fatalmente á la inercia. Las cotorras hablan y gritan libremente en las jaulas donde se hallan agrupadas; beben y comen por la accion del dueño, tienen *el derecho de fastidiar*
con sus alborotos al dueño y al vecindario; pero no pueden
volar, hacer su nido donde les convenga, ni procrear, etc.,
etc.: si lo hicieran *estarian expuestas* al gavilan, al cazador,
etc., etc. Así tambien son los pueblos administrativamente centralizados; tienen libertades que no son libertades.

Hay un error muy comun que supone que para que un
pueblo sea libre necesita tener COSTUMBRES *antes de tener libertades.* No conozco contrasentido mas grande. *Para ser
libre no se necesita sino serlo* POR ENTERO: es decir, *no serlo parcialmente.* La libertad política es una libertad parcial ó *insuficiente para que un* pueblo sea libre, porque no
se puede ser libre á medias. Un individuo que solo fuere
libre á ciertas horas del dia, seria esclavo en las otras
horas; y si fuese libre en ciertas *cosas solamente* teniendo
que ser *inerte* en otras, en estas otras seria inerte y esclavo.
Del mismo modo sucede con los pueblos; y de aquí el
error de que las costumbres tradicionales se tengan por indispensables para que los pueblos sean libres.

Reparando algunos que ciertos pueblos tienen un organismo superior libre, y que no tienen libertad efectiva en los
asuntos orgánicos de la vida municipal, donde brilla el tipo
libre de los intereses y de las COSTUMBRES DOMÉSTICAS; se dice
—ese pueblo, como el pueblo francés y el nuestro, no es libre
porque no tiene COSTUMBRES, *porque no vive libre en todas
las horas y en todos los actos del dia.* Pero no se repara que

no son costumbres lo que les falta á esos pueblos, sino un organismo libre para los actos de la vida municipal que se relacionan con las costumbres. No hay actos en una palabra, porque no hay procederes legales para ejercerlos; y como en esos casos los pueblos se sienten atados é irresponsables, se sienten inútiles tambien para su propio bien, y renuncian á los actos automáticos de máquina electiva para provecho de otros que es el único terreno en que se les deja figurar.

Los pueblos son admirablemente sagaces para sentir. Este papel de figurones electorales, endiosados con una soberania nominal y mentida, por cuenta de otros y para intereses ajenos, al mismo tiempo que se les expropia de todo poder para gobernarse á sí mismos, les hace ver muy pronto que ni son libres, ni son otra cosa que *una masa inorgánica* puesta bajo una presion protectora, arbitral y arbitraria; se indignan y se abstienen del centralismo administrativo y personal del Ejecutivo.

Careciendo de un *organismo adecuado* para todas las evoluciones de la libertad, ¿qué pueden hacer? ¿Revolucionarse?.... No; porque eso los pondria mas lejos del fin.

Lo que deben hacer es crear la base de la LIBERTAD ÍNTEGRA bajo su triple faz. Una organizacion política libre, y una organizacion municipal libre que repose sobre una familia libremente organizada. Esto equivale á decir que el país debe ser gobernado por el pais: el municipio por el municipio; y la familia por la familia.

Si así fuera, el Poder político reposaria sobre el sistema orgánico municipal, es decir—sobre otras tantas patrias vivas, pequeñas, animadas por la iniciativa personal de sus miembros, al alcance de las fuerzas de cada uno: habria opi-

nion pública y movimiento en esa opinion dentro de las corporaciones municipales vivificadas por la iniciativa individual: habria ACTOS LIBRES, necesarios; y por consiguiente
habria COSTUMBRES.   Esto es lo que se llama un PUEBLO OR-
GÁNICO en el lenguaje moderno de la ciencia política.

Pero en vez de eso—retírese todo el organismo legal y
constitucional de la vida de barrio ó de distrito rural, y el
pais quedará convertido en una masa inorgánica y automática dentro de cuyo seno tiene que quedar inerte la iniciativa individual.   Un solo poder gubernativo central será el
foco de donde deben partir todos los actos administrativos y
protectores de todos los intereses.   De esa voluntad ha de
partir el nombramiento, la accion y la responsabilidad de
todos los funcionarios; y se verá perecer al momento la libertad verdadera de cada dia para quedar reducida al auto
automático de un solo dia: el dia de las elecciones.

Los funcionarios se convierten todos en *agentes obligados* del poder central: responden ante ese poder, y tienen
que desempeñar sus órdenes.   Toda la iniciativa del pais queda pues secuestrada en ellos: el pueblo es entonces una *masa
inorgánica* y el único ente organizado es el Poder Ejecutivo.
Ahora pues—si tenemos presente que nada hay hecho con
VIDA ACTIVA sino aquello que constituye un organismo, com-
prenderemos porque es que cuando los pueblos son inorgánicos carecen de vida política y de libertad, aun cuando tengan organizado el Poder político bajo bases libres.

Si la libertad no es una cosa íntegra que encadene y
trabe sus tres formas *política municipal y civil*, claudica y
se anula indispensablemente en la realidad.

Por esto decia Lamenais:—«Con el centralismo tene-

mos la apoplegia en el centro y la paralisis eu las estremidades.»

Todas las cuestiones de los jueces de paz y de los vecindarios de campaña, la inercia, el desencanto que inspira la
vida pública, el egoismo civil, y tantisimos ctros síntomas
que nos incomodan, vienen del centralismo administrativo.
El pais tiene ya un vago sentimiento de los males que le causa: los vecindarios quieren accion y gobierno propio: los
favorecidos sostienen el hecho que los favorece; los ofendidos, que son los favorecidos de ayer, quieren emanciparse: el
antagonismo está producido, y la libertad municipal entera
y franca tiene que vencer de un modo completo mas ó menos tarde. Esto no tiene quite; y concluiremos con estas
palabras del gran Gœte: *«el mejor gobierno es el que enseña á
los hombres á gobernarse á sí mismos.»*

Los males que causa el centralismo son agenos á la voluntad y á la sana intencion de las personas; y asi es que
cuando esta voluntad se espresa en las cosas de su competencia verdadera es casi siempre acertada y digna de toda alabanza, como ha sucedido con el nombramiento del doctor
don Vicente G. Quesada para director y conservador de la
Biblioteca.

Hemos dicho de la Biblioteca, y no sabemos si hemos
dicho bien!.... ¡Qué Biblioteca! ¡qué libros!.... Aquello
es un panteon de mómias, una metrópoli de mariposas, una
Babilonia de todas las clases y tamaños de la polilla, y tenemos lástima de ver al doctor Quesada, tan erudito como tan
amante de los libros, condenado á acariciar tiernamente con
sus pulcras manos los cadáveres de tan interesantes criaturas.
Oh!.... no! criaturas, no: no hay una sola que no sea una

vieja; y por venerable que sean todas ellas, lo que el gobierno ha entregado á los amores de tan distinguido como elegante bibliotecario, es una ronda sabática de esqueletos súcios como los de las brujas de Macbeth, cuyos senos pululan con la vida activa y roedora de los gusanos.

Esas sombras que fueron libros, mudas y escuálidas, adornan aquellas murallas con el aspecto lúgubre de los sepulcros: ya no dicen nada: las pájinas, los títulos, las letras, todo ha desaparecido, todo pronuncia allí el adios de las tumbas, al oido entristecido del doctor Quesada.

Pero el gobierno debe penetrarse de que el doctor Quesada no puede continuar haciendo el papel de sepulturero de aquellos tesoros que se le entregan muertos. El quiere reanimar, salvar lo que tenga todavia vida, operar allí la trasfusion de una sangre nueva y regeneradora. El doctor Quesada es hombre de luces y de saber no comun : sus ideas son como su temperamento y como su porte, cumplidas, dignas, lucidas, elegantes; y él sabe que una Biblioteca como la que se le ha entregado, es una vergüenza para una ciudad como Buenos Aires.

El gobierno debe pues ser consecuente con el nombramiento que ha hecho; y debe complementar su intencion dando los medios para que la distincion del establecimiento comience á corresponder á la distincion del nuevo director.

El doctor Quesada es un administrador y un erudito: será pues un eminente bibliotecario si se le ayuda.

Competentes como nos creemos para tener un juicio propio en este particular, estamos ciertos que con una asignacion anual de cien mil pesos para libros por cinco años, la

Biblioteca de Buenos Aires seria una joya digna de este pueblo.

Y qué son quinientos mil pesos invertidos en un valor siempre vivo, y para llenar los grandes objetos que se deben tener en mira?

Generalmente se piensa que una Biblioteca es una fuente para literatos y nada mas. Pero una Biblioteca formada como el doctor Quesada la concebiria sin duda, es un medio para mucho mas, porque concentrando todo el movimiento capital de la época, puede ser el arsenal para ingenieros, para comerciantes y para todos los ramos que la industria y de los trabajos públicos tengan que tocar en nuestro suelo.

Pero si bien es escasa la importacion de libros europeos, la de méndigos es asombrosamente abundante.

Esa plaga merece ya la séria atencion de la autoridad. Debe establecerse una penalidad contra los capitanes de buques que vengan no solo de Europa sino de Montevideo y del Brasil, y contra los consignatarios, obligándolos además á re-exportar los méndigos que no habiendo sido registrados en los curatos como *producto propio* del pais, hayan venido de fuera.

La mendicidad es una llaga ó enfermedad de cada pais; y por eso cada pais tiene solo obligacion de sufrir y de curar sus enfermedades, rehuyendo y alejando las agenas. La mendicidad estranjera, fruto entre nosotros del pésimo sistema de la *inmigracion espontánea*, cobija el crímen, la desmoralizacion, la corrupcion de nuestra democracia, el envilecimiento de nuestras masas urbanas, y un escedente de vagos y de mal entretenidos, que muy pronto darán un aspecto repugnante á nuestras calles.

La mendicidad es *carísima* para el vecindario y es un abismo nuevo que se abre á nuestro escasísimo capital para pagar el trabajo industrial. Si la economía civil ó interna de una ciudad ha encontrado la fórmula espantosamente cara de los perros por el alimento que consumen *sin reproducción* de su valor, como no lo será la absorcion improductiva de valores que hace la *mendicidad* puesta en via de aumento geométrico por la emigracion espontánea!

La autoridad debe ocuparse sériamente de arrojar de nuestro seno esa epidemia; y decimos la autoridad por la desgraciada inercia de nuestras municipalidades. Véanse las leyes vigentes en la Nueva Recopilacion, lib. 1 ° tit. 12 y aplíquense cuando menos.

Entretanto, el pueblo debe hacer acto de defensa propia negándose redondamente á toda dádiva de mendicidad, si no le consta el orígen y la nacionalidad del que la recibe. Reflexiónese sobre esto y se verá que eso es legítimo y necesario, porque es eminentemente caritativo para nosotros.

Los ingleses y los norte-americanos hacen de la caridad una administracion pública. *Pagan renta* para servirla, y la encargan á las corporaciones religioso-civiles. Pero una vez pagada la renta que les toca, es de estricto deber para ellos no alterar la base, no hacer acto personal ninguno que autorice la *holgazaneria ó la mendicidad injustificada.* Ese ramo tiene agentes competentes que lo administran, y basta.

Defendámonos, pues, nosotros tambien.

Léase las cartas de Mr. Luis Blanc sobre la Inglaterra; y en la carta número 124 se verá la revelacion espantosa del comercio de explotacion que se hace con los pobres y los mutilados. Pertenecen á compañias organizadas que los desparraman por el mundo, para explotar la caridad, como se verá allí con revelaciones concluyentes.

Nos es muy sensible que la estrechez de las pájinas de que podemos disponer nos haga imposible hoy tratar por estenso la preciosa *Memoria* publicada por el Ministerio de Gobierno de la provincia, sobre los trabajos administrativos del año. Es ese un trabajo completo, que vivirá como un documento histórico; y que á la vez que hace de suyo el elogio de la administracion presidida por el señor Castro, realza con evidente justicia el mérito personal y la laboriosa contraccion del señor doctor Malaver.

Cuando recibimos ese valiosísimo documento teniamos ya casi totalmente impresa esta reseña del mes, pues es sabido que nuestras imprentas necesitan andar adelantadas para ser exactas en los plazos á que deben entregar sus impresiones;—y por esa causa nos vemos forzados hoy á postergar la exposicion de las ideas que la Memoria gubernativa de la provincia nos ha sugerido.

Nos permitiremos sin embargo felicitar á la provincia de que su administracion interna haya entrado en el vasto camino de mejoras y de grandes estudios en que la han puesto el Gobernador y los dos Ministros cuyo periodo gubernativo está para concluir con una honra tan cabal para los que lo han desempeñado.

VICENTE F. LOPEZ.

REVISTA DEL RIO DE LA PLATA.

N.º 3.º

APUNTAMIENTOS PARA LA HISTORIA COLONIAL

DEL RIO DE LA PLATA.

Fragmento.

La emancipacion de las colonias españolas de Sud-América constituye uno de los mas grandiosos episodios del presente siglo. Esa transformacion de un mundo sometido al vasallaje metropolitano, ese triunfo de una causa tan justa como generosa, ese advenimiento del gobierno popular sobre el absolutismo monárquico de los Reyes de Castilla, no se verificó sin convulsiones internas, que no han terminado, ni era posible terminasen en poco mas de medio siglo de existencia independiente. Nos proponemos en el presente trabajo investigar la viciosa organizacion colonial de América, las causas que han retardado la consolidacion de las instituciones libres en el antiguo vireinato del Rio de la Plata, y las que prepararon su emancipacion.

Estudiar la historia, es á nuestro modo de ver, seguir

el movimiento de las ideas, señalar la observancia ó la desviacion de las leyes morales, intelectuales y materiales; cuya accion y reaccion mútua constituye las multiplicadas relaciones de la vida social, espresion del progreso, condicion
esencial de la naturaleza humana. Estos son los coope-
rantes de las transformaciones, la manifestacion del pensamiento que preside á la marcha de los pueblos, cuyo destino
fatal es ser libres y obedecer á las leyes morales que imponen deberes y derechos que jamás fueron violados impune-
mente. La fuerza, el mas débil de los instrumentos humanos, testifica su impotencia en la sucesion de los tiempos:
la transaccion con la iniquidad, la desviacion de la justicia,
reciben mas ó menos tarde la sancion eterna que preside á
los decretos providenciales que gobiernan al hombre, instrumento de su manifestacion, impulsándolo, á despecho de
las mas tenaces resistencias, á cumplir la mision de creatu-
ra inteligente, responsable, capaz de progreso y de libertad.
Tales son las convicciones que nos guiarán en el presente
trabajo destinado á facilitar las tareas de los que se dediquen
á escribir la futura historia de las Provincias del Rio de la
Plata.

I.

La América española, conquistada por aventureros in-
trépidos, que añadían á su ruda ignorancia las pasiones del
fanatismo y de la codicia, que desdeñaban como oficio villa-
no el paciente trabajo, no podia esperar de la Metrópoli las
semillas destinadas á desarollar la mas noble parte de la humanidad, el pensamiento que trasplantaron en las regiones
septentrionales del Nuevo-Mundo los ilustres proscriptos á

quienes su patria negaba una parte preciosa de las libertades que supieron conquistar sus antepasados.

Espresion de la fuerza, hija del absolutismo, la conquista latina formaba un contraste singular con la anglo-sajona, nacida de la libertad, resultado de una viril protesta contra la tiranía opresora de la conciencia, tirania detestada tanto mas, cuanto que contrastaba con otros derechos reconocidos y venerados por la Gran Bretaña. La América española recibia por el contrario el sello del absolutismo que le imponía la dinastia austriaca: con Cárlos V y sus sucesores, el Nuevo-Mundo participó de la triste herencia que arruinó las libertades comunales, las Córtes, el comercio, la marina, la industria, y la importancia política de la Metrópoli. Justo es reconocer que España no debe responder esclusivamente, en cuanto al vicioso régimen colonial, de errores que compartieron con ellas otras potencias colonizadoras; pero á Cárlos V cabe la poca envidiable fortuna de haber consolidado al absolutismo é iniciado al sistema comercial esclusivo que despues siguieron otras naciones en sus posesiones ultramarinas. [1] Efecto de la decadencia consiguiente al empobrecimiento de España fué, que la porcion mas viril de su poblacion se lanzase á buscar en las remotas regiones de América una recompensa á los afanes de las armas, estimulando su ardor por las aventuras, con el aliciente del oro que en-

[1]. Esta política fué la consecuencia de las guerras que mantuvo aquel Soberano, el cual, urgido por las expensas consiguientes á su belicoso reinado, solo vió en la América una mina de recursos que esplotar sin piedad. Toda su legislacion no tuvo mas mira que despojar á los naturales por intermedio de los colonos, á estos por las tarífas fiscales. Sus sucesores mataron la gallina de los huevos de oro, pero Cárlos V. le habia ya arrancado las entrañas. (Blanqui, *Histoire de l'Economie politique.*)

cerraban las entrañas de las Indias, donde ademas la idola-
tria, presentaba ancha arena á los triunfos de los soldados
de la fé.

Las voces de algunos pocos ben.éficos,[1] las luces de
otros instruidos, y la misma necesidad, movieron á los soberanos á prohibir la esclavitud de los indios americanos; pero
apesar de las leyes subsistió el abuso por muchísimos años al
abrigo del interés que se encargaba de ejecutar las multiplicadas leyes,cédulas y reales órdenes dictadas en favor de los desgraciados indígenas. Los conquistadores y sus descendientes
que tomaban por su cuenta los descubrimientos y estension de
los reales dominios recibían por capitulacion las encomiendas
que compensaban sus sacrificios siendo así harto difícil conciliar las doctrinas suaves del cristianismo con la codicia de
esa soldadesca aventurera que cortaba el árbol por recoger
el fruto, despoblando la América y corrompiéndola con la esclavitud. Creyéndose los españoles de una naturaleza superior á los conquistados se persuadieron que los americanos
les eran destinados para bestias haciendo perecer mayor
número de ellos por la opresion y la fatiga que por el filo de
sus espadas, medio mas lento aunque no menos estermi-
nador.

Sin embargo, pasado que hubo el periodo de la conquista
propiamente dicha, los españoles no desdeñaron mezclarse
con las razas americanas, siendo muy reducido el número de
mujeres europeas que pasaban al Nuevo Mundo. No pensa-
ron de igual manera los colonizadores anglo-sajones, los cua-

---

1. La piadosa Isabel declaró en su testamento la libertad de los indios.
Las Casas, el infatigable "Las Casas" sucumbió en esta lucha generosa, apo-
yado por otros sacerdotes dignos de la veneracion de las edades.

les jamás aceptaron semejante medio de poblaciones en sus posesiones ultramarinas.

Con el correr de los tiempos, la conducta de los encomenderos con los indígenas repartidos, despertó las mas vivas protestas en el Rio de la Plata de parte de una órden religiosa que estaba destinada á desempeñar un importantísimo papel en esta seccion de los dominios españoles. Ya se supone que nos referimos á los religiosos de la compañia de Jesus: llamados á Tucuman por el padre Victoria, obispo de aquella diócesis, no tardaron en declararse ardorosos patronos de la abolicion de las encomiendas y de la conquista armada, cuestion que afectaba intereses sobradamente graves, para no sublevar los ódios de los personajes mas influyentes de las poblaciones españolas. Los encomenderos de Mendoza, de Salta, de Tucuman y de Córdoba rompieron abiertamente con los jesuitas que predicaban contra la esclavitud de los indios, denunciando la corrupcion y crueldad de sus señores. Desde ese momento alejáronse de toda especie de trato con los padres, desertaron con sus familias y servidumbre las Iglesias donde resonaban doctrinas subversivas de sus intereses y suspendieron las limosnas con que favorecían á la órden jesuítica. (Tecco. Historia de la Compañia.)

No medró por ello el celo de los padres; antes lograron de Felipe III la renovacion de las disposiciones dictadas en favor de los indios, si bien comprendían los mismos sacerdotes cuán difícil era poner valla á intereses tan profundamente arraigados; circunstancia que les determinó á crear colonias espirituales, segun el estilo de aquellos tiempos.

El contacto de estas con las poblaciones españolas presentaba obstáculos considerables al plan maduro y hábilmente calculado, que la compañia se propuso desarrollar en su sistema de colonizacion, decidiéndose por plantear la base de las reducciones en la provincia del Guaira al E. de la Asuncion, resolucion tomada en la ciudad de Córdoba del Tucuman (1615), y ratificada por el General de la órden en Roma.

Una larga residencia entre los indios habia convencido á los jesuitas de que la servidumbre corrompia á los señores y á los siervos, disolviendo los vínculos morales, y tornando ineficaces los esfuerzos de la propaganda evangélica desmentidos por las costumbres. Para que los principios del cristianismo tuviesen una manifestacion práctica, creian indispensable los jesuitas aislar al indígena del contacto corruptor del español, conservándoles en la lengua nativa una barrera bastante poderosa para mantener la deseada separacion; en fin, procurando á las nuevas poblaciones una completa independencia bajo todos aspectos. Buscaron los padres poderosos auxiliares de su vasto plan, descollando entre estos los hermanos Hernandarias, el uno gobernador de Buenos Aires, el otro Obispo de Tucuman. El primero interpuso toda su influencia y dió cuantiosos recursos para la instalacion de los colegios del Paraguay, de Buenos Aires y de Santa Fé, como igualmente para facilitar las reducciones del Guairá de los Guaranís y Guaycurús. El otro hizo donacion vitalicia de ingentes sumas al colegio de Córdoba contribuyendo á la instalacion de seminarios, y por último testando en favor de la compañia, como lo hiciera la madre de los mismos Hernandarias, dama de considerable fortuna. (Tecco, ibid.)

Para formarse una idea cabal del plan que procedió á la

institucion de las célebres misiones jesuíticas es menester estudiarla bajo varios aspectos. El terreno escogido para la colonizacion, los instrumentos que sirvieron á su desarrollo, los principios que apoyaron la organizacion de las mismas poblaciones. Si echamos una mirada sobre el mapa de las posesiones españolas en el Rio de la Plata, encontramos que la denominada provincia del Guairá, al E. de la Asuncion, presentaba condiciones especiales para servir de centro de irradiacion á una colonizacion importante colocada en un punto accesible del alto Perú, y á las del Brasil donde la Compañia poseía antiguos establecimientos. Estuarios de primer órden bañaban este suelo feracísimo y poblado; una raza numerosa, dócil y poseedora de un comun idioma, que se estendia hasta el mar Caribe. Los establecimientos españoles se hallaban distantes, siendo asi fácil evitar el contacto con las nuevas poblaciones que se encargaba de formar la Compañia, apoyada por una real cédula espedida en 1606 ó en 1608.

Distaba el Guairá de la Asuncion ciento y sesenta leguas caminando al Oriente; mas adelante por el mismo rumbo, estaba Villarica (60 leguas), y se componía de cien vecinos. Terminada la mision entre españoles, los Padres Cataldino y Masetta (italianos) se internaron á fundar reducciones independientes, acompañándoles un cacique con sus soldados. Subieron el rio Parapané, y navegando diez á once dias por regiones despobladas, dieron con un pueblo ó tribu que se hallaba á la orilla del mismo rio, á las márgenes del arroyo Pirapó. Vivian allí reunidos unos doscientos indios, que recibieron amistosamente á los misioneros, los cuales resolvieron levantar una capilla que denominaron Nuestra

Señora de Loreto, y tomando informaciones de la gente que poblaba las cercanias, indujeron á los habitantes de las aldeas dispersas á reunirse á los primeros. Tal fué el origen de las reduciones del Guairá segun la redaccion del jesuita limeño Pedro Montoya, [1] que coadyuvó á los trabajos de los anteriores misioneros.

Los jesuitas incitaban á las poblaciones nómades á agruparse, habiéndose ganado ya entre ellas el concepto de protectores de los indígenas, los cuales abandonaban los establecimientos españoles yendo á acrecentar las colonias espirituales, á tal punto, que apenas habian transcurrido seis meses desde la fundacion de Loreto cuando la colonia española de Murucuyá (la mas cercana,) se veia reducida de 70 á 180 familias. «De este comun desmedro de los indios sujetos, decia el jesuita Montoya, ya no se pregunta la causa por ser tan sabida, ni admira, ni aun se repara.» El comercio principal de Maracuyá consistia en la esplotacion de los yerbales que tan pingües productos debían producir á las misiones jesuíticas. Montoya nos trasmite en su relacion, el trato bárbaro que recibian allí los indios de parte de los encomenderos. Apenas el pobre indio se sienta á respirar, dice, cuando siente la ira del cómitre que preside á su trabajo, envuelta en palabras y gentiles palos. Tiene la labor de esta yerba consumídos millares de indios: testigo soy de haber visto por aquellos

1. El Padre Montoya, que mas tarde dirigió la traslacion de estas colonias al Uruguay, ha escrito varias gramáticas y vocabularios en Guarani: fué enviado á España á sostener los derechos de los indígenas. La relacion de que tomamos estas noticias fué publicada en Madrid, en 1639 bajo el epigrafe de " Conquista espiritual hecha por los RR. de la compañia de Jesus, en las provincias del Paraguay, Paraná y Tape."

montes osarios bien grandes de indios que lastiman la vista
el verlos y quiebran el corazon saber que los mas murieron
gentiles *dándose la muerte.*

Hechos ya en cada alojamiento, aduar de estos, cien y
doscientos quintales con ocho y nueve indios los acarrean llevando acuesta cada uno cinco ó seis arrobas, díez, once, veinte y mas leguas: pesando el indio mucho menos que su carga
sin darles cosa alguna de sustento, y no han faltado curiosos
que hicieron la esperiencia cuando se han quedada muertos
recostados sobre sus cargas sintiendo mas el español no tener quien se las lleve que la muerte del pobre indio. Cuantos
se despeñaron con el peso por horribles barrancos y los
hallamos en aquella conformidad echando la hiel por la
boca!....

Reiteradas reclamaciones sobre tan enormes abusos [1]
movieron al rey de España á enviar un visitador para que in-
formase y pusiese el remedio necesario, recayendo la eleccion en don Francisco Alfaro, auditor de la Real audiencia de
Charcas, el cual fué autorizado con plenitud de poderes para
aliviar la triste suerte de los miserables indígenas. (1610).
Este magistrado espidió en 1612 las nuevas ordenanzas cuyo
resultado fué poner término al sistema de las encomiendas
que hasta entonces existian, modificando radicalmente la condicion de los indios.

Continuaron los misioneros del Guairá ensanchando su
colonizacion, mientras otros apóstoles de la misma órden
fundaban las reducciones del Paraná.

1. No eran menores en las regiones mineras. Veáse el informe de Ulloa.
Noticias secretas escritas durante el reinado de Fernando VI.

Los portugueses cuya crueldad con los indígenas escedia á la de los encomenderos españoles, habian entablado un comercio lucrativo reducido á hacer incursiones en las poblaciones indígenas, con el objeto de venderlos.- Este infame tráfico que empezó por la parte de Santa Cruz de la Sierra, se estendió á la parte del Guairá, con molestia de los neófitos de la Compañia, incapaces de defenderse de los aguerridos Paulistas, quienes lograron al fin destruir la obra de la Compañia, obligando á los misioneros á abandonar aquel territorio. En 1631, el padre Montoya resolvió encabezar la emigracion embarcando en setecientas canoas y balsas doce mil personas que buscaban una nueva patria huyendo de sus opresores. Esta triste caravana que formaba parte de las tribus reducidas del Guairá, llegó despues de increibles penalidades y peligros á las márgenes del Paraná, fijándose mas abajo de la embocadura del Iguazú, núcleo de las famosas misiones.

A la ruina de estos establecimientos, siguió la de los españoles diseminados á grandes distancias, y destituidos de elementos de vitalidad y de resistencia.

El terreno elegido para las nuevas reducciones jesuíticas se hallaba defendido naturalmente por la dilatada cadena montañosa que corre entre los rios Paraná y Uruguay cortando al N. el Iguazú. Dos estuarios de primer órden, facilitaban las comunicaciones hasta el mar; un territorio inmenso de una feracidad incomparable, ofrecía vasto campo al espiritu colonizador de los misioneros, cuyo ensayo habia producido resultados manifiestos. El favor de que gozaba la órden jesuítica en los consejos de los monarcas, le prometia un cúmulo de concesiones y privilegios que sirvieron eficazmente para consolidar la independencia colonial de sus nuevas posesiones.

. Establecido el principio de la comunidad de bienes, y el aislamiento de las poblaciones españolas, la Compañia obtuvo de la Corte de Madrid una série de privilegios—de que vamos á dar una rápida idea.

1.° Por reales resoluciones estaba prohibido no solo que los españoles se domiciliasen en las reducciones sino que ejerciesen jurisdiccion de ninguna especie. Solo el intendente de la provincia y los Obispos, se hallaban exceptuados por razon de sus oficios para visitar esas colonias, y aprobar ciertos empleos.

2.° Los únicos símbolos de vasallaje que prestaban los indios misioneros, se reducían al pago de un tributo mas nominal que efectivo, é incomparablemente inferior al que satisfacian los demás indios sujetos á la corona, pero los misioneros debian prestar ciertos servicios personales, y sirvieron repetidas veces con valor, como auxiliares en caso de guerra.

3.° Los indios avecindados en las reducciones no podian ser dados en encomienda, ni sometidos á la jurisdiccion de persona alguna.

4.° Como los recaudadores del tributo podian penetrar en las misiones, violando el misterio en que mantenian á estas sus directores, obtuvo la Compañía que dichos oficiales reales no entrasen jamás en ellas, bastando que los padres pagasen el importe de la capitacion al recaudador en Buenos Aires ó en la Asuncion, bastando las declaraciones de las misioneros como prueba legal del censo.

5. ° El Gobierno español subministraba á las iglesias de las misiones el aceite y el vino, artículos costosos que se remitían desde España, recibiendo además cada reduccion un subsidio anual de 150 ducados, descontados del tributo muy reducido ya por las numerosas excepciones concedidas á los tributarios.

6. ° Respecto á los visitadores eclesiásticos, ámplios privilegios del Sumo Pontífice, resguardaban á los misioneros de su fiscalizacion y de la de los Obispos.

7. ° Por Real Cédula de 1661, ratificando otra anterior, fueron esceptuados los indios misioneros del tributo de la mita, y de todo otro personal.

8. ° Por otra de 1645, se concedió á los padres facultad para beneficiar libremente la yerba; con calidad de que los indios no la comerciasen para los curas. Habiéndose quejado la ciudad de la Asuncion del perjuicio que la inferian los padres por las crecidas cantidades que de aquel artículo bajaban de sus pueblos, se ordenó que dichos padres redujesen sus remesas á 12,000 arrobas anuales, para pagar el tributo, que era el motivo que alegaban al ejercitar ese comercio, todo con calidad de que se reconociesen y registrasen en las ciudades de Santa Fé y Corrientes y que no llevando testimonio de dicho registro *se decomisase* como se hacia con la yerba de los particulares.

9. ° Por Cédulas de 1676 estos indios estaban eximidos del pago de derechos por la venta de todos los géneros que beneficiaban. Por otra, 1684, renovada por la instruccion espedida en 1716 á don Bruno de Zavala, se relevó á los Padres del Registro, mandándoles que por carta diesen cuenta de

las porciones que bajasen al Gobierno de la Asuncion cuya procedencia se observaba.

Por Real decreto de 14 de octubre de 1726, se ordenó á pedimento de los jesuitas, que las treinta reducciones estuviesen bajo el mando de la Gobernacion de Buenos Aires.

Los ruidosos lances ocurridos con las autoridades del Paraguay durante el Gobierno de Antequera, sobre todo, y la molestia de una fiscalizacion inmediata, promovieron esta solicitud que acrecentó la independencia de la Compañia. Zavala observó que esta disposicion no debia comprender los 4 pueblos mas inmediatos á la Asuncion, aprobando el Rey esta eliminacion; pero en 1786, ¡esta resolucion aun estaba por cumplirse! Tal era la independencia de los padres misioneros.

Asi crecían y prosperaban los establecimientos espirituales de la Compañia, merced á los privilegios que modificaban radicalmente las trabas que obstaban á una administracion regular haciendo concurrencia desventajosa á las poblaciones civiles, despertando celos, y concitando desórdenes frecuentes.

Es conocida la cesion hecha en 1750 á la corona de Portugal en cambio de la Colonia del Sacramento. Este acto impolítico, obra de la ignorancia que se tenia en Madrid de la importaneia del territorio cedido, encontró una fuerte oposicion especialmente en los jesuitas, cuyas colonias entraban en parte en el tratado. Para formarnos una idea del valor de esta porcion de los dominios jesuíticos en el Plata, citaremos la esposicion del provincial de dichos establecimientos, dirigida al Rey para que no ratificase aquella estipulacion.

El artículo 16 del mencionado tratado, cedia á Portugal todas las tierras comprendidas entre la Sierra de los Yerbales, el Uruguay y el Ibicuy, territorio comprensivo de la mayor parte de la actual provincia de Rio Grande además de la posesion del alto Paraguay. Con este motivo, los jesuitas informaban al Rey sobre lo que este ignoraba, y ellos habian reservado cautelosamente hasta entonces.

«Los indios, decía el Padre Provincial, están persuadidos que la voluntad del Rey no es quitarles las tierras que durante mas de un siglo han poseído, y cuyo derecho les ha sido confirmado por repetidas Reales cédulas. Bajo esta confianza construyeron aldeas, sino verdaderas ciudades, con gran número de edificios cubiertos de techo de material, con pilares de piedra, bajo los cuales se camina al abrigo de la intemperie: de magníficas iglesias, la que menos costó con los ornamentos cien mil escudos, sin contar la de San Miguel en la que trabajaron diariamente durante diez años, 80 á 100 obreros y cuya construccion toda de piedra no puede estimarse en menos de doscientos mil escudos. Agregaré á esto las plantaciones, el largo cultivo que costó treinta años hacer productivo indeterminadamente. El valor de las plantaciones en las 7 reducciones, pasa de un millon; la siembra de algodon que produce el hilo y telas vale otro tanto. No puede desconocerse que saliendo de aquí se abandonarian mas de un millon de cabezas de ganado lanar, vacuno y caballar.»

Tal era la importancia de 7 de los 33 pueblos colonizados y administrados por una asociacion que supo hacer derogar en su beneficio el régimen de las leyes de Indias, con el cual las poblaciones civiles no adelantaban durante siglos, como era dable lo hicieran.

Las misiones jesuíticas eran el verdadero poder militar del Vireinato: sus neófitos fueron auxiliares del poder civil, toda vez que este auxilio refluia en beneficio de la Orden. *Si non, non.* Cuando se conozcan los documentos hasta hoy sepultados en los archivos de Indias, se verá hasta donde tuvieron razon las reiteradas oposiciones y resistencias opuestas á los Padres por las autoridades civiles y eclesiásticas en el Paraguay y Buenos Aires.

Consta de la Cédula expedida el 14 de octubre de 1646, que el Virey del Perú, Conde de Salvatierra, informó sobre el pedimento del Padre Montoya, para que se permitiese armar á los indios amenazados por los portugueses; que se otorgó esta licencia, expidiéndose varias órdenes y reales cédulas al efecto. Instruidos por los mismos padres, entre los cuales habia personas entendidas en la ciencia militar, llegaron á hacerse temibles, y tan industriosos que surtian sus almacenes militares (véase el espediente seguido ante el Consejo de Indias). Las resistencias que opusieron los neófitos al tratado de 1750, son una prueba de nuestra asercion, sin tomar en cuenta las discusiones continuas que mantuvo la Compañia con los gobiernos del Paraguay.

Los progresos de la colonizacion teocrática comparados con el lento desarrollo de la colonizacion civil, eran debidos además de las causas que hemos anunciado, á la unidad de accion y á la energia y perseverancia inteligente de la órden jesuítica en cuyo seno se contaban obreros de consumada habilidad, en su mayor parte estranjeros.

Lejos de compartir por nuestra parte el entusiasmo de los admiradores sistemáticos de la Orden de San Ignacio de

Loyola, ni tampoco el espíritu hostil de sus detractores; procuraremos encontrar una sólida base de criterio histórico, para juzgar el régimen colonial.

Nos proponemos señalar los vicios de la colonizacion eclesiástica, investigando al mismo tiempo las causas del abatimiento de la América regida por las autoridades civiles, materia á que consagraremos algunos capítulos de estos Apuntamientos.

No queremos poner punto á la materia presente sin rebatir el error que corre tan autorizado respecto á que los misioneros jesuitas solo se valian de las armas de la persuacion para sus conquistas espirituales. Para demostrar este aserto, invocamos la autoridad de un apóstol que selló con su sangre su fervor cristiano. El Padre Roque Gonzalez encargado de la colonizacion del Paraná, dice en una carta que existe en el Archivo de la Academia de la historia de Madrid, estas notables palabras: «Tambien he escrito al señor gobernador, que para la conservacion y perpetuidad de la cristiandad de estos nuevos cristianos, y de las reducciones que se fueren haciendo en otra provincia, conviene mucho, y es necesario se hagan dos pueblos de españoles, y se señalen los puertos, que el uno es el Ahíaca, puerto de mar y que cae en el riñon de los indios que dicen del Ibucuiti: y el otro, junto á la reduccion de San Francisco Xavier. Con los cuales los pueblos les pondrán dos frenos á esta provincia, sin los cuales á cada paso han de disparar; porque está muy á trasmano todo esto y así *no hay miedo alguno, y en no habiéndolo; no se puede hacer cosa buena.*

«Porque, es cosa cierta, que nuestro señor ha tomado

este medio, (del temor y miedo del español) por sus secretos juicios, para que otros pobres vengan á su conocimiento, y se haga algo con ellos.   No siento otra cosa ni la he esperimentado en cuarenta años que los trato muy de cerca.   Y así no puedo dejar de decir mi sentimiento á V. R. que es padre de todos para que como tal provea de remedio.»   (Carta del Padre Roque Gonzalez al Provincial Nicolas Duran.   Reduccion de los Reyes.   Noviembre 15 de 1627.)

A estas palabras, acompaña esta nota en el M. S. citado que se titula «Relacion de la Provincia del Uruguay.»—Nota.

« ¡Cuánta verdad sea esta que dice aquí el Venerable Padre, lo enseña hoy la esperiencia, y lo dejaron escritos nuestros primeros Padres.   El Padre Superior Silveiro Pastor en 5 de mayo de 1660, por una avilantez de los del Corpus é Itapuá concluye: con esto acabaremos de conocer la grande cortedad del Indio, y qué poco caso hace del bien que le hemos hecho, y cuán poco le mueve; conoceremos tambien que todo género de Indio, mas se mueve por apremio, que por premio, mas por temor que por amor.

« Así lo practicaron nuestros primeros padres; en cuanto razonamiento les hacían, les nombraban á Hernando Arias. El gobierno primitivo fué mandárselo con dominio, absolutamente, haced esto, ó lo otro: mientras no volviese este Gobierno, no se alcanzará cosa de ellos.   Hoy se leen las pláticas del venerable Padre, en que á cada rato se les amedrenta con la venida de Hernando Arias. Solo el Padre Francisco Combes, es de la opinion contraria, contra el torrente de cuantos han escrito de Indias. *Rustica gens, pessima gauden, optima fri un gentem pungit, pugnantam* rústicus ungit. M . S . citado.

Los antecedentes documentos corroboran la asercion de don Félix de Azara, el cual asegura que gran parte de las reducciones jesuíticas tuvieron por base las antecedentemente fundadas por los conquistadores. (Historia del Rio de la Plata y Paraguay.) Vide Tecco, historia S. J.

El objeto de nuestro trabajo inmediato será consagrado á la colonizacion civil ó militar como igualmente á la crítica de la colonizacion eclesiástica de la Compañia de Jesus.

MANUEL R. GARCIA.

(Continuará)

DE

DON FÉLIX DE AZARA.

Continuacion. [1]

Hallamos bastante bañado este dia aunque no tanto como los anteriores, porque el terreno es algo desigual, lo que tambien produce algunas lagunas. En las pequeñas colinitas que regularmente costeábamos habia bosques de Yatay que me parecieron de dos especies. Sus dátiles que probé y me apestaron se parecen á las bellotas gordas con su punta y corona: los dá en racimos. Cuando están maduros son amarillos y caen. Me aseguraron que algunos Yatays dán dátiles encarnados muy buenos. Los terrenos gredosos y alguna arena superficial.

Sobre la barranca, pasado el rio, está bien situado el pueblo de Santa Lucia que se compone de dos hileras de edificios unidos, dirigidos N. S. cubiertos de paja y hechos de

1. Véase la páj. 47.

barro. En medio de los edificios se está concluyendo una iglesia de ladrillo y cal: ésta se ha descubierto poco ha en estas cercanias. Concluida la iglesia será hermosa para el pueblo y eterna, y ya.está al arranque de la bóveda. Treinta y cinco familias de indios, la mayor parte abipones, componen la poblacion. Viven como los otros pueblos de indios, en comun, y los dirige en lo temporal y espiritual un religioso franciscano con su compañero y desde su principio ha estado á cargo de dicha religion. El actual cura halló su pueblo en la mayor miseria y admira saber los medios ingeniosos y eficaces de que se ha valido para ponerlo rico. A mas de pagar sus deudas del costo de la iglesia y convento que vá á hacer, tiene el pueblo tres estancias con mas de doce mil reses. El cura actual ha solicitado para que sus feligreses vivan por sí, sin comunidad y como españoles. Está pendiente esta solicitud que se funda en que ya estos indios pueden vivir por sí y manejarse. Depende de la jurisdiccion de Corrientes.

A las cinco de la tarde salimos de Santa Lucia y á 4 leguas hallamos la casa de posta de don Antonio Luis Portugues, habiendo dejado en el camino á mano derecha algunas chacras, una muy grande con caña, maiz, sandías, etc. Es de dicho Luis, que tiene donde paramos trapiche y fábrica de curtir cueros.

Dista Santa Lucia del Rio Paraná, dos leguas, y el terreno de esta tarde es algo alomado, gredoso con alguna arena.

De resultas de haber comido mucha sandía tuve esta noche un cólico furioso. No obstante salimos á las ocho y luego pasamos el despreciable arroyo de San Pedro. Media legua fuimos costeando el rio de Santa Lucía por terrenos como los anteriores, y despues, atravesando campos volvimos sobre la izquierda perpendicularmente á dicho rio, hasta hallar un rancho que dista de la sálida 3 1/2 leguas. Aquí mudamos caballos y continuamos corriendo hasta el pueblo de las Garzas que dista de la muda de caballos, 6 leguas buenas. El terreno fué idéntico á los anteriores; pero mas alomado, y al llegar al pueblo pasamos el despreciable arroyo de las Garzas.

Es este un pueblo ó Reduccion de indios del Chaco llamados Abipones que hoy cuenta 200 almas. Hace solo once años que estaban reducidos en la banda O. del Paraná sobre el rio Negro, y tenia entonces el nombre de San Lorenzo. Las guerras con los Mocobís los hicieron venir aquí. Son los *Abipones* los mas esforzados, ó por lo menos los de mayor talla y mejor persona que he visto. Fueron estos indios reducidos por los jesuitas: hoy los dirige un franciscano, y por lo temporal un secular que está muy reñido con el fraile. Como quiera, es pueblo pobrísimo; los ranchos ó casas se están cayendo, y la iglesia es una mala choza. El teniente de Corrientes tiene formada una compañia de milicia Abipona en este pueblo de 60 flecheros. Parece que los jesuitas fundaron este pueblo en el Chaco, á cinco leguas de Corrientes sobre dicho rio Negro.

Muy poco nos detuvimos aquí; salimos costeando una arboleda que quedó á la derecha, y algunos ranchitos á la izquierda. Tres leguas anduvimos hasta hallar á derecha é izquierda tres ranchos no distantes, y me dijeron que por aquí cerca había muchos mas. Una legua mas allá hallamos la posta de Ambrosio donde dormimos. Los terrenos de esta tarde como los anteriores hasta la última legua que es mas desigual y con algarrobos claros con alguna arena blanca superficial. Hallamos tambien á la inmediacion de las Garzas alguna arena rogiza y siempre se avistaron árboles distantes.

Salimos de aquí el 27 á las 6 de la mañana, y habiendo andado 1 1/2 legua por terreno llano y gredoso hallamos algunos ranchos poco separados, colocados en las laderias de algunos regachos ó cañadillas pobladas de árboles que cuando llueve desaguan en el rio de San Lorenzo. A dos y media leguas de la salida entramos en la posta de San Lorenzo que tiene algunos ranchos inmediatos. El terreno como alguna cosa mas desigual, es mas agradable, á que concurren los árboles que se ven inmediatos.

Hasta las 10 que salimos no nos dieron caballos, y al instante pasamos el rio de San Lorenzo bajo, con 50 varas de anchura y tres palmos de hondo. Tiene arena y barrancas suaves cubiertas de Ñapindás, (especie de aromas) ceibos, algarrobos, espinillos, sauces, curupicay y otros. Pasado el rio, continuaron los ranchos hasta legua y media, de modo que todos los ranchos que ví desde la posta de Ambrosio, son 27. Estas gentes tienen que acudir para oir misa á las Garzas ó al pueblo de las Saladas de que dependen y me dijeron distaba de 6 á 8 leguas.

El terreno desde San Lorenzo es horizontal, gredoso, y siempre se ven árboles distantes. A las 5 leguas de la Posta de dicho rio, comimos en un rancho habiendo pasado poco antes un bosquecillo y un regacho. Continuamos por terreno lo mismo, pero cubierto de algarrobos y otros árboles, á manchas. El camino dá muchas vueltas sin necesidad, y á cosa de 4 leguas pasamos el arroyo Empedrado igual al de San Lorenzo, solo que sus inmediaciones tienen muchos quebrachos blancos y colorados, y mas árboles.

Desde el Empedrado seguimos como 4 leguas hasta una posta donde no había caballos ni cosa alguna, y tuvimos precision de continuar con los caballos bastante rendidos. El camino fué como el próximo anterior de bosque á manchas. Cerró la noche y un fuerte aguacero nos hizo tomar un rancho tan malo que todo se llovía, de modo que tuvimos que pasar la noche bajo de un cuero. Distaria este rancho de la posta desprovista como tres leguas.

El dia 28 paró el aguacero y anduvimos como 2 leguas cuando pasamos el Riachuelo de doble anchura y de alguna mas profundidad que el Empedrado; lo demás lo mismo uno que otro. Desde aquí á la ciudad hay 2 leguas de terreno llano, gredoso y pantanoso y lleno de lagunillas y matorrillos. Todo él está lleno de chacras con sus trapiches para exprimir la caña y sacar la miel.

Llegamos á la ciudad de Corrientes, cuyo teniente gobernador don Alonso de Quesada nos recibió y alojó en su casa con finas espresiones de cariño y amistad.

He anotado hasta aquí, y lo haré en adelante, las distancias á razon de 2 leguas por hora de pequeño galope y á 3 por cada 7 cuartos de hora de mediano trote; y cuando por flojedad de los caballos, por malos caminos ó por desenciones precisas, no galopaba ni trotaba, mi prudencia me gobernó en señalar las distancias. Pero como ni los galopes ni trotes de los caballos son iguales, no es dable computar las infinitas alteraciones á que obligan las circunstancias de un camino largo con trabajo, no será estraño que mi regulacion se halle diferente de la que hagan otros. La mayor parte de las gentes de estos paises ignoran lo que es una legua, porque jamás han oido reloj ni visto una vara de medir; así no tienen la menor idea del tiempo ni de lo que es medida. Muchos de ellos cuando les preguntan la distancia de uno á otro paraje, miran el caballo que monta el que pregunta, y segun les parece mas ó menos vigoroso dicen mas ó menos leguas. Si lo ven fuerte, dicen hay diez; pero ni uno ni otro tiene mas fundamento que el que se les antoja, y solo significan que el caballo es capaz ó no de abreviar. No pueden dar idea del camino por leguas, pues ignoran lo que es legua y lo que es tiempo y medida.

Desde Santa Fé á Santa Lucia y mas adelante, no ví mas rancho, ni los hay segun parece, de los que he nombrado que casi se reducen á los en que comimos y dormimos. La despoblacion es grande y la miseria estrema. Lo material de los ranchos es pésimo y su comodidad ninguna. No es posible decir lo que no hay en ellos por ser infinito, al paso que lo que hay se reduce á una familia de indios ó españoles cuyas vestiduras son una camisa que se clarea toda en las mujeres, y un tapa-rabo ó pedazo de rotos calzoncillos en los hombres. Los niños de ambos sexos en cueros hasta que sus partes sexuales tienen el incremento de la pubertad. Al principio causa rubor mirar aun los vestidos que se clarean cuasi como desnudos. Los muebles son, sin quitar nada, una olla de barro, y en algunas una caldera ó chocolatera para calentar agua para el mate; una calabaza ó porongo para traer y guardar el agua, una piedra para amolar el cuchillo; esto y nada mas. Diógenes y los demás filósofos se admirarian de ver que así viven estas gentes. Sus alimentos son la leche y requeson, que ordeñan en dicha calabaza, y alguna res ó corderito que rara vez matan ó nunca, y entonces lo comen sin sal.

Son estas gentes, por lo regular, criados de los dueños de las Estancias, que sirven de repuntar y recoger algunos ganados y caballos que crían para vender á los paraguayos y á algunos pueblos de Misiones del Uruguay, y á los tucumanos las mulas, segun se hallan mas cerca de unos ú otros. Además de dichos indios hay muchos otros en todos los pueblos y ranchos de españoles, que sirven de jornaleros y críados segun se ajustan y estos son sin duda los naturales que poseían las tierras que hoy son de sus conquistadores.

No obstante de ser la tierra de Santa Fé hasta aquí muy á propósito para duraznos, naranjos, batatas, algodon, maiz y todo género de frutas y hortalizas, no se halla mas que rara vez algunas sandías, poco maíz y tal cual calabaza ó zapallo. Las sandias son regulares, pero con diez veces mas semilla que las de España. En esta estensión no usan la sal ni tengo noticia haya salinas. Si las hubiera no la buscaran los de Buenos Aires en la costa Patagónica con tanto peligro. Sin embargo los principales ríos que yo pasé son salobres. Esto proviene de que tienen su orígen en lagunas de aguas congregadas en parajes salinos. El sol evaporará mucha agua en dichas lagunas dejando la sal para que sea conducida por los rios, que á la verdad son muy pocos salados.

No sé qué haya montañas en el orígen y curso de dichos rios de quienes puedan sacar sus arenas: acaso en su curso la superficie de la tierra será gredosa y debajo peña de arena, pues esta he notado ser en todos paises de esta América la calidad y forma; greda encima, peña de arena debajo. Que no hay montañas en el orígen y curso de dichos rios, se puede inferir de lo lentas y perezosas que son las crecientes y descensos de dichos rios, siendo cosa regular que los rios de repentinas crecidas y bajadas corran entre montes y los que las tienen lentas y de muchos dias por entre lagunas y llanuras.

De lo dicho se concluye lo poco que varian la disposicion y calidad de los terrenos desde Buenos Aires á Corrientes: todos son llanos y gredosos. Algarrobos, espinillos y una misma especie de pasto. Sorprende tanta uniformidad, debiendo advertir que aunque algunas veces haya dicho que el terreno es alomado, debe entenderse por esto que tiene sus colinitas tan pequeñas que solo sacan el terreno de nivel, y se pueden decir llanos sin subidas ni bajadas que embaracen otra cosa que el rigoroso nivel.

Garzas, avestruces, mulitas, horneros, perdices grandes y chicas, tórtolas, torcaces, cuervos, caracarás, chimangos, carpinteros, alguna cotorra y una especie de alondritas, son cuasi las únicas aves y animales que ví con algunos tigres, y todo en corto número. Aves en los rios y lagunas hay en mas abundancia; pero todo esto en bastante igual distribucion en todo lo andado. Solo hallé la diferencia en que hasta Santa Fé hay muchas viscachas y curuchas ó mochuelos, y de allí adelante, ninguna; y tambien que desde Santa Fé en adelante se habla mucho de vívoras y no las hallé. Tengo entendido que á toda culebra llaman vívora. Convienen las gentes en que solo muerden cuando son hostigadas y aun así sucederá rara vez. En los doce años últimos solo han mordido á los del pueblo de Santa Lucia dos veces, no obstante de que todos van descalzos, y dicen que hay en mucha abundancia, y aun estos no murieron, ni he oido que haya alguno muerto jamás; de modo que este animal es poco temible por mas que quieran decir. El remedio que usan en las mordeduras de vívora, dicen que es mascar tabaco y chupar la parte lesa: otros aplican una ventosa sarjada y otros un pedazo de carne de Yacaré, comiendo cocida otro pedazo. Me atengo en la duda á los primeros remedios.

Si se considera que toda especie de caza en estos paises es muy escasa y que al tiempo de de la conquista seria todavia en menor número, pues desde entonces no ha podido menos que aumentar faltando toda persecucion, se persuadirá cualquiera que estas campañas no podian mantener la numerosa indiada que se supone tenia cuando la conquista; y seguramente la caza no podría mantener diez indios. Pero los rios y la agricultura podrian suplir, mas no mucho porque aquellos distan bastante unos de otros, y la agricultura no seria mucha sin el auxilio de animales, y útiles y semillas.

———

DE CORRIENTES Á LA ASUNCION.

Alonso de Vera, el Tupí, fundó la ciudad de San Juan de Vera de las siete Corrientes, el año de 1585, en la latitud austral de 27° 27', á la orilla oriental del Paraná, y sobre su misma barranca que es de peña arenisca, rojiza, alta lo bastante para estar libre de las crecientes del rio, y una legua mas abajo del confluente de los rios Paraguay y Paraná. Su suelo es llano. El fin de su fundacion seria facilitar y asegurar la navegacion del rio. Algunas de sus calles parece siguen la direccion N. S. E. O.; pero se puede decir con verdad que toda ella es una confusa agregacion de ranchos con claros puestos por casualidad. Casi todas las casas son de barro ó adobes, cubiertas de paja, pocas hay cubiertas de teja y algunas de canales de palma. Es gobernada la ciudad por un teniente nombrado por el gobernador de Buenos Aires. Se estiende su jurisdiccion entre los ríos Guayquiraró y Paraná de Sur á Norte. Tiene ayuntamiento y cinco otros individuos y comprende toda la provincia 4 parroquias de españoles y 4 de indios. Las primeras son esta ciudad, Caacaty, San Roque á 12 leguas de Santa Lucia sobre el mismo Rio, y las Aladas (saladas?) á 6 ú 8 leguas de San Lorenzo, como se dijo, hácia el Paraná.

Los pueblos de indios son el de Itaty sobre el Paraná á 15 leguas de la ciudad, que en otro tiempo estuvo hácia la laguna Mamoré en la provincia de Itaty de donde huyó por miedo de los indios guaycurús. El de las Garzas por donde pasé; el de las Guacaras distante de la ciudad 5 leguas al E., y el de Santa Lucia. Toda esta poblacion compone, segun la revista que se ha hecho estos dias 2200 hombres de armas que guarnecen algunos puestos sobre la costa del Paraná contra los indios del Chaco que hacían en otro tiempo correrias, y en el dia raras ó ninguna.

Hay en la ciudad un convento de la Merced con cuatro religiosos y un lego que están haciendo su iglesia nueva. Otro de franciscanos con 8 frailes, y otro de dominicos con 3. Los frailes de este convento apalearon los años pasados á un alcalde y mandó el Virey que en dicho su convento solo hubiese en adelante un religioso. Aunque se conoce aquí la plata de tres años á esta parte, cuasi todo se compra por permutas, y la moneda de mas curso es el hilo de algodon.

La riqueza de esta provincia se puede colegir de lo que produjo el diezmo el año pasado que fué 12,000 terneras, de las que un solo particular llamado Cosío dió 775. Este es el principal fruto y riqueza de la provincia que tiene su salida á Misiones y al Paraguay. Se cria alguna caña dulce, la mandioca, naranjas, piñas, ubas, sandías, guayabas, aguais y algodon, de todo cortas cantidades. El arroz empieza á saberse que produce. De todo esto solo alguna miel ó aguardiente de caña, algodon, cueros y maderas, grasa y sebo son los frutos que en pocas cantidades se llevan al Paraguay y Misiones á permutarlos por lienzo de algodon y tal cual vez se llevan á Buenos Aires. Las alcabalas y demás ramos de hacienda que el año pasado solo produjeron 1500 pesos fuertes, dan idea del corto comercio, y no puede ser otra cosa, pues las gentes nada casi gastan en vestir, ni en comer ni en otras cosas de comodidad. Consumen 4000 arrobas de tabaco de humo que está estancado y actualmente solicitan poder plantar el tabaco como lo hacen en el Paraguay, porque dicen seria de mejor calidad aunque no en tanta cantidad. El algodon de cosecha se lleva casi todo á Misiones donde se hila y se tejen medias segun se ajustan.

El idioma general es el guaraní corrompido. El vestido de los ricos como en Buenos Aires: el de los pobres se reduce á unos calzones, las mas veces rotos, y un sombrero. El de las mujeres una camisa de algodon claro ceñida al cuerpo por una liga: algunas agregan unas enaguas de algodon con bordaduras y especie de encajes de hilo azul y encarnado. Las ricas van lo mismo, menos los dias de gala y en todos se componen la frente y cejas con el aceite y pintura, y lo mismo la cara. Son muy cariñosas segun dicen. Cuando reciben ó salen á la calle se cubren con una tohalla llena de enrejados y borlas.

Oí en esta ciudad que á 60 leguas de ella acababa de fundar sobre el rio Bermejo, un tal Arias, de Salta, dos reducciones de Mocovís y Tobas, y que se mantenían de las reses que se les enviaba de la famosa estancia de la Luna que perteneció á los jesuitas de esta ciudad, y que despues de la espulsion pagaba de órden del Rey los maestros públicos de Corrientes que se reducen á enseñar hasta filosofia. Como las reses han de atravesar el Paraná y demas tolderias de indios bárbaros á quienes se paga el pasage, no es dable que se puedan mantener desde aquí dichas reducciones que probablemente tendrán la suerte de otras muchas que en todos tiempos se han fundado en el Chaco. La idea es buena pues de este modo se consiguirá la navegacion del Bermejo y las infinitas utilidades que de ella resultarán. [1]

En cierta temporada es tanto el pescado que hay en el Paraná que los correntinos tiran su anzuelo al agua sin cebo, y arrastrándolo sacan el pescado enganchado por la cola ú otro parage. Así me lo aseguró como testigo sugeto de verdad.

Habiendo descansado de tantos trabajos y recobrado su salud los que la tenían quebrantada, salimos el dia 3 de febrero á las 6 de la mañana dejando un soldado enfermo para que me lo enviasen en los barcos. El camino á la sali-

---

1. Me olvidé anotar que en Santa-Fé, las noches del 9, 10 y 11 de enero ví un cometa à la parte del S. que parece se diiigia de E. á O en la constelacion de la Grulla. Como no tenia instrumentos no pude observarlo.

da fué pegado al Paraná entre espesos bosques de cevil, curupia, sangre de drago, y otros como quebrachos; pero luego nos separamos como 1|2 legua donde los árboles eran cuasi todos algarrobos. Asi anduvimos 3 1|2 leguas hasta un rancho en que mudamos caballos, y el Teniente que nos acompañaba recibió un recado de un viejo de 93 años que vive en un rancho un cuarto de legua distante. Solo dijo que habia querido tener el gusto de ver á su General. Vive este viejo solo, él se guisa y trae la leña y agua etc. Se entretiene con tres libritos espirituales, en engordar sus gallinas que con el arco y bodoque mata cuando quiere y en matar moscas y contarlas. El año pasado mató con su correita 9749. Los del rancho próximo son nietos suyos.

Continuamos por terrenos gredosos llanos y con arboles hasta el rancho de un tal Corrales distante de la ciudad 7 1|2 leguas. En el camino hallamos la Estancia de las Guacaras, y en el de Corrales su mujer tan afeitada y pintada como las de la ciudad.

Apenas nos apeamos para comer cuando empezó á llover hasta las 4 que marchamos al Paso del Rey, en el Paraná, distante media legua. Al llegar á él entramos en grande espesura de árboles, y entre ellos, algunos guayacanes y tacuaras. Oímos aquí mucha algazara de monos Carayás, que no vimos. En medio de esta espesísima y alta arboleda, pegado al Rio, se halla el paso del Rey que se compone de un buen galpon y cuatro soldados que lo guardan. Tiene en esta banda el rio una barranca de 3 á 4 varas alta, de peña arenisca, porosa, fuerte y rojiza semejante en el color á algunas minas de fierro.

Desde el galpon se vé el Paraná con algunas islitas dividido en dos brazos: el 1º será de 3[4 de legua de ancho, y el 2º que desde el galpon apenas se distingue su entrada, será un cuarto del primero. Ya teníamos pronta una balsa de tres pequeñas canoas con doce indios de los Guacanas para bogar. Estaba el rio muy bajo y sereno, no obstante tiene bastante corriente. Nos embarcamos y por la orilla subímos hasta poder montar una islita perfectamente redonda que hay en medio del rio y en seguida embestimos el Paraná del primer brazo en que tardamos cinco cuartos de hora: luego seguimos diez minutos rio arriba costeando la isla que forman los dos brazos y entramos en el segundo. Habiendo rebasado dicha isla que es de arena limpia, nos dejamos ir con la corriente bastante fuerte diez minutos por este segundo brazo y hallamos casi perpendicularmente, un rio que es el Paraná miní que será un cuarto del brazo grande. Le atravesamos en 19 minutos no obstante los remolinos que forma la confluencia y desembarcamos en un arenal, pues por esta banda no se vé peña ni barranca.

Era ya de noche: teníamos aquí caballos prontos y entramos por una espesa arboleda. Seguimos luego por una estrecha senda donde solo uno cabia costeando el Paraná miní como una legua entre carrizales mas altos que un hombre á caballo. Salimos á un poco de descampado donde se concluia una piragua de 23 varas de largo y 8 de ancho. Aquí torcimos perpendicularmente al rio y anduvimos dos leguas mas costeando varias islas de árboles y por entre muchos Yatay. La primera legua junto al rio es intransitable en las crecientes sin canoa y siempre la temen mucho por los tigres. Dormimos en la estancia de don Pedro José Vargas.

Por el paso dicho del Rey van de Corrientes los caballos y reses á la provincia del Paraguay. Pasan el primer brazo del Paraná y descansan en la isla de arena limpia y luego pasan el Paraná miní á nado. Pagan aquí el diez por ciento de pasage, de cuyo producto dispone el Teniente de Corrientes en utilidad pública. Este impuesto produjo en mes y medio últimos 130 caballos; pero como el comerciante ha de sacar su utilidad, dicho impuesto disminuirá la saca y comercio de ganados. Tiene el Paraná otros pasos pero no tan buenos.

Sobre la costa del rio Paraguay á tres leguas de dicha estancia de Vargas, tienen los correntinos un fuerte llamado Curapaytí guarnecido contra los indios del Chaco: y pretenden pertenecerles todas las tierras vecinas y hasta el rio Tebycuarí. Los paraguayos pretenden lo contrario, llegar hasta el Paraná; sobre lo cual tienen su pleito ante el Señor Virey que no ha dicidido y á quien yo informé sobre el particular por órden que verbal me dió á mi salida. Los Correntinos aspiran á ello por beneficar las maderas de que son escasos en la cercania del rio.

Al amanecer se dirigió el Teniente á visitar su fuerte y nosotros tomamos el camino de San Ignacio. A menos de una hora vino la lluvia fuerte y nos obligó á retroceder. Paró á las 2 de la tarde y salimos dando muchas vueltas siempre á la vista de muchas islas de bosque y Yatay. Despues de haber andado 8 leguas llegamos á la Estancia de don Luis Cabrera, paraguayo, quien me dijo empezaba aquí la jurisdiccion del Paraguay en el dia; pero este punto está pendiente. Las tierras aunque gredosas, van siendo mejores porque hay alguna mas arena que dulcifica la fuerza de la greda.

27

Dormimos despues de informarnos de dicho Cabrera sobre nuestra derrota, y nos aconsejó fuésemos por la costa del Rio Paraguay porque ahorraríamos mucho camino. Esto me hizo mudar de idea, abandonando el camino de San Ignacio y dirigiéndome desde luego á Ñembocú. Si esta resolucion la hubiera tomado antes hubiera abreviado alguna cosa dirigiéndome por el fuerte de Curupaytí.

Salimos el dia 5 á las 5 1[2 y al momento empezó una garúa débil que duró y nos humedeció todo el camino. Este fué como el anterior horizontal con poca inclinacion hácia el rio. Es gredoso y muy cenagoso en tiempo de aguas con muchas isletas pequeñas y redondas de lapachos, quebrachos, urundey, curupay, algunos yatay etc. De ellas y las inmediatas á los Paraná y Uruguay se cortan algunas maderas para Buenos Aires. No conocen el uso del guayacan.

Apenas hubimos andado 4 leguas hallamos un rancho y á las 4 mas la villa de Ñembucú que está en el quinto año de su fundacion. Su situacion es de esta banda del arroyo de su nombre cerca de él y como á media legua de su confluente con el rio Paraguay. La ha fundado don Pedro Melo de Portugal, actual gobernador de esta provincia con el fin de asegurar la costa contra los indios del Chaco y de aprovechar estos hermosos terrenos. Llámase Nuestra Señora del Pilar de Ñembucú y se compone hoy de cuarenta casas ó ranchos, pero dependen de ella hasta 135 familias que ya el año pasado poseían catorce mil reses. Su iglesia es de paja y se ha solicitado que S. M. la declare villa y que al mismo tiempo se le dén las tierras hasta el Paraná. Es puerto preciso para los barcos que bajan con motivo del resguardo de tabaco.

Comimos en casa de un gallego con bajilla de plata y tambien nos dió excelentes sandías, y á las 5 1|4 partimos. A un cuarto de legua hallamos el arroyo Ñembucú, que corre de E. á O. y puede llamarse riachuelo; tiene regular barranca poblada de árboles y muchos yacaré. Se pasó á vado y continuamos por terreno gredoso y horizontal poblado igualmente de islas de árboles aunque mas distantes que las de la mañana. A 2 1|2 legua pasamos el arroyo. A una legua mas, otro, y á otra legua mas el arroyo las Hermanas que es cenagoso y muy estrecho. Es un sanjon donde cayó mi negro con felicidad; y á 6 leguas de la salida ó de la Villa hallamos una Estancia, pero continuamos 2 leguas mas adelante hasta un rancho del suegro del gallego. Aquí dormimos. Los terrenos se conoce que con las lluvias han de ser intransitables. Tienen pantanos y lagunillas. Da el camino muchas vueltas: siempre se ven isletas, árboles como antes aunque en menos número y bastantes algarrobos.

Salimos á las 4 1|2 y luego pasamos un arroyuelo y á 1 1|2 legua, otro llamado Yacaré-puitá. A 4 leguas de la salida hallamos el paso del Rio Tebicuarí que tendría 400 varas de ancho sin corriente sensible: bajan por él piraguas con maderas de lo interior de la provincia y las introducen en el rio Paraguay para llevarlas á Buenos Aires. Júntanse estos rios en 26° 35, de lat. austral. La barranca por donde pasamos es toda gredosa muy regular, aunque el rio trae arena. Lo pasamos en canoa y dos pelotas. Dicen que tiene mucho pescado y que en el cerro Picui distante tres jornadas de su union al Paraguay hay un arrecife en que á palos matan cuantos peces quieren.

Nuestro camino esta mañana ha sido muy tortuoso y poblado de islas de bosque, con muchas lagunillas, pantanos y carrizales. Con las lluvias ha de ser esto intransitable. Vi algunos guacamayos, loros y cotorras. Pasado el Tebicuarí hay un rancho, y antes, otro, ambos sobre la barranca. En el primero tomamos caballos hasta el fuerte de la Herradura sobre el rio Paraguay distante dos leguas de mal camino cuando tiene agua. La tierra horizontal gredosa, y todo como antes.

El dicho fuerte de la Herradura es una simple estacada robusta y alta 4 varas, situada sobre la barranca: lo guardan diez hombres que cada mes se mudan. Aquí me dijeron que en frente, en el Chaco, hubo una reduccion que fué degollada por los bárbaros.

No sin mucha dificultad nos franquearon aqui caballos para que saliésemos á las 3. A las 9 leguas hallamos un arroyo de agua que no corria al parecer y tendría como 60 varas de ancho con bastante profundidad y mucho cieno ó pantano. Quisimos pasarle en una canoita que allí hallamos y nos metimos en ella, don Martin Boneo y yo. Era de noche, y apenas empezamos á pasar cuando se volcó la canoa. Boneo que iba detrás, no la largó, yo sí y al instante me hallé con agua al pescuezo y cieno hasta la rodilla. Con bastante trabajo salimos como se puede discurrir, pero sin mas avería que la mojadura y embarradura y haber perdido dos relojes con la humedad. Luego pedimos auxilio al pueblo de Remolinos que está á la otra banda, distante 1|2 legua de donde trajeron pelotas en que pasamos.

La poblacion de Remolinos es fundacion de don Agustin Pinedo, antecesor del actual gobernador con la misma idea que la de Ñembucú. Está situada sobre la barranca del

Paraguay en un llano, pero es mucho mas desdichada que la del Pilar de Ñembucú y solo tiene treinta casas. En una dormimos y aunque queria salir temprano hasta las once no nos dieron caballos. A esta hora salimos el dia 7 por tierras llanas, cenagosas y llenas de pajonal y de islas de bosques con bastantes caranday. A 1 1|2 leguas hallamos un rancho y á las 5 de Remolinos la Estancia de la nueva reduccion de Tobas que llaman Naranjay, tambien nueva fundacion del actual Gobernador, que se halla á la otra banda en el Chaco frente de Remolinos. En la misma Estancia hay un fuertecillo de estacas con diez hombres de guarnicion. Este camino fué tortuoso.

Comimos y tomamos caballos siguiendo por terrenos idénticos á los de la mañana y á 1|2 legua hallamos la Estancia de la reduccion de indios Godirá que parece ser de Mbocovis tambien fundacion del actual gobernador en el Chaco. Una legua mas adelante hallamos la Estancia del cura de dicho pueblo y pegado á ella, otro rancho. A otra legua otra Estancia, y á otra, otra donde dormimos. En frente de esta dijeron se halla en el chaco dicha reduccion.

Salimos de aquí el dia 8 á las 12 1|2 de la noche y á 2 leguas hallamos la estancia de Luis Baldovinos donde el agua nos detuvo hasta las 8 1|2 en que salimos. Cuatro leguas anduvimos en que encontramos en cada una una Estancia, y á la 5ª legua descubrí sobre mi derecha á 6 ú 8 leguas la montaña de Acaay medianamente alta—muy estendida con otra pequeña algo separadas que me dijeron ser los cerros de Tatugua y Areguá. Continuamos hasta completar 9 leguas y hallar la estancia de Zuruvy que tambien llaman del Rey. Cuatro leguas antes de llegar pasamos el arroyo ó

riachuelo Paray, muy cenagoso y á poco que llueva es preciso pelotearlo.   Tambien en cada legua hay su Estancia.

Los terrenos y camino como ayer, con solo la diferencia de haber mas Caranday.   He notado mil veces que estas
Caranday jamás se crían entre otros árboles; solo rara vez se
hallan mezcladas con uno que otro algarrobo que tampoco
admite mezclas sino rara vez, ni sus bosques son tan espesos como los de otros árboles.   Cuasi lo mismo sucede á los
Yatay, aunque algunos se hallan á las orillas de las manchas
de bosque. Muy al contrario sucede con la verdadera palma que siempre la hallé metida entre espesuras fuertes: verdad es que estas palmas son pocas.

Llovió toda la noche y hasta las 9 de la mañana en que
salimos por terrenos como ayer, con palmas, algarrobos, caranday, curupay, etc., varias especies de aloes, guayavos y
otros. Tiene la estancia de Zuruvy 2000 caballos de S. M. y
bastantes reses, y segun dijo su capataz da de ellas 20 al
mes al pueblo de San Francisco Solano, reduccion que está á
la otra banda y que tiene 40 hombres de armas.   La de Na-
ranjay, que es de Tobas, es algo mas numerosa: todas estas
son noticias de dicho capataz.

A las 3 leguas de la Estancia pasamos un bañado ó cena-
gal de un cuarto de legua muy malo, y seguidamente entramos en una espesa arboleda que acabó luego saliendo á la
ladera del despejado, y poco profundo valle de Cumbarity.
A 1¡4 de legua sobre la derecha se presenta una estancia que
pocos años ha era un fuerte, del cual ningun paraguay pasaba.   Cuanta estancia y poblacion hallé desde el Paraná, todo es muy moderno y gran parte del tiempo del actual gobernador. Este mismo valle no era seguro. Asi estrechada la

provincia no podia criar ganados y los compraba de Misiones y Corrientes. La decadencia en el cultivo de Tabaco que se esperimenta de pocos años á esta parte consiste en parte de que de repente se han vuelto ganaderos todos los paraguayos que hoy habitan desde el Paraná aquí y otros que del mismo modo se han estendido hácia el Jejuy y por la costa de la villa de la Concepcion. Dedicados al holgazan pastoreo no piensan en tabaco ni en chacarear.

Descubrimos tambien á la misma mano derecha 6 ú 8 ranchos casi juntos y otros tantos separados en el frente que coronan la ladera opuesta. La inclinacion del valle es hácia el rio y tiene buen pasto de grama con muchos animales que lo comen. A lo lejo y hácia la orilla del Rio se ven espesas arboledas colocadas sobre unas colinas que dicen se llaman Lambaré y Tucumba. Hácia el frente y derecha se nota el terreno hondeado de pequeñas lomas, lo mismo á corta diferencia que las tierras de Montevideo. No obstante de que por las lomas de que hablo se sube y baja á galope en todas direcciones sin recelo, yo las anoto como lomas y el terreno por diferente de los pasados. Cuando no hay cosas muy diversas que anotar es preciso decir las pequeñas diferencias y estas bastaron para que este .me pareciese otro país.

Atravesamos oblícuamente el valle de Cumbarity costeando el bosque de donde salimos, y al llegar á su centro descubrí tres ó cuatro ranchos á la izquierda que hasta aquí me habia ocultado el bosque. Cuando me ví en la loma del otro lado advertimos plantas pequeñas de hoja grande que me dijeron dá la fruta llamada Araticú-miní y unas puntas de peña arenisca que asoman á la superfície del terreno. Allí

salimos á otro valle, tambien espacioso y poblado de ranchos
en las crestas de las lomas que lo forman. De aquí me dijeron que demoraba al E. N. E. el pueblo de indios de Ipané,
al E. el ídem de Guarambaré. No los ví, pero segun el va-
queano distarian, el primero una legua y el segundo una y
media. Parece que estos indios ó pueblos son oriundos del
rio que está bajo del Trópico con estos mismos nombres y se
vinieron temiendo á los bárbaros. En el fondo del valle hácia el rio dijeron estaba el pueblo de la Villeta distante una
legua. Es de españoles. Desde aquí mismo se descubrian
por todas partes, algo distantes espesas arboledas.

Bajamos el segundo valle y en su fondo me encontraron
don José Espínola, maestre de campo, y el cabo mayor de las
tropas paraguayas que de órden del gobierno venian á cum-
plimentarnos y me entregaron una carta en respuesta de la
que la tarde antes habia yo escrito á dicho gobernador, y á
poco rato llegamos á una buena casa que es del actual alcalde de la Asuncion don José Valdovinos, chileno, donde comimos bien y salimos á las 3 de la tarde. Cinco leguas habíamos andado por la mañana y en el valle de Cumbarity ví
alguna poca de arena y fué la primera desde el Paraná.   .

Montados en excelentes caballos que nos tenía prontos
dicho caballero Espínola, hallamos luego un arroyo, y poco
despues otro, ambos de poca monta. Caminábamos á ratos
por bosques espesos con algunos claros donde habia ranchos.
Por momentos aumentaba la arena y en el segundo Arroyo
se descubrian peñas de arena rojiza. Aumentó la espesura
en términos que quitaba la vista por todas partes y solo de
tanto en tanto se hallaban algunos claritos con rancho, maiz,
mandioca, plátanos, naranjas y palmas de coquitos como

nueces. Entre los árboles silvestres ninguno conocí sino el naranjo agrio, el Curupicay, y no me acuerdo de otros, La advertencia que conviene hacer es que los árboles en todo mi viaje han sido delgados, de modo que el mayor que se me ha presentado á la vista será de 14 á 18 pulgadas de diámetro. Entre los del dia de hoy los hay sin comparacion mas gruesos y elevados. Al pié de estos se crían muchas especies de aloes exagonales de nueve aristas, de cinco y cuatro, de Pala ó higueras chumbas de dos especies ó tres, de piña silvestre, de bananas do mato, en lengua portuguesa, otra delgadita en los troncos. La yerba de la abeja y del cuerno, aquella de dos especies en casi todos los árboles y cuasi todos los bosques del camino crían mas ó menos dichas plantas.

Cuando ya nos acercábamos á la ciudad el camino era estrecho y seguía por una zanja, á veces muy profunda, cuyos lados perpendiculares eran de arena mineral rojiza. El piso era de la misma, suelta, muy incómodo. Las ramas é Isipoes formaban un toldo que cubrían gran parte del camino...

....

Desde la casa de Valdovinos á la Asuncion 7 leguas. Las cinco últimas vá el camino por una suave ladera con inclinacion perpendicular al camino. Llegamos á la ciudad y en derechura visitamos al gobernador don Pedro Melo de Portugal, que se hallaba algo indispuesto, y despues de los regulares cumplimientos me dijo no tenía noticia alguna de los portugueses que debían venir á la poblacion de Yatimí que continuaba abandonada.

Porque algunas veces he dicho.... que los peloteé, ha

de saberse que para este fin usan un cuero de toro ó vaca seco: le dan figura cuadrada ó rectangular cortando lo sobrante con el cuchillo: luego con cuatro ligadurillas forman de él una candileja, lo tiran al agua los cuatro picos para arriba y dentro meten lo que quieren pasar, y un hombre ó caballo nadando tira de una guasquita la pelota y pasa grandemente. En cada pelota ó candileja se pasan cómodamente 16 á 25 arrobas peso y siempre es preferible á una mediana canoa. En ablandando el cuero ya no sirve.

Puede ser que en este viaje hecho á la Posta me haya olvidado apuntar algun arroyo, y no es estraño porque las gentes dan este nombre muchas veces á lo que no se parece por ninguna señal, y muchas otras cosas se habrán escapado: mas quien corre no puede ver de espacio cosa alguna.

(Continuará.)

JUAN DIAZ DE SOLIS,

DESCUBRIDOR DEL RIO DE LA PLATA.

I.

El señor Varnhagen, autor de la última erudita Historia general del Brasil, [1] despues de decir que Solis era *un piloto portugués*, añade *que á vista de los documentos debe reconocerse que no era de Lebrija.* [2]

La de *piloto portugués* no es clasificacion enteramente nueva. El célebre cronista del reinado de don Manuel de Portugal, *Damian de Goes*, habia hecho de Solis, á quien llamaba *Golis*, un piloto portugués; y probablemente lo hizo fundado en los documentos diplomáticos publicados despues por Navarrete en su importantísima coleccion. [3]

1. Historia geral do Brasil, 2 tomos, Madrid, 1854—57.
2. Obra citada, tomo 1.° páj. 29.
3. Navarrete—Coleccion de los viajes y descubrimientos que hicieron por mar los españoles desde fines del siglo XV—5 tomos. Madrid.

Estos documentos, á que se refiere, sin duda, el señor Varnhagen, son dos cartas dirigidas á su soberano por Juan Mendez Vasconcellos, ministro portugués en España, escritas en Logroño en 30 de agosto y 7 de setiembre del año de 1512. [1]

Trataba el ministro de impedir, ó, si tanto no podia, de dificultar una espedicion marítima que en aquel año se preparaba á las órdenes de Solís para un viaje de descubrimiento *por las partes de Malaca y de la Especeria*; y con ese motivo dá cuenta de haber platicado con *Joáo Auriques*, que se decia agraviado con el Rey de Portugal, y que aquel le informó de que se armaban los tres buques de que debia componerse la espedicion en el puerto de Lepe, y que *Joáo Diz* iba por capitan principal, que él, Auriques, iba de capitan de uno de los buques, que habian de partir en marzo, y que tanto él como su hijo, que con él iba, sabian mas *das alturas que Joáo Diz*.

Despues de hablar de la posicion de cada uno y de los salarios que tenian en España, el ministro cree no poder *arrancar* á Solis, pero en cuanto á Auriques opina—«que si su Alteza le diera doce ó quince mil reis por año, se iria á Portugal á servirlo y llevaria á su hijo que dice sabe tanto como él,»—y añade—«me parece que Auriques se iria desde luego *porque él y la mujer son portugueses*.»

Informa tambien el ministro de las conversaciones que tuvo con Solis (á quien llama, en efecto, *piloto portugués*) y con un hermano de este.

---

4. En la coleccion citada, t. 3, páj. 125 y siguientes, se encuentran íntegras estas dos cartas, copiadas de los originales, que se guardan en Lisboa en la *Torre do Tombo*, por don Juan Bautista Muñoz.

Confiesa lisamenle que trató de seducirlo manifestándole «cuán poco seguro era cuanto se trataba en España y que « nunca se cumplía, al paso que lo de Portugal era cierto « y se cumplía, ofreciéndole que se empeñaria en que el so- « berano de Portugal le perdonase y le hiciera mercedes.»

Solis, segun el ministro, se mostró muy agraviado del Rey de Portugal, siendo el principal agravio no haberle pagado lo que se le debía, agregando que desesperando de que se le pagase se habia venido;—que su Alteza le habia mandado por su hermano una carta de seguro, pero que él no osaría ir á Portugal, que recelaba lo prendiesen, que si allá fuese lo tendrian por sospechoso, y, por conclusion, *que allá no iria.*

El hermano de Solis habia dicho, por su parte, que se le debian en la casa de la India trescientos cruzados y á su hermano el piloto ochocientos, que su Alteza habia dado órden para que les pagasen, pero que nunca les habian pagado.

Tal es el resúmen, exactísimo, de todo lo pertinente que contienen los enunciados documentos.

Y esos documentos son, en cuanto á la nacionalidad de nacimiento de Solis, no solo ineficaces, sino, hasta cierto grado, contraproducentes.

De ellos se deduce que Solís estuvo al servicio de Portugal, lo que no tiene nada de estraño en aquellos tiempos en que los hombres de mar aparecen pasando del servicio de Portugal al de España y vice-versa, sin mas motivo que el del mejor partido pecuniario que en la ocasion les hacia alguna de esas córtes.

Se deduce tambien que dejó el servicio de Portugal por
que no le pagaban lo que le debian (lo que él y su hermano
afirman sin que nadie ni nada les contradiga) y no por otra
causa, puesto que si la hubiera ya se habria alegado en las
reclamaciones que se hicieron con ocasion de su viaje de
1515.

Habiendo dejado el servicio de Portugal para tomar el
de España, sobrado motivo tenia para recelar que si pusiese
el pié en tierra portuguesa ella se le convirtiria en prision. [5]

La clasificacion de *piloto portuguès*, que es lo único que
los documentos contienen, puede referirse y se refiere, sin
duda, al hecho, cierto, de que Solis tomó servicio en Portugal, como los portugueses Diego Garcia y Fernando Magallanes lo tomaron en España, sirviendo como pilotos españoles.

Pero, además de que esa clasificacion desnuda de toda
prueba, no tiene en sí misma valor alguno, tenemos en el
mismo documento que la hace, algo que aclara su sentido y
que, en cuanto al que le dá el señor Varnhagen, lo contra-
dice, como ya lo dejamos indicado.

Hablando de Auriques, el ministro dice—que iria desde
luego *porque él y su mujer son portugueses.*

El ser *piloto portugués*, esto es, el pertenecer á la ma-

---

5. Eran frecuentes estas prisiones ó detenciones para dificultar el servi.
cio de la Corte de España. El famoso jesuita Ruiz de Montoya, en su re.
greso para América, desde Madrid, donde acababa de imprimir (1639) su *Tesoro y su arte de la lengua Guaraní,* tocó en Lisboa, allí le detuvieron, y al fin,
le despojaron de la mitad de la edicion do esas obras que consigo traia, lo que,
sin duda, ha contribuido á que fueran, desde entonces, estremadamente raras.

trícula de mar de ese reino, no es sinónimo de *portugués*, vale decir, de orígen portugués ó nacido en Portugal.

En otros términos, la clasificacion que hace el ministro de Solis, es clasificacion de *oficio*; la que hace de Auriques es de persona. Este iria desde luego, dice, porque él y la mujer *son portugueses*.

Nada tan personal ni tan directo dice de Solis; lo clasifica en cuanto al oficio; de la persona no dice nada.

Auriques iria desde luego, *porque es portugués*: Solis no vá, allá no irá ¿por qué?—Mas lógico es decir que no vá porque no está en el caso de Auriques, *porque no es portugués*, que deducir que porque fué piloto al servicio de Portugal, es portugués.

Damian de Goes, [6] se limita á repetir la clasificacion del documento; pero esa misma clasificacion se debilita, bien lejos de robustecerse, al pasar por la pluma de ese Cronista, tan celebrado por su exactitud, y tan descuidado y poco exacto en el lugar en que lo dejamos citado.

Ni Goes ni ningun otro de los cronistas ó historiadores Portugueses afirma que Solis fuese oriundo ó nacido en Portugal.

Pero aun cuando existiese esa afirmativa,—que no existe, desde que ella no tiene mas base que la aseveracion del diplomático Portugués, desde que no reposa en testimonio fehaciente, carece de todo valor y de toda autoridad histórica.

Al recorrer los anales de las negociaciones, controversias y litigios de las Coronas de España y Portugal con mo-

---

6. *Chronica do Serensísimo Senhor Rei D. Emanuel*. Ed. de Coimbra de 1790. Tomo 2.º páj. 437.

tivo de los descubrimientos en el nuevo continente, se tropieza, á cada paso, con las mas formales aseveraciones oficiales sobre hechos importantes, que han resultado absolutamente falsos ó sustancial y maliciosamente adulterados. [7]

Para demostrar el aplomo con que se daban por existentes ciertos hechos de la mayor importancia, pero cuya existencia no ha podido demostrarse, sin salir de lo que se refiere al descubrimiento del Rio de la Plata, pondremos el siguiente ejemplo:—

El enviado Portugués en la Corte de España, Alvaro Mendez de Vasconcellos, decía oficialmente en 1531—«que cada una de las partes averiguase cuando los de cada nacion habian descubierto el Rio de la Plata; pues que por parte de Portugal *fue descubierto ese Rio por una armada que allá fuera en el tiempo del Rey don Manuel, y de la cual era Gefe don Nuño Manuel* y que al fin se veria á quien cabia la primacía del descubrimiento, que era el verdadero derecho de posesion. [8]

Como se vé, se afirmaba en acto oficial, de la manera mas segura, en la forma en que puede presentarse el hecho mas notorio é incontestable, que en tiempo del Rey don Manuel habia sido descubierto el Rio de la Plata por una Ar-

---

7. Navarrete ha llenado un volùmen de crítica sobre viajes supuestos.— A ese volùmen que tituló—"*Exámen histórico crítico de los viajes y descubrimientos apócrifos del Capitan L. Ferrer Maldonado, de Juan de Fuca y del Almirante Bartolomé de Fonte* (Madrid, 1849)—podrian añadirse otros volùmenes sobre hechos inventados, adulterados ò exajerados en las relaciones de los viajeros en las crónicas, en las correspondencias y en los documentos de las épocas de que nos ocupamos.

8. Varnhagen—*As primeiras negociacões diplomáticas relativas ao Brasil* (En el tomo 1° y único, de las *Memorias* del Instituto His. y Geog. del Brasil)

mada de que era Gefe don Nuno Manuel; y este hecho se ale-
gaba para establecer nada menos que la prioridad del descubrimiento y el derecho de posesion.

Sin embargo, esa afirmacion tan solemne, no era mas
que una suposicion ó invencion aventurada: los mismos esta-
distas é historiadores portugueses han abandonado ese pre-
tendido título de prioridad, por qué, hasta hoy, no se ha
encontrado documento ni vestigio alguno de la realidad del
descubrimiento del Rio de la Plata por don Nuno Manuel.

De estas brevísimas observaciones resulta:

Que los documentos que hemos analizado no contienen prueba alguna de que Solis fuera oriundo ó nacido en
Portugal;

Que ni siquiera se ocupan de que fuera, ó no, natural
de Lebrija;

Que la clasificacion de *piloto portugués* se refiere á la
matrícula del oficio y no á la persona;

Que esa distincion la hace el mismo ministro aseguran-
do que Auriques estaba pronto á ir á Portugal, y que Solis no
lo estaba, porque Auriques y su mujer *eran portugueses.* Si
Solis lo fuera, no habría dado esa razon. Cuando menos,
habría dicho, porque son *mejores portugueses;*

Finalmente, que en estos litigios, las aserciones de los
diplomáticos portugueses, cuando, como en este caso sucede, no se basan en hechos notorios, reconocidos ó auténtica-
mente comprobados, no tienen autoridad, pues, segun lo dejamos patentizado con un ejemplo mayor de toda excepcion,
aquellas aserciones no siempre han resultado bien fundadas.

28

II.

Al paso que son ineficaces y aun nugatorios los documentos en que se intenta apoyar la pretension de hacer portugués á don Juan Diaz de Solís, tenemos en favor de su nacionalidad española el testimonio de los historiadores coetáneos ó mejor informados y la decision de los críticos mas competentes y mas escrupulosos.

Algun interés podia inspirarle al diplomático portugués la clasificacion de Solís: ninguno podria mover á los cronistas é historiadores españoles, que nunca intentaron negar la nacionalidad de orígen á los estranjeros que, al servicio de España, hicieron los mas importantes descubrimientos.

Los que repiten, uniformemente, que Magallanes, el famoso descubridor del Estrecho que lleva su nombre, era portugués—¿por qué y para qué le negarian esa nacionalidad á Solís? ¿Para qué inventarian que era natural de Lebrija?

No falta quien acuse á los portugueses del orgullo de revindicar históricamente como suyos los descubridores, cuando no han podido revindicar los descubrimientos. [9]

Es tal el acuerdo que existe entre los historiadores en cuanto á la nacionalidad de Solis, que para no citar inútil-

---

9. "Il est arrivé plus d'une fois à l'orgueil national portugais de reven-diquer historiquement comme siens des hommes que la politique exclusive et jalouse de ce peuple avait autrefois tenté de retenir ou d'appeler á son service, à raison de l'habilité qu'ils avaient acquise dans les navigations lointaines. Ainsi nous paraît-il en avoir été de l'Espagnol Jean Diaz de Solis, d'origine asturienne, et déclaré natif de Lebrija par ceux-là mêmes qui étaient á porteé d'être le mieux instruits."

(D'Avezac—*Considérations Géographiques sur l'Histoire du Brésil*, etc —Paris, 1857)

mente á casi todos, pues son rarísimas las exepciones, [10] nos
limitaremos á los que hacen mayor autoridad.

Corresponde el primer lugar á *Pedro Martyr de Anghiera.* [11]

Este historiador, que Humboldt considera como un
hombre superior y autoridad respetable en esta materia,
tenia en la Córte de España alta posicion oficial, que le
permitia conocerlo todo; y su amistad personal con Colon y
con otros de los descubridores, tanto como la ambicion de hacer pasar su nombre á la posteridad historiando aquellas maravillosas revelaciones de un nuevo mundo, [12] lo
hicieron curioso y escudriñador de todas las circunstancias
en lo que tocaba á los sucesos mismos, como en lo que se
relacionaba con las personas que en ellos intervenían.

Al fin de su primera Decada, lo nombra á Solís en estos
términos—*Joannes quidam Diaz Solisius, Nebrissensis.* [13]

En la Decada segunda, lib. décimo, dice:—«*Astur Ove-
tensis avito genere quidam, nomine Joannes Diaz de Solis,
qui se Nebrisae, quae doctos edit viros, natum inquit.* [14]

Gonzalo Fernandez de Oviedo y Valdes, Primer Cronista del Nuevo Mundo, conoció y trató personalmente á Solis, y
de él nos dice, lo que sigue:

« É aqueste Johan Diaz de Solís, siendo piloto mayor

10. La de Damião de Goes entre los antiguos y la del señor Varnhagen
entre los contemporáneos. Algunos otros los cópian, generalmente citándolos.
11. Lós autores Españoles escriben *Anglería.*
12. *In Castellæ regnis, ubi ætatis meæ vim omnem consumpsi, ubique
mihi ex novis orbibus ab Hispanis repertis vivendi* apud posteros est præbita
materia, etc. (Anghiera. Ep. 757)
13. *De rebus Oceanits* et *Orbe novo*—(Edicion de Basilea, in fol, 1533)
Folio 25.
14. La misma obra y edicion, folio 42.

« y paresciéndole que en la villa de Lebrixa, *de donde era*
« *natural*, no cabían sus pensamientos, volviólos al otro
« emisherio ó partes australes, donde se ofresció á mostrar
« por su industria é navegacion aquellas partes que de los
« antiguos fueron ignoradas en el antártico polo.» [15]

Y mas adelante agrega:

« Buen piloto era Johan Diaz de Solis, *é yo le comuni-*
« *qué*, y en las cosas de la mar por diestro era tenido para
« gobernar un timon é mudar las velas é derroteros; pero
« en las cosas de la guerra terrestre nunca exercitó esqua-
« dron de gente á pié ni á caballo. [16]

El Cronista don Antonio de Herrera que tan bien infor_
mado se encontraba de todos los actos públicos,—tratando
del viaje de 1508, dice:

« Partieron de Sevilla, el año pasado, Juan Diaz de So.
lis, *natural de Lebrija*, y Vicente Yañez Pinzon.» [17]

Los tres historiadores que acabamos de oir hacen prueba
plenísima. Pedro Martyr, además de prolijo investigador, estaba en relacion personal con las personas de que trata: no
dice precisamente que trató á Solís, pero trató, é íntimamente, á Vicente Yañez Pinzon, compañero de Solis en el
viaje de 1508 y despues su malqueriente á consecuencia de
las desavenencias que en ese viaje ocurrieron.

Oviedo conoció y trató á Solis. *Yó lo comuniqué*, dice:
Antonio de Herrera, Cronista de Indias, estaba en situa-

---

15. Historia General y Natural de las Indias, islas y tierra firme del mar
Océano, por el Capitan Gonzalez Fernandez de Oviedo y Valdes etc.— Edicion
de la Real Academia de la historia de España—Tomo 1 ° de la 2 ª Parte, páj.
167.

16. La misma obra y tomo páj. 168.

17. Antonio Herrera—Decada 1, lib. 7 °., Cap. 9.

cion de conocer todo lo que se refería á las personas de los descubridores y, en especial, de los que, como Solis, ocuparon el empleo de Pilotos mayores.

Los estranjeros no podian entrar al servicio de España ni ejercer el pilotaje sin carta de naturaleza ó sin Real cédula de nombramiento. [18]

Navarrete, en su celebrada disertacion sobre la historia de la náutica, habla, mas de una vez, de Solís y de los otros pilotos notables.

Refiriéndose al *inglés* [19] Sebastian Caboto, dice que no solo se recomendó su venida á España á Milord Wlive, capitan general del Rey de Inglaterra, sino que por una Real cédula fecha en Logroño á 20 de octubre de 1512, se le *admitió* al servicio marítimo de España, en clase de capitan con

18. La cédula Real del nombramiento importaba ipso-facto la naturalizacion y el reconocimiento de las otras cualidades requeridas para el oficio.

Estas cualidades, cuya designacion nos han conservado las leyes de Indias, (tít. 23 del lib. 9) eran, naturaleza en los reinos de Castilla, Aragon ó Navarra, mayor edad, buenas costumbres y buen juicio, no ser blasfemo ni jurador, ni haber incurrido en vicio notable.

19. Sebastian Caboto, como escribe Navarrete, Cabot, como lo hacen los ingleses, ó Gabotto, como decimos nosotros, fué el segundo hijo de Juan Cabot, ó Gabotto, veneciano que vino á Inglaterra poco despues del descubrimiento de Colon, á proponerle á Enrique VII que le ocupase en el descubrimiento de nuevas tierras.

En 5 de marzo de 1495 Enrique VII le acordó á él y á sus hijos la libertad de navegar en todos los mares bajo el pabellon inglés, con autoridad para formar establecimientos y construir fuertes. Por el mismo acto se le concedia el comercio esclusivo con las nuevas tierras.

El segundo de sus hijos, *Sebastian*, que es del que aqui se trata, y que fué el mas famoso, nació en Bristol en 1467.

Como se sabe, este Sebastian Gabotto, que vino á continuar el descubrimiento de Solis, es el verdadero descubridor de nuestros grandes rios.

el sueldo de cincuenta mil mrs. anuales, por tenerse noticia de ser hombre muy esperto en las cosas del mar. [20]

Las Reales cédulas admitiendo al servicio de España á los portugueses Fernando de Magallanes y Rui Falero son de 17 de abril y 22 de noviembre de 1518.

Si Solis hubiese sido portugués, habria necesitado como estos una Real cédula que le diera entrada al servicio de España.

Entretanto, él aparece sirviéndola en compañia de Vicente Yañez Pinzon en la expedicion de 1506, y la primera Real cédula que se expide á su favor es la que *seis años despues* le nombró Piloto mayor, para llenar la vacante dejada por Américo Vespucio, en marzo de 1512.

Esto es absolutamente decisivo.

No se le dió á Solis un permiso Real para entrar al servicio de España, porque no lo necesitaba, porque era español, natural de Lebrija, como lo afirman los cronistas Pedro Martyr, Oviedo y Herrera.

Gomara [21] y todos los otros historiadores españoles, repiten que era natural de Lebrija.

A ninguno de los compiladores é historiadores estranjeros de los viajes de descubrimiento, le ha ocurrido poner en cuestion esa nacionalidad.

Lo mismo sucede con los críticos.

Humboldt conocia bien, y ha citado con frecuencia, á

20. *Disertacion sobre la Historia de la Náutica y de las ciencias matemáticas* que han contribuido á sus progresos entre los españoles. Obra póstuma de don Martin Fernandez de Navarrete. Publicada por la Real Academia de la Historia. Madrid, 1846.—Páj. 138.

21. Gomarra—Hispania Victrix Primera y segunda parte de la Historia general de las Indias, etc.

Damiáo de Goes, pero ha dejado pasar desapercibido lo que ese cronista dice respecto á Solis. *

El mas concienzudo y mejor informado de los historiadores estrangeros del Brasil es Roberto Southey, y este re-. firiéndose á las palabras de Goes, que dejamos copiadas en la nota (22), fundado *en la poca atencion que le merecian á los Cronistas Portugueses las cosas del Brasil*, pone en duda que ellas puedan referirse al viaje de Juan Diaz de Solís, Nebrijense, como dice Pedro Martyr. *

Para concluir, diremos que ni los mismos historiadores Portugueses que tienen alguna originalidad ó mérito suyo, adoptan la clasificacion hecha antes por Damiao Goes y ahora reproducida por nuestro ilustre contemporáneo el señor Varnhagen.

El renombrado historiador *Antonio Galváo*, hablando de los pilotos Castellanos Soliz y Pinzon dice que fueron grandes descubridores en aquellas partes (los mares australes) hasta que en ellos perdieron, al fin, las vidas y las haciendas. *

22. Goès no solo le llama á Solis—ó *Golis*, como él escribe, piloto portugués, sino que tamblen dice que huy⁵ de Portugal *per eros que cometeo*; y nos ocurre transcribir estas palabras para que à alguno no le ocurra pensar que pueden tener algo que ver con nuestro Solis dos Reales cédulas que se encuentran en la coleccion de Navarrete; la una de 11 de octubre de 1477 que manda prender por robo á un *Juan Diaz, vecino de Lepe*, y la otra que tambien manda prender por robo y para ser entregado al Rey de Portugal, à un piloto natural de Portugal, *Juan Díaz, llamado Bofes de Begazo.*—Lo que dejamos espuesto y vamos á esponer aleja toda sospecha de identidad entre esos dos individuos y Juan Diaz de Solis.

23. Southey. Hi⁻tory of Brasil, 3 tomos, Londrés, 1810. T. 1, páj. 28.

24. La 1ª edicion, con un titulo muy estenso, se publicó en Lisboa, en 1563—Fué reimpresa en la misma Ciudad en 1731, con el siguiente titulo,— *Tractado des descobrimentos antiqos é modernos feitos até a era de 1550, composto pelo famoso Antonio Galváo.*

Ayres de Casal,—el padre de la Geografia del Brasil, cuya obra se consulta y se cita todavia con respeto,—hablando del descubrimiento del Rio de la Plata, dice:

« No anno de mil quinhentos e quinze, navegou o *Cas-*
« *telhao Joan Diaz Solis* do cabo de Santo Agostinho athé
« o Rio da Prata, que tomou delle o nome por algum tem-
« po. »

Con esto creemos dejar fuera de cuestion la nacionalidad de Solis y justificada la razon con que la Villa de Lebrija lo recuerda, todavia hoy, entre sus hijos ilustres. »

III.

Sabemos cual es la patria de Solís, pero ignoramos absolutamente donde y como se preparó para la carrera que ha ilustrado su nombre,—donde y como la comenzó.

Que estuvo al servicio de Portugal nos parece cierto, puesto que, segun las cartas del ministro portugués que nos han ocupado, aseguraba que el gobierno de aquel pais le debia cierta cantidad de dinero, cuyo pago nunca pudo obtener, lo que lo indujo á venirse á España.

Navarrete nos dá noticia de sus viajes al servicio de España, en los siguientes términos:

« Entre estos descubridores merece particular mencion Juan Díaz de Solís, natural de Lebrija, que unido con Vicente Yañez Pinzon, fué en 1506 á proseguir los descubrimien-

---

25. *Corografia Brasilica, ou Relacão Historica geográfica do Reino do Brasil,* 2 tomos, Rio de Janeiro, 1817—Tomo 1.° páj. 48.

26. Diccionario Geográfico, Estadistico, Historico de España, por Pascual Madoz—Tomo 10, páj. 109 á 111.

tos del primer Almirante, principiando en las Islas de los Guanajos, reconociendo el golfo de Honduras y siguiendo al golfo Dulce, cuya entrada avistaron, al parecer con el objeto de hallar algun canal ó estrecho de comunicacion con el otro mar, y llegaron á las Islas de Caria. Descubrieron asimismo parte de la provincia de Yucatan, cuyo conocimiento no se completó hasta algunos años despues.

« Durante la ausencia del Rey-Católico de los Estados de Castilla se entibió algo el ardor de semejantes empresas; pero luego que regresó de Nápoles, mandó llamar á la Corte á Solis, Pinzon, La Cosa y Vespucci, acordando con ellos que pues estaba descubierta tanta parte de la costa de la tierra firme desde Paria á poniente, se procurase poblar en ella y descubrir al sur hácia el Brasil, siempre con la idea de encontrar algun estrecho que facilitase el comercio de la especería.

« Aparejáronse con este último objeto dos Carabelas en que fueron Yañez y Solís, y por piloto Pedro de Ledesma, con las instrucciones correspondientes. Salieron de Sanlucar el dia 29 de junio de 1508, dia de San Pedro y San Pablo, reconocieron las islas de Cabo Verde, despues el Cabo de San Agustin, y siguiendo hácia al Sur la Costa del Continente, llegaron casi á los 40° de aquel hemisferio, " tomando posesion por los reyes y por la corona de Castilla de las tierras que iban descubriendo.

La falta de buena armonía, y los altercados que hubo entre los principales caudillos de la expedicion, coartaron

27. Por esta parte de la costa desagua en la mar el rio *Colorado* que sitúan nuestras cartas en treinta y nueve grados, cuarenta minutos de latitud Sur, y cincuenta y seis grados, diez minutos de longitud Occidental de Cadiz. No hay indicios de que entonces avistasen la entrada del Rio de la Plata. (N.)

sus progresos.   Lo cierto es que regresaron á Castilla á fines
de octubre de 1509; que se formaron procesos judiciales, y
que resultando culpado Solis le enviaron preso á la cárcel de
Corte, mientras que á Yañez Pinzon le hicieron algunas mercedes en la isla de San Juan, aunque despues no se realiza-
ron. [28]

Habiendo quedado Solis salvo y libre de sus cargos, se
le pagaron en 24 de abril de 1512 treinta y cuatro mil maravedis de merced en recompensa del tiempo de su prision y
pleito, además del salario de Piloto mayor, en cuya plaza entró por muerte de Américo Vespucci, asentándosele en los
libros solo sesenta y cinco mil maravedis, porque los diez
mil restantes se asignaron por pension á la viuda de su antecesor. [29]

« En el mismo año 1512 habia el Rey mandado aprestar
ciertos buques para un viaje de descubrimientos por las partes de Malaca y de la Especeria; pero lo mandó suspender
hasta comunicar con su hijo el Rey de Portugal lo que tocaba á aquella navegacion, por que en realidad pertenecia á los
portugueses por los tratados y Bula Pontificias. [30]

« Compuestos estos negocios, en los que intervino por
parte del Rey Católico Lope Hurtado de Mendoza, se varió la
disposicion del viaje de Solis, mandándosele, segun se ca-
pituló con él en 24 de noviembre de 1514, ir á descubrir
por las espaldas de Castilla del Oro y de allí adelante, con
tres navíos, uno de sesenta toneles y de treinta cada uno de
los otros.   Se estipuló asimismo que el Rey daria cuatro mil

28. Herrera, Década 1ª, lib. 7, cap. 1° y 9°—Documentos números
24 y 43 del Apéndice del tomo 3° de la Coleccion de Navarrete.
29. Archivo gen. de Indias. ext. de Muñoz.—(N)
30   Herrera Dèc 1, lib. 9. Cap. 13.—Ext de Muñoz

ducados de oro; que todo el apresto, gasto de mantenimientos y gente seria por cuenta de Solis: que el Rey tendria un tercio de los beneficios, otro Solis y el restante seria para la gente: que irian un Factor y un escribano contador nombrados por el Rey, con otras condiciones de menos monta. En la instruccion que se le dió con la misma fecha, se trasluce la idea de buscar un estrecho para el mar del Sur y de comunicarse con Pedrarias Dávila; encargando á Solis enviase una figura ó diseño de la tierra que descubriese, y que si Castilla del Oro fuese Isla y se hallase abertura ó estrecho, remitiese las cartas á la Isla de Cuba. Se le prevenia con mucho encarecimiento que no tocase en costa ó tierra perteneciente á Portugal, so pena de muerte y perdimiento de bienes. [31]

« Estaban ya prontas las tres carabelas, cuando quiso Solis poner á monte ó varar la mayor para limpiar sus fondos; pero la varó cargada y se abrió, de modo que por inútil quedó en Sevilla, y se le prestaron setenta y cinco mil maravedis para comprar otra.

« El Rey, que receloso de los portugueses daba prisa para la partida, quiso empeñar mas á Solis haciéndole mercedes, *por que era* (dice Herrera) *el mas escelente hombre de su tiempo en su arte.* [32]

« Salió de Lepe el 8 de octubre de 1515, encaminóse al puerto de Santa Cruz de Tenerife y de allí á la costa del Brasil, que reconoció prolijamente desde el *Cabo de San Roque* y de San Agustin hasta *Rio Janeiro*, situando todos los puntos principales en sus respectivas latitudes. Mas adelante avistó *el Cabo de la Cananea* en veinte y cinco grados, tres

31. Documentos números 35, 36 y 39 del Apéndice del 3 tomo de la Col. Navarrete.

32. Dec. 2, lib. 1 ª. cap. 7.

minutos sur; y tomando su derrota al S. O. para la Isla que llamó *de la Plata*, [33] surgió en la *bahia de los Perdidos*, que colocó en veinte y siete grados. Salió de allí corriendo la costa hácia el sur, y fondeando en varios parages de ella, la reconoció hasta dar vista á la Isla de *San Sebastian*, donde están otras tres que llamó de *los Lobos* [34] y dentro el puerto de *Nuestra Señora de la Candelaria* que situó en treinta y cinco grados.

«Allí tomó Solís posesion de todo por la Corona de Castilla; y de acuerdo con sus compañeros entraron en una gran abra ó abertura, que por ser tan espaciosa y el agua no salada llamaron *mar Dulce*, y pareció luego ser el rio que se apellidó de Solis y *hoy se llama de la Plata*. Dentro de él reconoció el mismo Capitan con una carabela latina la entrada por la costa mas próxima, y fondeó frente de una isla mediana que fijó en treinta y cuatro grados, cuarenta minutos. En las riberas habia casas de indios, y se observaba que muchos embelesados veian pasar la carabela ofreciendo con señas lo que tenian.

«Quiso Solis reconocer el país y tomar algun hombre para traerlo á Castilla. Bajó á tierra acompañado de algunos otros con este objeto, y los indios que tenian emboscados muchos flecheros, cuando los vieron desviados del mar dieron en ellos, mataron á Solis, al factor Marquina, al con-

33. Debe ser la Isla conocida hoy con el nombre de *Santa Catalina*, en cuya mediania está la ciudad principal con un buen fondeadero, situada en latitud veinte y siete grados, treinta y siete minutos sur, y longitud cuarenta y dos grados, veinte y dos minutos O. de Cádiz. (N.)

34. *Las islas de los Lobos* están situadas en nuestras cartas en treinta y cinco grados, dos minutos de latitud sur, y cuarenta y ocho grados, veinte y siete minutos, cuarenta y cinco segundos de longitud Occidental de Cádiz (N).

tador Alarcon y á otras seis personas, á quienes cortaron las cabezas, manos y piés, y asando los cuerpos enteros se los comían con horrenda inhumanidad. Esto aconteció dentro del rio junto á la isla que llamaron de Martin Garcia, situada en la costa del Sur. De tan fiero espectáculo se apartó la carabela yendo á buscar los otros navios, y unidos se volvieron con la desgracia de perder en la mar uno de ellos con toda su gente. Los otros dos entraron en la bahia de los Inocentes, donde por rescate adquirieron quinientos y quince quintales, tres arrobas y una libra de brasil, que con una esclavita y sesenta y seis cueros de lobos marinos fué todo el provecho de este viaje. Regresaron á Castilla muy maltratados al mando de Francisco Torres, piloto del Rey y cuñado de Solis; y se despachó la noticia de su llegada á los gobernadores del Reino en 4 de setiembre de 1516.» [35]

Hemos reproducido textualmente esta narracion de las navegaciones de Solis al servicio de España, porque, además de ser la mas metódica, nos parece la mas autorizada. [36] Navarrete era hombre muy competente y tenia á su disposicion los archivos y, sobre todo, los preciosísimos materiales históricos coleccionados por don Juan Bautista Muñoz.

Por otra parte, esta narracion concuerda con la que nos ha dejado Herrera, quien, sin duda la escribió, especialmente respecto al último viaje, con conocimiento de los documentos. [37]

---

35. Navarrete Coleccion de viajes y descubrimientos.—Tomo 3.º páj. 46 á 50.

36. Humboldt debió creerlo así porque tambien la reproduce, con leves variantes de detalle, en el tómo 1º del "*Exámen critique de l'histoire de la geographie du nouveau continent et des progrès de l'astronomie nautique aux quinzieme et seizieme siecles.*—5 tomos—Paris, 1836—37.

37. Década 2, lib. 1, cap. 7.

Sin embargo, creemos, como ya hemos tenido ocasion de manifestarlo en esta misma *Revista*, que todavia no ha podido escribirse la historia verdadera y completa del *descubrimiento*, de la conquista, poblacion y gobernacion de los paises que despues formaron el Vireinato del Rio de la Plata. [38]

Estamos persuadidos de que Navarrete, como Herrera, han escrito sobre documentos oficiales y auténticos; pero esos documentos pueden ser incompletos; pueden existir otros que se hayan recatado mucho y que quizá contradigan, en alguna parte, otros documentos, especialmente diplomáticos, que no se han reservado tanto.

Damos por cierto que de la correspondencia de los agentes de España en Portugal se deduzca la suspension de la expedicion preparada en 1512; pero ¿no puede haberse empleado algun ardid en aquella correspondencia? ¿no puede haberse ocultado la verdad?

Supone Navarrete, apoyándose en Herrera y en los estractos de Muñoz, (que estractó documentos en los archivos de Portugal,) que el Rey de España, que habia mandado preparar la espedicion de 1512, la suspendió despues hasta entenderse con su hijo el de Portugal.

Esta suspension debió ser tardía, puesto que, segun las cartas del ministro de Portugal que nos han ocupado, en setiembre de 1512 el armamento continuaba en el puerto de Lepe.

Al encontrarnos con esta suspension, nos encontramos con un verdadero enigma.

38.   Número 1° de la "Revista del Rio de la Plata," páj 139.

Desde luego nos preguntamos—¿qué se hizo la persona de Solis, en qué se ocupó Solis en todo el año de 1513 y la mayor parte de 1514?

Abandonada la expedicion, Solis desaparece por dos años.

Es creíble que en aquella época en que tan diversas direcciones podian tomar los descubrimientos, puesto que en el Océano, cuyos límites habian desaparecido, nada habia de definido, de inaccesible, de imposible,—se abandonase, por un escrúpulo como el que se indica, un armamento costoso y adelantado y se condenase á la inaccion un hombre como Solís?

¿Seria muy aventurado presumir que no se inutilizó tal armamento ni tal hombre, y que, por consiguiente, el abandono de la expedicion fué solo un acto ostensible?

Si dando entera fé y crédito á alguna nota diplomática, admitimos la suspension, como la admite Navarrete, nos encontramos con un acto inesplicable é improbable.

Por el contrario, si admitimos que esa nota fué alguna estratajema, alguna evasiva, de mala ley por supuesto, para evitar dificultades ó servir conveniencias momentáneas, la luz se hace, toda sombra, toda confusion desaparece.

A esa luz, hemos vuelto á estudiar este punto.

Varios historiadores dan por descubierto el Rio de la Plata en 1512, lo que implica la realizacion del viaje preparado en ese año.

Pero ¿cómo se esplica que Solis llegase al Rio de la Plata en ese viaje, y que solo datara su descubrimiento del viaje, tres años posterior, de 1515?

Oviedo que, como á otro propósito llevamos dicho, trataba á Solis—*lo comunicaba,*—nos da esa esplicacion.

Dice Oviedo:

«Y con licencia del Cathólico é Serenísimo Rey Don Fer-
« nando, de inmortal memoria, dió efeto á la obra y des-
« cubrió este grand rio (de la Plata) *año de mill é quinientos*
« *é doce años, y truxo la relacion que por entonces pudo ver*
« *de aquella* ribera; y para mejor y con mas posibilidad é
« gente salir en tierra, el mismo Rey le hizo capitan suyo é
« *le concedió* la poblacion de aquel grand rio. *E volvió allá*
« *con tres naos* muy bien armadas é provistas de gente y vi-
« tuallas, para descubrir é saber los secretos de la tierra,
« *el año de mill é quinientos é quince años;* y llegando don-
« de él tanto deseaba, etc.» [39]

Esta narracion de Oviedo nos ha parecido la mas verosimil: segun ella, el viaje, ostensible y oficialmente aplazado (lo que esplica que por tal lo den los que, como Herrera y Navarrete, escriben sobre documentos oficiales) se realizó: Solis encontró la boca del Rio, y regresó para obtener la gobernacion y las concesiones que solicitaban los descubridores sobre los paises que descubrían. Yá debidamente autorizado, vino á hacer el descubrimiento abierto y público, en 1515.

Herrera y Navarrete, que no pudieron, como Oviedo, oir la verdad de los lábios de Solis, se atuvieron á los documentos de este último viaje, que eran los corrientes en las Chancillerias, los que no se ocultaron porque no se habia ocultado el viaje.

Gomara nos dá la misma esplicacion que Oviedo. [40]

---

39.   Oviedo—Historia general—lib. 4, 2ª parte, cap. 1, páj. 167.
40.   Historia de las Indias.

Algunos otros, y entre ellos don Félix Azara, admiten
que existieron dos expediciones—la preparada en 1512, y la
de 1515,—que Solis descubrió el grande rio en la primera y regresó á España para solicitar la privativa, como dice Azara,
en el descubrimiento, conquista y gobierno de los paises re-
gados por aquel rio. "

Esperemos que sobre este, como sobre otros muchos
puntos todavia oscuros, irán apareciendo documentos y revelaciones inesperadas, puesto que, como lo indicamos en
otro artículo, ya se han abierto, aunque todavia con poco
provecho para el Rio de la Plata, los archivos seculares de
Simancas, de Sevilla, del Escorial, etc.

Pero, fuerza es decirlo, la aparicion de esos documentos
será inútil si no son atentamente leidos y analizados, y si los
hechos que en ellos se encuentran no se comparan ó relacionan con los hechos ya conocidos;—en una palabra, si cada nuevo documento no se convierte, por el uso que de él se
haga, en un nuevo elemento de crítica histórica.

Por ejemplo, Navarrete mismo nos dá noticia de que
en el archivo general de las Indias de Sevilla, entre los papeles traidos del de Simancas, legajo 3.° de los rotulados,
de relaciones y descripciones, existe una relacion original,
muy mal tratada, que presentó á S. M. el capitan general
Diego Garcia de las derrotas y navegacion que hizo en *el segundo viaje al Rio de la Plata*, desde su salida del puerto
de la Coruña, el dia 15 de enero de 1526; cuya *relacion espresa que habia hecho otro viaje al mismo Rio 15 años antes
y que se le habia perdido una carabela;* de donde se infiere,

41. Azara—Descrip. hist- del Paraguay y del Rio de la Plata. Ed. de
Madrid, 1847—Tomo 2°, páj. 1—6.

agrega Navarrete, que el cristiano que halló don Rodrigo de Acuña á la boca de la Bahia de Todos los Santos en 1526, y que hacia 15 años se habia perdido allí con una nao, era probablemente individuo *del primer viaje de Diego Garcia.* [42]

De un hecho tan notable, tan directo, Navarrete no saca deduccion alguna que se relacione con los viajes al Rio de la Plata, y mucho menos con el descubrimiento de ese rio. Bajo este aspecto, no lo detiene el hecho, y, por consiguiente, no saca inferencia alguna.

Lo mismo hace nuestro ilustrado historiador el señor Dominguez. Reproduce fielmente á Navarrete y deja pasar el hecho sin prestarle la mínima atencion. [43]

Entre tanto, ese hecho puede corroborar la narracion de Oviedo, esto es, puede concurrir á probar que se realizó la espedicion de 1512, que con ella estuvo Sòlís en el Rio de la Plata y que volvió con su última espedicion de 1515.

La carta de Diego Garcia, en que dice, testualmente, « y esta señal de plata que yo he traido *un ombre de los mios* « *que dexe la otra vez que descubri este rio àvia quince* « *años,*» [44] es escrita en 1527. Por consiguiente, si él estuvo en el descubrimiento de ese rio *quince años antes*, el descubrimiento tuvo lugar en 1512 ó 1513.

42. Navarrete. Col de viajes. Tomo 5—páj. 170.

43. Dominguez. Historia argentina.—4.ª edicion—páj. 42.

44. El señor Varnhagen, encontró el documento en el archivo de Sevilla, *mucho mas maltratado*, dice, *que en el tiempo de Muñoz*; lo copió fidelísima y prolijamente, reponiendo con el auxilio de una cópia antigua las sílabas y a perdidas; y lo salvó, por fin, reproduciéndolo, con otro relativo a la espedicion de Gaboto, en la *Revista del Instituto histórico del Brasil.*

Los dos documentos son importantes para la historia del Rio de la Plata, y nos proponemos trasladarlos á las pájinas de esta *Revista* para que puedan ser consultados por nuestros estudiosos con mayor facilidad.

No teniéndose noticia de que en ese año de 1512 se aprestase otra espedicion que la que aparejaba Solis en el puerto de Lepe, de ese hecho puede deducirse que el viaje á que se refiere Garcia, y en el que él pudo venir al mando de alguna carabela, es el mismo viaje que se supone suspendido porque así lo dice algun documento diplomático, pero que se llevó á cabo segun lo refiere Oviedo, que *comunicaba* con el mismo Solis.

Si tuvo lugar la espedicion preparada en 1512, el descubrimiento pudo realizarse en 1513, como el del viaje de 1515 aparece realizado en 1516.

Dando la debida atencion á los documentos que vayan apareciendo, estudiándolos con detenimiento, iremos aligerando la labor de nuestros futuros historiadores.

IV.

Cualquiera que sea la verdadera fecha del descubrimiento del Rio de la Plata, descubriéralo la expedicion que se preparaba en el puerto de Lepe en 1512, ó la que salió del mismo puerto el 8 de octubre de 1515, el descubridor será siempre el Piloto Mayor de Castilla Juan Diaz de Solis.

Este título ya supone que el descubridor de nuestro Rio era hombre distinguido por su posicion y por su ciencia.

El título indica, como lo dice Veítia, que el que lo llevaba *era preeminente en grado y debia serlo en sabiduria.*

Que Solis merecia esa preeminencia, lo demuestran las

siguientes noticias, que tomamos textualmente de Navarrete
y de Veitia. "

El descubrimiento de América, produjo grande predileccion por el estudio y el adelantamiento de las matemáticas,
se introdujo ese estudio en todas las Universidades, y se esci-
tó la aplicacion de la juventud, tratando persuadirla de
que encontraría en las ciencias exactas un auxiliar importante para la posesion de las demas facultades; opinion, agrega
Navarrete, que apoyó mucho tiempo despues el célebre Francisco Bacon de Varulamío, y que vemos adoptada y seguida
en nuestros tiempos, con admirables progresos en el estudio
de los conocimientos humanos.

«Mientras que así se cultivaban las matemáticas en varias provincias y estudios generales del reino, se creaba en
Sevilla otra Universidad particular, para promover los ade-
lantamientos de la marina y de la navegacion; reuniendo los
estudios teóricos de las ciencias auxiliares á lo que la esperiencia y observacion iba manifestando á los navegantes españoles, que con porfiado empeño continuaban en todas direcciones los descubrimientos comenzados por el almirante
Colon. Creóse por entonces la casa y tribunal de la Contratacion, expidiendo el Rey y la Reina las primeras Ordenanzas en Alcalá de Henares á 20 de enero de 1503, para poner
órden y concierto en el comercio y tráfico de los Paises nuevamente descubiertos; y no se pudo dejar de atender desde luego
á fomentar el estudio y los progresos de la náutica para ase-

45. *Navarrete—Disertacion*, ya citada, *sobre la Historia de la Náutica
etc.—Don José de Veitia Linage—Norte de la contratacion de las Indias Occidentales*—1 tomo in folio, Sevilla, 1671.

gurar la idoneidad de los pilotos, y la confianza y seguridad
en sus derrotas y direcciones. "

Sohre la creacion del cargo de Piloto Mayor, dice Veitia: «Tuvo principio el orijen de Piloto Mayor de la Casa el
año de 1507, que habiendo el señor Rey don Fernando el Católico llamado á la córte á *Juan Diaz de Solis*, Vicente Yañez
Pinzon, Juan de la Cosa y Américo Vespucio, y resuelto que
como hombres prácticos en la navegacion de las Indias se
embarcasen á descubrir el Sur por la Costa del Brasil adelante, pareció necesario que uno quedase en Sevilla *para hacer las marcas* (que asi llamaron entonces las que hoy cartas de marear) y que para esto era el mas práctico Américo
Vespucio, á quien se le encomendó con título de Piloto Mayor, dado en Burgos á 12 de marzo de aquel año con cincuenta mil maravedis de salario. "

Sobre la importancia del cargo y sobre la estension de
los conocimientos científicos que débia poseer el que lo de-
sempeñase, oigamos á Navarrete.

«Empleo preeminente, dice, en grado y consideracion,
asi como debia serlo por su sabiduria no solo en el arte de
navegar, si no en las demás ciencias matemáticas; *pues era
examinador de todos los pilotos de la carrera de Indias, y censor del catedrático de cosmografia y del cosmógrafo fabricador
de instrumentos.*»

Sobre la provision del empleo, añade:

«Proveíase este empleo convocando en las Universidades y puertos mas célebres de España, á los sujetos hábiles
y esperimentados; y *hecha la oposicion*, el tribunal de la

46. *Veitia y Navarrete*, obras citadas.
47. *Veitia*, obra citada.

contratacion informaba al Rey del resultado de los exámenes,
de los informes adquiridos, y del juicio y calificacion respectiva de los pretendientes, y entonces el consejo de Indias
consultaba y S. M. hacia la eleccion. [48]

Conocido el estado de los estudios profesionales en España, las funciones del Piloto Mayor, la suficiencia que ellas
exijian y las condiciones á que estaba sometida la provision
de tan importante cargo, nos bastará repetir que la vacante
dejada por el fallecimiento de Américo Vespucio fué provista
en Juan Diaz de Solis, el segundo piloto que obtuvo
en España esta elevada posicion, que es la mejor ejecutoria
de su mérito.

Que le tenia, y muy distinguido, lo prueban tambien
otros hechos, que tomamos de los autores que vamos siguiendo en esta parte.

«El cuidado y correccion contínua de las cartas de navegar, fué uno de los objetos principales que ocuparon la
atencion del gobierno y de esta Universidad marítima, para
reunir y aprovechar cuantas observaciones y descubrimientos
iban haciendo nuestros navegantes, por mares y tierras enteramente desconocidos. Con este fin, se mandó en 24 de
julio de 1512 que Juan Vespucio y Juan Diaz de Solís formasen el padron para las cartas de navegar; lo que ha hecho
creer que ambos fueron los primeros cosmógrafos que hubo
en esta casa.

«Promovieron diferencia, tres años despues, entre castellanos y portugueses, por pretender estos que el Cabo de
San Agustin caia en su distrito, sin embargo de no conformarse con ello las cartas de Castilla. Formóse de resultas

48.   Navarrete, obra citada.

junta de pilotos para examinarlas y corregirlas, advirtiendo la Real órden, que si se estimaba conveniente para mayor seguridad y exactitud, podria hacerse un reconocimiento por personas prácticas y de satisfaccion; *pero que habiendo aprobado así Solis* como otros hombres muy peritos la carta hecha por el piloto Andrés Morales, *debia presumirse con fundamento que esta fuese la mejor y mas exacta.* [49]

Estos hechos justifican el juicio que hacen de nuestro descubridor los principales historiadores:

Buen piloto era Juan Diaz de Solís, dice Oviedo. [50]

Era el mas excelente hombre de su tiempo en su arte, agrega Herrera. [51]

Gran piloto, le llama Navarrete; [52] y Robertson afirma que Solis pasaba por el mas hábil navegador de España. [53]

ANDRÉS LAMAS.

Diciembre 12, 1871.

—•+●+•—

49. Navarrete—Obra citada.

50. Historia general, ya citada.

51. Década 2, lib. 1, cap. 7.

52. Introduccion al tomo 3 de la Coleccion de viajes.

53. W. Robertson—Historia de América.

LENGUÍSTICA Y POLÍTICA ORGÁNICA.

————

El estudio filosófico de las lenguas ha introducido una nueva terminologia en el estudio político de las naciones, que sirve muy eficazmente para aclarar las ideas que debemos hacernos de lo que es un pueblo libre. Nosotros, que queremos serlo, tenemos un vivísimo interés en estudiar esa doctrina; porque, cada dia mas, ella se convierte en regla del buen criterio para apreciar los fenómenos sociales; y deseáramos por eso que se preste atencion al modo con que la vamos á esponer.

Las naciones civilizadas, segun ella, se dividen en dos categorias: pueblos *inorgánicos* y pueblos *orgánicos*. En un pueblo inorgánico puede haber *libertad política* para los pocos individuos que figuran en las regiones superiores del Poder social; y puede haber tambien *libertad civil* en las regiones del interés puramente personal y mercantil. Pero, en esa categoria de pueblos, los individuos tienen que carecer necesaria y fatalmente de todas las otras *libertades interme-dias*; y no podrán llegar jamás al gobierno *directo de sí pro-pios* como llegan los pueblos orgánicos en todo el vasto con-junto de sus relaciones sociales. Los pueblos inorgánicos son por esto pueblos *administrados*; y no pueblos *adminis-tradores*: no manejarán jamás de una manera diaria y direc-ta aquellos intereses suyos comunes y locales que son los in-tereses fundamentales de la vida social, porque son el campo de la iniciativa propia para todo hombre que sepa lo que es y lo que vale el ser libre.

Donde en cada lugar la asociacion de vecindad que vive en él, no se halle *organizada parcialmente* para ser libre en sus movimientos á cada momento de su vida, y para funcio-nar por sí con iniciativa propia en cada una de las emergen-cias de relatividad que puedan venir á afectarla, poco impor-ta que la Nacion tenga un parlamento libre, porque los miem-bros mismos de ese parlamento, libres para emitir sus opi-niones y para hacer la ley general, tienen que retirarse, des-pues de cuatro horas de sesion, á una casa, á un barrio, á un distrito inorgánico y esclavo, donde como individuos no son mas que la simple molécula de una masa inerte y sin miem-bros; y donde no teniendo cohesion orgánica, no pueden te-ner tampoco ninguna aptitud virtual para desempeñar las fun-ciones de la vida local para la que es necesario que cada in-dividuo, como cada miembro vivo de un cuerpo orgánico, viva de sí mismo y con una actividad propia de nutricion y de movimiento.

Por esto, uno de los mas grandes lenguistas de nuestro siglo eminente político á la vez, Bunsen, decia:—«Sin la au-« tonomia municipal, sin la perfecta autonomia de toda la

« jurisdiccion judicial renovándose de por si misma y respon-
« sable ante la justicia popular, el Estado no será otra que
« un Despotismo disfrazado, ya sea un Rey, un Parlamento,
« ó un Poder cualquiera Electivo, quien ejerza el poder. Sin
« aquellos fundamentos y sin estar montado sobre aquellas
« garantias un Parlamento no es otra cosa que *una mala*
« *broma.* »

La esplicacion cabal de este fenómeno, y de sus causas
filosóficas, se encuentra en una ley interna del organismo y
del desarrollo histórico de las lenguas; y es esta ley la que
nos da una idea cabal de lo que es un pueblo ORGÁNICO á diferencia de un dueblo INORGÁNICO.

La unidad del sonido, dice Bunsen, es la sílaba; y la sílaba es en las lenguas humanas como lo que es el individuo en
las sociedades: una molécula movediza y viva. Asi como en
un estado salvaje el individuo es un todo independiente y
desligado de la asociacion, asi en los orígenes humanos la
sílaba corresponde á una idea completa.

De modo que cada sonido equivale á un objeto aislado.
bárbaro; y cada objeto corresponde á una percepcion simple
y embrionaria. Toda sílaba es asi un sustantivo bruto ó materia prima que no ha sido tocada por la industria; y
el verbo mismo lo es tambien, por que no tiene mas forma en ese estado que la del intinitivo que es el nombre
del verbo, ageno á toda influencia de trabajo y de relatividad: *vivir*, por ejemplo: es una palabra una abstrac-
cion. que no dice nada, es el simple nombre de una
cosa indeterminada é inorgánica, sin funciones de relacion, como lo es *estrella ú hombre*; y toda palabra es asi, en
las lenguas originarias é inorgánicas un trozo fijo é invaria-

ble como un trozo de materia prima, es una forma inerte que entra al discurso sin vida propia y sin capacidad para cambiar intrínsecamente al influjo de sus relaciones, un ejemplo lo pondrá en claro:—Al ensayar la lengua española, si un vasco que no la supiese quisiera decir—*Comeré al lado de Juan*, diria: *Yo comer lado Juan*; por que como su lengua es primitiva é inorgánica, no alcanzaría á comprender, sino muy tarde, el mecanismo orgánico de personas, tiempos y modos, que constituye la naturaleza clásica de nuestros idiomas. En este ejemplo, pues, las palabras como se vé, carecen de vida propia relativa: no se *asocian* las unas al influjo de las otras; y tanto valdrán entre sí, tomándolas de la última á la primera, como valdrán tomándolas del medio hácia cualquiera de sus estremos: cada una es un trozo en bruto, inorgánico; y todo el idioma es por lo mismo una masa compacta de moléculas iguales é inflexibles que son incapaces de combinarse de otro modo que por su *alineacion material*, á la manera de los soldados, por un movimiento automático.

Este es tambien el carácter y la ley natural de los pueblos inorgánicos. Lo que es cierto de la lengua lo es de la vida social; y mas adelante lo vamos á ver. Si en vez de la frase inorgánica *yo comer lado Juan*, hacemos una frase orgánica *comeré al lado de Juan*, [1] se notará al momento que la palabra *comeré* es una forma *viva* que no entra en la frase como simple materia prima ni con peso *en bruto*, sino con modificaciones orgánicas relativas á la persona, al tiempo, al modo y al número; es decir con una infinidad de elementos de vida propia, para variar y para cambiar intrínsecamente sus aspectos y funciones, modificando á cada instante su sen-

---

1. Comerás, comerá, comeremos. etc., etc.

tido y el de la lengua al correr de las ideas: es pues cada palabra UNA MUNICIPALIDAD lenguística y autonómica que dentro de sí misma tiene su PROPIO GOBIERNO, para desempeñar el servicio de las ideas. Y cuando se reflexiona que todo ese cúmulo de relaciones capitales se produce sin otro
elemento que una *é* acentuada, incorporada en la raiz, no
será posible dejar de admirarse del poderosísimo influjo de
la ley intrínseca que dá vida á todo organismo, y se comprenderá porque las lenguas orgánicas producen Homeros y
Virgilios, como los paises municipales producen Romas, In-
glaterras y Washington. En lo físico como en lo lenguístico y en lo social, esa es la ley que forma los dos estremos
que separan al embrion del organismo.

Si del ejemplo español pasásemos á un ejemplo griego ó
latino, veríamos con mayor claridad las consecuencias del
mismo principio; y encontraríamos un fenómeno lenguístico
análogo á la diferencia política y moral que hay entre la Inglaterra y la Turquia, es decir—entre una masa embrionaria
y un pueblo orgánico. En vez de decir «comeré *al* lado *de*
Juan»—el latino ó el griego suprimiria las dos partículas
inorgànicas *al* y *de*, que aunque son partículas de relacion y
constituyen ya un progreso, son sin embargo partículas inorgánicas; y el latino diria: *Propter Joanem edam.*

En esta frase han desaparecido todas las partes inorgánicas ó inalterables de la lengua; y cada palabra se halla *in-
ternamente* organizada y modificada de tal modo al influjo
de la relacion moral en que se halla con los demás, que funciona por sí propia dentro del sentido, como el individuo
libre funciona en un pueblo orgánico libre. Ella lleva su
poder de relacion como cosa inherente á su propia naturale-

za: las partículas inorgánicas del español (*al* lado *de* Juan) han pasado á ser flexiones movedizas como los fenómenos de la vida: *Propter Joanem*; [1] y de ahí el carácter científico y el movimiento orgánico de esas conjugaciones y declinaciones que hacen de las palabras otros tantos individuos libres moviéndose deliberadamente con autonomia perfecta dentro del mecanismo general del discurso.

Este poder del organismo vivo de cada miembro de la lengua que lo posee, es al que las lenguas clásicas, el sanscrito, el zenda, el latin y el griego deben el mérito de haber sido una fábrica incomparable de las obras de la literatura y de la ciencia; y por eso es que nuestras lenguas son sus únicos sucesores, mientras que en ninguna de las de otra tradicion se nota el mismo resultado. Si la lengua es la verdadera forma humana, el idioma es la verdadera forma social, y la palabra es la atmósfera de la razon; de modo que una palabra elemental, libre y orgánica, es á los complementos científicos y literarios del idioma, lo que los elementos municipales, libres y orgánicos, son á los complementos sociales y políticos de un pueblo libre; y como el efecto no puede obtenerse sin la causa, es imposible arribar á la libertad sin el organismo fundamental que la produce.

Cuando los hechos responden á las teorias, no hay posibilidad ninguna para la paradoja; y por mas que parezca serlo esta paridad de los fenómenos lenguísticos y políticos, bastará recordar que no se conoce pueblo alguno, antiguo ó moderno, que haya sido libre y grande hablando lenguas inorgánicas y sin origen municipal libre, para que se comprenda las

1. Joanis, Joanis, Joani, Joanem, Joan, Joane:
Hominis, hominum, hominibus.

estrechas relaciones que vincula á un fenómeno con el otro.

Esa es una ley universal de toda vida. El organismo humano la' presenta en todo su esplendor. La autonomia y la peculiaridad de cada movimiento tiene su órgano especial; y este órgano especial tiene su forma distintiva, un fenómeno privativo, su modo propio de servir sus funciones; y ningun otro miembro puede sostituirlo, sopena de alterar la armonía y la fuerza en sus movimientos libres.

Si á la luz de estos principios nos proponemos ahora formarnos una idea de lo que es un pais inorgánico, veremos al momento que es un conjunto de *individualidades iguales, agrupadas en masa,* bajo el poder social. Dentro de esa masa, como en las lenguas inorgánicas, ningun miembro tiene vida propia.

Si se trata de elegir funcionarios para su gobierno, el pueblo inorgánico obra en masa, ó al menos se supone que obra en masa; y cada hombre ó elector viene á ser una molécula *eventualmente* agregada, sin vida de relacion, para que desempeñe una funcion automática; y que por ser la funcion del conjunto no es la funcion especial de ninguno de los miembros que lo componen. Bajo esta forma de gobierno el hombre es tomado como materia prima, *en bruto*; y absorbiéndolo la ley en el todo uniforme, es decir—en una de las funciones desempeñada por el conjunto, se elimina la vida libre de cada miembro, y se le priva á la nacion de todas fuerzas parciales con que deberia ejercer y gozar su propia libertad.

Supongamos que un individuo dotado de fuerzas vigorósisimas se hallase hundido en una masa inorgánica de gentes, ese individuo á pesar de sus fuerzas, no seria otra cosa que una partícula inerte. Sus movimientos como los de cada uno de los que compusiesen ese todo, serian completamente automáticos, convirtiéndose cada persona libre en un TROZO INERTE del empuje jeneral. Del mismo modo sucede en la vida política é intelectual de los pueblos inorgánicos; y de ahí resultan dos grandes fenómenos que nos conviene señalar: el movimiento despótico del todo contra cada individualidad libre; y la inercia general que resulta del movimiento automático de la masa en el cuerpo humano: esa es la primera forma de la infancia, embrion automático de la virilidad: en el cuerpo social es la misma impotencia con el nombre de CENTRALISMO, y en las lenguas es un estado estéril que se llama POLISINTEISMO ó estagnacion de las ideas y de las palabras, como en la China, ó en la Turquia. Los tres resultados responden á una misma causa, pues son consecuencia del estado inorgánico del individuo, del pueblo y de la lengua.

Como en este estado, el conjunto es dueño absoluto de cada miembro, y como cada miembro no puede ser otra cosa que un agente esclavo de la fuerza general, todo acto de libertad ó de independencia es un movimiento contrario á la situacion establecida de los espíritus y de los intereses; es una tentativa divergente que incomoda y que indigna á los que se hallan cerradamente compactos al lado del que se permite esa libertad; y de ahí—el escándalo que causa la palabra libre y los ademanes borrascosas, fieros, que ella provoca. El disentimiento es un esfuerzo contra la presion del conjunto, es tambien un ataque y un crímen contra él. Toda divergencia debe pues provocar un castigo, y todo lo que perturbe la compactibilidad social debe ser espulsado del seno comun y esta es la teoria legal de todos los despotismos.

Esta dolencia crónica de los pueblos inorgánicos no tanto proviene de la índole de sus razas cuanto de la atmósfera ficticia y enfermiza en que viven los espíritus. Y asi como es cosa natural que un conjunto de fuerzas compactas menosprecie la fuerza aislada de un individuo, asi tambien lo es que el poder social centralizado y absorvente menosprecie la libertad y la iniciativa individual ó local. De ahí la falta de respeto y de consideracion por el individuo, por sus derechos y por la libertad de sus opiniones; de ahí tambien el mas profundo menosprecio por las entidades locales, y la doctrina de que las localidades son incapaces é ineptas para constituir centros parciales del gobierno propio.

En un país orgánico, dos individuos ó dos corporaciones de individuos, puestas respectivamente en los dos estremos mas contrarios de una opinion ó de una doctrina parten en su divergencia de un axioma comun, qué es la igualdad del derecho legítimo de cada una para pensar y para obrar en su sentido; y cualquiera puede ver lo que he visto yo: dos fanáticos sajones, uno católico y el otro puritano, discutir entre sí sus creencias con el mas profundo respeto de las personas y de la lealtad de sus respectivas creencias. Én un país inorgánico semejante ejemplo es imposible, porque una de las dos creencias tiene que ser un crímen público para la otra. La opinion es la persona, la persona es el partido, el partido es la ley, la ley es la soberania, el *nec plus ultra*: tener razon contra la persona es pues un crímen contra la ley.

En un país orgánico es al contrario. Toda opinion ó doctrina no es mas que *la opinion libre de uno ó de varios pensadores* que debe ser apreciada por el juicio público de la nacion libre. Nadie se escandaliza ni se inquieta por opiniones desde que hay un Juez multíplice con el término y con los medios necesarios para pronunciar su fallo, que oye y que estudia. La discusion toma entonces todas las formas libres del estilo, y no las armas de la guerra. En un caso, el ódio y las barbáries de la guerra; en el otro, la meditacion y el debate de los principios por el estudio injénuo de los hechos.

Pero para que un país sea orgánico y tenga todas estas esferas combinadas del movimiento libre, se necesita que se halle constituido sobre una série de organismos vivos y activos de acuerdo con su base topográfica; y que en esa misma proporcion *esté fragmentada su forma total inorgánica*; y subdividida su vida general en centros parciales de accion que vengan á ser para cada individuo una *pequeña pátria* al alcance de su iniciativa y de su influjo directo.

El individuo es una fuerza molecular y débil, como hemos visto, en medio del gran conjunto que se llama nacion ó provincia; su inicitiva es demasiado limitada para que pueda hacerse sentir en toda la periferia; y cuando no tiene un centro pequeño en donde funcionar, la conviccion de su impotencia y la presion de la masa, lo anonadan imponiéndole la inércia y el desaliento para funcionar como ciudadano. Pero donde la sociedad civil y política reposa sobre un organismo vivo de localidades libres, de corporaciones municipales *abandonadas á sí mismas*, y encargadas por la ley fundamental de encontrar ellas mismas las condiciones de su vida particular, asumiendo la accion y las responsabilidades de su propio provecho, el individuo se siente fuerte y activo

por la virtud misma de la ley; porque los intereses que tiene
que *atender* y que *salvar* para él mismo, están al alcance de
su iniciativa y de sus fuerzas personales.   Dentro de ese círculo de cosas estrecho el individuo *obra*, se hace *oir*, se hace
sentir entre los suyos, que tienen con él un interés *comun*,
propio y *limitado*.   No se halla en las condiciones de unidad
ahogada entre una masa informe, inerte, que nada tiene de
comun con cada persona; sino que vive y obra dentro de un
cuerpo *especial*, organizado para él y gobernado por él.

Este es el secreto de la *iniciativa* y de las *costumbres* de
los paises municipales.   Por eso es que nos parecen costumbres, es decir *hábitos espontáneos* lo que no es sino un resultado forzoso de *la necesidad de obrar así* impuesta por la ley.
Toda necesidad de que un hombre ó un pueblo no puede
prescindir es un hábito y una costumbre.

Entréguesele pues al pais el gobierno completo en sí
mismo: déjensele todas las responsabilidades de ese gobierno: no se le proteja por el centralismo político en nada: que
el bien y el mal se lo hagan los vecinos solos en las cosas de
su vecindario: que nombren bien ó mal y sean para ellos las
consecuencias todas: que luchen en ese terreno, y que apren-
dan año por año las consecuencias de un gobierno libre en
lo propio: que nadie espere ni pueda invocar otra autoridad
que la opinion pública del lugar: que esta opinion experi-
mente ella misma lo que es ser inerte y holgazana para ocuparse de lo propio: que ella sola esperimente las consecuencias de su propio desórden en el círculo de su vecindad; y
se verá entonces si hay gobierno propio en cada lugar, opinion verdadera, costumbres y hombres que la desempeñen.

Es de ese modo que un pais consigue ser libre y orgánico; y de ese modo es que, como dice Tocqueville hablando de los E. U. y de la Inglaterra, se obtiene un pais donde cada individuo tiene una pequeña patria proporcionada á sus fuerzas: su COMUNA—«El habitante de la Nueva Inglaterra se « apasiona de su Comuna porque la siente *fuerte é inde-* « *pendiente*: le consagra todo su interés porque *la gobierna:* « la *ama* porque no puede quejarse en ella de su suerte ni « de su papel: coloca en ella toda *su ambicion* y su porve- « nir: *interviene* en cada uno de los incidentes de la vida co- « munal. En esta ESFERA RESTRICTA *que está siempre á su* « *alcance*, él se ensaya en el gobierno de la sociedad; se ha- « bitúa á las formas sin las cuales la libertad no puede mani- « festarse sino por revoluciones: se penetra del espíritu de « esas formas, se aficiona al órden por interés propio, com- « prende la armonia de los poderes, y recoje ideas prácticas « y claras sobre la naturaleza de sus deberes y sobre la es- « tension de sus derechos.»

Reflexiónese sobre esto y se verá que esto es lo que se llama *declinar* y *conjugar* en las lenguas orgánicas. Lo que nosotros necesitamos pues para ser libres es que nos dejen *declinar* y *conjugar* nuestra lengua política—«Quien bien conjuga y bien declina, sabe bien la lengua latina.

Y el que se pone á traducir sin estos cimientos necesarios del organismo de la lengua, es claro que no podrá darnos sino *traducciones sopladas*, como dicen los estudiantes. Nosotros las estamos dando así en la política orgánica: queremos copiar á la Inglaterra y á los Estados Unidos borrando de la lengua política las formas declinatorias y las flexiones que ellas emplean.

Imposible!...La lenguística y la política orgánica tienen las mismas leyes naturales.

Hagamos pues en política lo que hacemos cuando queremos escribir ó hablar bien: que cada frase sea un ser vivo, libre y orgánico que contribuya con su homogeneidad al todo.

Organizada asi una nacion ó una provincia, se consigue la *unidad libre y activa* de la vida pública, que es cosa muy diversa de la *uniformidad*; por que aquella es vida, y esta es inercia—Una piedra, un amontonamiento de piedras es una cosa uniforme pero inorgánica: un palacio es una unidad orgánica y con vida de relacion propia.

Asi tambien:—un pais no puede ser libre sin que haya *Unidad viva en sus formas:* sin que su libertad sea íntegra y real en todas las tres faces de su vida: *política, civil y municipal.* Si falta una sola de estas tres condiciones, la libertad desaparece, asi como desaparece la salud si se gangrena una sola uña en el organismo animado.

No hay error mas contrario á la naturaleza divina del alma humana, á la dignidad de la razon, que el de suponer que hay razas condenadas á no ser libres *aun cuando ellas lo quieran ser* por el clima ó por la tradicion.

En este, como en todos los otros ramos de la vida humana, toda la cuestion reside en *querer y en saber*: es cuestion de intelijencia y de voluntad. Y por eso cada pueblo, como cada hombre, es dueño de su propia suerte y sufre las consecuencias de su propia ignorancia. Eso que se llama tradicion, costumbres, antecedentes, etc. etc., no son otra cosa que efectos del saber ó de la ignorancia: actos de voluntad mas ó menos bien inspirados. En el terreno de la política los pueblos son exactamente iguales á los hombres, hijos de sus propias ideas, de sus propios errores, de su saber y de su ignorancia. Si la Francia ha presentado, desde 1792, el espectáculo que todos conocemos, es por que ha ignorado desde entonces hasta ahora, como se DECLINA y SE CONJUGA la lengua libre de la política inglesa, como lo hemos estado ignorando nosotros tambien.

Suponer que el clima ó la contextura física de la raza es la causa de la ignorancia de cada hombre y de cada pueblo es el colmo del absurdo. Los chinos trasladados á los E. U. *aprenden* en poco tiempo á ser libres: los esclavos negros, emancipados en 1866, constituyen hoy un pueblo y una raza africana que sabe ser libre. Los *lazzaroni* trasportados á nuestro suelo, aprenden al momento la dignidad democrática y se hacen hasta insolentes con la conciencia de la libertad ganada. Todo hombre puede saber: todo pueblo *si quiere* y *sabe* puede ser libre.

El dia que nosotros *querramos saber* por el estudio de los pueblos libres que la libertad es un fenómeno complejo que abraza tres términos y que no puede existir faltándole uno solo de esos términos, esto es: sin que sea íntegra, daremos leyes consagrando de una manera perfecta: LA LIBERTAD MUNICIPAL y seremos libres como el mejor modelo, por que para serlo tenemos ya la Libertad Política, la Libertad Civil: y solo nos falta el vínculo que los Unifica y que las Vivifica: la Libertad Municipal.

Es pura cuestion de saber y de ciencia: pura cuestion de error ó de acierto; y no de raza, ni de naturalismo, ni de fatalidad. Y es cuestion de ciencia por que es cuestion de OR-GANISMO LEGAL Y JURÍDICO.

Si nuestra ley organizase la libertad política y civil que hemos conquistado fundándola sobre una ramificacion orgánica de comunas libres, cada una de esas pequeñas patrias entregada á la *iniciativa* y á la *responsabilidad* de los individuos que la constituyeran seria un ser moral, vivo, libre y responsable, mancomunado con los demas de su especie. Todo ser moral que vive, obra, aprende, se defiende, y progresa; tendriamos pues un organismo vivo para ejercer el derecho electoral, tendríamos la opinion pública en permanencia, por que todo ser moral libre piensa en permanencia: tendríamos las fuerzas individuales multiplicadas y garantidas por la asociacion orgánica de las ideas, de la voluntad pública y de los intereses; y todos estos elementos de opinion, convirtiéndose en miembros ó máquinas animadas de movimientos libres y deliberados del saber público del pensamiento público daria por resultado esa actividad prodijiosa que vemos en la Inglaterra en los Estados Unidos, y en los demas pueblos que se nos presentan como modelos; y que en efecto lo son por que tienen este organismo: un reloj bien fabricado funciona del mismo modo en todos los climas.

La unidad nacional ó provincial gana una consistencia y una fuerza proporcionada á la concentracion de vida y de actividad propia de cada uno de sus miembros. La Inglaterra y los Estados Unidos, dice Tocqueville, que han realizado tan grandes cosas, y cuya unidad nacional y de accion política son tan perfectas, CARECEN COMPLETAMENTE DE CENTRALIZACION ADMINISTRATIVA.

La gran verdad que Tocqueville reveló á la Francia no fué, como se cree, el valor político de la democracia. El mismo no tuvo la conciencia clara de la forma política y

·cientifica que constituia la perfeccion de la libertad sajona. Se dejó alucinar por el grande hecho superficial de la democracia, y no tuvo bastante clara la percepcion de lo que es un pais *orgánico* y un pais *inorgánico*.

Lo que él no vió con bastante luz, á pesar de los relámpagos que de cuando en cuando atraviesan por sus ideas, fué que aquello que el creia *organismo* frances era *inorganismo*.

Porque en efecto: cuando una nacion tiene un organismo puramente gubernamental, constituido para proteger todos los intereses, y deja en su base á toda la masa protegida en un conjunto informe é inerte, como simple agregacion de materia uniforme, esa nacion es una acumulacion INORGÁNICA de individuos, porque no tiene miembros que vivan de sus propias funciones vitales. Mientras que una nacion constituida sobre las funciones libres y vitales de sus miembros locales, tiene organizada su topográfica política: cada miembro es un poder orgánico que funciona, como miembro pensante y libre, en la relacion en que se halla con la vida normal del pais entero; y constituye así un todo orgánico que tiene su YO libre compuesto del YO libre de todos sus elementos animados por un mismo interés local.

Tocqueville y casi todos los escritores franceses con él, atribuyeron á la democracia inorgánica de otros pueblos las aptitudes de la democracia orgánica de los Estados-Unidos; atribuyeron al *Parlamentarismo inorgánico* francés de la Restauracion y de Luis Felipe, las aptitudes del Parlamentarismo *orgánico* de la Inglaterra; y esta fuente de sus lamentables errores, no fué consecuencia de razas sino de ignorancia y de falta de ciencia orgánica política.

Nosotros tambien hemos seguido á este respecto las corrientes de la ignorancia francesa y hemos sido víctimas de todas las consecuencias desgraciadas que debia dar esa falta de discernimiento entre lo que es un pueblo orgánico y un pueblo inorgánico.

Esta lamentable confusion de ideas es lo que ha causado en la Convencion Constituyente provincial esa resolucion tan incompetente que se ha dado á la cuestion religiosa, haciéndola fruto del inorganismo administrativo en vez de poner ese grande y supremo interés de cada conciencia en manos del pais mismo debidamente organizado para cuidarlo y fomentarlo segun la coherencia de los intereses en él.

La Francia es por esto el modelo de los paises civilizados inorgánicos. Toda su vida es una resultante de la máquina de presion á vapor que se llama administracion, y que derrama su accion protectora por los conductos subterráneos que tiende debajo de los piés de los que viven en esa tierra; y es increible la fascinacion que este mecanismo ejerce sobre los hombres dotados de mejor voluntad y de mayor vista para comprender y sentir sus mortales efectos.

La mayor parte de los escritores políticos franceses son un ejemplo de esta ilusion viciosísima que les impide ver que las cuestiones del organismo social constituyen una cuestion de saber y no de raza ni de clima, ni de tradicion.

La Francia misma ha visto, que en 1830 le bastó copiar imperfectamente la libertad inglesa para obtener el periodo político mas decente, mas digno y mas honorable que cuenta su historia. Si entonces la Francia hubiera *sabido* que sin la *libertad íntegra y triple* de la vida civil, política y municipal, no hay libertad social sólida, habria copiado al pié de la letra la autonomia *administrativa* que tienen los tres Reinos Unidos de la Gran Bretaña, habria copiado la autonomia *local* y *municipal* de los condados ingleses, de los Borough, de las parroquias; y sus libertades, consagradas así íntegramente en la ley escrita; y apoyadas en la posesion popular de la vida local y municipal, no habrían jamás perecido. Habrian caido quizás los Borbones y los Orleans, como cayeron los Stuardos; pero no habría tenido el despotismo centralista de la República Una é Indivisible, que es un absurdo político monstruoso: no habría tenido el Imperio injerto de esa República una é indivisible, ni habría pasado por sus recientes catástrofes. Las tres libertades unidas se habrían salvado por si propias, por que son tres puntos de apoyo: quitad una sola y todo el edificio se va de lado.

La Francia *no supo* copiar el modelo completo de la Inglaterra: prescindió de la base municipal, y se engalanó con el fronstipicio político, como nosotros; su ignorancia en esta parte esencialísima del organismo social, que forma el cimiento de los paises libres, fué la causa de su ruina en el abismo del despotismo.

La Francia no puede regenerarse sino *federalizando* su territorio sobre la base de sus grandes ciudades, y *municipalizando* ámplia y autonómicamente esas entidades federales, que la ley cree de acuerdo con la base topográfica de cada lugar.

VICENTE FIDEL LOPEZ.

(Continuará)

FRONTERAS Y TERRITORIOS FEDERALES

EN LAS PAMPAS DEL SUD.

Introduccion.

Hacerse escuchar, hacerse comprender, he ahí la gran dificultad en todos los tiempos y para todos los hombres.

Cuando Guthemberg inventó el medio de sustituir á la vibracion de la palabra, la conservacion perpétua de la palabra misma, por medio de la imprenta: ese gran paso dado en servicio de la verdad, fué luego aprovechado por la mediocridad ambiciosa.

El charlatanismo disfrazado con la corona de la sabiduria y elevándose á su altura, con gracia y amenidad ha llevado al espíritu de los hombres la desconfianza que nace ante dos cosas iguales en apariencia: la verdad y la impostura.

Para reconocerlas, es necesario descubrirlas. Si en ello no hay peligro, de seguro hay trabajo, y por no tenerlo, muchas veces aceptamos el veneno disolvente de las sociedades humanas que llevan en sí las falsas teorias, desechando sin exámen la palabra útil de la verdad que no balaga.

Una palabra así basta para sacar á un hombre de la oscuridad cuando no lo esperaba, elevándolo á las altas regiones de una gloria que no ha soñado.

Una palabra así mismo, puede undir á otro en el abismo del olvido ó el menosprecio cuando despues de trabajos y sacrificios, viene á revelar una verdad útil.

Conociendo estos peligros, con la fé que se alcanza en la justicia y en la elevacion del propósito, voy á escribir segun mi escasa ciencia, sobre fronteras y territorios federales.

Mucho se ha escrito sobre esta importante materia: con inteligencia y verdad unas veces; con ligereza y sin verdadero estudio otras; con propósitos políticos ó mercantiles algunas, y casi con brillo y erudicion, se ha dado fuerza á la falsa opinion que respecto del pais, de sus necesidades y ventajas existe dentro y fuera de él.

Sin ciencia ni erudicion voy á escribir ayudado de los hechos históricos que son incontestables; de las esploraciones científicas que han merecido justo crédito; de las operaciones militares exactamente referidas y apreciadas por sus verdaderos resultados, y de mis estudios prácticos, hechos en distintas épocas en la frontera, como poblador avanzado, como gefe subalterno, y como gefe superior en dos distintos departamentos durante cuatro años. Como gefe de la frontera del Sud de Buenos Aires tuve siempre á mis órdenes las numerosas huestes del cacique Catriel: restablecí las buenas relaciones con Calfucurá, el célebre diplomático de la Pampa, en 1865.

Hice el tratado de paz que existe con Renque Curá en 1866, y por fin estuve en constante relacion con todos los indios desde la frontera hasta el Limay.

Trataré siempre de sobreponerme á las pasiones de mi época; á toda suceptibilidad nacional, local, ó de partido, y así desprendido de todas aquellas afecciones, trataré de alzar mi espíritu, para poder juzgar del pasado y del porvenir de mi pais, con la imparcialidad de un estraño, con la libertad de un desconocido, con la intachable ambicion de ser útil á aquellos que no deben alcanzar á recompensarme.

Con el fin de ser útil á mi pais, haciéndolo conocer del europeo, de cuya industria y capitales necesita para crecer y prosperar.

Con el fin de servir al europeo mismo cuya industria y capitales carecen allá de espacio, de tierra, de los objetos de provechosa inversion que aquí le aguardan.

Al referir las ventajas, necesario es con verdad hacer conocer los peligros y dificultades que habrá que vencer y los medios de lograrlo.

Para ello he de confesar concienzudamente nuestros defectos y vicios, esplicando su orígen y consecuencias, y á la vez, sin exageracion, hacer resaltar las calidades indestructibles en que estriban las seguridades que el europeo reclama.

Conociendo que el trabajo es muy superior á mis fuerzas, reclamo la indulgencia de todos aquellos lectores que pudieran hallarle algunas deficiencias.

ALVARO BARROS.

Antes que las ideas de independencia y libertad produje-
ran la emancipacion del Continente Americano, las fronteras
de la República habian avanzado hácia el desierto, cuanto fué
necesario á las exigencias de los pobladores, y los indios
dominados siempre despues de la conquista, cedían la posesion de los campos á las pequeñas guarniciones destinadas
á guardarlos.

En la provincia de Buenos Aires el Fortin de Areco.
Guardia de Lujan y Navarro, determinaban la línea Norte, á
25 leguas de la capital; al Oeste la Guardia del Monte, y al
Sud Chascomús á igual distancia.

Esta línea era guardada por escuadrones de caballería
denominados Blandengues y Dragones.

En las demás provincias la línea de fronteras era poco
mas ó menos la de hoy, ó la de ahora pocos años.

Los indios eran entonces mucho mas numerosos, y completamente impotentes para la guerra por la falta de elementos;
y por la tradicion de sus derrotas, dispuestos á someterse al
poder civilizador que los invadia. Esto no solo se prueba con
la posesion segura de los pobladores defendidos con fuerzas
diminutas, pero mas aun con las espediciones regulares que
se hacian periódicamente de Buenos Aires á las Salinas Gran--

des, entre las que citaremos las que comandó el coronel D. Pedro Andrés Garcia en el año de 1810, y la esploracion hecha por D. Luis de la Cruz en 1806, que partiendo del fuerte Ballenar (Chile) atravesó la Pampa hasta llegar á Melincué sin encontrar mayor dificultad, siendo la fuerza espedicionaria compuesta de solo 14 hombres, y la distancia recorrida de 196 leguas.

El movimiento revolucionario de 1810 trastornó como era natural el órden establecido en las fronteras, y atenciones de mayor trascendencia ocuparon la mente de los ilustres barones de aquella epopeya. Los Blandegues y Dragones se disolvieron para ir á confundirse con los campeones de la libertad patria, y las fronteras quedaron totalmente desguarnecidas, y abandonados sus pobladores á sus propios recursos.

Tambien cesaron las espediciones á Salinas, en busca de sal, y ninguna tropa armada se aventuró ya al través de las regiones desiertas de la gran Pampa.

Sin embargo, la seguridad precedente indujo á algunos pobladores animosos á avanzar desde Chascomús á la márgen derecha del Salado, avanzando las poblaciones ya entre las tolderias de los indios, hasta Dolores, el Tuyú y otros puntos.

En la lucha de las nacientes repúblicas contra el poder español sobrevinieron disidencias entre algunos de los gefes de la Independencia, que produjeron la guerra civil. Los generales Artigas, Carreras y Ramirez, en la campaña oriental, la República Argentina y Chile, volvieron sus armas contra sus hermanos de causa, y faltos de recursos, de armas y de soldados, tuvieron la fatal idea de servirse de los indios como elemento de guerra.

Los indios entonces comprendiendo, ó no, las ventajas que la nueva situacion les presentaba, es indudable que las aprovecharon perfectamente.

Aliados con aquellos gefes, y comprometidos á servir á sus propósitos puramente personales, sirvieron en realidad á sus salvajes instintos.

Durante la guerra de la Indepencia, las fronteras habian seguido avanzando, puede decirse por el solo esfuerzo de los pobladores, y se llegó á establecer los fuertes Pergamino—Salto—y Melincué al Norte—En esta situacion tuvo lugar la primera grande invasion de los indios movidos por Carreras y Ramirez, y que en lugar de ayudar á quellos gefes en la guerra civil que iniciaban, se lanzaron sobre las poblaciones indefensas, hicieron un gran botín, tomaron posesion del pueblo del Salto, hicieron gran número de cautivas y regresaron soberbios y enriquecidos de todo á sus tolderías, mientras que sus aliados y gefes caían en poder de las fuerzas del Gobierno y eran pasados por las armas.

Cesó por fin la guerra de la Independencia y la sociedad emanicipada, empezó á ocuparse de su organizacion interior, volvíendo de nuevo su atencion hácia las verdaderas fuentes de su riqueza, *los campos de pastoreo.*

Bajo la direccion de D. Bernardino Rivadavia, el mas ilustrado de los Gobiernos, se puso en práctica la defensa de las fronteras, en las que el poder de los indios creciendo de dia en dia, era un peligro inminente para los pobladores.

Se adoptó entonces el sistema de fortines determinando una línea en los puntos siguientes: al Norte de la Provincia de Buenos Aires, los fuertes de Rojas y Cruz de Guerra, al Sud de las limítrofes Santa Fé, Córdoba, San Luis y Mendoza, los fuertes Melincué, Rio 4º, Rio 5º y San Rafael y se pobló Bahia Blanca.

A pesar de los esfuerzo del gobierno, de la inteligencia, dedicacion y bravura de los gefes, la defensa de las fronteras se hacia imposible en razon de la estension de la línea interrumpida de los fortines, en pais llano y abierto, de la audacia y actividad que los indios habian adquirido.

En tal situacion bajo el Gobierno de D. J. R. Balcarce en 1833, fué resuelto espedicionar al desierto á fin de someter á las tribus rebeldes.

El general don Juan Manuel de Rosas, fué encargado de dirigir personalmente la espedicion. Se pobló el Azul, se aseguró el Carmen de Patagones en la embocadura del Rio Negro, y se ocupó la isla de Choelechoel, 70 leguas mas arriba de la embocadura de este Rio.

Si el general Rosas hubiese alimentado la grande y genenerosa ambicion de asegurar para siempre el territorio de su patria contra las tentativas de los bárbaros; si hubiese puesto al servicio de esa idea su inteligencia y enerjía, es indudable que lo habria realizado, pero desgraciadamente ambicionaba el mando supremo de la República, y en lugar de conquistar el desierto para su patria, fué á él, en busca de título y derechos para llegar á gobernarla.

La espedicion dió por resultado la ocupacion transitoria de la Blanca, al S. Oste de Buenos Aires; y Choelechoel al Oeste de Patagones, y arreglos pacificos muy dispendiosos con algunos caciques de las Pampas, que mas tarde debian servir á la consolidacion de la tiranía.

Durante el gobierno del general Rosas el sistema de defensa de las fronteras se redujo á tratados de paz con todas las tribus, pagándoles un enorme tributo en ganados y otros artículos; fomentando en los indios todo género de corrupcion y de vicios y permitiendo que se hiciese con ellos el comercio ruinoso para el pais de comprarles el fruto de sus rapiñas incesantes, aunque no en grandes invasiones.

Bajo este sistema de seguridad aparente las fronteras, ó mejor dicho los pobladores fronterizos, avanzaron en una estension considerable hasta unirse con los pobladores de Bahia Blanca por el Sud, estendiéndose hasta las Sierras de la Ventana y la Blanca Grande.

He dicho que esta seguridad era aparente y transitoria y lo era en efecto.

En 1852, el derrocamiento del general Rosas del poder, produjo la ruina de todos los pobladores de la campaña, al esterior del 25 de Mayo, Azul y las Loberias, quedando en pié y cortadas Bahia Blanca y Patagones.

Bajo la influencia del general Urquiza, se restableció la frontera retrocediendo muchas leguas, y se aquietaron momentáneamente los indios ya demasiado corrompidos, ensoherbecidos y adiestrados para la guerra.

El 11 de setiembre de 1852, tuvo lugar la revolucion contra el poder del general Urquiza, y dió por resultado la separacion de Buenos Aires del resto de la Confederacion, y la guerra civil qne se siguió hasta 1862.

En este largo período los indios tomaron parte en la lucha tan pronto en favor de uno como de otro; concurrieron con sus fuerzas á los campos de batalla, de donde se retiraban sin tomar parte activa en el combate, arrasando cuanto quedaba al paso en su retirada triunfal hácia sus guaridas.

En 1853 á las órdenes del coronel don Pedro Rosas y

Belgrano, en el combate de San Gregorio el 22 de enero, entre el Salado y Chascumús, apenas se rompió el fuego abandonaron el campo y en su retirada hasta Tapalqué cometieron horribles depredaciones.

En 1855 el gobierno de Buenos Aires bajo la direccion del doctor don Pastor Obligado, se propuso restablecer la seguridad de sus fronteras dando un golpe de mano á los indios que bajo el título de amigos y en goce del antes establecido tributo habian abusado con tanta felonia de las contiendas civiles para atacar y destruir la mitad de la riqueza de la campaña y que se preparaban á nuevos atentados.

Al efecto se resolvió caer de improviso sobre las tolderias de los caciques Catriel y Cachul situadas sobre el Arro-Tapalqué y se confió el mando en gefe al coronel don Bartolomé Mitre.

La espedicion partió del Azul y regresó á los tres dias, habiendo sufrido el mas terrible contraste.

Los indios se lanzaron feroces sobre aquella parte de la campaña y en distintas invasiones arrasaron la mayor parte del Oeste y Sud de la campaña de Buenos Aires, desde el Pergamino hasta la costa del Atlántico, penetrando hasta donde les convino.

La línea de frontera el año 1856 quedó asi reducida, con poca diferencia á la que existia el año 1828 y 29.

En 1856 el general don Manuel Escalada fué nombrado para el mando de la frontera por el gobierno del doctor don Pastor Obligado y á pesar de su edad avanzada lo aceptó; se trasladó al Azul, donde le aguardaba el ejército mas desmoralizado que puede existir.

El general comprendiendo que era imposible por mil

circunstancias sostener la guerra hizo la paz con los indios Catriel y Cachul, con la aprobacion del gobierno, y se retiró á Buenos Aires dejando á aquellos restablecidos en los campos de Tapalqué.

Calfucurá situado en las Salinas no aceptó los tratados permaneciendo en actitud de invadir.

Mas tarde el gobierno del doctor don Valentin Alsina, trató de organizar una seria espedicion cuya direccion confió al coronel don Nicolás Granada y dió un resultado menos desastroso que la del coronel Mitre; pero del todo infructuosa, porque mal preparada y peor dirijida regresó por fin á Bahia Blanca sin haber llegado á los toldos.

Otra espedicion, compuesta de dos mil hombres, á las órdenes del coronel don Emilio Mitre se dirigió al mismo tiempo sobre los indios Ranqueles al Oeste del Pergamino y Sud de Córdoba y Santa-Fé. Esta no solo no encontró las tolderias que buscaba, sino que no dió con las aguadas del camino, y despues de vagar algunos dias por los campos, donde muchos hombres perecieron de sed, regresó por fin, sin haber obtenido nada y perdiendo dos cañones.

Las fuerzas espedicionarias volvieron á situarse en Rojas, 25 de Mayo, Azul y Bahia Blanca, y los indios alentados mas que antes con el mal éxito de las operaciones volvieron á invadir por distintos puntos, con mas audacia y cada vez mejor éxito.

En 1859, fueron á resolverse en la batalla de Cepeda las cuestiones internas, y esta vez todavia los indios acudieron allí, contra Buenos Aires, que sufrió el contraste, y mientras las tropas regulares de la Confederacion perseguían los restos del ejército hasta San Nicolas, los indios hicieron una gran correria en sentido opuesto arrasando una gran parte de la campaña Norte y Oeste y retirándose á sus tolderias con un inmenso botin.

Desguarnecidas las fronteras á causa de estos sucesos, los indios repitieron sus invasiones; entraron en el pueblo 25 de Mayo, llevándose gran cantidad de familias y recorriendo la campaña del Sud, se llevaron cantidades de haciendas é incendiaron las poblaciones.

Despues de estos acontecimientos se hicieron arreglos pacíficos, y Buenos Aires fué de nuevo incorporado á la Confederacion, sin que se pensase en hacer la mínima cosa en pró de la seguridad de las fronteras contrayéndose toda la atencion de los gobiernos al porvenir de los partidos políticos esclusivamente.

La reunion del Congreso Legislativo en la ciudad del Paraná, dió lugar á un nuevo rompimiento entre el gobierno de Buenos Aires y el gobierno general.

El triunfo de las armas de Buenos Aires en la batalla de Pavon, (17 setiembre 1861,) puso fin á la lucha de nueve años.

El general don Bartolomé Mitre gobernador en esa época y general en gefe del éjercito vencedor, fué elevado á la presidencia, y la República Argentina libre de la guerra civil, entró ó debió entrar en el periodo de la reparacion.

La seguridad y buena administracion de las fronteras era ya una exijencia imperiosa que pesaba sobre el gobierno, y en efecto el ejército fué fraccionado con el fin de cubrir la línea determinada por puestos militares aislados á grandes distancias en una prolongacion de cuatrocientas leguas, des-

·de San Rafael, frontera Sud de Mendoza, hasta la costa del Océano Atlántico, frontera Sud de Buenos Aires.

El sistema de defensa se siguió con poca variacion en sus términos y medios de ejecucion.

Las tropas no resistían á la desmoralizacion que la inaccion y el mal tratamiento producen.

Los indios corrompidos por el comercio, engreídos con el tributo enorme que se les acordaba, y á la vez con la escandalosa impunidad de sus atentados, burlaban las esperanzas del pais, sin llamar la atencion del gobierno.

Los gefes de frontera negociaban escandalosamente con los proveedores, y sacando un vergonzoso partido de lo que inutilmente se daba á los indios, contribuían ál aumento de estas erogaciones enormes yá, (como se verá mas adelante) y el gobierno concedia y toleraba todo, con la sola mira de conservar en el mando de las fuerzas militares á los hombres, que sin escrúpulo estaban siempre dispuestos á servir á sus fines políticos.

Al hacer esta reseña he tenido por objeto poner de manifiesto las causas verdaderas de impotencia para dominar nuestras vastas fronteras, pero para completar mi objeto es indispensable demostrar con guarismos cuanto se ha podido hacer sin la existencia de aquellas causas.

En 1854, 55 y 56, los indios se llevaron de nuestros campos 400,000 animales vácuno y caballar que al precio de 4 pesos importan...... 1.600,000

Destruccion de intereses por el saqueo de las casas de negocio y el incendio de las poblaciones no es exajerado calcular la pérdida en...... 1.500,000

Sostenimiento del ejército mal admi-
 nistrado y perdiendo todo en repeti-
 dos contrastes en 20 años....... 40.000,000
El tributo pagado á los indios, al año... 160,000
En 20 años..................... 3.200,000
Depredaciones en 20 años.......... 40.000,000

——————

Total......... $ 83.000,000

Los indios causantes de estos tremendos gastos y que-
brantos recibian y reciben aun un tributo que no baja de
4.000,000 por año.

El presidente Mitre hizo en favor de las fronteras, lo que
todos sus predecesores.

No pudo vencer los obstáculos que se ofrecían para hacer una espedicion, y ocupar de un modo permanente los
puntos estratégicos que la seguridad del pais exige. Faltaba dinero, armas, soldados, en fin todo.

En 1865 sobrevino la guerra del Paraguay y el gobierno
(bajo la presidencia del mismo general Mitre,) encontró en
el país cuanto pidió y mas de 30,000 hombres fueron á combatir á aquellas regiones, durante los cuatro años que duró
la guerra, salvando distancias *diez veces mayores* que la estension de las pampas, dificultades del suelo y del clima que
en la pampa no existen, y por fin venciendo hasta esterminar
á un enemigo relativamente muchísimas veces mas numeroso
que los indios, valiente hasta morir sin rendirse, (véase la
guerra del Paraguay por Thompson) y provisto de las mejores armas y elementos de guerra modernos.

Esto prueba, pues, que la destruccion de los indios, para entrar en plena y tranquila posesion del vasto territorio de las pampas, necesaria al desenvolvimiento de la riqueza y la industria, es obra mas que posible, *fácil*, y mas fácil de lo que puede creerse; pero si bien hay elementos y sobra voluntad en todos los habitantes del país, el error, el estravio y la ambicion de los gobernantes, la ha hecho irrealizable hasta hoy y cada vez mas difícil.

El presidente Sarmiento, sucesor del general Mitre, ha hecho menos que aquel aún, para la seguridad de las fronteras.

(Continuará)

ESTUDIO SOBRE LAS OBRAS

Y LA PERSONA DEL LITERATO Y PUBLICISTA ARJENTINO
DON JUAN DE LA CRUZ VARELA.

Continuacion. [1]

XIII.

El autor de la Dido habia meditado tanto (segun él mismo se espresa en la dedicatoria de su trajedia) sobre este género de composiciones y estaba tan penetrado de las dificultades que ellas presentan, que se reconocía un tanto temerario al emprender semejante obra. Pero en nuestro concepto, la temeridad no estaba en atreverse á escribir un drama en verso, empresa que puede acometer todo poeta de las prendas que distinguen al señor Varela, sino en provocar la comparacion entre su obra y la obra inmortal de Virjilio que ha pasado al través de veinte siglos agrandando su renombre de edad en edad. El señor Varela (tambien lo ha declarado él mismo) se ciñó en su trajedia á la accion dramática que proporciona el libro IV de la Eneida, libro que, como todo el mundo sabe, está consagrado á la divina pintura del amor que la reina de Cartago concibió por el heróico huésped que escapando á fuerza de arrojo y constancia de las llamas

1. Véase la páj. 290.

de Troya, iba conducido por los Destinos á ser el fundador de Roma. Azotada por las tempestades la armada de Eneas vió- se forzada á arribar á las orillas de Africa en donde acoje li- beralmente la reina al famoso caudillo, quien le refiere con elocuencia sin igual el orijen de las guerras entre troyanos y griegos, los ardides de Sinon, el desastre de Priamo y sus dolores personales como padre, como esposo y como rey de un pueblo desgraciado. La infeliz Dido concibe una pasion ar- diente por el héroe, y luchando entre la naciente inclinacion y la fé jurada á su difunto esposo Siqueo, se dispone, aconse- jada por su hermana, á buscar su salud y la grandeza de Car- tago en su union con Eneas. Una vez en que la comitiva del huésped y la servidumbre de Dido, salen á caza, sobreviene una tempestad, y la pareja real encuentra ocasion para hallar- se á solas en la oscuridad de una gruta que oculta á los ojos de todos, los misterios de una pasion correspondida. Pero Eneas, piadoso por demas y sometido á la fuerza de su mi- sion, impuesta por los Dioses, obedece al mandato de Júpiter y huye furtivamente de Cartago, dejando desesperada y en- tregada en brazos de la muerte á la mujer hospitalaria que le habia consagrado el corazon y la vida.

Esta concepcion del poeta épico es la que se propuso convertir en un drama el señor Varela, sin pretension de crear nuevas situaciones ni otros caracteres que no fuesen los imaginados por el autor de la Eneida. Apasionado de Virgilio, se apasiona tambien por los personajes de su fic- cion, y no quiere alterar en lo mas mínimo el carácter de Eneas que todo lo sacrifica por obedecer á los Dioses, ha- ciéndose así menos interesante como personaje dramático que lo que es en calidad de héroe de una Epopeya que en-

cierra en su trama las fábulas tradicionales de los orígenes
de una gran Nacion.   No es fácil escapar á la fuerza atra-
yente del génio y mucho menos cuando se le contempla con
ojos apasionados.   El autor de la Dido quiso cifrar su gloria
en darnos un traslado en accion y en buenos versos castellanos de aquel episodio de la Eneida que tenia todas sus
simpatias, como tiene la de todos los hombres de gusto y de
sensibilidad.   Por lo mismo que habia reflexionado mucho
sobre la índole y las dificultades del género dramático, tenia
la conviccion de·que en él solo pueden ser originales, en la
estension completa de esta palabra, un número reducido de
inteligencias, las cuales aparecen de tarde en tarde en
el campo de la literatura.   Ya sea evocando la historia, ya buscando en las honduras de la propia·alma las
pasiones cuya manifestacion se pone en boca de los personajes de la escena, necesita el dramático de primer
órden cualidades eminentes, sobrehumanas casi, puesto
que nada menos debe producir que entidades morales, tan
lógicas en sus sentimientos y procederes que parezcan reales
y no ficticias.   A estos génios se les ha llamado con razon
creadores, porque producen, como aquel que todo lo hizo de
la nada, corazones que laten, almas que piensan, conciencias
que creen ó dudan, ánimos sublimes á quienes no arredra la
amenaza del puñal que brilla ó del veneno que amarga.   Y
para acertar en la manifestacion de estas creaciones no basta
comprender la pasion á manera del moralista que la estudia
para dirigirla, sino sentirla hervir en sí mismo, oírla hablar
desde el fondo de la personalidad propia, y disponer de la espresion adecuada para sacar al esterior esa misma pasion bajo
formas humanas reflejándose en la clocuencia de la palabra.

No hay trabajo alguno intelectual que sea superior en mérito al de un drama capaz de producir en todos los idiomas y en todas las latitudes de la tierra el terror y la compasion. Sin defecto no se encuentra uno solo. De la tragedia griega, su mitad cuando menos yace enterrada en las ruinas de la sociabilidad y de la creencia del gran pueblo antiguo patria de Eurípides y de Sófocles. Los romanos rivales felices de la Grecia en todo género de producciones, apenas han logrado transmitir á la posteridad las hinchadas trajedias de Séneca.

· En los pueblos modernos, unas veces se vé al dramático atado á la tradicion heróica de los latinos, frio, lánguido, ofendiendo la verdad de la naturaleza y arrastrándose en busca de bellezas falsas y de mera conviccion; otras, acertando á pintar el hombre tal cual Dios le hizo; pero rodeándole de miserias prosáicas, de detalles triviales y faltando en cada escena á las condiciones eternas de la belleza absoluta del arte y á las del buen gusto. La escuela de Corneille no comprende sino los semidioses; la de Shakespeare se ampara como el biógrafo de una existencia entera y humaniza hasta la vulgaridad á sus héroes. Calderon talla en mármol sus personajes, les funde en bronce; pero deja alrededor de sus creaciones las astillas y las escorias de las nobles materias de que se vale. En ninguna parte en fin, hallamos reunidas bajo la forma dramática las perfecciones que en el poema épico por ejemplo, nadie puede disputar á las creaciones de Homero, de Virgilio, Tasso ó Camoens. - Inmensas deben ser por consiguiente, las dificultades que presenta el género dramático, y son de tomarse en cuenta en él, mas que en toda otra region de la literatura, los aciertos que ofrezca la

produccion de un autor de talento, aunque no consiga con
ella colocarse en el número de los génios y de los grandes
maestros.   En fin, volviendo á nuestro autor y á su obra escrita en Buenos Aires ahora cuarenta años, debemos recordar que la doctrina literaria de aquellos tiempos para los
pueblos del habla castellana se derivaba de los modelos de
la escuela francesa, de la que presentaba el teatro italiano
de Alfieri, y el español moderno, tal cual se refleja en las
trajedias de Cienfuegos y de Quintana.   Una accion sencilla,
número reducido de actores históricos, respeto nímio á la
reconocida ley de las tres unidades recomendadas por los preceptistas desde Aristóteles hasta Boileau, nobleza en el lenguaje y número y entonacion en el verso, tales eran las calidades exigidas por el gusto corriente, para que la crítica literaria bautizase con el nombre de tragedia á una pieza dramática.   Esta misma crítica no conocia sino dos patrones á
que ajustar las obras nuevas que caian bajo su jurisdiccion.
Las unidades de medida de su criterio eran Corneille y Racine, y fuera de estos no era posible salvacion.   Los nombres
de estos dramaturgos fueron por consiguiente los primeros
que sonaron al lado del de Varela, así que con su Dido aspiró
á ser contado entre los escritores para el teatro.   Nuestro
poeta (decia la prensa mas ilustrada de aquellos dias) siguiendo el gusto de su siglo, mas quiere mover el alma que ele-
varla; prefiere ser como Racine una paloma que gime entre
mirtos antes que un águila como Corneille que se eleva sobre las nubes y fija de firme sus ojos en el sol.

XIV.

La escena de la *Dido* es en Cartago, en un salon del palacio de la reina.

Dos capitanes.troyanos abren la escena. Ambos ansían por abandonar unas playas negadas por el cielo á los restos de la ciudad incendiada; pero, diferentes en edad y en esperiencia, el uno confia en que Eneas no se olvidará de sí mismo y de su gloria, mientras el otro teme al poder de los placeres, y á los atractivos de la belleza de la reina enamorada, porque

Es necesario
De bronce duro amurallarse el pecho,
Contra el halago de mujer que adora,
Contra la astucia del amor artero.

Pero las dudas se disipan, Cloanto, otro de los jefes de Eneas, ha dado en nombre de este la órden de partir así que brille el sol sobre la cima de los cerros que dominan á Cartago. Los soldados se aprestan á una pronta fuga, acuden precipitados y en secreto hácia el puerto, y los primeros interlocutores marchan tambien al sitio donde les llama la voluntad y el deber, lamentando sin embargo la triste suerte y el dolor de la reina:

A do el honor nos llama, allá volemos.

Los dos capitanes desaparecen y la escena queda vacia para que la ocupen inmediatamente otros dos personajes: Dido y su hermana, la confidente de sus pensamientos mas íntimos, la que la habia incitado repetidas veces á que se uniese con Eneas por razones naturales en el corazon de una mujer y tambien por razones de Estado.

DIDO.
... .yo no imputo
Ni imputaré jamas á tus consejos
El repentino estrago de esta llama

Que ya en pavesas convirtió mi pecho....
Esta inmensa pasion me llena toda,
Y todo abrasa cuanto en torno veo....
Perdona á mi dolor: deja que llore
Y derrame mis ánsias en tu seno....
Yo no sé, yo no sé, que abismos hondos
Cavarse bajo de mi planta siento.

ANA.

¡De cuando acá, mi Dido, ese lenguaje
De desesperacion? ¿esos afectos
De una inquietud ansiosa y aflijente,
Contrarias hoy á los de ayer serenos?
Troya y Eneas en igual renombre
Sonaban en Cartago, y el incendio
De la ciudad mas pupolosa de Asia
Ya llenaba de asombro al universo.
Tú admirabas al héroe, que, entre llamas,
Penates, padre, esposa, el hijo á un tiempo
Supo salvar con poderosa mano
. . . .
. . . . .las rotas naves.
Arribaron por fin á nuestros puertos
Y Eneas á tus ojos se presenta
Muy mayor que su fama.
. . . .
¿Temes amar lo que los Dioses aman?
¿O son que Dido las deidades menos?

DIDO.

¡Ay, hermana! perdona.... no es mi llama,
Es mi destino cruel al que yo temo.

Yo le vi, tú le viste; y era Eneas,
Mas que un mortal, un Dios: hijo de Vénus,
Amable, tierno, cual su tierna madre.
Grande su nombre como el Universo,
Me miró, me incendió; y el lábio suyo,
Trémulo hablando del infausto fuego
Que devoró su pátria, mas volcanes
Prendió con sus palabras aqui adentro,
Que en el silencio de traidora noche
Allá en su Troya los rencores griegos.
Amor y elevacion eran sus ojos,
Elevacion y amor era su acento;
Y, al mirar, y al hablarme, yo bebia,
Sedienta de agradarle, este veneno
En que ya está mi sangre convertida,
Y hará mi gloria y mi infortunio eterno.
. . . .
. . . .

                              ¿Qué querias
De una flaca mujer contra el incendio
Que, entre la sombra de callada selva,
La abrasaba en presencia de su objeto?
¡Dia de perdicion!   Ayer luciste.
Silencio de los bosques!   ¡Oh silencio
Peligroso al pudor!   Deja que oculte
Mi vergüenza, Ana mia, y mi secreto.

Estamos al final de la segunda escena del primer acto y
ya tenemos casi completa la sencilla exposicion de la accion:
Eneas dispuesto á partir, y hecho todos los preparativos para que su flota dé á la vela; Dido declarándose enamorada de

su huésped hasta el delirio, y atormentada por la vergüenza de haber caido como flaca mujer en las redes de la pasion favorecida por el acaso con los misterios de «la callada selva.» Pero despues de esta declaracion terminante no podemos comprender comó es que pretende aun Dido ocultar á su hermana su secreto, que no puede ser otro que su pasion y su debilidad, tan esplícitamente confesadas. Es verdad que por un rasgo de delicadeza algo sutíl, el autor hace á Ana mas lerda de lo creible para comprender los peligros á que está espuesta una pareja de amantes cuando las tinieblas tentadoras y el silencio sin testigos que proporciona la floresta, les sorprende de improviso en medio de las escitaciones de la caza. El hecho es, que á pesar de la capacidad diplomática que tanto el pincel de Virgilio como la pluma del señor Varela dan á la confidenta, y tal vez por esa razon de capacidad misma, se hace la ignorante del secreto de Dido y por dos veces le pide encarecidamente que se lo comunique:

> ¿Y asi rehusas nuevamente abrirte
> A la que solo te dará consuelos?
> Ignoro tu pesar:
>> Dido.
> . . . .
> No aumentes mi dolor con la vergüenza
> De confesar yo misma mis excesos. . . .

En fin triunfan los ruegos de la hermana y Dido se dispone á confiarle la causa de su mal y á descubrirle su vergüenza como prueba de lo mucho que la quiere. Pero antes que Dido le abra el pecho con toda la solemnidad de la trajedia, es preciso que haya seguridad de que están completamente sin testigos y sin oyentes, y Ana sale de la estancia ré-

jia á dar órdenes para que nadie pueda interrumpir á la reina, á escepcion de Eneas, único que pudiera escuchar sus
tormentos, pues solo por él padecia. La ausencia de Ana
se mide precisamente por la duracion del siguiente bellísimo
monógolo, que la Trinidad Guevara recitaba con una voz
verdaderamente arjentina.

Qué le voy á decir? ¿Por do mi lengua
Primero empezará? Si no refiero
El crímen que me abruma, ni la causa
De mis terrores referirla puedo.
¡Crímen! Eneas es esposo mio:
Si decirlo á la faz del orbe entero
De mi estrella el rigor no me permite,
Testigo ha sido de mi union el cielo.
En el fuego del rayo que cruzaba
Prendió su antorcha el plácido himeneo,
Fué nuestro altar un álamo del bosque
Y la selva frondosa nuestro templo.
¡Crímen! Mi corazon exento y libre
Quedó desde la muerte de Siqueo....
Mas, Dido, tú deliras,—te fascinan
Tu pasion miserable y tu deseo....

Ana regresa informando á su hermana que nadie se acerca
al palacio y que corria la voz que Eneas lo habia abandonado
desde que el primer rayo precursor del dia habia comenzado
á vestir de oro los horizontes, y que dejaba recomendado á
Barcenia (dama de palacio) que aviriguase por qué razon habia salido el huésped tan á deshoras y los capitanes Nesteo y
Sergesto.

A estas nuevas se siente el corazon de la infeliz Dido como atravesado por un puñal. A dónde habrá ido Eneas tan de mañana? A qué partir en silencio? A qué nuevo objeto mueve sus pasos?—Tales son las dudas y temores que se apoderan de la reina, y comienza entonces á comprender la verdad terrible que le anunciaba el sueño horroroso que habia tenido la noche anterior.

Instada de nuevo por la hermana que la escucha, resuélvese la desgraciada á contarla las debilidades de su corazon y á referirla su sueño reciente. [1]

Pues oye, y tiembla, como yo he temblado,
Y vé si encuentras á mi mal remedio.—
Desde que Eneas arribó á mis playas
No tuve mas afan que complacerlo,
Estudiar sus miradas, sus acciones,
Anticiparme á todos sus deseos,
Idolatrarlo, en fin—Diestro en la flecha,
Era la caza su mayor recreo;
Y tú me has visto las mañanas todas

1. Una relacion de la trama y marcha de la accion y de las peripecias que tejen el asunto de esta trajedia seria materia de pocos renglones y no darian idea de sus bellezas por acertada que fuese esa relacion en prosa. Por esta razon nos determinamos á transcribir los trozos mas notables cuya lectura suponemos que causará en todas las personas de gusto el mismo placer que nosotros esperimentamos al recler con detencion una poesia tan sentida y tan impregnada del sabor de la Eneida. A mas, la *Dido* que se puso á venta por la primera vez el domingo 24 de Agosto de 1823 al precio de 6 reales de la moneda de entonces, se ha hecho hoy tan rara, que no es facil encontrar ejemplares de ella y por consiguiente puede considerarse ya como una obra inédita desconocida de la jeneracion que por su edad y educacion toma con interes las obras poéticas, especialmente las nacionales.

Acompañarle por el bosque espeso,
Por la llanura de los verdes valles,
Y por la cumbre de los altos cerros.
Ayer, sereno como nunca, el dia
En oriente lució: los compañeros
De Eneas, los magnates de mi corte,
Y Ascanio mismo, con nosotros fueron.
Mas, no bien se esparciera por los campos
El venatorio bando cuando el trueno
Empezó á retumbar, y en negra nube
Cubrirse el sol y encapotarse el cielo.
Ardiendo el rayo sin cesar cruzaba,
Y el aire todo, convertido en fuego,
El miedo santo á las eternas causas,
El pavor inspiraba, y el respeto.
Toda la comitiva disipóse;
Y en las cabañas, ó en los hondos senos
De las cavernas do las fieras moran
Buscaron un asilo los dipersos.
A Eneas y á tu hermana un bosque amigo
Amparo les prestó, y en su silencio
Solo la voz de amor fué triunfadora,
Y empezó á resonar dentro del pecho.
Ana, si Dido fué culpable, ha sido,
Cómplice de su culpa el mismo cielo.
El suspendió sus rayos y sus iras
En el momento que en el bosque espeso
Penetró nuestra planta; cual si fuera
La tormenta terrible, de himeneo
La precursora pompa.   Aquel instante,

Estalló mi volcan, y . . . .¿qué te puedo
Decir yo con mi voz, que no te diga
Mejor que con la voz, con mi silencio?. . . .
Tal es mi culpa, si llamarse culpa
Puede el amor, y la pasion que debo
A un héroe que ya miro como esposo
Y que sin duda lo es. . . .pero yo tiemblo.
Al recordar la noche que ha seguido
A un dia que empezó tan placentero.

    Llegó la hora en que recibe á todos,
En paz amiga el regalado sueño,
Y en que los miembros fatigados hallan
El plácido descanso en blando lecho.
No bien entré en el mio y mis sentidos
Ocupaba el sopor, cuando del templo
Donde reposan en la yerta tumba
Las fríjidas cenizas de Siqueo,
De repente las bóbedas temblaron,
Y arrojaron con furia el pavimiento
Las losas sepulcrales: fué mi esposo
Entre los descarnados esqueletos
El que primero conmoverse miro,
 Y acercarse hácia mí con paso lento.
Su mirar era horrible; y en mi oido
Sonó ronca su voz, cual suena el trueno.
Cuando de monte en monte retumbando
Lejos se escucha resonar el éco.
« ¡Perjura! » [dijo], y al decirlo airado,
Me arrancó con violencia de mi lecho,
Y llevándome al borde de su tumba,

«Este es (añade) tu debido premio.
«Has roto el juramento sacrosanto
«Que pronunciaste al espirar Siqueo,
«Y que oyeron los Dioses infernales,
«Que presiden la muerte y el silencio:
«Ven á sufrir tormentos espantosos
«En la mansion callada de los muertos.»
Sus palabras horrísonas entonces,
Los cadáveres todos repitieron,
Y ya lanzaban en la horrenda huesa
A tu hermana infeliz, cuando su acento
«¡Eneas!» (esclamó), ven á librarme
«De los horrores que por tí padezco.»
A mi voz los espectros, silenciosos,
El mar me señalaron, y cubierto
De bajeles el mar; el mismo Eneas
Iba huyendo de Dido en uno de ellos.
Entonces desperté, y, abandonada
Al furor de las sombras, aquel sueño
Hubiera puesto término á mi vida,
Si en fuerza del pavor no me despierto.
   Un sudor frio anunciador de muerte,
Bañaba todos mis cansados miembros,
Y la imajinacion me presentaba
En cada nuevo instante horrores nuevos.
Al fin brilló la luz, que nunca, nunca,
Ha tardado como hoy á mi deseo.
Ana, ya tú lo viste: el alba apenas
Apagaba su lumbre á los luceros,
Cuando volé á tu estancia; de la mia,
Y de mi lecho y de mí misma huyendo....

En la escena V y última de este primer acto, Barcenia, cumpliendo con las órdenes recibidas entra á informar á Dido de lo que acaba de presenciar. Los troyanos en confuso tropel derramados por las calles de la ciudad, se hablan en voz baja, evitan toda relacion con los tirios, y bajan apresurados hácia el puerto.

« Pero yo temo que talvez mañana.... »

Dido no deja que su dama termine la frase que envuel-ve su sospecha.   Ya no le queda duda de las intenciones de Eneas.   En este conflicto cobra celos de su propia hermana y despues de llamar estranjero, perverso, monstruo, á su amante desleal, la pide que busque á Eneas y le suplique que por la última vez se apiade de Dido y venga por un instante siquiera á su presencia;

....Ves cómo el tiempo
Ana mia se vá?—Vuela, querida;
Pide, ruega, importuna: yo no creo
Que tanto mienta el exterior de un hombre....
Tórnelo yo á mirar y parta luego!
Pero no huya de mí sin que mi lengua
Ingrato! ingrato! le repita al menos.

El primer acto de esta trajedia termina como hemos visto con los síntomas de una verdadera pasion, sin disimulo, frenética.   Qué contraste entre la ausencia completa de otros consejos que no sean los del corazon, cuando habla, ó mas bien cuando delira Dido, y la razon reflexiva de Eneas, manifestada al comenzar el segundo acto en su diálogo con Nesteo! El gefe de los Troyanos ostenta los sentimientos mas generosos, tiene una alma de oro, es digno por su constancia, por sus virtudes,de ser instrumento de los Hados y de levantar una nacion soberbia á las márgenes del Tíber y en tierras de los latinos. Pero no es un personage trágico, ni en la epopeya del Mantuano ni en las escenas del señor don Juan Cruz.

El personage dramático debe sostener una lucha entre dos sentimientos exaltados y antagonistas, lucha de la cual resultan las diversas alternativas, que mantienen viva la atencion y interés de los espectadores. Un amor frio, sin sacrificio, no es un amor digno del coturno; y tal es el de Eneas, tanto en presesencia de sus confidentes como en presencia de la misma Dido, por la cual se interesa y en cuyo seno, acabaria gustoso de olvidarse de Creusa. El pecado mayor del frio Eneas es el haber subido á las tablas aceptando el amor de Dido, participando de él; pero con beneficio de inventario, como legado cuyas conveniencias se examinará.1 á sangre fria:

> *Su amor pasó á mi pecho; pero nunca*
> *Su ceguedad pasó. . . .*

le dice á Nesteo refiriéndose á la Reina—Pero talvez la tibieza del gefe Troyano contribuye á realzar, como una tinta apagada, la ardiente figura de Dido, asi como la inocencia de Hipólito contrasta con la honda pasion de Fedra cual Racine la concibió. Eneas no tiene voluntad, obedece á los dioses, y en nombre de deberes que se refieren á la salvacion de una raza, es capaz de abrigar pensamientos estraños á la dignidad de su nombre y que el arte no debió traducir en buenos versos. No puede leerse sin desabrimiento el siguiente trozo de un diálago, entre Eneas y su capitan, mas propio de la perfidia griega que de los lábios de aquellos que fueron vencidos por el ardid que encerraba el famoso caballo de madera.

NESTEO.

Mas, vos mismo,
Al rayar este dia, con la idea
Estabais de partir sin ser notado....

ENEAS.

Es verdad, lo pensé; mas yo creia
Ocultar nuestra fuga de la reina,
Y que su desengaño le viniese
Cuando, lejos del puerto nuestras velas,
Ni yo viera su llanto, ni ella misma
Que yo insultaba su dolor creyera.

Este dolo cauteloso, repugna de veras y no es bastante
disculpable, aun cuando diga el personage que se disponia á
cometerlo:....

Jamás ausencia
Fué mas justa en amante que la mia.

Los deseos de Dido se realizan: Eneas está ya en su
presencia. Despues de unos instantes de silencio, durante
los cuales la amante contempla con indignacion al héroe
que huye de ella, y «este manifiesta lo indeciso y dificil de
su posicion actual», prorrumpe Dido en una serie vehemente
de cargos sobre la disimulada maldad con que se preparaba
á marcharse el que debia estar agradecido á la amistad de los
tirios y á la pasion generosa de su reina. Llámale perjuro,
pérfido, repróchale el abandono á que la condena; recuérdale
los beneficios, la hospitalidad, los honores que le ha dispensado, los dolores, en fin, que aquellos mismos beneficios la
cuestan. Pídele encarecidamente que la conceda un breve
espacio mas de tiempo pasado en su palacio, una tregua á su
partida:

Un dia nada mas, un dia espera.

Y luego, por una transicion en que se pinta entero el corazon femenino, vuelve á la terneza, espresada con las palabras mas blandas que el amor puede arrancar de las entrañas de una mujer; y como si la razon la iluminara, en medio de su resentimiento, parece acomodarse á la situacion que los destinos imponen al gefe troyano:

> Parta mi Eneas,
> Parta á su Italia, y en remotos climas
> Un bello reino y una amante bella
> Busque buenhora......

Pero este relámpago de razon pasa fugaz: enceguecida nuevamente, desahoga Dido con mayor vehemencia el raudal de su resentimiento:

> Oh Dioses!—¡Qué furor!....Y si tuvieras
> Pecho de bronce y corazon de roca,
> Qué mas harías con tu amante? Cierras
> El lábio mentidor?   Nada respondes?—
> Llegar pudiste hasta esperar mi afrenta
> Para entonces, malvado, y solo entonces,
> Abandonarme así?—¡Oh luz funesta
> La que ayer me alumbró!—¿Porqué no vino
> Una fiera del bosque....Oh Dios!—Tu lengua
> Hora calla, traidor?

El pobre Eneas, como un reo ante un juez implacable, declara su amor y su gratitud; pero tampoco niega su delito, disculpándose con la voluntad de los Dioses, en términos tan prosáicos como es tibio su cariño.

> Si yo solo de mí y de mis acciones,
> Como tú de las tuyas, dispusiera,

Nunca tendrias que llamarme ingrato,
Por mas que fuese tu pasion violenta....
....
Un Dios es, Dido, quien á mi me ordena
Buscar entre peligros y borrascas
Mas allá de los mares otra tierra.

Esta disculpa motiva la vehemente réplica de Dido:

Malvado!   ¿Piensas,
Que tambien no hay un Dios que á Dido cuida,
Y del perjurio y la traicion se venga?
....
De cuando acá los Dioses aconsejan
El perjurio, el engaño; y autorizan
A que un mortal sacrílego se atreva
A cubrir en su nombre sacrosanto
Las abominaciones que detestan?

Vencido Eneas en este terreno, y no queriendo confesarse perjuro, se esfuerza por demostrar á Dido que no ha contraido ningun género de compromiso para con ella:

Nunca mi esposa te llamé, ni nunca
Se escapó de mis lábios una prenda
De tamaño valor: te alucinaste,
Y á los delirios de tu pasion ciega
Diste una realidad, que....

DIDO.

Tú, tú mismo
Me hiciste concebir tan lisonjeras,
Tan dulces esperanzas.   Con qué objeto
Fomentabas mis llamas, y en mis venas
El veneno fatal á cada instante

Vertían tus palabras halagüeñas?—
Pero yo ¿dónde voy? ¿Cómo pretendo
Con llanto débil ablandar la peña
De que es formado el corazon de un monstruo?—
Mis lágrimas ¿qué valen?....nada...aumentan
El triunfo del malvado, y, engreído,
Contempla mi dolor y lo desprecia.—
Se le oye algun suspiro?—Algun sollozo
Interrumpe su hablar?—Quiere que crea
Que lo violenta un Dios; cómo si fueran
Los Dioses como Dido, que no piensa
En nada mas que en él; como si un hombre,
Un hombre solo interesar pudiera
A los que en lo alto de su gloria miran
Como nada los cielos y la tierra.
Un Dios! ¡Blasfemo! Parte, parte, inícuo,
La ambicion es tu Dios: te llama; vuela
Donde ella te arrebata, mientras Dido
Morirá de dolor: sí; pero tiembla,
Tiembla cuando en el mar, el rayo, el viento,
Y los escollos que mi costa cercan,
Y amotinadas las bramantes olas,
En venganza de Dido se conmuevan.
Me llamarás entonces, pero entonces
Morirás desoído. Cuando muera
Tu amante desolada, entre los brazos
De tierna hermana espirará siquiera
Y sus reliquias posarán tranquilas,
Y bañadas de llantos en tumba réjia:
Pero tú morirás y tu cadáver.

Al volver de las ondas, será presa
De los marinos mónstruos; é, insepulto,
Ni en las mansiones de la muerte horrenda
Descansarán tus manes.   Parte, ingrato.
No esperes en Italia recompensas
Hallar de tu traicion, parte; que Dido
Entonce al menos estará contenta
Cuando allá á las rejiones de las almas
De tu espantable fin llegue la nueva.

Dido abandona precipitadamente la escena, é inmediatamente la ocupa su hermana que sostiene un largo diálogo con
Eneas, en el cual apura todo jénero de razonamientos para
inducir al jefe Troyano á que demore, cuando menos, su partida.   Píntale los peligros á que quedará espuesta la ciudad
de Cartago con la desaparicion de los troyanos ya que por la
presencia de estos se han interrumpido los aprestos de defensa
que practicaba la reina para contener las amenazas armadas
de Yarbas, monarca terrible, poderoso, y resentido con aquella por haberle negado la mano de esposo despues de los dias
de Siqueo.   Pero todo es en vano.   Eneas repite las razones
que guian su conducta, y declarando la urjencia de cumplir
con el mandato de los Dioses, recomienda á Ana que vuele á
consolar á su hermana como él mismo lo hiciera si no lo im-
pidiese una voluntad superior á la suya.   Pero, instado nuevamente, y debiendo detenerse un momento mientras las
tripulaciones troyanas hacen un sacrificio á Neptuno para
propiciarse la serenidad de los mares, se resuelve á consagrar
ese momento á Dido que yace desesperada en brazos de sus
damas.   Al volver Ana al lado de la reina, le reserva la promesa de Eneas y se propone con arte sublevarla sus

sentimientos en contra del ingrato que la abandona:

Deja que vuele
A hallar la muerte en su anhelada Italia.
Tú ya piensa en tí misma, y este llanto
Que sea el postrer llanto que derrama
Por un infame tu dolor terrible....

Estas palabras producen un efecto enteramente contrario
á las intenciones fraternales que las dictan. Dido se vuelve
contra su propia hermana y la reconviene amargamente por la
contradiccion en que incurre al aconsejarla indiferencia para
con Eneas, cuando fué ella misma la que fomentó su pasion y
le allanó el camino al perjurio cuando la vió vacilar indecisa
entre el cariño naciente hácia el jefe troyano y la fé prometida
para siempre á Siqueo:

. . . .
¿Piensas, falsa,
Que hay poder en los cielos ni en la tierra
Capaz de hacer que de mi pecho salga
La imájen del perjuro que idolatro,
Y que en medio del alma está enclavada?
Sábelo si lo ignoras; este incendio
Que reduce á pavesas mis entrañas
Y en vez de sangre por mis venas corre,
No es amor, no es pasion, es la venganza
De algun ser superior, es el enojo
De todas las deidades, conjuradas
En contra de esta triste.. ....
. . . .
. . . .
¿Lo sabes? Oye mas. Sí: tú, tú misma,

En mis males horrendos empeñada,
· Quieres abandonarme.   A qué, perjura,
A qué me aconsejaste que le amara
Si era de haber un dia en que tu lábio
Asi se desmintiera? ¿en qué tu hermana,
Lejos de hallar consuelo en tu cariño
Viera en tí su enemiga?   ¡Oh Dios! ¡Ingrata!
¿Quieres que deje que de mí se aparte?
¿Quieres que deje que se ausente á Italia,
Y otra mujer feliz, y otros amores,
Y mi abandono....¡Cielos! ¡Qué! Pensabas
Que hay vida para mí sin que conmigo
Viva el amante que idolatra el alma?
Qué puede hacerme dulce la existencia?
Ni tu amor, ni tu fé, ¡Qué fé! ya falta
De tu pecho tambien: ya te pusiste
Del bando del malvado...........

En el resto de esta escena interesante entre las dos hermanas, hay transiciones delicadas y maestras en la pasion de
la reina.   Ya se resuelve á olvidar á Eneas; ya, tomando una
espresion dulce y resignada, desea vientos favorables y la
proteccion de los dioses marinos, para el que es arrastrado
por el destino hácia las playas de Italia; ya se niega á verlo,
aun por la última vez hasta por un momento fugaz.   Pero á
la idea de una separacion eterna, vuelve en ella á recobrar el
amor todo su imperio y nuevamente se entrega á la desesperacion y pide á su propia hermana la muerte con estas espresiones verdaderamente trájicas, que pronuncia señalando su
pecho:

Arma tu mano de un puñal, y luego,

Aquí, donde está el fuego, aquí, mi amada,
Húndelo todo.....................

Mientras tanto un misterio ha tenido lugar en el templo
en donde reposaban las cenizas de Siqueo. Dido misma ha
visto estinguirse el fuego del sacrificio, y descender el humo
del incienso, y abrirse tres veces y cerrarse con estrépito
otras tantas la tumba del difunto esposo. El terror y los
remordimientos se han apoderado de la reina infeliz, y en
esta situacion, y cuando ya tiene en la diestra, aunque escondido, el puñal, con que va á poner término á su martirio,
se presenta Eneas á presenciar los últimos instantes de la que
muere por su causa, y que ya no quiere ni escucharlo:

No hay piedad para mí: si la encontrára
Maldijera el hallarla: ni en los cielos
La quiero ya esperar. Parte á tu Italia:
¿Qué aguardas ya? Lo ruego, te lo mando:
Esa es, Eneas, tu dichosa patria,
Y no aquel suelo, enjendrador de sierpes,
Que sostuvo de Troya las murallas,
Y que algun dia la justicia griega
Estéril hizo en vengadora llama.
Vuela, vuela de mí. Mis mismos Dioses
Impiadosos me arrojan de sus aras,
Y cuanto toco se convierte en sangre,
Y cuanto miro en derredor me espanta,
Y las serpientes de las Furias moran
Aquí, aquí. [1] ¿Las ves como desgarran
El corazon sangriento, y envenenan

1. Oprimiéndose con la mano el corazon.

Hasta el aliento que mi lábio exhala?
¿Qué haces aquí, malvado?   ¿Ni á la tumba
Quieres que baje con placer?

El delirio se apodera de la desventurada.   Parecéle oir retumbando en los sepulcros, voces terribles que la llaman por su nombre; y que repiten: muerte! muerte!   En fin invocando à la «sombra amada» de su esposo y pidiéndola perdon sin olvidar por eso al cruel por cuya causa muere, se rasga el corazon con un puñal en presencia de Eneas cuyas palabras son las últimas de estas bella trajedia:

Qué funesto presagio llevó á Italia!

(Continuará.)

JUAN MARIA GUTIERREZ.

UN CUADRO AL VIVO

DEL ESTADO SOCIAL Y DEL GOBIERNO DE UNA PROVINCIA ARGENTINA ENTRE LOS AÑOS 1764 Y 1769.

Conclusion. [1]

CIUDAD DE SAN FERNANDO DE CATAMARCA.

Las esperiencias de dos gobiernos en América me han hecho comprender la utilidad que reportan sus pueblos, cuando los párrocos son celesos del servicio del Rey, y bien del público. A esta ciudad cupo la suerte de tener al doctor don Pedro Gutierrez por su cura, que supo acomodar las pretensiones de su grey en ambas jurisdicciones. Fueron mis gobernadores de armas don Ricardo de Sosa, don Juan Navarro, don José Caminos y don Diego de Barros; y todos conformes conservaron aquel vecindario en el mayor sosiego; aunque no les faltaban recíprocos sentimientos: los capitanes de milicias son de los mas honrados que tiene la provincia y por sí solos los capaces de gobernarlas. Pero en

1. Véase la páj. 201.

33

resulta de la espulsion de los jesuitas han padecido algunas divisiones que no podia cortar el gobierno sin queja de alguna de ellas.

Recuerdo á mis apoderados, que de esta ciudad se dieron gratuitamente al Rey para la expedicion de Matogroso, las cuarenta mulas que expuse en mi citada carta de número 4 á don Gerónimo Matorras: ténganlo presente mis apoderados para no apartarse de su contexto; y que en este servicio tuvo mucha parte el doctor Gutierrez, como consta de sus cartas y otros oficios que reservo. Tambien esta ciudad hizo presentes á la piedad del Rey, mis buenos servicios, y fué uno de los informes que refiere la Real cédula de 14 de julio de 1768 de número 1.° con que llenó su obligacion y mi reconocimiento.

Si en residencia ocurriese alguna queja, pedirán mis apoderados las actuaciones á que se refiera, asegurados de que en vista de ellas, los mismos vecinos no podrán negarme el desinterés, fatigas personales y atencion con que procuré aliviarlos y administrarles justicia. Son instruidos los mas visibles y capaces de conocer el verdadero mérito de los ministros del Rey: por esto estoy persuadido que á excepcion de los que fueron comprendidos en las molestias sobre temporalidades de los extinguidos, todos los demás certifican lo referido.

Los intereses del Rey, fueron en todas las ciudades los que mas ocupaban mis desvelos, y me refiero en esta, á lo que certificare el teniente de oficiales reales don Diego de Barros, que los recaudaba, y á las cartas cuentas que anualmente remitia al Tribunal de la Real Hacienda.

CIUDAD DE TODOS SANTOS DE LA RIOJA.

Esta ciudad se mantuvo tranquila los años que vivieron don Santiago de Castro y don Juan de Herrera; y aunque por muerte de ambos entró á sucederles en el gobierno de armas don Francisco de Herrera, sugeto de muy buenas calidades, le faltaron alianzas para mantener el equilibrio de la República, y recayeron las judicaturas de ella en la familia de los Villafañes, que deprimían á los demás vecinos. Dirigíalos don Juan Sedano, jóven ardiente, de pocas esperiencias, amante de la novedad y de hacerse visible en los Tribunales: fué electo procurador de la ciudad el año de 1768, al mismo tiempo que alcaldes y Regidor sus cuñados don Bernardino Villafañe, don José Maria Dávila y don Francisco Antonio Barrera, y se propusieron capitularme ante la Real Audiencia en los términos siguientes:

Que hice concurrir al Cabildo á unos óleos y velorio de los hijos y nieto del mencionado don Santiago de Castro, dando asiento á los interesados despues de las Justicias· que quité el conocimiento de cuatro causas á los Jueces ordinarios: que delegué la facultad de hacer una merced de tierra, en nombre del Rey á don Cipriano Camaño: que en Cabildo abierto y concurso del vecindario proveí siete escritos de quejas contra las Justicias: que llevé á las casas de mi posada el Libro de Acuerdos, de donde lo recogieron sin providencias porque la resolucion de los vecinos, sobre dichas quejas, la hice poner en papel simple y separado.

Si volvieren á suscitar estos puntos en la residencia, pedirán mis apoderados las actuaciones que se hicieron en el

Archivo de Gobierno donde quedaron los de cada Ciudad separadas: advertidos que no necesitarán mas documentos para convencer la malicia del recurso; y de que los Cabildos de la Provincia acostumbran asistir á las funciones de las personas distinguidas, cuando precede convite.

El Teniente de Oficiales Reales don Andrés Ortiz de Ocampo era Ministro muy celoso é instruido de las obligaciones de sus empleos; procuré distinguirle para mas recomendar sus facultades á beneficio de la Real Hacienda; y siendo capaz de sostener por sí solo la mas intrincada disputa, le preferirán mis Apoderados para cualquier encargo de la residencia.

Los Oficiales y Milicias de esta Jurisdiccion fueron muy obedientes á cuantos llamamientos les hice para resguardar el Fuerte del Rio del Valle. La Ciudad misma informó al Rey á favor del celo, desinterés y justificacion con que la defendí y goberné, cuyo documento refiere la Real Cédula citada, y no podrán combatir, sin contradecirse, los vecinos que se arrojaren á impugnarlo.

CIUDAD DE SALTA Ó SAN FELIPE DE LERMA.

Esta ciudad ha sido en todo el siglo residencia de los Gobernadores, y su Cabildo el mas importante de la Provincia, ya sea porque á su frente el Gobernador le hace mas respetado, ó ya porque su situacion abraza todas las salidas de los enemigos del gran Chaco. Sus Jueces y Regidores obtienen regularmente los primeros cargos militares, y de esta union

de Jurisdicciones provienen sus aciertos. Al principio de mi
Gobierno tuve algunas diferencias con ellos sobre elecciones,
serenáronse enteramente y fuimos despues muy conformes.

El Cabildo celebró el año de 1767 una Junta Provincial
á que asistieron los Procuradores de las demas Ciudades, ex-
cepto la de Jujuy y Tucuman; y en ella resolvieron varios
puntos á beneficio de la Provincia que serán muy útiles á los
venideros. Lo que trabajé en arreglarlos, y unir los dictámenes de todos, podrá certificarlo la misma Junta. Pero debo advertir en prueba de lo que me debe, que habiendo acordado pedir, como era justo, al señor Virey y al Rey, aprobacion de sus resoluciones y que se hiciesen los gastos del recurso de la Sisa, por ceder en su aumento las mas de ellas,
convine en ello; y sin dar tiempo á instruirme de los que hayan sido, he repuesto de mis bienes seis mil doscientos cuatro pesos, que se tomaron para el efecto, segun consta en la
Contaduria Mayor de Buenos Aires que me obligó á exhibir-
los en fuerza de un requerimiento de Matorras. Ténganlo
presente mis Apoderados para hacérselo entender á las ciudades comprendidas.

En Junta de Guerra que presidí con el señor Obispo el
citado año de 67, resolvió el Cabildo que las reducciones que
se establec:esen y aun las establecidas, si fuese posible, se
fundasen en el Valle Hermoso á espaldas de la Provincia para
quitarles la comunicacion con los Indios bárbaros y asegurar
mas su conversion y defensa; y echando sobre mis hombros
toda la resistencia de personas poderosas, que no querian perder las tierras en que las tenian establecidas, convine con su
dictámen. Pero algun dia estos trabajos y reflexiones del Cabildo y mias llenarán de felicidad la Provincia.

El vecindario y Comercio contribuyeron por mis ruegos para el vestuario de una Compañía de Granaderos en la expedicion de Matorras, á cuya remision se refieren las copias del número 7. Y por este servicio y otros, informé al Rey á favor de su mérito, á fin de que, entre otras cosas, se dignase concederles la fundacion de un Hospital que reparase la epidemia del mal de San Lázaro, de que están amenazados; y su Real clemencia, inclinada á concederlo, me respondió lo que consta de la Real cédula que para en el archivo de gobierno.

Recorrí todos sus fuertes y fronteras con la actividad que fué notoria. Guardé buena armonia con todo el vecindario, visitando á sus familias con la decencia y decoro que es debido. Traté á los infieles de Paz con humanidad y precaucion, y á los reducidos con mucho amor y obsequio. Visité las cárceles públicas varias veces. Atendí las viudas y menores, en cuanto pude, como podrán certificarlo doña Lorenza de la Cámara, doña Juana Gallo, doña Gerónima Iriarte y otras familias á quienes preferia en los arbitrios de hacer provisiones para los fuertes, para que tuviesen este alivio.

Procuré que los jueces eclesiásticos y prelados regulares de esta ciudad, fuesen tratados con respeto. Dejé de mis bienes una colgadura de seda carmesí y amarilla para todo el presbiterio de la capilla mayor de aquella iglesia matriz. Socorrí con quinientos pesos de mis sueldos la fábrica de la iglesia de San Francisco por mano de su guardian fray Domingo Aramasu. Acompañé por las calles varias veces al Santísimo Sacramento, y en los dias mas solemnes del año frecuenté el de la penitencia. Anótolo porque fué público, y séame lícito hacerlo bajo la antecedente protesta, para que mis apoderados lo opongan á quienes quieran vindicarme de algun cargo contra el honor de los empleos.

Pero toda esta buena armonia arrancó de sus quicios la sedicion de esta ciudad y la de Jujuy, porque llenos de preocupacion algunos de sus vecinos cometieron contra la autoridad de mis empleos los excesos que son notorios, y de que está conociendo el Real y Supremo Consejo estraordinario: téngolos tachados en el de Indias con Matorras sin especificarlos, para el juicio de esta Residencia, segun acredita la certificacion de número 8. Y protesto que ahora los ocultaria si no fuese preciso precaver que con el silencio padezcan nota los inocentes. Con todo me ceñiré á decir solo los nombres de los que en calidad de cabos, fomentaban y regian la rebelion, y de aquellos que han servido de testigos contra mí.

Fueron los primeros don Francisco Toledo, mi teniente; don Francisco Olivares, director; don Tomás Toranso y sus hijos; don Juan Salbí; don José Echenique; don Julio Cesar Garrofilini; don Fernando Torres; don Lauro Lujan; don Agustin Lopez; don Gregorio Lopez; don Apolinario Arias; don Pascual Zamora; don Francisco Niño; don Cayetano Vinegra; don Sinforoso Rioja; don Cayetano Aguirre; don Manuel Fernadez; don N. Cerda, que me hirió con dos postas en la frente; don José Victoria; don Agustin Erquicia; don N. Soria, sobrino de Toledo, y don Miguel de Learte.

Fueron de los segundos, segun consta de una informacion recibida por don José Domingo Saravia, en consecuencia de unas censuras: don Miguel Córdoba, Dionisio Ro-

ble mulato ya liberto; don Juan de la Cantolla; don Antonio
Infante; don Sinforoso Rioja; Marcos Robles, esclavos de
don Juan Bautista Sambona; don Francisco Olivares; José
Dionisio, esclavo; don José Aldunate; Manuel Antonio, negro esclavo; don Ventura Cabral; don Juan Silverio Chaves;
don Miguel Fernandez; don Pablo Castro; José Ignacio Car-
bajal; don Juan Mariano Caro; Cristobal Chocovar; Bernardo Correa y Matias Burgo.

En otra informacion sobre la entrega de temporalidades
que hizo el comandante don Antonio Vidal, fueron tambien
testigos que intentaron sindicarme y abonar sus desafueros:
don Juan Zambona; don Julio Salbi; don Pedro Estrada; don
Cayetano Vinegra; el herrero José Moyano y el maestro don
Francisco Castellanos; don Feliberto Mena ha sido agente y
promotor fiscal de todos estos procesos y otros varios espedientes contra mi.

A todos estos y los antecedentes volverán á tachar mis apoderados, á sus parientes hasta el cuarto grado, amigos, dependientes y confederados, siempre que se vean en necesidad de
hacerlo; estando firmemente persuadidos que D. Gerónimo Matorras y D. Juan Martinez Tineo, influirán á muchos para que se
presenten en residencia, y aun les harán los pedimentos á fin
de que los informes que han hecho contra mí, tengan ese artificioso apoyo: ellos han sido de la clase de los delatores y
están igualmente responsables á las resultas que los demás.
A uno y otro tengo recusados ante el señor Virey y Real Audiencia en esos Reynos, como reconocerán mis apoderados
de las copias número 9, y la ya citada de número 5.

Don Francisco Lopez y Cevallos, escribano del Cabildo
de Salta, es tan conocido en esa Provincia y fuera de ella,

que es ocioso retratarle. Fué testigo contra mi, por adulacion á Matorras y Tineo de tan menudas circunstancias, que tomé la pluma para conocer sus contradicciones y falsedades en los términos que instruye la copia de número 10. Talvez su malicia suscitará alguno de los puntos que contiene, particularmente el de los dos mil trescientos pesos retenidos hasta haberse aprobado las cuentas, que como Veedor, ha producido en la contaduria de Buenos Aires, y debe solo declarar el consejo despues de examinar su liquidacion. Pero mis apoderados alegarán que los tengo todos contestados en la Junta Provincial de aquella ciudad y en el Real consejo donde están pendientes.

Este mismo Cevallos fué apercibido por el Juez de Residencia de Tineo, á suspension y perdimiento de sus oficios, si no coordinaba los protocolos y demás papeles de ellos. Creo que en nada le ha obedecido: ténganlo presente mis apoderados para hacerlo constar al señor Júez, y que conozca su delicuente conducta.

Si en la Sala de Armas de esta ciudad ó en el Archivo se echaren menos algunas, y tambien municiones ó papeles que le pertenezcan, tendrán presente mis apoderados que fueron muchos los escesos que cometió Toledo, ó sus comisionados en ambas oficinas, quebrantando con hachas las puertas de mi casa, allanando las del colegio que fué de los jesuitas y de dicha Sala de Armas y Provisiones, á fin de que en parte de pena de este atentado, se les demanden. Los que despues de estos sucesos se hallaron, constan del nuevo inventario que mandé hacer de todos, para volverlos á entregar al escribano de gobierno; y las municiones y utensilios que dejaron, ó sobraron de las entradas al Chaco, referidas, fueron anotadas en las cartas cuentas del Tesorero de Salta, que se presentaron á la Contaduría Mayor de Buenos Aires.

En la que dió don Miguel de Arrascaeta de gastos de las expediciones que comandó, he visto al tiempo de presentarla en el Consejo con las demas, que salió alcanzado en mil y tanto pesos. Y siendo regular que el Contador se los mande reponer á su viuda ó hijos menores, y tambien que por haber muerto en campaña defendiendo la Provincia, se haya confundido la órden que le dí, mandándole los retuviese por gratificacion de sus muchos y buenos servicios; saldrán mis apoderados en este caso á la defensa, haciendo esta declaracion para que se le remuneren.

CIUDAD DE SAN SALVADOR DE JUJUÍ.

Domina á esta ciudad el espíritu de partido y obstinacion de algunos Europeos. Nombré por mi Teniente de ella á don José Antonio Zamalloa, y eran Regidores don Juan Bautista Muruaga y don Miguel de Indaburu, que sacando Alcaldes de su faccion, se gobernaban por un mismo espíritu. De aquí provino su conformidad para retractarse de las ofertas que me hizo el cabildo á beneficio de la expedicion de Matogroso, y tambien que resistiese la entrada de la tropa que pasaba de Buenos Aires á servir en ella; y aun las primeras quejas que concibió contra el Gobierno, por que se le opuso, y reprendió el abandono de sus obligaciones. Los Indios se quejaron de Muruaga y otros Jueces, por los excesivos derechos que les exigían: el ayuntamiento no celebraba los Cabildos de ordenanza en pró de la República, y mi Teniente estaba sindicado de dar fomento á la internacion de efectos pohibida, y todo fué preciso moderarlo, segun constará de autos en el Archivo.

Don Francisco Robles, comandante principal de los tres Fuertes de las Fronteras de esta Ciudad, podrá certificar que los visité varias veces, cuidando de su reparo con el mayor desvelo; y la mucha vijilancia que interpuse para conservar la Reduccion de Indios Tobas que se halla establecida en medio de ellos. Las viudas y menores de los Goyocheas, Iriartes, Martiarenas, y otros de vecinos beneméritos, podrán deponer la estimacion y buen tratamiento que les hice.

En esta ciudad está la Real Aduana, y para aumentar sus fondos mandé hacer nuevos Padrones de indios tributarios, y que le pagasen los renuevos: celé con dragones del piquete mencionado, los caminos y sendas privadas para que no usurpasen los derechos del Rey, ni se hiciesen internaciones prohibidas; y de aquí provino el considerable aumento de la sisa. Auxilié con toda la autoridad de mis empleos, á los oficiales reales que los administran, como consta de varios expedientes, y podrán certificarlo. Trabajé con los Tesoreros de Bulas para exigir sus cuentas y adelantar este ramo, lo que consta de la certificacion de número....que es igual á la que se presentó á la contaduria mayor de Buenos Aires, con cuyo documento se acreditará en la residencia, el desempeño de esta obligacion, y el celo con que la promovía.

Pero no obstante estos principios se dejó sorprender aquel cabildo y algunos vecinos, de las sugestiones de mi capitulante Bárcena, que ya resentidos de algunas providen-

cias del Gobierno entraron sin violencia á hacer partido, li-
gas y alianzas para vengarse y malquistarme en los Tribunales del señor Virey y Real Audiencia del distrito, de que era
Presidente interino Tineo, su declarado protector y mi enemigo.

Esta confederacion que todas las leyes resisten con graves penas les atrajo infinitos desaciertos. Sacaron á Zamalloa tumultuariamente del arresto en que se hallaba por
asuntos de la expulsion de Jesuitas, atropellando Bárcena,
que los dirigia, la guardia de soldados que lo custodiaba.
Lleváronlo como en triunfo á las casas capitulares, donde
despues de contentar al pueblo amotinado con varias cargas
de aguardiente y vino, se arrojaron enardecidos sobre las
casas de San Roque, que eran de mi alojamiento, y abrieron
con barretas distintas brechas: por ellas me hicieron tan vivo
fuego que hirieron al soldado Sardina con una bala de fusil,
estando á mi lado defendiendo tan execrable insulto; y rechazados vigorosamente se trasladaron á las casas del Tesorero de Sisa, de cuya real caja se apoderaron, y repartieron
siete mil y mas pesos á los soldados que habían corrompido
para que abandonasen la custodia de Zamalloa, y tomasen
las armas contra su Gobernador y Capitan General que deben
sin duda reponer.

Todos estos excesos practicaron el dia 13 de diciembre
de 1767, y en el mismo por la noche les vino de socorro mi
teniente de Salta don Francisco Toledo con la partida de gente
amotinada que queda referida; y considerándome sin municiones para resistirles, y con necesidad de reponerlas, le hicieron que retrocediese á esas mismas horas con órden de
apoderarse de la Sala de Armas de Salta, y sus municiones,

que expulsaran á mi familia, é interceptasen todos los papeles de la casa y colegio que fué de los Jesuitas. Y todo lo practicó exactamente el dia 14.

Con la noticia de estos nuevos insultos dejé la ciudad de Jujuí el dia 15 muy temprano, y acabado de llegar á la Estancia de la Caldera, fuí sorprendido de Toledo y su partida de amotinados que volvían á Jujuí á reforzar aquella rebelion. Allí me hicieron tan cruel é incesante fuego, que me hirieron con dos postas en la parte superior de la frente y desesperanzados de quitarme la vida, ó arrastrarme pegaron fuego al alojamiento por varias partes, á cuyo horror ó por no ser quemados vivos, franquearon las puertas los veinte y dos hombres que las defendían, y eran mi única escolta en aquellas circunstancias. Luego verificaron inhumanamente mi arresto y me condujeron como á reo á la ciudad de Jujuí, escribieron cartas circulares á toda la Provincia concitándola contra mí, y sobrevinieron los demas excesos de que conoce privativamente el Real y Supremo Consejo extraor. dinario.

Con íntimo dolor he recordado estos sucesos á mis apoderados, obligado de mi natural defensa contra el cabildo y algunos vecinos de Jujuí y por no poder omitir los nombres de los que en ella sostienen tan detestable partido: á saber: don Juan Antonio de la Bárcena, su caudillo; el cura que fué de la ciudad, don Pedro José Urtubey en cuya casa se hacian las Juntas; don José Antonio Zamalloa; don Juan Bautista Muruaga; don Miguel de Indaburu; don Joaquin del Portal; don Francisco Basterra; don Andrés Eguren; don Juan Alejandro Gainza; don Francisco Eguia; don Pedro Bereña; don Ignacio Gorriti; don Gregorio Zegada; don Baltazar de

Acevey, y otros ménos conocidos, que les son subordinados. A todos estos, sus deudos y confederados, tacharán mis apoderados en residencia si diesen motivo para ello, con referencia á sus delitos, y á la que sin especificarlos les he puesto por esta causa en el Real Consejo de Indias.

Deben igualmente reprochar en residencia á don Blas José Sabando, don Alejandro Echenique, don Ignacio Gorriti, don Juan Antonio de la Bárcena, don José Antonio Zamalloa, don Francisco de Villa, don Lucas Zurita, don Felix Usaola, don Juan Alejandro de Arroyo, don Manuel Fernandez, don José Antonio Laje y el cura don Pedro Urtubey; porque ademas de los espresados excesos, fueron testigos en una informacion calumniosa, que por consecuencia de ciertas censuras hicieron contra mi en Jujuí, á que tengo satisfecho.

En una de las visitas que hice á la Real Aduana, acaeció haberse roto una de las carretillas que llevaban mis equipages, y que al golpe pereciese el peon que la conducia: este mal suceso mandé al Alcalde don José Ignacio Goyochea lo justificase, y las deligencias sobre ello, estarán en su Juzgado, ó en el Archivo de Gobierno. Ténganlo presente mis apoderados para referirse á ellas, en caso que el cabildo ó algun otro por su influjo desfiguren el hecho calumniosamente en residencia.

ADVERTENCIAS GENERALES.

Intenté poblar las estancias del rey con ganado hembrage, para que con menos costo se pudiesen mantener de sus frutos las guarniciones de los fuertes: pero la experiencia me obligó á despoblarlas, y que se comiesen los capitales, por los daños que recibían las terneras de los buitres y tigres y aun para evitar que se alzasen los ganados mayores en los montes á que se iban inclinando.

Los autos de buen gobierno que hice publicar en toda la Provincia, acreditan el espíritu de rectitud con que promoví el mejor servicio de Dios, del rey y del público.

El no haber llevado los derechos que me pertenecían, por la administracion de Justicia en toda la Provincia, es la prueba mas relevante del desinterés y acierto con que deseaba distribuirla.

No condené á muerte á ningun reo, sino en los casos de conformarme con la sentencia de los jueces ordinarios, que arreglada á los autos, á sus delitos y penas, la tenían pronunciada: ni se hallará que hubiese apremiado persona y bienes de algun súbdito, sin que constase de autos la obligacion de hacerlo á pedimento de parte, ó de oficio; bajo cuyo concepto deberán conducirse mis apoderados en todo lo que en esta instruccion no fuere prevenido.

Entregué la Provincia á mi sucesor con las mismas Ciudades, Pueblos y Reduciones de Indios, que la recibí, no obstante que pude perder siete misiones al tiempo de la expulsion de Jesuitas, si no hubiesen sido tan activas y oportunas las providencias que tomé para precaverlo.

Hice tres entradas al Chaco por las fronteras de Santiago, Salta y Tucuman en los dos primeros años del Gobierno. Visité las siete ciudades de la Provincia, sus Fronteras y Misiones varias veces por razon de mis empleos y comisiones, con el fin de mantenerlas defendidas; y es público y notorio

á todos sus habitantes, y traficantes de Potosí á Buenos Aires, que caminé para conseguirlo mas de dos mil leguas,
muchas de ellas por travesias y parages salitrosos, sin agua,
ardientes y enfermizos; pagando todos los bagages y mantenimientos que necesité, con tanta exactitud, que hice publicar bando en Salta, Córdoba y Tucuman, para que ocurriesen
á ser pagados los que en algun modo fuesen acreedores
mios, ó de mi familia, á la casa de don Pedro Marquiegui,
don Apolinario Francisco Viana, don José Molina, ó la
mia.

Para la expedicion de Matogroso no solo apronté armas,
municiones, vestuario y mulas, ya referidas, sino que yo
mismo, y á mi costa ofrecí ir á ella con doscientos hombres
de auxilio que se me admitieron, y consta de las cartas del
señor Virey y Real Audiencia, comprendidas en el testimonio de número 12, cuyos recomendables contestes califican
el pundonor con que me conducia en los empleos.   En el
mismo documento reconocerán mis apoderados otros varios
informes de señores Vireyes, Obispos, Cabildos y Ciudades
que han hecho al Rey desde que empecé á servirle, abonando
mi conducta: y son los testigos mas recomendables con que
puede acreditarse: ténganlos presentes en cuanto lo juzgaren
conveniente.

Cuando, despues de la sublevacion de Salta y Jujuí fuí
restituido á la Provincia y á mis empleos, traté á todos los
reos comprendidos en ella, parientes y confederados, con la
mayor prudencia sin darles jamás á conocer en dos años que
continué en el gobierno, que sabia sus delitos; ni motivo para
queja, ó recurso á los tribunales superiores, aun teniendo
tropa de Buenos Aires para castigarlos: y lo

apoderados como uno de los servicios que mas recomiendan mi sufrimiento en los empleos. Suplicándoles que los representen con los demás que quedan referidos, al señor Juez de Residencia, para que gradúe los ahíncos con que procuré llenar mis obligaciones.

Finalmente, sepan mis apoderados que mis bienes han quedado en Lima á consignacion de don Valentin de Angulo bien conocido en esa Provincia. Pero al recibo de esta instruccion, pueden serlo otros en quienes haya sostituido mi poder don Manuel de Basabilbaso, con cuya direccion deberán girar cualquiera libranza de gastos que dieren para los costos de esta residencia; y evacuada que sea me remitirán sin pérdida de tiempo, ni esperar á que vengan los autos, testimonio de la sentencia por todas vias, y harán que se chancele á mis fiadores la fianza que tienen otorgada: en inteligencia de que no hay apelacion de ella á tribunal alguno, segun el Real Despacho lo declara, y de que conforme á él no se pueden admitir cargos generales, sino particulares para sustanciarse en el término de sesenta dias. Fio en la justicia del cielo que protejerá la que me asiste. Madrid y mayo 19 de 1775.

ADICION Á LA INSTRUCCION ANTECEDENTE.

Quien usa de su derecho á nadie hace injuria. Séame lícito por esta regla instruir á mis apoderados de algunas sediciones acaecidas en la Provincia del Tucuman en este siglo, contra sus gobernadores tenientes y justicias, con referencia á despachos y reales provisiones por donde constan en el archivo de gobierno de ella solo á fin de que pueda aprovecharles en mi defensa.

Don Juan Antonio de la Bárcena, mi Capitulante, siendo alcalde de Córdoba con don Manuel de Castro el año 1754, intentó prender á don Sebastian de Velazco, que iba con comision de la Real Audiencia del Distrito á pesquizarlos, y le obligaron á refugiarse en el Sagrado de San Francisco y retirarse de la ciudad sin practicarla: consta de los autos en dicha Real Audiencia, y prisiones que despues hizo por su órden el gobernador Pestaña.

El mismo Bárcena puso preso al gobernador de armas don Felix Cabrera, y cometió otros desacatos con personas eclesiásticas sirviéndose de la autoridad de alcalde para estos excesos, y los de proteger el comercio ílcito, como consta de las causas de que hace mencion la citada Real Cédula de 14 de julio de 1768.

Las tres ciudades de San Miguel del Tucuman, Catamarca y Rioja, negaron la obediencia á su gobernador don Juan Victorino Martinez Tineo, y aun hizo armas para resistirle la primera, como consta en auto de Real Acuerdo de Lima proveído en 14 de julio de 1754.

La de Catamarca arrojó de aquella jurisdiccion ignominiosa y tumultuariamente, á su teniente de gobernador don Luis Diaz, como consta de las actuaciones del gobierno de Tineo, de quien fué teniente.

Don Alonso Visuara, teniente de gobernador; don Juan de Peñalva, don Alonso Fernandez y don Ignacio Plasaola, alcaldes y Regidor de la ciudad de Salta, hicieron armas contra su gobernador Juan Armasa y Arregui, segun consta de la sentencia de esta causa, inserta en Real Provision librada en 5 de diciembre de 1735.

Las dos ciudades de Salta y Jujuí negaron la obediencia y armaron contra su gobernador don Isidro Ortiz de Aro, Marqués de Aro, hasta obligarle á salir de la Provincia huyendo de la rebelion el año de 1724 ó principios del de 725, como consta de los autos que se siguieron por la Real Audiencia del Distrito.

Estas mismas dos ciudades se sublevaron con el desafuero que se ha dicho en la antecedente instruccion, contra su gobernador don Juan Manuel Campero por diciembre de 1767.

Don Juan José Briso Quijano, don Gregorio Carreño, Maestres de Campo de las Milicias de la Rioja; don Manuel Villafañe, Alferez Real; don D ego Gutierrez Gallegos y don Francisco de Villafañe, alcaldes ordinarios tumultuaron aquella ciudad y cometieron varios desacatos, segun consta por el mandamiento de su prision, inserto en despacho que libró el gobernador don Alonso de Alfaro en 12 de noviembre de 1725.

En Real Cédula de 15 de febrero de 1710 se esponen, con referencia á un informe del gobernador don Estevan de Urizar, varios excesos de las Justicias de Catamarca, y á fin de privar á la ciudad la facultad de elegirlas, se libró Real Providencia en 25 de agosto de 1716 mandando comparecer ante la Real Audiencia á sus vecinos ó Procuradores.

En Real Cédula de 20 de julio de 1721 se hace mencion de los autos que se habian formado por el gobernador para quitar á las ciudades de Rioja y Catamarca la facultad de elegir alcaldes y aprueba S. M. la providencia de la Real Audiencia en que se la restituye, segun consta de Real Provision dada en 25 de Junio de 1723.

Omítense otros tumultos del siglo antecedente, porque estos bastan para persuadir que no es el gobierno quien los ocasiona sino el temperamento y desavenencia de sus súbditos. Y si mis apoderados quisieran instruirse mas de su genios calumniosos, lean en el señor Villaroel [1] las lágrimas que hicieron derramar á mi antecesor Albornoz, que siendo hermano de un cardenal necesitó su favor para enjugarlas.

Madrid ut supra.

JUAN MANUEL FERNANDEZ CAMPERO.

—••+18+••—

1. Parte 1.ª cuestion 2.ª art. 8, núm. 35. Villarroel dice asi en el lugar de esta cita····"Siempre entendí que no es esta tierra tan abundante y feraz de minas como de calumnias".   (*La Revista.*)

MEMORIA DE GOBIERNO

PRESENTADA AL MARQUÉS DE LORETO POR SU ANTECESOR EL VIREY DE BUENOS AIRES D. JUAN JOSÉ DE VERTIZ.

Continuacion. [1]

PACIFICACION DE LAS PROVINCIAS DEL VIREYNATO.

Estinguida ya la cruelísima rebelion de que José Gabriel Tupac Amaro, fué pérfidamente autor, nada puedo referir á V. E. que mas llene de gozo mi corazon que la quietud y tranquilidad en que dejo á estas provincias, restituidas todas á la debida obediencia del Rey. Confieso desde luego que las primeras y sucesivas noticias de esta sublevacion que veia difundirse tan rápidamente á las principales provincias de uno y otro Vireynato, y aun muy distantes entre sí, me atribulaban con estremo, no por que mi espíritu fuese capaz de amilanarse y menos persuadirse que no sojuzgaría á todos estos inicuos traidores, y á sus secuaces rebeldes escarmentándolos como era justo y exigían sus perpetrados criminales exesos, sino principalmente porque las presentes ocurrencias ponían ciertos limites á lo que podia obrar y meditaba mi fidelidad: en todas partes se multiplicaban los objetos sobre que era

preciso vigilar con particular celo. Declarada la guerra á
los Ingleses, esta provincia era la mas espuesta á ser invadida de esos enemigos, y aun, segun repetidos avisos de la
Córte debia esperarse por instantes la espedicion que contra
ella se me aseguraba estarse preparando. Así consiguientemente todas las tropas de su mando, aun no bastantes para
cubrir esta capital; el importante puerto de Montevideo especialmente amenazado, y los muchos y diversos puestos de
sus costas adyacentes por donde puede ser atacada, debian
necesariamente emplearse en esta honrosa defensa. A abrazar este partido, quedaban aquellas provincias interiores en
la mas deplorable desolacion y abandono; profanado horrible y sacrílegamente el santuario; los sacerdotes y ministros
del altar ultrajados con el mayor vilipendio, y muchos que
recibieron la muerte aun asidos del autor de la vida, Cristo
sacramentado; y la casa de Dios manchada con la sangre de
tantos inocentes; aquellas provincias acéfalas por la muerte
ó fuga de sus Correjidores; en ellas perseguidas hasta su esterminio la fidilidad al Rey; y todos los sexos y edades víctimas sacrificadas al desenfreno, irreligion, y crueldad de tantos malvados juntos.

Esta horrenda conspiracion se propagaba estraordinaria-
mente: por lo mismo me fué muy notable la reprensible lenti-
tud con que se manejaba la Real Audiencia de Charcas, cuando
en tales casos ninguna actividad está por demás, y toda debe aplicarse para reprimir en su orígen estos desórdenes
populares á fin de que los autores de un abismo, no se pro-
pasasen á otro de mayor perversidad. Así la religion, el soberano decoro, la humanidad, y cuantos recomendables respetos podrian urgentemente estrechar mis deberes, todos

abiertamente influian por no desatender aquellas consternadas provincias, por lo mismo despreciando las otras consideraciones que se me presentaban, y acaso no menos eficaces, me dediqué é auxiliarlas con imponderable esmero: nombré desde luego un cabo militar que no se embarazase con las disposiciones convenientes y disipase la confusion esperimentada en Chuquisaca, que me informó el Reverendo Arzobispo de aquella iglesia, para persuadirme la necesidad de un gefe de esta clase: despaché prontamente y en distintas ocasiones sobre seiscientos veteranos, tropa toda escojida y mandada por oficiales de valor y esperiencia militar: remití las armas y municiones necesarias, y para decirlo de una vez, ya determinado á socorrer á aquellas provincias en todo lo que contribuyese á su conservacion, paz y restablecimiento, hice aun mas de lo que moral y prudentemente podia: pero tambien debo afirmar que todas estas medidas y disposiciones que parecían mas bien consultadas con la temeridad por el riesgo eminente de esta provincia y por el aventurado éxito á que así espusiese su defensa y aun mi propio honor, son manifiestamente las que han producido la pacificacion y á las que con especialidad se debe la actual tranquilidad de que gozan aquellos miserables habitantes. Dios quiera conservarla ya que tan visiblemente dirigió los medios de conseguirla.

Los sucesos y acaecimientos todos de esta conspiracion están referidos por menor en mis informes al Rey á que acompañan los documentos respectivos con que instruía puntual y dilatadamente su real ánimo. Todos se hallan en la secretaria de V. E. y podrán en lo sucesivo suministrar los esclarecimientos que acaso sean necesarios; si bien que tambien resultan de las dilatadas actuaciones en la materia.

PROVIDENCIAS GENERALES DE GOBIERNO.

En los cuadernos de bando que corren desde 20 de setiembre de 1770 y se hallan en la escribania mayor de esta superior gobernacion, constan los que se han publicado y se rejistran tambien otras providencias generales, todo perteneciente al mejor órden de esta República y á los ramos de justicia, policia y hacienda, objetos que no se descuidaron ni aun en medio de las continuadas atenciones de la guerra. En aquellos y en estos es manifiesto cuanto se propendía á evitar los escándalos y ofensas á Dios y á la debida administracion de justicia, que procurando yo desempeñarla con el dictámen de los Asesores nombrados por el Rey, tambien estimulaba á los otros jueces para que procediesen con toda rectitud. A los pocos dias de mi ingreso al mando pedí á todos los empleados en oficios públicos, los títulos que lejitimasen su ejercicio, encargando despues á los jueces, abogados y escribanos, el pronto espediente de los juicios, especialmente criminales, porque retardando el castigo no se escarmientan los delincuentes, y aun en este concepto pasé oficios á la Real Audiencia de la Plata, que teniendo mandado por providencia jeneral que no se ejecutase sentencia capital sin preceder su confirmacion, la demoraba con exeso y en perjuicio público: determiné tambien que mensualmente se diese razon del estado de estas causas, y que los profesores del derecho no se negasen á promover en ellos la víndicta pública haciendo de fiscales: que no se admitiesen escritos con espresiones ajenas del debido honor de los jueces, ni injuriosas á las partes, por lo que la distraen del principal asunto, y confunden así la justicia, imponiendo pena pecuniaria á los escribanos que los recibiesen; que estos fijasen públicamente en sus oficios, los aranceles de sus derechos y que los observasen con exactitud, aun en el número de renglones y dicciones que prefija con los testimonios que hubiesen de dar.

En el ramo de policia será muy raro el asunto, objeto de esta, que no se halla prevenido por dichos bandos: el aseo y compostura de las calles y calzadas se ha ordenado con repeticion: el reparo de las entradas de esta ciudad; que se cerrasen los huecos, atahonas y canchas, porque á mas de no convenir á su ornato, abrigaban en la noche delitos y delincuentes; que no se arrojen á las calles inmundicias, ni se permitan animales muertos, ó las almohadas y otros paños con que se llevan á enterrar los difuntos; que los médicos diesen razon de los que fallecen éticos, tísicos ó de alguna enfermedad contagiosa; prevenida la limpieza del agua, con prevencion á los que la venden de cojerla al frente de la ciudad; reformado el exeso de los lutos y correjida la confusion de ambos sexos en los baños, y aun el escándalo de tomarlos de dia á vista del pueblo; con otras muchas mas disposiciones de este ramo, todas se hallan en aquellos bandos que igualmente se estienden á la policia, rural, acerca de los sembrados y de sus cosechas, cortando los desórdenes y abusos de estos, y sobre la cria y adelantamiento de los ganados. En materia de hacienda, entre otros, fué principalmente el que mandé publicar para esterminar el comercio ilícito; delito que aunque envejecido en estas partes por la inmediacion de la colonia portuguesa y por las utilidades que proporcionaba á los contraventores, pude arrancar de raiz, precaviendo en sus distintos artículos aun los medios de defraudar al erario que ya eran comunes: y á la verdad que visto por el Supremo consejo, á quien lo remití para su aprobacion lo confirmó en lo principal esplicando solo alguna otra estrechez que el mismo adquirido conocimiento indujo á determinarla.

Así se consiguió que el comercio de España floreciese, arruinado antes por las cuantiosas introdu:ciones de efectos estranjeros que facilitaban estas costas dilatadas y los muchos puertos que hay en ellas para las embarcaciones menores en que se ejecutaba ese tráfico tan perjudicial al estado, y aun tambien encontrará V. E. en aquellos bandos determinado el recurso á las misericordias de Dios en las necesidades públicas, ordenando al pueblo concurriese al templo para implorar con unidad y humildes votos el remedio de las aflicciones que se padecian: todo á la verdad no se encaminaba á otros fines que al mejor servicio de Dios y del Rey, á la comun utilidad y el lustre de esta capital; y V. E. por sus claros dicernimientos sabrá muy bien distinguir si convienen ciertos preferentes objetos.

ESTABLECIMIENTOS Á LOS MISMOS FINES DURANTE MI MANDO.

Reflexionando que en la vasta estension de esta ciudad, eran solo dos los Jueces ordinarios que por muy celosos que anduviesen en el desempeño de sus cargos, no podian en todas partes llenar sus respectivas obligaciones, de que resultara, como muchas veces me lo acreditó la esperiencia que los mayores delincuentes lograban con la pronta fuga la impunidad de su crímen, y que otros desórnes no se corregian por ignorarlos los mismos que debian reprimirlos: en esta atencion determiné multiplicar con la denominacion de comisarios de barrio en que dividí toda esta capital, otros muchos honrados vecinos que en su distrito celasen las ofensas de Dios y pecados públicos, las muertes, robos y heridas, con facultad de prender infraganti y formar el sumario, y que tambien cuidaren del buen órden, aseo y limpieza de las calles: é individualizándoles todas sus pensiones y objetos, y puse á su cargo el cumplimiento de todos los bandos; el reconocimiento de las pesas y medidas y de la buena calidad de los mantenimientos, uno y otro sin perjuicio de la jurisdiccion de los jueces ordinarios y del regidor fiel ejecutor: el mandar que se segasen los pozos y pantanos que en las calles evacuaban las aguas detenidas y el curso de carretas: la matrícula de los habita ntes de sus manzanas y districtos, con distincion de estados, clases, sexos y edades: el inquirir los entrantes y salientes en sus barrios: el evitar el comercio ilícito, los juegos prohibidos, aprendiendo á los jugadores, que, aunque mas tarde y lentamente contagian sobremanera la sociedad arruinando sus miembros; el uso de armas vedadas y especialmente del cuchillo que tantas desgracias ocasiona; la averiguacion de la gente vaga y mal entretenida, el arreglo de calzadas, con otras muchas inspecciones que podrian evacuar sin fatiga, mediante el corto territorio ó cuartel á que reduje la de cada comisario: en su auxilio mandé se situasen en distribucion proporcionada las asambleas de caballeria, infantería y dragones, y aun constituí á todos los vecinos respectivos con la obligacion de dar á su comisario el favor y ayuda que les pidieren: de modo que si su aplicacion y desempeño corresponde al justo fin que influyó para su creacion y nombramiento, la utilidad comun será visible: se precaucionarán en muchas partes los desórdenes y se logrará el aseo y arreglo de las calles que tanto contribuye al adorno de una ciudad, á la comodidad de los habitantes y á lo saludable del aire.

CASA DE CORRECCION.

En continuacion del mismo fin y para evitar los escándalos públicos y ofensas de Dios, establecí en esta capital Casa de Correccion destinando la que estuvo al cuidado de los espatriados y habia costeado y dotado un particular para ejercicios espirituales de hombres.

En ella se recojen todas las mujeres de mal vivir y entregadas al libertinaje y disolucion, determinando el tiempo á proporcion de lo que resulta por la aseguracion ó conocímiento que precede ó por su reincidencia ó incorregibilidad. Se les emplea en trabajos propios de su sexo y hasta ahora han sido tan fructuosos que con exeso han sufragado para todos los gastos y su sustentacion y vestuario: ella es obra útil, contiene manifiestamente el desórden que no grave de modo alguno al público: por lo mismo debo persuadirme que V. E. la continuará, pues aun sirve este destino para otras correcciones de mujeres en que se embarazaría el gobierno por su falta.

ILUMINACION DE LA CIUDAD.

El alumbrado de las calles durante la oscuridad de la noche, es otro de los establecimientos que promoví á los mismos objetos públicos, adorna la ciudad y consulta á la comodidad y seguridad de los vecinos. Todo criminoso aborrece la luz y se reprime á presencia de la que descubre su conducta de delincuente. Los faroles son de los mejores que he visto y se costea todo con la contribucion de dos reales al mes sobre cada puerta de que se hace diario uso por la calle; imposision que me parece ligera y que el público la satisface gustoso mediante la utilidad directa que le produce. Hoy este alumbrado corre por via de arrendamiento de que hay formado espediente, y en lo próximo acaso podrá mejorarse en condiciones y otras circunstancias porque no todas se presentan al principio de estos establecimientos, y muchas veces aunque se conozcan conviene no apurarlas á fin de que se verifiquen.

CASA DE CUNA Ú HOSPITAL DE EXPÓSITOS.

Uno de los establecimientos que en los pueblos se ha conceptuado por muy preciso y de los mas humanos, es el de la Casa de Cuna ú Hospital de Niños Expósitos. Por él se evita muchas veces la muerte á un inocente, y el delito mas abominable á la desligada madre que le dió el ser, y se consigue tambien que estos hijos ilejítimos puedan educarse de modo que lleguen á ser miembros útiles á la sociedad. Por estas y otras consideraciones generalmente repetidas en los que promueven la necesidad de tan piadoso establecimiento y en especial por los muy dolorosos y funestos acaecimientos que acreditó completamente el Procurador Síndico General de esta Ciudad, entré en la justa deliberacion de erijirla desde luego, calificada su urgencia y en el concepto de que esta misma prontitud llenaba mas cabalmente la piadosa in-

tencion de S. M. La Junta de aplicacion señaló á este fin
con mi aprobacion la casa que en tiempo de los expatriados
sirvió para los ejercicios espirituales de mujeres y aplicó
absolutamente algunas otras de los mismos ex-jesuitas, cuyos arrendamientos debian contribuir, en parte, á la subsistencia de los mismos expósitos: y aun despues se compró y
puso corriente una imprenta que en el Real Colegio de Monserrat estaba abandonada muchos años, que por lo mismo á
mas de su principal precio fué muy costosa su recomposicion;
arbitrio que á mas de rendir algunos ingresos á esta casa,
tambien proporciona al público los útiles efectos de la
Prensa.

De todo informé al Superior Consejo con testimonios, de
los espedientes, y fué tan conforme á las piedad de S. M.
este establecimiento y los medios indicados por su permanencia, que se sirvió aprobarlos por su Real despacho de 13
de septiembre de 1783, y aun el darme gracias por el notorio
celo conque me esmeraba en el servicio de Dios y suyo.

Bien conoce V. E. que los productos de la imprenta y
los arrendamientos de las casas aplicadas, no podrán subvenir
al cuantioso gasto de esta cuna; y por lo mismo tenia yo dispuesto que se pidiere públicamente limosna para
ella; que en todos los años se hiciesen fiestas públicas de
toros; que observándose en ellas el órden y decencia posibles
conducen tambien estos desahogos públicos á ciertos fines
por los cuales los gobiernos antiguos y modernos los han
introducido de tiempo en tiempo, que se rematasen en el
mejor postor y por determinadas faenas de cuero las matanzas de lobos en las islas de Gorriti ó Maldonado, y he admitido tambien despues de varias consultas la representacion y

teatro público por el arrendamiento anual de dos mil pesos en beneficio de los mismos expósitos; pero cuidando atentamente de que se justifique de cuantos defectos puedan corromper la juventud ó servir de escándalo al pueblo; que se revisen antes las comedias y se quite de ellas toda espresion inhonesta ó cualquier pasage que pueda mirarse con este aspecto; y teniendo dadas las mas estrechas providencias por que allí no haya el menor desórden, sobre que celan el señor intendente general y los oficiales militares destinados, y aun yo asistia para certificarme del cumplimiento y precauciones con que debian obrar todos dirigidos al mismo fin. Y á la verdad que, así acrisolado el teatro, no solo le conceptuan muchos políticos por una de las mejores escuelas para las costumbres, para el idioma y para la urbanidad jeneral, sino que es conveniente en esta ciudad que carece de otras diversiones públicas: de todo tengo informado al Rey.

Estos referidos ingresos conceptúo que puedan ascender á seis mil pesos anuales con que habrá de desempeñarse esta casa de los descubrimientos en que se le halla y en lo sucesivo costearse con algun desahogo. El es un establecimiento propio de la humanidad y por lo mismo debo persuadirme que en los piadosos sentimientos de V. E. ha de tener toda la acojida y proteccion posibles; que le perfeccionará y mejorará para su aumento y conservacion á que tan manifiestamente propende la real voluntad.

PROTOMEDICATO.

Otro de los establecimientos que me dictó la humanidad fué el del Real Protomedicato que se erigió en esta capital, pues aunque el de todo el Perú estaba segun la ley de indias unido y anexo á la Cátedra de primer Medicina de la Universidad de Lima, aquel Protomedicato descuidaba en estas partes estremadamente sus obligaciones; y aun se dió casos de que á algunos que aquí habian de ejercitar la materia médica, los aprobase sin exámen y comparescencia personal ante él, contraviniendo á otra espresa disposicion de las mismas leyes, y en cuya virtud les retiré sus nombramientos, de modo que este esperimental conocimiento y la reflexion de que á la distancia de mil leguas nunca podría remediar bastantemente los desórdenes que perjudicaban la salud y conservacion de los vasallos del rey, y menos precaver el desarreglo de las boticas, estando siempre á la mira de la bondad de los medicamentos y composiciones, y de la equidad en los precios de esta inaveriguable y enmarañada administracion; me indujeron con precision á no desamparar unos objetos tan importantes como es mantener la sociedad y la vida del ciudadano y aprovechar la oportunidad de hallarse aquí el primer médico de la espedicion á esta América meridional doctor don Miguel de Gorman, mandado detener para el arreglo de hospitales, y economizar sus consumos.

Continuará.

N.º 4.º

EL AEROLITO DEL CHACO.

I.

El orígen de las masas minerales á que damos el nombre de *aerolito* ó de *meteorita* por que han caido de la atmósfera en ciertas circunstancias, ha dado lugar á muchas hipótesis, todas poco satisfactorias.

El diccionario de nuestra lengua coloca al aerolito entre los *meteoros igneos*, esto es, entre el trueno, los fuegos fátuos, el de San Telmo etc.; pero encontramos entre el uno y los otros una diferiencia material que vemos y que palpamos, por que el aerolito queda sobre la tierra como un cuerpo sólido, resistente, durable.

Se ha supuesto que los aerolitos se formaban en la atmósfera y se desprendían de ella como la lluvia y el granizo.

Contra esta hipótesis, que fué la primera por que es, en efecto, la de mas simple intuicion, se han presentado objeciones decisivas que, desde luego, la han hecho de todo punto inverosímil.

Mr. *Duponchel*, las ha condensado en los siguientes ter-
minos:

No esta probado que existan en la atmósfera los principios que constituyen las piedras metéoricas; era necesario,
además, que ellos se encontrasen en estado gasoso, siempre
en las mismas proporciones relativas y en cantidad bastante
para formar piedras de algunos quintales de peso, ó millares
de piedras de diferentes tamaños.

En seguida era necesario determinar cual era la fuerza
que reunia los glóbulos separados para formar de ellos una
masa única: esta fuerza no podia ser otra que la afinidad, y
está demostrado que no es ella por que los elementos que
componen los aerolitos no se encuentran en estado de composicion sino de *justaposicion*.

Si los aerolitos se formasen en la atmósfera á la manera del
granizo, ellos debian como este obedecer á la ley de su pesan-
tez y caer sobre la tierra en linea recta; pero los aerolitos tienen, en su cáida, una gránde celeridad de traslacion horizontal,
celeridad que puede, en ciertos casos, compararse á la que
tiene la tierra al rededor del sol.

Mr. Laplace supuso que los aerolitos podian tener su
orígen en las erupciones de algunos volcanes de la luna.

Admitiendo que en la luna existan tales volcanes, esta
hipótesis del célebre autor de la *Mecanica Céleste*, podria ser
mucho más verosímil que la anterior.

El mismo Mr. Duponchel admite que desde que la luna
no esta rodeada de una atmósfera resistente, si allá existie-
ran los supuestos volcanes, alguno de ellos podría lanzar las
piedras con la fuerza necesaria para que salieran de la esfera
de atraccion de ese planeta; para lo cual no necesitarían más

que una celéridad igual cinco veces y media á la de una bala de cañon.

Una vez traspasado este limite, lo que puede verificarse en una infinidad de direcciones, la piedra así lanzada sería uno de los satélites de la tierra, pero un satélite que esperimentaria enormes perturbaciones en razon de la pequeñez de su masa comparada con la de la tierra, de la luna y del sol, bajo cuya triple atraccion se encontraria. Sí, á consecuencia de una de estas perturbaciones, la piedra viniera á envolverse en la atmósfera terrestre, la resistencia de esta atmósfera gastaria bien pronto su celeridad propia y concluiria por hacerla caér sobre la superficie de la tierra.

Esta hipótesis esplica bien la composicion de los aerolitos, la direccion oblícua que ellos siguen en su descenso y todos los fenómenos de su aparicion; pero esa hipótesis reposa, en su conjunto como en sus partes, *en la existencia de los volcanes en la luna*; y desde que esta existencia no está demostrada, la hipótesis no tiene base que la haga aceptable.

El Aleman Chladni admite que los aerolitos son fragmentos de planetas, ó pequeños planetas que circulando en el espacio entran en la atmósfera terrestre y perdiendo gradualmente su celeridad por efecto de la resistencia del aire, vienen, al fin, á caer sobre la superficie de la tierra.

Supone que estas *asteróides* circulan, por millares, en torno del sol, pero que no son visibles si no en el momento en que penetran en nuestra atmósfera y se inflaman.

Esta hipótesis, segun Duponchel, esplica tan bien como la que precede todas las circunstancias que anteceden y acompañan la caida de las piedras meteóricas; es cierto que deja algo que desear bajo el aspecto de la identidad de la composi-

cion, pero ella relaciona el fenómeno ordinario de los aerolitos con el de las estrellas desfilantes que no son probablemente mas que cuerpos análagos á los aerolitos.

El ilustre Humboldt, [1] á quien vamos á compendiar en
esta materia, despues de tratar de los *cometas*, estos mitos
metereológicos que tantas preocupaciones propulares han
engendrado, pasa á ocuparse de *una série de fenómenos* todavia
mas misteriosos.

Estos fenomenos son, dice, esas pequeñas asteróides
cuyos fragmentos toman el nombre de *piedras meteóricas* ó de
aerolitos desde que penetran en nuestra atmósfera.

Todo nos induce á creer, agrega, que las estrellas desfilantes, los bólides y las piedras meteóricas son pequeños cuerpos que se mueven al derredor del sol describiendo secciones cónicas y obedeciendo de todo punto, como los planetas,
á las leyes generales de la gravitacion. Cuando esos cuerpos
vienen á encontrar la tierra, se hacen luminosos en los
límites de nuestra atmósfera; frecuentemente se dividen entonces en fragmentos cubiertos de una capa negrusca y
brillante, y caen en un estado de calefaccion mas ó menos
notable.

Juzga que los bólides y las estrellas desfilantes no pueden considerarse como dos órdenes de fenómenos distintos.

En sus apariciones suelen mezclarse y hasta confundirse.

Pero preguntándose si todos esos cuerpos brillantes que
tachonan ó cruzan el firmamento tienen una sola y la misma naturaleza, concluye que esa es una cuestion que actualmente debe dejarse sin respuesta.

1. *Cosmos*. Trad. de Faye Ed de Paris—Tomo 1.

Al fenómeno brillante de los bólides (vulg. *globos de fuego*) viene á ligarse la caida de las piedras meteóricas que algunas veces se entierran en el suelo hasta tres y cinco metros de profundidad.

Esta mutúa dependencia está establecida por hechos numerosos y por observaciones muy exactas qne se han hecho sobre la caida de aerolitos en diversos tiempos y lugares.

Esos fenómenos se presentan tambien bajo otro aspecto: primero, una pequeña nube muy oscura aparece súbitamente en un cielo sereno; despues, en medio de esplosiones que se asemejan al ruido del cañon, las masas meteóricas se precipitan sobre el suelo. Las nubes han recorrido algunas veces comarcas enteras dejando sobre la superficie del suelo millares de fragmentos desiguales pero de identica naturaleza.

Se ha visto tambien, pero muy raramente, caer los aerolitos de un cielo perfectamente puro, sin formacion prévia de ninguna nube precursora.

En fin, los hechos establecen una analogía íntima entre las estrellas desfilantes y los bólides que arrojan sobre la tierra piedras meteóricas.

Pero, vuelve á preguntarse el ilustre sabio—¿cuál es aquí la fuerza productiva? ¿cuáles son las acciones físicas ó químicas que juegan en estos fenómenos? Las moléculas de que se componen esas piedras meteóricas, que son compactas, estaban orijinariamente en el estado gasoso, ó simplemente diseminadas como en los cometas, y se han condensado en el interior del meteoro en el momento mismo en que principiaron á brillar á nuestros ojos?—¿Qué es lo que pasa en esas nubes negras que truenan por minutos enteros antes que los aerolitos sean precipitados?—¿Debemos creer que esas estrellas desfilantes dejan caer asi alguna materia compacta, ó solamente una especie de niebla, de polvo meteórico formado de fierro y de nickel ?

. Estas cuestiones estan todavia rodeadas de una oscuridad profunda. Se ha medido la aterrante rapidez, la celeridad realmente planetaria de las estrellas desfilantes, de los bólides y de los arólitos; se conoce el fenómeno en todo lo que él ofrece de general, se ha podido encontrar cierta uniformidad en las apariencias: pero respecto á los antecedentes cósmicos, á las trasmutaciones orijinarias de la sustancia, estamos en la mas completa ignorancia.

Si las piedras meteóricas circulan en el espacio ya formadas en masas compactas (aunque de una densidad mas debil que la densidad media de la tierra,) es preciso admitir que ellas no forman mas que un pequeño centro, rodeado de gas ó de vapores inflamables, en esos enormes bólides cuyos diametros reales, deducidos de las alturas y de los diametros aparentes, nos han parecido de 160 y de 850 metros al paso que las mas grandes masas metálicas que se conocen, la de la Bahia en el Brasil y la de Otumba en el Chaco, que Rubin de Celis ha descripto, no tienen mas que 2 metros y 2 metros y medio de largo.

Es necesario notar aquí que todas las masas meteóricas, antiguas y modernas, deben ser consideradas como los principales fragmentos del cuerpo que se ha partido por la esplosion, ya sea en el bólide inflamado, ya en la nube oscura.

Cuando se considera la enorme celeridad, matemática-

mente demostrada, con que las piedras meteóricas se precipitan desde las camadas estremas de la atmósfera hasta el
suelo, y la corta duracion de este trajecto, no se puede
creer qué tan pequeño espacio de tiempo haya bastado para condensar una materia gasiforme en un cuerpo
sólido, metálico, con incrustaciones perfectamente formadas
de cristales de olivina etc.

Ademas, todas esas masas meteóricas poseen un carácter comun, cualesquiera que sean las diferencias de su composicion química interna; tienen un aspecto bien pronunciado de fragmento, y frecuentemente uua forma prismática ó
piramidal con el estremo superior truncado, las faces largas y un tanto curbadas, los ángulos redondeados.

De donde puede provenir, en esos cuerpos que circulan
en medio del espacio, como los planetas, esa forma fragmentaria?

Confesemosló; aquí, como en la esfera de la vida orgánica, todo lo que se refiere á los periodos de formacion está
envuelto en la oscuridad. [2]

El sabio Director del Museo de Buenos Aires, señor
Burmeister, en su magnífico libro sobre la Creacion, nos dice
que sometidos al análisis los aerolitos ó piedras meteóricas,
que de tiempo en tiempo, caen sobre nuestro planeta, se
presentan, en la mayor parte de los casos, casi enteramente
compuestos de fierro (70 á 96 p⚊) y de nickel. Hay otra
especie, pero muy rara, que no es mas que una mescla de
silicatos, sin fierro.

Sin embargo, la existencia de esta segunda especie, aun
que tan rara, va introduciendo una nueva clasificacion, lla-

2. Humboldt—obra y tomo citado.

mándose á los primeros *fierros metereológicos* y á las segundas *piedras metereológicas.*

El señor Burmeister añade que actualmente se admite con generalidad que esos meteoritas son cuerpos partículares diseminados en el espacio y que circulando en torno de un cuerpo central, el Sol para la mayor parte de los astrónomos, la Tierra para algunos otros, han caido en la esfera de atraccion de nuestro planeta y han sido atraídos á su superficie. [3]

II.

De lo que dejamos compendiado, resulta que, en cuanto á la formacion de los aerolitos y á la esfera en que se mueven en el sistema planetario, la ciencia no ha podido salir de las hipótesis.

Pero estas mismas hipótesis son un progreso de nuestro tiempo.

El fenómeno es, probablemente, tan antiguo como la creacion, por que de él se encuentran noticias en la mas alta antigüedad.

La grande masa de fierro descrita por Pallas, encontrada en los llanos de la Siberia, era tenida en veneracion por los turcos por que la consideraban caida del Cielo. La historia habla de una lluvia de piedras que cayó en las cercanias de Roma,

3. Histoire de la création. Exposé scientifique des phases de développement du globe terrestre et de ses habitants, par H. Burmeister, directeur du musée de Buenos Ayres. Edition française, traduite de l'Allemand d'après la huitième edition, par E. Maupas, revue par le professeur Giebel—1 vol., Paris, 1870.

en el reinado de de T. Hostilius.—Plutarco describe una piedra que cayó en el Helesponto, en Ægos Potamos. Cibeles fué adorada bajo la forma de una piedra venida del Cielo; en Emeso, en Siria, el sol era también adorado bajo la forma de una piedra de igual orígen : estas dos piedras fueron transportadas á Roma, con grande pompa, y su descripcion se acuerda perfectamente con la apariencia habitual de las que hemos llamado piedras meteóricas.

Las tradicciones de la Edad-Media, con frecuencia transformadas en leyendas, hacen mencion de iguales eventos. [1]

Pero lo que nos parece mas notable en la antigüedad es la opinion de Anaxágoras, filósofo jónico, segun la cual las piedras meteóricas caerían del Sol, que no seria, á su vez, mas que una inmensa piedra de la misma formacion.

Pero los sábios de los últimos siglos se rehusaban á creer en un fenómeno que no podian esplicarse y que se figuraban imposible; por lo cual esto de las *piedras caidas del Cielo* se consideraba como un error y una supersticion popular, hasta que en 1794 un físico aleman, Chladni, publicó una memoria en que trató de demostrar con razones científicas, que esa supersticion, como algunas otras, tenia fundamento real.

Se discutía la memoria de Chladni cuando en 26 de Abril de 1803 cayó una lluvia de piedras, precisamente en pleno dia, sobre la villa de Laigle, en Normandía. La autoridad local labró un proceso verbal para establecer la autenticidad del suceso y el Instituto nombró una comision que se transportó al lugar y cuyo informe no dejó duda alguna.

1. Encyclopedie nouvelle—Paris 1836.

Confirmada así por los hechos la opinion de Chladni y las tradiciones populares, los aerolitos entraron desde entonces en el dominio de la ciencia.

Hoy los sábios los ven caer, observan su direccion, miden su celeridad, analisan su composicion, y principian á establecer, auu que hipotéticamente todavia, la esfera en que pueden jirar como planetas.

Pero—¿será dado adelantarse mas, si no podemos penetrar en los orígenes misteriosos de la creacion?—Aquí es permitida la duda.

III.

La masa de fierro que se encuentra en el Chaco, y que vulgarmente se ha llamado fierro del Tucuman ó de Santiago del Estero, es, fuera de toda duda, un grande aerolito, el mas. grande de todos los que se conocen.

La época de su caída en el desierto no ha podido ser conocida; y las primeras noticias que de él encontramos son las que dió á la Córte de España en 1784 el Virey de Buenos Aires.

Esas noticias y todas las otras que sobre el aerolito, su situacion y su composicion química se adquirieron, fueron recojidas, con muy discretas observaciones, en una Memoria publicada en 1822, en la *Abeja Argentina*.

Las mas pertinentes para nuestro propósito son las que reproducimos en seguida :

«La primera relacion Rubin de Celis á cerca de su examen, la vemos trasuntada en 1784 por el gobierno que lo comisionó. El gobierno dijo á la corte de España que con motivo de buscarse una mina de plata que antes se habia informado hallarse en Santiago del Estero, provincia del Tucuman, y campos del gran Chaco, se halló que era efectivamente de fiero. Que despues de enviar dos libras de este metal á España, y deseando hacer un reconocimiento exacto, excitado ademas por los estravagantes y maravillosos rumores que corrían de la naturaleza y forma de esta mina despachó al teniente de fragata don Miguel Rubin de Celis, quien por *Santiago del Estero* se encaminó al parage indicado, y halló que solo había una masa de fierro verdadero como de *cuatrocientos quintales*. Que practicó excavaciones al rededor de ella para descubrir su orígen, y encontró se sostenía sobre dos pilastras de la misma especie, que descarnadas se hicieron tan delgadas que con algunas palancas se dió media vuelta á todo el trozo, reparándose no con pequeña admiracion que la tierra sobre que yacia aquella masa era homogenea, igual á la de todos aquellos campos, y sin señal alguna métalica. Que el fierro era duro á la aplicacion de los cinzeles: que lo aplicó á la fragua y lo halló docil: *depurada la escoria con el fuego advirtio mermaba mucho mas que el comun tirado en barras.* Probole en crisol á fuego violento, y derritiendose no logró que se fundiese; no halló en el fondo del crisol y escoria otro diverso metal; y praticando las demas pruebas que podia hacer, resultó de todo ser esta masa *inutil por la poca cantidad del fierro* que contiene, y su producion un arcano ó fenómeno en aquellos parajes.

« La segunda relacion por el mismo Rubín de Celis se dió en una memoria que vuelto á España remitió á la sociedad real de Lóndres, en fecha de 2 de junio de 1786, y se ve publicada en las transacciones filósoficas volúmen correspondiente al año 1788. Seria escusado el repetirla aquí. Solo copiaremos en resumen lo que añada algo á la primera.

«Hace mas de treinta años (dice) que los naturales habian comunicado de que en el espacioso desierto del gran Chaco entre la parte meridional del rio Bermejo y occidental del gran Paraná, existía un trozo de metal que llamaron fierro puro—Parecía este un descubrimiento muy raro pues no hay montañas, ni la mas pequeña piedra en cien leguas al rededor. Como que el fierro por razon política no se trabaja en aquel continente, aunque de el hay muchas minas, y como se aseguraba que la veta de fierro corría muchas leguas, siendo asi que lo visto era un creston sobresaliente á la tierra, y que despues de escavado tenia tres varas N. á S., dos y media de E. al O., y una tercia de alto.—Salí á principios de febrero de 1783 del *Rio Salado*, antigua reduccion de los *indios vilelas*, siguiendo el rumbo de E. ¼ N. E., bien que debí seguir el del E. ¼ S. E. todo corregido.—El aspecto del pais es una llanura inmensa.—La latitud de mina es 27 gr. 28 min. La masa se halla en los campos de *otumba*, casí enterrada en pura greda y cenizas.—El trozo por la parte inferior tenia una capa del grueso de cuatro á seis pulgadas de escoria, procedida de las humedades de la tierra. Por la superior estaba limpio.—Construí dos hornillos, que volé; y con cuidado examiné la tierra mas profunda, y la hallé perféctamente semejante á la superior.—Nada dice en esta memoria acerca de sus operaciones sobre el fierro, ni su inutilidad; y pasando á congeturar sobre su origen, lo atribuye á algun volcan, que presume pudo haber existido, porque (dice) los volcanes de-

jan despues de volados algunos pozos de agua; y á distancia
como de dos leguas del trozo se halla una aguadita, y en la
inmediacion de esta una pequeña elevacion, única en el país,
que puede tener de diferencia de nivel con el resto del pais de
cuatro á seis pies. [5]

« Varias cosas restan ahora que considerar. En primer
lugar que el comisionado no consiguiese fundirlo, prueba solo el defecto del aparato con que obraba: y es tambien una señal de su pureza, pues el fierro puro se distingue por su muy
dificil fusion, asi tambien como por su dulzura calentado, de
modo que tiene la propiedad de que dos piezas suyas se unan
bajo una alta temperatura, lo que no sucede á otro metal, sino
á la platina aunque en grado muy inferior. En segundo lugar, por la descripcion de la operacion parece haberlo intentado fundir á fuego simple, sin flujo, cuando debe hacerse en
contacto con combustible ardiendo, y una gran corriente de
aire para comunicarle la porcion de carbon y oxígeno que
necesita para deplegar su fusibilidad, cuyo punto es de 158° de
Wedgwood. Probablemente no se produjo entonces sino el
calor que se llama de fuego blanco, que ablanda el fierro, y lo
convierte en una masa, y pertenece de los 90 á 96 grados de
la escala de aquel pyrometro.

« El metodo que se observa en las fábricas para extraer el
fierro del mineral, explica muy bien que era lo que podia
faltar en este caso; como tambien lo explica la diferencia entre el fierro puro y el colado. El estado en que generalmente
se obtiene del mineral en las fábricas es el conocido

5. Tenemos otra relacion no se sabe por quien, que parece ser anterior, y
cuyo autor que sin duda no era inteligente, dice que desde el trozo de fierro
andubo por la veta de este metal cosa de siete leguas. La distancia la supone
de 25 á 30 le---- '   '-l *Rio Bermejo*, y de 70 á 80 al *Rio Salado*

bajo el nombre de fierro colado, es decir, un fierro combinado con una porcion de carbon mayor que la que es precisa para formar el acero, y tomado durante la operacion hasta el punto de saturacion.   Ahora para convertir el fierro colado en fierro en barras no se hace mas que expeler el carbon por medio del fuego, y privar al fierro enteramente de su exígeno.

« Ademas, la porcion de oxido de nickel que contiene lo debe hacer mas rebelde, pues este metal aun se resiste mas á la fusion que el fierro; de manera que Thenard no pudo derretir completamente el oxido de níckel, que queria reducir, en el calor de una fragua, en que un crisol aleman empezó á fundirse.

« Tampoco debe estrañarse que hubiese perdido mucho de su peso, pues la destreza en manejarlo cuando caldeado hace que pierda mas ó menos una porcion considerable de metal en el oxido que se forma, y se desprende al golpe del martillo: pues como observa el químico citado ultimamente, todas las veces que se caldea el fierro para trabajarlo, caen de él por la percusion láminas que se llaman batiduras, y que no son otra cosa que un verdadoro oxido.   Si un obrero falto de habilidad, caldea muchas veces su fierro para darle una forma determinada, le hace perder por la oxidacion una grande cantidad.   En esto debió consistir la extraordinaria falta de peso notada, y esto tambien hace aparecer la poca razon con que se concluyó que aquel fierro nativo no prometia utilidad.

« De la parte de este fierro nativo, que se trajo despues de la revolucion á Buenos Aires á la fabrica de fusiles, y cuyo peso es como de 25 quintales, se hizo un par de pis-

tolas á principios de 1815 ⁶ estando la fábrica al cargo de
un estimable miembro de esta sociedad. El observa en una
disertacion presentada al gobierno, que ha sido preciso caldearlo y batirlo con grandes martillos; que es fácil á la lima; que parece estar formado de láminas que se desunen
á los golpes en frio del martillo; y que esta desunion se
observa tambien en el yunque, si se le quiere batir en las
primeras caldas.

« Todo ello dá una muestra del estado de oxidacion en
que se halla naturalmente; de la que recibe en aumento al ser
expuesto á los primeros ardores de la fragua; y que lo pierde despues bajo de una temperatura propia, con la cual se
ejecuta una combinacion de aquel calórico latente que desenvuelve su aptitud á maleabilidad, y su propiedad de sol-
darse.

« Este fierro es tan duro que dá chispas con el pedernal.
Es incapaz de oxidarse por la simple esposicion á la atmósfera; y la parte que de él se ha hallado oxidada en la capa
inferior ha adquirido este estado por la descomposicion
del agua que se halla en combinacion con la tierra por la humedad. El es atrahido fuertemente por el iman. A la vista
del microscópio se descubre que su texurta es granulada,
indicando en su color muestras de oxidacion. Es bien sabido
que el oxido nativo es el estado mas comun en que se encuentra el fierro; de modo que esto ha dado lugar á distribuirlo en diferentes séries que contienen mas ó menos grados de oxigeno, pero sin pasar de ciertos límites, cual es la
propiedad del magnetismo, que pertenece el metál puro.

6. Se mandaron de regalo por el gobierno al presidente de los Estados
Unidos; y en 1818 estaban en el departamento de la secretaria de estado de
Washington.

Esta propiedad se conserva cuando adquiere una corta porcion de oxígeno; que se debilita y pierde cuando lo recibe en gran cantidad, lo mismo que con la mezcla del arsénico, azúfre, antimonio y manganesium. Se puede pues clasificar el fierro del Gran Chaco por esta regla.

« Examinado en análisis el fierro de ésta parte de la América del Sud por Howard, sus esperimentos coincidieron con los que había hecho Mr. Proust, pues obtubo 50 granos de sulfate de Nickel, de aquella masa. La operacion le dió 80 granos de oxido de fierro en 62 del metal, que indica cerca de 7½ de Nickel, ó cerca de 10 por ciento.

« El proceso químico de que se valió fué el siguiente.— Despues de separar las partes metálicas por medio del iman, las digerió en acido nítrico, y precipitó el oxido de la sal metálica por medio de la ammonia. La cantidad de oxido que obtubo de 100 granos de fierro, fué de 144 á 146, infiriendo que 100 granos de fierro puro adquieren por aquel método 45 granos de oxígeno, y que por lo que falte de peso, hasta esta proporcion, en el oxido precipitado de fierro, es la cantidad de Nickel, que queda en la solucion— El oxido de Nickel puede precipitarse por medio del gas hidrógeno sulfurado que por el exceso de ammonia que queda en el licor da un sulfureto alkalino hidrogenizado. El oxido de Nickel puede disolverse por el nitrate y muriate de ammonia.

« Mr. Thenard en su tratado de química dice: una masa de fierro nativo del peso de 130 miriagramas se ha encontrado en una inmensa llanura de la América meridional, cerca de Santiago en el Tucuman, y en un lugar llamado *Otunpa*. Está en parte enterrada en una tierra argillosa. El fierro que la compone contiene una muy pequeña cantidad de Nickel: es muy maleable.

IV.

La disertacion presentada al gobierno, y á que se refiere la anterior Memoria, tiene singulares méritos.

Encierra datos preciosos y que no se encuentran en otra parte, para conocer bien la composicion del aerolito del Chaco; y es su autor un argentino cuyo nombre se registra entre las glorias literarias de su patria.

Tenemos autógrafo ese precioso documento y lo reproducimos aquí con la mas escrupulosa fidelidad :

Disertacion sobre el hierro del Tucuman dirigida al Exmo. Director del Estado en 10 de Febrero de 1816 por el Director de la Fábrica de Armas, Sargento Mayor de Artilleria don Estevan Luca.

Exmo. Señor:

Al entrar á describir el hierro conocido vulgarmente en nuestro pais bajo la denominacion de hierro del Tucuman, he tenido que atenerme únicamente á relaciones verbales inexactas de viageros, sin que haya podido servirme de memoria alguna escrita que me ilustre sobre la materia, esponiendo la forma en que se haya y situacion del terreno que ocupa. Por eso es, que cuando espongo mi parecer sobre su naturaleza, no hago mas que anticiparme de un modo incompleto, á las observaciones de otro que con mejores datos se atreva á determinarla de un modo concluyente. Sin embargo puedo asegurar que el hierro en cuestion se encuen-

36

tra cerca de la ciudad de Santiago, á los veinte y ocho grados de latitud austral, en la Provincia del Tucuman.

Con motivo de existir en la Fábrica de Armas del Estado un gran pedazo de este metal, del peso próximo de diez
y seis quintales, me he dedicado á su exámen y reconocimiento, el que como es muy raro, á causa de encontrarse
puro y en grandes masas sobre la superficie de la tierra, es
reputado por algunos curiosos, y principalmente por los artesanos, como una mistion maravillosa de varios y preciosos
metales, siendo para ellos un fenómeno inaudito é inesplicable del reino mineral. No es estraña esta opinion, pues
en la Europa ilustrada dudaron muchos sabios por algun tiempo de la existencia de un hierro semejante, hasta que repetidas observaciones de varios mineralogistas, la han acreditado fuera de toda duda; asi es que para aecercarme á la verdad,
creo de necesidad esponer antes los diferentes estados en
que se encuentra el hierro en la naturaleza.

El hierro se halla repartido por todo el globo terrestre,
á proporcion de las necesidades del hombre, segun los diversos climas que habita. En los trópicos y donde la tierra fácilmente le provee de las producciones necesarias á su
subsistencia, como se esplica Luis Patrin en su historia natural de los minerales, el hierro es en corta cantidad. Su
masa aumenta en las Zonas templadas, donde su uso es mas
necesario. En fin en los climas frios donde el hombre tiene
incesantemente que manejar instrumentos ó útiles de labran-
za, la naturaleza ha hechado en ellos masas enteras de
hierro.

El de Tucuman segun relaciones, se encuentra en grandes masas ó rocas sobre la superficie de la tierra, en estado

de cortarse á cincel, lo que prueba no ser una mina de hierro, ni pertenecer á las minas de hierro de diversas clases designadas comunmente por los mineralogistas; porque estas se encuentran: 1º en filones ordinariamente perpendiculares al horizonte, y paralelos á los de la roca en las montañas primitivas; así el Conde de Buffon por esta disposicion particular, diferente de la de los otros metales, les da el nombre de minas primordiales, que en todo tiempo han sido parte integrante de la montaña: 2º en lechos horizontales en los terrenos secundarios: 3º en montones regulares, encajados al pié de las montañas, ó en las cercanías de las de filones ferruginosos. Ultimamente en depósitos mezclados de substancias vegetales en los terrenos pantanosos.

La explotacion de las minas de 1ª clase se hace en Suecia á 40 y 60 Toesas de profundidad, á favor de la solidez de las paredes. La mina se encuentra á los 20 y 25 piés. Las capas de mineral en lechos horizontales, están por lo comun cerca de la superficie de la tierra, pero tambien á la profundidad de 200 piés en Francia. Las minas de hierro limosas ó cenagosas, son las que se encuentran en los pantanos y otros lugares bajos, por los depósitos que dejan las avenidas ferruginosas, y á esta clase pueden referirse los lechos ó montones irregulares al pié de las montañas de filones ferruginosos.

Cualquiera de estas minas, por su forma, situacion y materias estrañas de que se hallan impregnadas, es muy diferente de la del Tucuman; tampoco creo que el hierro de que trato, pueda referirse á ninguno de los cuatro estados en que se considera el hierro que se obtiene por el beneficio de la mina; él no es fusible como el *hierro colado*, segun lo he esperimentado esponiéndolo á la accion de un fuego violento; se diferencia, en su mayor grado de pureza y el principio de docilidad que se observa, el cual proviene sin duda de la homogeneidad de sus moléculas que ejercen por esto mismo entre si una atraceion recíproca mas vigorosa. Ni es *hierro batido* por la propiedad misma que tiene de ponerse pastoso al fundirse, no sufriendo el de esta clase tal alteracion, pues solo se calcina ú oxida, sin pasar del estado solido al de líquido, sino se usa de un procedimiento particular. Tampoco es *Acero* por su menor dureza, y mayor ductibilidad que se le conoce; mas bien parece acercarse al *regulo de hierro* ó hierro purificado del que habla en una memoria particular el señor Grignon, y lo cree el mas adecuado á la fundicion de cañones de Artilleria.

Para la construccion de las pistolas que me ha ordenado V. E. se hiciesen de dicho material, ha sido preciso caldearlo, y batirlo con grandes martillos, lo que en las ferrerias se efectua de un modo mas ventajoso, con el auxilio de los martinetes; es decir, reducirlo al perfecto estado de hierro batido para poder forjar las piezas necesarias. Despues de esta operacion, manifiesta una tenacidad y nervio en sus partes muy superior al que se vende generalmente en el comercio. El gran pedazo que existe en la Fábrica, de una forma irregular, y homogeneo en todas sus partes, se deja fácilmente limar; su fractura es aplomada, y se percibe estar formada su masa de capas ó láminas sutiles, las cuales se desunen á los golpes en frio del martillo, haciéndose mas visibles. El iman atrae al hierro del Tucuman del mismo modo que á todas las minas de roca, y á toda materia ferruginosa que ha sufrido la accion del fuego. Tambien se observa que el hierro del

Tucuman es dificil de manejarse bajo el martillo, desgranándose al quererlo batir en las primeras caldas.

Por estos caracteres que se le descubren al trabajarlo, creo debe colocarse en la clase de hierro nativo, de cuyas propiedades lo hay en diferentes partes, segun los modernos mineralogistas. En Siberia se encontró sobre lo alto de una montaña, una masa de 14 quintales de una forma casi esférica del cual Palas ha hecho la descripcion, y Mr. Patrin está convencido como este, que ella no puede ser obra de los hombres, ni el producto de un fuego ordinario, y está lejos de pensar que halla sido formada de la misma manera que los metales nativos propiamente dichos. En cuanto á su orígen, cree haya sido fundido por el rayo. «Una porcion de este fi-
« lon que está al descubierto sobre la cumbre de la montaña,
« ha podido encontrarse aislado por venas de cuarzo, y reci-
« bir toda la descarga de una nube eléctrica; cerca de este
« filon se encontraba esta masa de fierro, sobre la superficie
« del suelo sin pertenecer á nadie. Ella fué tomada por el
« forjador que habia hecho el descubrimiento, y que espera-
« ba encontrar allí un metal precioso, segun la opinion en
« que estaban los Tártaros vecinos que esta masa habia caído
« del cielo; ella se encuentra cerca de la ribera derecha del
« Rio Yenerey á 54 grados poco mas ó menos de latitud sep-
« tentrional.»

El sábio mineralogista Scheiber, Director de la mina de plata de Alemania en Dauphine, poseía un pedazo de fierro nativo que se encontró en 1787, en medio de una excavacion de mina de fierro negro, que habia sido explotada á 12 piés de profundidad, cuya situacion es vertical, y que corta la cresta mas alta del Grand-Galbert, montaña que está á dos leguas de Allemont, y cuya elevacion es casi mil cien toesas sobre el nivel del mar. Aun que es muy raro encontrar hierro puro sobre la tierra, no es posible dudar con estos hechos de su existencia. Tambien se encuentra fierro nativo en el Senegal y en la Suecia. Cual sea el orígen del que se halla en el Tucuman de esta clase, está aun cubierto con el velo del misterio; aun que podamos esperar que bajo los auspicios de la libertad que defiende la América tan justamente, lo decida en adelante el sábio y profundo naturalista que sabe perseguir la naturaleza hasta en sus mas ocultos senos.

Entre tanto me es muy sensible que esta breve disertacion que presento á V. E., no llene todas sus miras sobre un asunto tan importante, á causa de la incuria y abandono del gobierno español, que pérfidamente ha privado á los Americanos del estudio de las ciencias naturales, tan útiles y recomendables para la prosperidad de todos los paises.

E. Luga.

V.

Dijimos que el aerolito del Chaco, es la mas grande masa metereológica que se conoce, y esa es la verdad.

El célebre aerolito descrito por Pallas, que hoy es propiedad del gobierno de Rusia, y que este gobierno tuvo la idea de enviar á la última Exposicion Universal de Paris, [7] pesa 800 kilog.

7. "La Russie a eu l'idée d'envoyer des météorolithes et entre autres celu de Pallas, dont le poids est considérable et l'existence légendaire."

Études sur l'Exposition de 1867—tomo 4, pág. 50.

El que tenia la Francia en el Museo de Historia Natural, caido en Ardeches, cerca de Privas, el 5 de Junio de 1821, no pesaba mas que 92 kilog.

Se encuentran en otros países de 100, 180 y hasta 200 kilogramos; pero no encontramos noticia, en ninguna parte, de nada que se apróxime al peso que se atribuye á los grandes aerolitos de la América del Sud.

Se supone que el que existe en el Brasil, Província de la Bahia, pesará, próximamente, 7,000 kilog.; pero si la estimativa de Rubin de Celis se acerca á la verdad, el del Chaco tendria mas del doble peso, pues andaria por 18,000 kilog.

Hacemos votos por que se conserve, en cuanto sea posible, la integridad de ese magnífico aerolito, sin igual hasta ahora entre todos los que se conocen.

La autoridad debe dispensarle la mas eficaz proteccion, con el fin de preservarlo de nuevas mutilaciones.

ANDRÉS LAMAS.

Enero 5, 1872.

EL MATADERO.

POR DON ESTEBAN ECHEVERRIA.

(Inédito.)

———

Advertencia.

El artista contribuye al estudio de la sociedad cuando estampa en el lienzo una escena característica, que transportándonos al lugar y á la época en que pasó, nos hace creer que asistimos á ella y que vivimos con la vida de sus actores. Esta clase de pájinas son escasas, y las pocas que existen se conservan como joyas no solo para estudio del arte sino tambien de las costumbres cuyo verdadero conocimiento es el alma de la historia.

Nosotros, á medida que crecemos en edad como pueblo y adelantamos en cultura como sociedad, nos interesamos con mayor anhelo en conocer lo pasado y deseamos hallar testimonios á este respecto que guien nuestro juicio. Pero este deseo no es fácil de satisfacer, tanto en la época antigua como en la reciente, porque no habiendo tenido arte ni literatura nacional, han desaparecido los tipos sociales tan fugazmente como huye el tiempo, sin que manos de ob servadores los hayan fijado ni con la escritura ni con los medios que proporcionan. las bellas artes.

La rica imajinacion de Walter Scott, habria sido impotente para interesar á sus contemporáneos con escenas de la pintoresca edad media, si escritas en las crónicas, si pintadas en los museos, si talladas en piedra, no hubiera hallado las costumbres anglosajonas que proporcionan asunto, movímiento y color á sus célebres novelas. Así como es imposible la restauracion de un monumento derruido cuando solo se conoce el lugar donde existia, es igualmente obra superior á la intelijencia humana, comprender los tiempos sin examinar sus vestigios. De manera que, cuando con relacion á una época cualquiera de nuestra vida, tengamos la fortuna de encontrar un testigo, que vió ó sintió por sí mismo, debemos apresurarnos á consignar el precioso testimonio que nos suministra para ilustrar con él las pájinas hasta ahora pálidas de nuestra historia.

En este caso nos hallamos con respecto al escrito que damos á continuacion, el cual comienza á recomendarse desde luego con el nombre simpático de su autor, tan ventajosamente conocido por su carácter como por su literatura.

Estas pájinas no fueron escritas para darse á la prensa tal cual salieron de la pluma que las trazó, como lo prueban la precipitacion y el desnudo realismo con que están redactadas. Fueron trazadas con tal prisa que no debieron exijirle al autor mas tiempo que el que emplea un taquígrafo para estampar la palabra que escucha: nos parece verle en una situacion semejante á la del pintor que abre su album para consignar en él con rasgos rápidos y jenerales, las escenas que le presenta una calle pública para componer mas tarde un cuadro de costumbres en el reposo del taller.

Esos cróquis, bosquejos, ó como quiera llamárseles, tienen gran precio para los conocedores en las artes, por cuanto son como improvisaciones estemporáneas que permiten traslucir sin engaño la manera, el jenio, y hasta el alma de quien les produjo. Por imperfectos que sean los lineamientos con que se revelan de este modo una personalidad ó un injenio, los estima en mucho el amigo de la originalidad y de lo verdadero y les prefiere á todo otro antecedente para fundar su juicio sobre las cualidades del artista.

Aparte, pues del valor histórico que tiene el presente trabajo, como lo notaremos mas adelante, la circunstancia que acabamos de recomendar, le da en nuestro concepto, un mérito especial, en cuanto nos proporciona una oportunidad nueva para comprender mejor al autor de «La Cautiva» y del «Angel Caido», y para sorprenderle en los secretos de la manera de componer ó de «artizar», como él diria. Los iniciados en este secreto del poeta, que el mismo no hubiera acertado á comunicar si lo hubiera intentado de propósito, saben que sus obras son el resultado de sérias reflexiones, de ensayos comenzados y abandonados, de esperimentaciones sobre la sociedad, sobre el individuo, de exámenes prolijos de su propia conciencia, de indagaciones pacientes acerca de los hechos que él mismo no habia presenciado. Cuando rebosaba su paleta de colores apropiados á su idea y esta se le presentaba clara y luminosa en su mente, entonces se entregaba á la labor con el ardimiento de un inspirado y en corto espacio de tiempo arrojaba de sí algunos de esos fragmentos que son partes aisladas de la vasta idea que había concebido su jenio.

Como amigos del ilustre poeta y directores de la edicion de sus obras completas, hemos tenido ocasion de examinar los papeles y borradores que dejó en gran cantidad y en sumo desórden, y podemos justificar lo que decíamos un momento antes con documentos fehacientes. El tipo de don Juan fué varias veces modelado por su autor bajo diversos nombres, y la disposicion definitiva del poema en donde hace papel principal este personaje, es resultado de muchos ensayos y pruebas que arrojaba al fondo de su cartera cuando no respondian al relieve y á la perfeccion que aspiraba dar á su obra.

Hemos encontrado una interesante série de estudios en forma de correspondencia epistolar, sobre la naturaleza del terreno, el paisaje y los habitantes de nuestras llanuras, que vemos utilizados mas tarde en el poema de «la Cautiva», en el cual si el lector se siente impresionado por la solemne melancolía del conjunto, es á causa de la esquisita exactitud con que fueron observados los pormenores que sirven de fondo á los desventurados personajes de aquel drama del desierto.

Para fines que pueden comprenderse leyendo el poema «Avellaneda», daguerreotipó su autor el cuadro que esponemos hoy al público. La casualidad y la desgracia pusieron ante los ojos de Echeverria aquel lugar *sui generis* de nuestros suburvios donde se mataban las reses para consumo del mercado, y á manera del anatómico que domina su sensibilidad delante del cadáver, se detuvo á contemplar las escenas que allí se representaban, teniendo el coraje de consignarlas por escrito para ofrecerlas alguna vez con toda su fealdad ante aquellos que están llamados á influir en la mejora de las costumbres. Conociendo de cerca los instintos y educacion de aquella clase especial de hombres, entre quienes fué á buscar el tirano los instrumentos de su sistema de gobierno, pudo pintar con mano maestra los siniestros caracteres que tejen la traicion en que cae la noble víctima de su citado poema.

Aquella cuadrilla famosa que se llamó «la mazorca», es hasta hoy mismo un curioso estudio, y aun hay quien pregunta ¿quiénes la compusieron? De dónde salió armada del terror y la muerte? Despues de la lectura del presente escrito que darán absueltas estas dudas. El Matadero fué el campo de ensayo, la cuna y la escuela de aquellos jendarmes de cuchillo que sembraban de miedo y de luto todos los lugares hasta donde llegaba la influencia del mandatario irresponsable.

El poeta no estaba sereno cuando realizaba la buena obra de escribir esta elocuente pájina del proceso contra la tirania. Si esta pájina hubiere caido en manos de Rosas, su autor habria desaparecido instantáneamente. El conocía bien el riesgo que corría; pero el temblor de la mano que se advierte en la imperfeccion de la escritura que casi no es visible en el manuscrito orijinal, pudo ser mas de ira que de miedo. Su indignacion se manifiesta bajo la forma de la ironía. En una mirada rápida descubre las afinidades que tienen entre si todas las idolatrias y todos los fanatismos, y comienza por las escenas á que dan lugar los ritos cuaresmales, para descender por una pendiente natural que los mismos hechos establecen, hasta los asesinatos oficiales que son la consecuencia del fanatismo político inoculado en conciencias supersticiosas.

Los colores de este cuadro son altos y rojizos; pero no exajerados, porque solo ellos remedan con propiedad la sangre, la lucha con el toro bravio, la pendencia cuerno á cuerpo y al arma blanca, las jaurías de perros hambrientos, las bandadas de aves carnívoras, los grupos gárrulos de negras andrajosas, y el tumulto y la vocería de los carniceros insolentes. El tono subido de este cuadro ni siquiera se atenúa con la presencia del jóven que aparece en él como víctima de su dignidad personal y de su cultura; por que lejos de amedrentarse y palidecer delante de sus verdugos, desplega toda la energia, toda la entereza moral, todo el valor físico, que inspira en el hombre de corazon el sentimiento del honor ofendido.

La escena del «salvaje unitario» en poder del «Juez del Matadero» y de sus satélites, no es una invencion sino una realidad que mas de una vez se repitió en aquella época aciaga: lo único que en este cuadro pudiera haber de la inventiva del autor, seria la apreciacion moral de la circunstancia, el lenguaje y la conducta de la víctima, la cual se produce y obra como lo habría hecho el noble poeta en situacion análoga.

Este precioso boceto aparecería descolorido, si llevados de un respeto exajerado por la delicadeza del lector, suprimiéramos frases y palabras verdaderamente soeces proferidas por los autores en esta trajedia. Estas espresiones no son de aquellas cuyo ejemplo pudiera tentar á la imitacion; por el contrario, hermanadas por arte del autor, con el carácter de quienes las emplean, quedan mas que nunca desterradas del comercio culto y honesto y anatematizadas para siempre.

No sabemos por qué ha habido cierta especie de repugnancia á confirmar de una manera permanente é histórica los
rasgos populares de la dictadura. Hemos pasado por una verdadera época de terrorismo que infundió admiracion y escándalo en América y Europa. Pero si se nos pidieran testimonios y justificativos escritos para dar autenticidad á los
hechos que caracterizan aquella época, no podriamos pre-
sentarlos, ni siquiera narraciones metódicas y anedócticas,
apesar de oirlas referir diariamente de boca de los testigos
presenciales. Cuando estos dejen de existir estamos espuestos á que se crea que no hemos sido víctimas de un bárbaro
esquisitamente cruel, sino de una pesadilla durante el sopor
de una siesta de verano.

Los pueblos que por cualquiera consideracion se manifiestan indiferentes por su historia y dejan pasar los elementos de que ella se compone, como pasan las hojas de
otoño, sin que mano alguna los recoja, estan condenados á
carecer de fisonomía propia y á presentarse ante el mundo
insulsos y descoloridos. Y si este olvido del cumplimiento
de una obligacion es resultado intencional de un falso amor
patrio que silencia los errores ó los crímenes, entonces es
mas de deplorarse, porque semejante manera de servir á la
honra del pais mas que una virtud es un delito que se paga
caro; porque inhabilita para el ejemplo y para la correccion.

Echeverria no pensaba así, y creia que si la mano de
un hombre no puede eclipsar al sol sino para sí mismo, el
silencio de los contemporáneos no puede hacer que enmudezca la historia; y ya que forzosamente ha de hablar, que
diga la verdad. Su escrito como va á verse es una pájina
histórica, un cuadro de costumbres y una protesta que nos
honra. *J. M. G.*

I.

Apesar de que la mia es historia, no la empezaré por el arca de Noé y la genealogía de sus ascendientes como acostumbraban hacerlo los antiguos historiadores españoles de América que deben ser nuestros prototipos. Tengo muchas razones para no seguir ese ejemplo, las que callo por no ser difuso. Diré solamente que los sucesos de mi narracion, pasaban por los años de Cristo de 183.... Estábamos, á mas, en cuaresma, época en que escasea la carne en Buenos Aires, porque la iglesia adoptando el precepto de Epitecto, *sustine abstine* (sufre, abstente) ordena vigilia y abstinencia á los estómagos de los fieles, á causa de que la carne es pecaminosa, y, como dice el proverbio, busca á la carne. Y como la iglesia tiene *ab initio* y por delegacion directa de Dios el imperio inmaterial sobre las conciencias y estómagos, que en manera alguna pertenecen al individuo, nada mas justo y racional que vede lo malo.

Los abastecedores, por otra parte, buenos federales, y por lo mismo buenos católicos, sabiendo que el pueblo de Buenos Aires atesora una docilidad singular para someterse á toda especie de mandamiento, solo traen en dias cuaresmales al matadero, los novillos necesarios para el sustento de los niños y de los enfermos dispensados de la abstinencia por la Bula.... y no con el ánimo de que se harten algunos herejotes. que no faltan, dispuestos siempre á violar los mandamientos carnificinos de la iglesia, y á contaminar la sociedad con el mal ejemplo.

Sucedió, pues, en aquel tiempo, una lluvia muy copiosa. Los caminos se anegaron; los pantanos se pusieron á nado y las calles de entrada y salida á la ciudad rebosaban en acuoso barro. Una tremenda avenida se precipitó de repente por el Riachuelo de Barracas, y estendió magestuosamente sus turbias aguas hasta el pié de las barrancas del alto. El Plata creciendo embravecido empujó esas aguas que venian buscando su cauce y las hizo correr hinchadas por sobre campos, terraplenes, arboledas, caseríos, y estenderse como un lago inmenso por todas las bajas tierras. La ciudad circunvalada del Norte al Este por una cintura de agua y barro, y al Sud por un piélago blanquecino en cuya superficie flotaban á la ventura algunos barquichuelos y negreaban las chimeneas y las copas de los árboles, echaba desde sus torres y barrancas atónitas miradas al horizonte como implorando misericordia al Altísimo. Parecia el amago de un nuevo diluvio. Los beatos y beatas gimoteaban haciendo novenarios y contínuas plegarias. Los predicadores atronaban el templo y hacían crujir el púlpito á puñetazos. . Es el dia del juicio, decian, el fin del mundo está por venir. La cólera divina rebosando se derrama en inundacion. Ay! de vosotros pecadores! Ay! de vosotros unitarios impíos que os mofais de la iglesia, de los santos, y no escuchais con veneracion la palabra de los ungidos del Señor! Ah de vosotros si no implorais misericordia al pié de los altares! Llegará la hora tremenda del vano crujir de dientes y de las frenéticas imprecaciones. Vuestra impiedad, vuestras heregias, vuestras blasfemias, vuestros crímenes horrendos, han traido sobre nuestra tierra las plagas del Señor. La justicia y el Dios de la Federacion os declarará malditos.

Las pobres mujeres salían sin aliento, anonadadas del templo, echando, como era natural, la culpa de aquella calamidad á los unitarios.

Continuaba, sin embargo, lloviendo á cántaros, y la inundacion crecía acreditando el pronóstico de los predicadores. Las campanas comenzaron á tocar rogativas por órden del muy católico Restaurador, quien parece no las tenia todas consigo. Los libertinos, los incrédulos, es decir, los unitarios, empezaron á amedrentarse al ver tanta cara compungida, oir tanta batahola de imprecaciones. Se hablaba ya como de cosa resuelta de una procesion en que debia ir toda la poblacion descalza y á cráneo descubierto, acompañando al Altísimo, llevado bajo pálio por el Obispo, hasta la barranca de Balcarce, donde millares de voces conjurando al demonio unitario de la inundacion, debian implorar la misericordia divina.

Feliz, ó mejor, desgraciadamente, pues la cosa habria sido de verse, no tuvo efecto la ceremonia, porque bajando el Plata, la inundacion se fué poco á poco escurriendo en su inmenso lecho sin necesidad de conjuro ni plegarias.

Lo que hace principalmente á mi historia es que por causa de la inundacion estuvo quince días el matadero de la Convalescencia sin ver una sola cabeza vacuna, y que en uno ó dos, todos los bueyes de quinteros y *aguateros* se consumieron en el abasto de la ciudad. Los pobres niños y enfermos se alimentaban con huevos y gallinas, y los gringos y herejotes bramaban por el beef-steak y el asado. La abstinencia de carne era general en el pueblo, que nunca se hizo mas digno de la bendicion de la iglesia, y así fué que llovieron sobre él millones y millones de indulgencias plenarias. Las gallinas se pusieron á 6 $ y los huevos á 4 reales y el pescado carísimo. No hubo en aquellas dias cuaresmales promiscuaciones ni excesos de gula; pero en cambio se fueron derecho al cielo innumerables ánimas y acontecieron cosas que parecen soñadas.

No quedó en el matadero ni un solo raton vivo de muchos millares que allí tenian albergue. Todos murieron ó de hambre ó ahogados en sus cuevas por la incesante lluvia. Multitud de negras rebusconas de *achuras*, como los caranchos de presa, se desbandaron por la ciudad como otras tantas harpías prontas á devorar cuanto hallaran comible. Las gaviotas y los perros inseparables rivales suyos en el matadero, emigraron en busca de alimento animal. Porcion de viejos achacosos cayeron en consuncion por falta de nutritivo caldo; pero lo mas notable que sucedió fué el fallecimiento casí repentino de unos cuantos gringos herejes que cometieron el desacato de darse un hartazgo de chorizos de estremadura, jamon y bacalao y se fueron al otro mundo á pagar el pecado cometido por tan abominable promiscuacion.

Algunos médicos opinaron que si la carencia de carne continuaba, medio pueblo caería en síncope por estar los estómagos acostumbrados á su corroborante jugo; y era de notar el contraste entre estos tristes pronósticos de la ciencia y los anatemas lanzados desde el púlpito por los reverendos padres contra toda clase de nutricion animal y de promiscuacion en aquellos dias destinados por la iglesia al ayuno y la penitencia. Se originó de aquí una especie de guerra intestina entre los estómagos y las conciencias, atizada por el inexorable apetito y las no menos inexorables vociferaciones de los ministros de la iglesia, quienes, como es su deber, no transigen con vicio alguno que tienda á relajar las costumbres católicas: á lo que se agregaba el estado de flatulencia intestinal de los habitantes, producido por el pescado y los porotos y otros alimentos algo indigestos.

Esta guerra se manifestaba por sollozos y gritos descompasados en la peroracion de los sermones y por rumores.y estruendos subitáneos en las casas y calles de la ciudad ó donde quiera concurrían gentes. Alarmóse un tanto el gobierno, tan paternal como previsor, del Restaurador creyendo aquellos tumultos de orígen revolucionario y atribuyéndolos á los mismos salvajes unitarios, cuyas impiedades, segun los predicadores federales, habian traído sobre el pais la inundacion de la cólera divina; tomó activas providencias, desparramó sus esbirros por la poblacion y por último, bien informado, promulgó un decreto tranquilizador de las conciencias y de los estómagos, encabezado por un considerando muy sábio y piadoso para que á todo trance y arremetiendo por agua y todo se trajese ganado á los corrales.

En efecto, el décimo sesto dia de la carestia víspera del dia de Dolores, entró á nado por el paso de Burgos al matadero del Alto una tropa de cincuenta novillos gordos; cosa poca por cierto para una poblacion acostumbrada á consumir diariamente de 250 á 300, y cuya tercera parte al menos gozaria del fuero eclesiástico de alimentarse con carne. ¡Cosa estraña que haya estómagos privilegiados y estómagos sujetos á leyes inviolables y que la iglesia tenga la llave de los estómagos!

Pero no es estraño, supuesto que el diablo con la carne suele meterse en el cuerpo y que la iglesia tiene el poder de conjurarlo: el caso es reducir al hombre á una máquina cuyo móvil principal no sea su voluntad sino la de la iglesia y el gobierno. Quizá llegue el dia en que sea prohibido respirar aire libre, pasearse y hasta conversar con un amigo, sin permiso de autoridad competente.   Así era, poco mas ó menos, en los felices tiempos de nuestros beatos abuelos que por desgracia vino á turbar la revolucion de Mayo.

Sea como fuera; á la noticia de la providencia gubernativa, los corrales del Alto se llenaron, á pesar del barro, de carniceros, achuradores y curiosos, quienes recibieron con grandes vociferaciones y palmoteos los cincuenta novillos destinados al matadero.

—Chica, pero gorda, esclamaban.—Viva la Federacion!   Viva el Restaurador!   Porque han de saber los lectores que en aquel tiempo la Federacion estaba en todas partes, hasta entre las inmundicias del matadero y no habia fiesta sin Restaurador como no hay sermon sin Agustin. Cuentan que al oir tan desaforados gritos las últimas ratas que agonizaban de hambre en sus cuevas, se reanimaron y echaron á correr desatentadas conociendo que volvian á aquellos lugares la acostumbrada alegría y la algazara precursora de abundancia.

El primer novillo que se mató fué todo entero de regalo al Restaurador, hombre muy amigo del asado.   Una comision de carniceros marchó á ofrecérselo á nombre de los federales del matadero, manifestándole *in voce* su agradecimiento por la acertada providencia del gobierno, su adhesion ilimitada al Restaurador y su ódio entrañable á los salvajes unitarios, enemigos de Dios y de los hombres.   El Restaurador contestó á la arenga *rinforzando* sobre el mismo tema y concluyó la ceremonia con los correspondientes vivas y vociferaciones de los espectadores y actores.   Es de creer que el Restaurador tuviese permiso especial de su ilustrísima para no abstenerse de carne, porque siendo tan buen observador de las leyes, tan buen católico y tan acérrimo protector de la religion, no hubiera dado mal ejemplo aceptando semejante regalo en dia santo.

Siguió la matanza y en un cuarto de hora cuarenta y nueve novillos se hallan tendidos en la playa del matadero, desollados unos, los otros por desollar. El espectáculo que ofrecía entonces era animado y pintoresco aunque reunia todo lo horriblemente feo, inmundo y deforme de una pequeña clase proletaria peculiar del Rio de la Plata. Pero para que el lector pueda percibirlo á un golpe de ojo preciso es hacer un cróquis de la localidad.

El matadero de la Convalescencia ó del Alto, sito en las quintas al Sud de la ciudad, es una gran playa en forma rectangular colocada al estremo de dos calles, una de las cuales allí se termina y la otra se prolonga hácia el Este. Esta playa con declive al Sud, está cortada por un zanjon labrado por la corriente de las aguas pluviales, en cuyos bordes laterales se muestran innumerables cuevas de ratones y cuyo cauce, recoje en tiempo de lluvia, toda la sangraza seca ó reciente del matadero. En la juncion del ángulo recto hácia el Oeste está lo que llaman la casilla, edificio bajo, de tres piezas de media agua con corredor al frente que dá á la calle y palenque para atar caballos, á cuya espalda se notan varios corrales de palo á pique de ñandubay con sus fornidas puertas para encerrar el ganado.

Estos corrales son en tiempo de invierno un verdadero lodazal en el cual los animales apeñuscados se hunden hasta el encuentro y quedan como pegados y casi sin movimiento. En la casilla se hace la recaudacion del impuesto de corra-

les, se cobran las multas por violacion de reglamentos y se
sienta el juez del matadero, personaje importante, caudillo
de los carniceros y que ejerce la suma del poder en aquella
pequeña república por delegacion del Restaurador.—Fácil es
calcular qué clase de hombre se requiere para el desempeño
de semejante cargo.   La casilla por otra parte, es un edificio
tan ruin y pequeño que nadie lo notaria en los corrales á no
estar asociado su nombre al del terrible juez y á no resaltar
sobre su blanca cintura los siguientes letreros rojos: «Viva
la Federacion,» «Viva el Restaurador y la heroína doña Encarnacion Ezcurra,» «Mueran los salvajes unitarios.» Letreros muy significativos, símbolo de la fé política y religiosa de la gente del matadero.   Pero algunos lectores no sabrán que la tal heroina es la difunta esposa del Restaurador,
patrona muy querida de los carniceros, quienes, ya muerta,
la veneraban como viva por sus virtudes cristianas y su federal heroísmo en la revolucion contra Balcarce.   Es el caso que en un aniversario de aquella memorable hazaña de
la mazorca los carniceros festejaron con un espléndido banquete en la casilla á la heroína, banquete á que concurrió
con su hija y otras señoras federales, y que allí en presencia
de un gran concurso ofreció á los señores carniceros en un
solemne brindis su federal patrocinio, por cuyo motivo ellos
la proclamaron entusiasmados patrona del matadero, estam-
pando su nombre en las paredes de la casilla donde se estará hasta que lo borre la mano del tiempo.

   La perspectiva del matadero á la distancia era grotes-
ca, llena de animacion. Cuarenta y nueve reses estaban
tendidas sobre sus cueros y cerca de doscientas personas
hollaban aquel suelo de lodo regado con la sangre de sus ar-

terias. En torno de cada res resaltaba un grupo de figuras humanas de tez y raza distintas. La figura mas prominente de cada grupo era el carnicero con el cuchillo en mano, brazo y pecho desnudos, cabello largo y revuelto, camisa y chiripá y rostro embadurnado de sangre. A sus espaldas se rebullían caracoleando y siguiendo los movimientos una comparsa de muchachos, de negras y mulatas achuradoras, cuya fealdad trasuntaba las harpías de la fábula, y entremezclados con ella algunos enormes mastines, olfateaban, gruñian ó se daban de tarascones por la presa. Cuarenta y tantas carretas toldadas con negruzco y pelado cuero se escalonaban irregularmente á lo largo de la playa y algunos ginctes con el poncho calado y el lazo prendido al tiento, cruzaban por entre ellas al tranco ó reclinados sobre el pescuezo de los caballos echaban ojo indolente sobre uno de aquellos animados grupos, al paso que mas arriba, en el aire, un enjambre de gaviotas blanquiazules que habian vuelto de la emigracion al olor de carne, revoloteaban cubriendo con su disonante graznido todos los ruidos y voces del matadero y proyectando una sombra clara sobre aquel campo de horrible carnicería. Esto se notaba al principio de la matanza.

Pero á medida que adelantaba, la perspectiva variaba; los grupos se deshacían, venían á formarse tomando diversas aptitudes y se desparramaban corriendo como si en medio de ellos cayese alguna bala perdida ó asomase la quijada de algun encolerizado mastin. Esto era, que inter el carnicero en un grupo descuartizaba á golpe de hacha, colgaba en otro los cuartos en los ganchos á su carreta, despellejaba en este, sacaba el sebo en aquel, de entre la chusma que

ojeaba y aguardaba la presa de achura salia de cuando en
cuando una mugrienta mano á dar un tarazcon con el cuchillo al sebo ó á los cuartos de la res, lo que originaba gritos y esplosion de cólera del carnicero y el contínuo hervi-
dero de los grupos,—dichos y gritería descompasada de los
muchachos.

—Ahí se mete el sebo en las tetas, la tia, gritaba uno.

—Aquel lo escondió en el alzapon, replicaba la negra.

—Ché! negra bruja, salí de aquí antes que te pegue un
tajo, esclamaba el carnicero.

—Qué le hago ño, Juan? no sea malo!　Yo no quiero sino la panza y las tripas.

—Son para esa bruja: á la m.....

—A la bruja! á la bruja! repitieron los muchachos: se
lleva la riñonada y el tongorí!　Y cayeron sobre su cabeza
sendos cuajos de sangre y tremendas pelotas de barro.

Hácia otra parte, entre tanto, dos africanas llevaban
arrastrando las entrañas de un animal; allá una mulata se
alejaba con un ovillo de tripas y resbalando de repente sobre un charco de sangre, caia á plomo, cubriendo con su
cuerpo la codiciada presa.　Acullá se veian acurrucadas en
hilera 400 negras destegiendo sobre las faldas el ovillo y
arrancando uno á uno los sebitos que el avaro cuchillo del
carnicero había dejado en la tripa como rezagados, al paso
que otras vaciaban panzas y vegigas y las henchian de aire de
sus pulmones para depositar en ellas, luego de secas, la
achura.

Varios muchachos gambeteando á pié y á caballo se daban de vegigazos ó se tiraban bolas de carne, desparraman-
do con ellas y su algazara la nube de gabiotas que colum-

piándose en el aire celebraba chillando la matanza. Oíanse á menudo á pesar del veto del Restaurador y de la santidad del dia, palabras inmundas y obscéneas, vociferaciones preñadas de todo el cinismo bestial que caracteriza á la chusma de nuestros mataderos, con las cuales no quiero regalar á los lectores.

De repente caía un bofe sangriento sobre la cabeza de alguno, que de allí pasaba á la de otro, hasta que algun deforme mastin lo hacia buena presa, y una cuadrilla de otros, por si estrujo ó no estrujo, armaba una tremenda de gruñidos y mordiscones. Alguna tia vieja salia furiosa en persecucion de un muchacho que le habia embadurnado el rostro con sangre, y acudiendo á sus gritos y puteadas los compañeros del rapaz, la rodeaban y asuzaban como los perros al toro y llovian sobre ella zoquetes de carne, bolas de estiercol, con groseras carcajadas y gritos frecuentes, hasta que el juez mandaba restablecer el órden y despejar el campo.

Por un lado dos muchachos se adiestraban en el manejo del cuchillo tirándose horrendos tajos y reveses; por otro cuatro ya adolescentes ventilaban á cuchilladas el derecho á una tripa gorda y un mondongo que habían robado á un carnicero; y no de ellos distante, porcion de perros flacos ya de la forzosa abstinencia, empleaban el mismo medio para saber quién se llevaría un hígado envuelto en barro. · Simulacro en pequeño era este del modo bárbaro con que se ventilan en nuestro pais las cuestiones y los derechos individuales y sociales. En fin, la escena que se representaba en el matadero era para vista no para escrita.

Un animal habia quedado en los corrales de corta y

ancha cerviz, de mirar fiero, sobre cuyos órganos genitales no estaban conformes los pareceres porque tenia apariencias de toro y de novillo. Llególe su hora. Dos enlazadores á caballo penetraron al corral en cuyo contorno hervia la chusma á pié, á caballo y horquetada sobre sus ñudosos palos. Formaban en la puerta el mas grotesco y sobresaliente grupo varios pialadores y enlazadores de á pié con el brazo desnudo y armados del certero lazo, la cabeza cubierta con un pañuelo punzó y chaleco y chiripá colorado, teniendo á sus espaldas varios ginetes y espectadores de ojo escrutador y anhelante.

El animal prendido ya al lazo por las astas, bramaba echando espuma furibundo y no había demonio que lo hiciera salir del pegajoso barro donde estaba como clavado y era imposible pialarlo. Gritábanlo, lo azuzaban en vano con las mantas y pañuelos los muchachos prendidos sobre las horquetas del corral, y era de oir la disonante batahola de silbidos, palmadas y voces tiples y roncas que se desprendia de aquella singular orquesta.

Los dicharachos, las esclamaciones chistosas y obscénas rodaban de boca en boca y cada cual hacia alarde espontáneamente de su ingénio y de su agudeza excitado por el espectáculo ó picado por el aguijon de alguna lengua locuaz.

—Hí de p.... en el toro.

—Al diablo los torunos del Azul.

—Mal haya el tropero que nos dá gato por liebre.

—Si es novillo.

—No está viendo que es toro viejo?

—Como toro le ha de quedar. Muéstreme los c...., si le parece, c.....o!

—Ahí los tiene entre las piernas. No los vé, amigo, mas grandes que la cabeza de su castaño; ¿ó se ha quedado ciego en el camino?

—Su madre seria la ciega, pues que tal hijo ha parido. No vé que todo ese bulto es barro?

—Es emperrado y arisco como un unitario. Y al oir esta mágica palabra todos á una voz esclamaron: mueran los salvages unitarios!

—Para el tuerto los h.....

—Sí, para el tuerto, que es hombre de c..... para pelear con los unitarios.

—El matahambre á Matasiete, degollador de unitarios. Viva Matasiete!

—A Matasiete el matahambre!

—Allá vá, gritó una voz ronca interrumpiendo aquellos desahogos de la cobardía feroz. Allá vá el toro!

—Alerta! Guarda los de la puerta. Allá vá furioso como un demonio!

Y en efecto, el animal acosado por los gritos y sobre todo por dos picanas agudas que le espoleaban la cola, sintiendo flojo el lazo, arremetió bufando á la puerta, lanzando á entrambos lados una rógiza y fosfórica mirada. Dióle el tiron el enlazador sentando su caballo, desprendió el lazo de la asta, crugió por el aire un áspero zumbido y al mismo tiempo se vió rodar desde lo alto de una horqueta del corral, como si un golpe de lacha la hubiese dividido á cercen una cabeza de niño cuyo tronco permaneció inmóvil sobre su caballo de palo, lanzando por cada arteria un largo chorro de sangre.

—Se cortó el lazo, gritaron unos: allá vá el toro. Pero

otros deslumbrados y atónitos guardaron silencio porque
todo fué como un relámpago.

Desparramóse un tanto el grupo de la puerta. Una parte se agolpó sobre la cabeza y el cadáver palpitante del muchacho degollado por el lazo, manifestando horror en su atónito semblante, y la otra parte compuesta de ginetes que no
vieron la catástrofe se escurrió en distintas direcciones en pos
del toro, vociferando y gritando: Allá va el toro! Atajen! Guarda!—Enlaza, Siete pelos—Que te agarra, Botija!—Va furioso;
no se le pongan delante—Ataja, ataja morado!—Dele espuela
al mancarron—Ya se metió en la calle sola.—Que lo ataje el
diablo!

El tropel y vocería era infernal. Unas cuantas negras
achuradoras sentadas en hilera al borde del zanjon oyendo
el tumulto se acojieron y agazaparon entre las panzas y tripas que desenredaban y devanaban con la paciencia de Pene-
lope, lo que sin duda las salvó por que el animal lanzó al
mirarlos un bufido aterrador, dió un brinco sesgado y siguió
adelante perseguido por los ginetes. Cuentan que una de
ellas se fué de cámaras; otra rezó diez salves en dos minutos, y dos prometieron á San Benito no volver jamás á
aquellos malditos corrales y abandonar el oficio de achuradoras. No se sabe si cumplieron la promesa.

El toro entre tanto tomó hácia la ciudad por una larga y
angosta calle que parte de la punta mas aguda del rectán-
gulo anteriormente descripto, calle encerrada por una zanja
y un cerco de tunas, que llaman sola por no tener mas de dos
casas laterales y en cuyo aposado centro habia un profundo
pantano que tomaba de zanja á zanja. Cierto inglés, de
vuelta de su saladero vadeaba este pantano á la sazon, paso á

paso en un caballo algo arisco, y sin duda iba tan absorto en sus cálculos que no oyó el tropel de ginetes ni la gritería sino cuando el toro arremetia al pantano. Azorose de repente su caballo dando un brinco al sesgo y echó á correr dejando al pobre hombre hundido media vara en el fango. Este accidente, sin embargo, no detuvo ni refrenó la carrera de los perseguidores del toro, antes al contrario, soltando carcajadas sarcásticas—se amoló el gringo; levántate, gringo—esclamaron, y cruzando el pantano amasando con barro bajo las patas de sus caballos, su miserable cuerpo. Salió el gringo, como pudo, despues á la orilla, mas con la apariencia de un demonio tostado por las llamas del infierno que de un hombre blanco pelirubio. Mas adelante al grito de al toro! al toro! cuatro negras achuradores que se retiraban con su presa se zabulleron en la zanja llena de agua, único refugio que les quedaba.

El animal, entre tanto, despues de haber corrido unas 20 cuadras en distintas direcciones asorando con su presencia á todo viviente se metió por la tranquera de una quinta donde halló su perdicion. Aunque cansado, manifestaba bríos y colérico ceño; pero rodeábalo una zanja profunda y un tupido cerco de pitas, y no había escape. Juntáronse luego sus perseguidores que se hallaban desvandados y resolvieron llevarlo en un señuelo de bueyes para que espiase su atentado en el lugar mismo donde lo habia cometido.

Una hora despues de su fuga el toro estaba otra vez en el Matadero donde la poca chusma que habia quedado no hablaba sino de sus fechorías. La aventura del gringo en el pantano exitaba principalmente la risa y el sarcasmo. Del niño degollado por el lazo no quedaba sino un charco de sangre: su cadáver estaba en el cementerio.

Enlazaron muy luego por las astas al animal que brincaba haciendo hincapié y lanzando roncos bramidos. Echáronle, uno, dos, tres piales; pero infructuosos: al cuarto quedó prendido de una pata: su brio y su furia redoblaron; su lengua estirándose convulsiva arrojaba espuma, su nariz humo, sus ojos miradas encendidas—Desgarreten ese animal! esclamó una voz imperiosa. Matasiete se tiró al punto del caballo, cortóle el garron de una cuchillada y gambeteando en torno de él con su enorme daga en mano, se la hundió al cabo hasta el puño en la garganta mostrándola en seguida humeante y roja á los espectadores. Brotó un torrente de la herida, exhaló algunos bramidos roncos, vaciló y cayó el soberbio animal entre los gritos de la chusma que proclamaba á Matasiete vencedor y le adjudicaba en premio el matambre. Matasiete estendió, como orgulloso, por segunda vez el brazo y el cuchillo ensangrentado y se agachó á desollarle con otros compañeros.

Faltaba que resolver la duda sobre los órganos genitales del muerto clasificado provisoriamente de toro por su indomable fiereza; pero estaban todos tan fatigados de la larga tarea que la echaron por lo pronto en olvido. Mas de repente una voz ruda esclamó: aquí están los huevos, sacando de la barrija del animal y mostrando á los espectadores dos enormes testículos, signo inequívoco de su dignidad de toro. La risa y la charla fué grande; todos los incidentes desgraciados pudieron fácilmente esplicarse. Un toro en el Matadero era cosa muy rara, y aun vedada. Aquel, segun reglas de buena policia debió arrojarse á los perros; pero habia tanta escasez de carne y tantos hambrientos en la poblacion, que el señor Juez tuvo á bien hacer ojo lerdo.

En dos por tres estuvo desollado, descuartizado y colgado en la carreta el maldito toro. Matasiete colocó el matambre bajo el pellon de su recado y se preparaba á partir. La matanza estaba concluida á las 12, y la poca chusma que habia presenciado hasta el fin, se retiraba en grupos de á pié y de á caballo, ó tirando á la cincha algunas carretas cargadas de carne.

Mas de repente la ronca voz de un carnicero gritó—Allí viene un unitario! y al oir tan significativa palabra toda aquella chusma se detuvo como herida de una impresion subitanea.

—No le ven la patilla en forma de U? No traé divisa en el fraque ni luto en el sombrero.

—Perro unitario.

—Es un cajetilla.

—Monta en silla como los gringos.

—La mazorca con él.

—La tijera!

—Es preciso sobarlo.

—Trae pistoleras por pintar.

—Todos estos cajetillas unitarios son pintores como el diablo.

—A que no te le animas, Matasiete?

— A que nó?

—A que sí.

Matasiete era hombre de pocas palabras y de mucha accion. Tratándose de violencia, de agilidad, de destreza en el hacha, el cuchillo ó el caballo, no hablaba y obraba. Lo habian picado: prendió la espuela á su caballo y se lanzó á brida suelta al encuentro del unitario.

Era este un jóven como de 25 años de gallarda y bien apuesta persona que mientras salian en borboton de aquellas desaforadas bocas las anteriores esclamaciones trotaba hácia Barracas, muy ageno de temer peligro alguno.   Notando empero, las significativas miradas de aquel grupo de dogos de matadero, echa maquinalmente la diestra sobre las pistoleras de su silla inglesa, cuando una pechada al sesgo del caballo de Matasiete lo arroja de los lomos del suyo tendiéndolo á la distancia boca arriba y sin movimiento alguno.

—Viva Matasiete! esclamó toda aquella chusma cayendo en tropel sobre la víctima como los caranchos rapaces sobre la osamenta de un buey devorado por el tigre.

Atolondrado todavía el jóven fué, lanzando una mirada de fuego sobre aquellos hombres feroces, hácia su caballo que permanecia inmóvil no muy distante á buscar en sus pistolas el desagravio y la venganza.   Matasiete dando un salto le salió al encuentro y con fornido brazo asiéndolo de la corbata lo tendió en el suelo tirando al mismo tiempo la daga de la cintura y llevándola á su garganta.

Una tremenda carcajada y un nuevo viva estertorio volvió á victoriarlo.

Qué nobleza de alma! Qué bravura en lós federales! siempre en pandilla cayendo como buitres sobre la víctima inerte.

—Deguéllalo, Matasiete—quiso sacar las pistolas. Deguéllalo como al Toro.

—Pícaro unitario.   Es preciso tusarlo.

—Tiene buen pescuezo para el violín.

—Tocale el violín.

—Mejor es resbalosa.

— Probemos, dijo Matasiete y empezó sonriendo á pasar el filo de su daga por la garganta del caido, mientras con la rodilla izquierda le comprimia el pecho y con la siniestra mano le sujetaba por los cabellos.

—No, no le degüellen, esclamó de lejos la voz imponente del Juez del Matadero que se acercaba á caballo.

—A la casilla con él, á la casilla. Preparen la mashorca y las tijeras. Mueran los salvajes unitarios—Viva el Restaurador de las leyes!

—Viva Matasiete.

Mueran! Vivan! repitieron en coro los espectadores y atándole codo con codo, entre moquetes y tirones, entre vociferaciones é injurias arrastraron al infeliz jóven al banco del tormento como los sayones al Cristo.

La sala de la casilla tenía en su centro una grande y fornida mesa de la cual no salían los vasos de bebida y los naipes sino para dar lugar á las ejecuciones y torturas de los sayones federales del Matadero. Notábase ademas en un rincon otra mesa chica con recado de escribir y un cuaderno de apuntes y porcion de sillas entre las que resaltaba un sillon de brazos destinado para el Juez. Un hombre, soldado en apariencia, sentado en una de ellas cantaba al son de la guitarra la resbalosa, tonada de inmensa popularidad entre los federales, cuando la chusma llegando en tropel al corredor de la casilla lanzó á empellones al jóven unitario hácia el centro de la sala.

—A tí te toca la resbalosa, gritó uno.

—Encomienda tu alma al diablo.

—Está furioso como toro montaraz.

—Ya le amansará el palo.

—Es preciso sobarlo.

—Por ahora verga y tijera.

—Si no, la vela.

—Mejor será la mazorca.

—Silencio y sentarse, esclamó el Juez dejándose caer sobre su sillon. Todos obedecieron, mientras el jóven de pié
encarando al Juez esclamó con voz preñada de indignacion.

—Infames sayones, que intentan hacer de mí?

—Calma! dijo sonriendo el juez; no hay que encolerizar-
se. Ya lo verás.

El jóven, en efecto, estaba fuera de sí de cólera. Todo
su cuerpo parecia estar en convulsion: Su pálido y amora-
tado rostro, su voz, su lábio trémulo, mostraban el movimiento convulsivo de su corazon, la agitacion de sus nervios.
Sus ojos de fuego parecian salirse de la órbita, su negro y
lácio cabello se levantaba herizado. Su cuello desnudo y
la pechera de su camisa dejaban entrever el latido violento
de sus arterias y la respiracion anhelante de sus pulmones.

—Tiemblas? le dijo el Juez.

—De rabia, por que no puedo sofocarte entre mis brazos.

—Tendrías fuerza y valor para eso?

—Tengo de sobra voluntad y coraje para tí, infame.

—A ver las tijeras de tusar mi caballo—túsenlo á la federala.

Dos hombres le asieron, uno de la ligadura del brazo,

otro de la cabeza y en un minuto cortáronle la patilla que poblaba toda su barba por bajo, con risa estrepitosa de sus espectadores.

—A ver, dijo el Juez un vaso de agua para que se refresque.

—Uno de hiel te haria yo beber, infame.

Un negro petizo púsosele al punto delante con un vaso de agua en la mano. Dióle el jóven un puntapié en el brazo y el vaso fué á estrellarse en el techo salpicando el asombrado rostro de los espectadores.

—Este es incorrejible.

—Ya lo domaremos.

—Silencio, dijo el Juez, ya estás afeitado á la federala solo te falta el bigote. Cuidado con olvidarlo. Ahora vamos á cuentas.

—Por qué no traes divisa?

—Por que no quiero.

—No sabes que lo manda el Restaurador.

—La librea es para vosotros, esclavos, no para los hombres libres.

—A los libres se les hace llevar á la fuerza.

—Sí, la fuerza y la violencia bestial. Esas son vuestras armas; infames. El lobo, el tigre, la pantera tambien son fuertes como vosotros. Deberiais andar como ellas en cuatro patas.

—No temes que el tigre te despedace?

—Lo prefiero á que maniatado me arranquen como el cuervo, una á una las entrañas.

—Por qué no llevas luto en el sombrero por la heroína?

—Porque lo llevo en el corazon por la Patria, por

la Patria que vosotros habeis asesinado, infames!

—No sabes que así lo dispuso el Restaurador.

—Lo dispusisteis vosotros, esclavos, para lisonjear el orgullo de vuestro señor y tributarle vasallaje infame.

—Insolente! te has embravecido mucho. Te haré cortar la lengua si chistas.

—Abajo los calzones á ese mentecato cajetilla y á nalga pelada denle berga, bien atado sobre la mesa.

Apenas articuló esto el Juez cuatro sayones salpicados de sangre, suspendieron al jóven y lo tendieron largo á largo sobre la mesa comprimiéndole todos sus miembros.

—Primero degollarme que desnudarme; infame canalla.

Atáronle un pañuelo por la boca y empezaron á tironear sus vestidos. Encojíase el jóven, pateaba, hacia rechinar los dientes. Tomaban ora sus miembros la flexibilidad del junco, ora la dureza del fierro y su espina dorsal era el eje de un movimiento parecido al de la serpiente. Gotas de sudor fluian por su rostro grandes como perlas; echaban fuego sus púpilas, su boca espuma, y las venas de su cuello y frente negreaban en relieve sobre su blanco cutis como si estuvieran repletas de sangre.

—Atenlo primero, esclamó el Juez.

—Está rujiendo de rabia, articuló un sayon.

En un momento liaron sus piernas en ángulo á los cuatro pies de la mesa volcando su cuerpo boca abajo. Era preciso hacer igual operacion con las manos, para lo cual soltaron las ataduras que las comprimian en la espalda. Sintiéndolas libres el jóven. por un movimiento brusco en el cual pareció agotarse toda su fuerza y vitalidad, se incorporó primero sobre sus brazos, despues sobre sus rodillas y se desplomó al momento murmurando – primero degollarme que desnudarme infame, canalla.

Sus fuerzas se habian agotado—inmediatamente quedó atado en cruz y empezaron la obra de desnudarlo. Entonces un torrente de sangre brotó borbolloneando de la boca y las narices del jóven y estendiéndose empezó á caer á chorros por entrambos lados de la mesa. Los sayones quedaron inmóbles y los espectadores estupefactos.

—Reventó de rabia el salvaje unitario, dijo uno.

—Tenia un rio de sangre en las venas articuló otro.

—Pobre diablo: queríamos únicamente divertirnos con él y tomó la cosa demasiado á lo serio, esclamó el juez frunciendo el ceño de tigre. Es preciso dar parte, desátenlo y vamos.

Verificaron la órden; echaron llave á la puerta y en un momento se escurrió la chusma en pos del caballo del Juez cabizbajo y taciturno.

Los federales habian dado fin á una de sus innumerables proesas.

En aquel tiempo los carniceros degolladores del Matadero eran los apóstoles que propagaban á verga y puñal la federacion rosina, y no es dificil imaginarse qué federacion saldria de sus cabezas y cuchillas. Llamaban ellos salvaje unitario, conforme á la jerga inventada por el Restaurador, patron de la cofradia, á todo el que no era degollador, carnicero, ni salvage, ni ladron; á todo hombre decente y de corazon bien puesto, á todo patriota ilustrado amigo de las luces y de la libertad; y por el suceso anterior puede verse á las claras que el foco de la federacion estaba en el Matadero.

—••◦❀◦••—

TUTTA-PALLA.

Episodio de la Conquista de Quito por Huaina-Capac

(Leyenda original en verso.)

Canto Primero.

Ya en su *tiana* [1] sonrosada
Abre *hinti* [2] la alborada,
Y el campo de Pumanpiro
Despierta al blando suspiro
De la brisa de la aurora
Que en sus álas atesora
La esencia del *hamanckay;* [3]
   Entre las *guabas* [4] frondosas
Alzan su arullo quejosas
Las *urpas* [5] de la montaña
Y el límpido arroyo baña
De su orilla los juncales
Donde las garzas reales
Comienzan á despertar.

1. *Tiana*—trono.
2. *Hinti*—el sol.
3. *Hamanckay*—lirio.
4. *Guabas*—especie de pino
5. *Urpas*—palomas torcaces.

En el mar del éter flota
La peregrina gaviota;
El cóndor lleno de saña
Se lanza de la montaña,
La inmensidad atraviesa
Y en espirales empieza
En el espacio á subir;
   Se ajita la débil *quincha*, ¹
Y la cima del Pichincha
Que á los cielos escalona
Ciñe su blanca corona
De nieves donde irradia
El astro eterno del dia
Que ya comienza á salir.

Despiertan aves y flores,
Escúchanse los rumores
Lejanos de los torrentes
Que se desprenden hirvientes
Desde escabrosas alturas
Para bañar las llanuras
De la estendida region;
   Copos de nubes lijeras
Rizan las cimas severas
Del Andes que se levanta
Desde su gigante planta
Sobre la América altivo,
Como coloso cautivo
Por el hálito de Diós.

1. *Quincha*—caña.

El sol ya se há levantado
Y la espalda há iluminado
Del *Yaguar-Cocha* tranquilo
En cuyas aguas asilo
Buscan los cisnes del cielo
Descansando de su vuelo
A la sombra del *sayal*:
        Entre la grama se ajita
La encendida margarita,
Y las gentiles palmeras
Agitan sus cabelleras
Sobre sus troncos hermosos,
Como trofeos gloriosos
De la gala tropical.

———

Al pié de un valle que se alzó risueño
Entre moles de sólido granito,
Iluminada por el sol, del sueño
Bella y gentil se despertaba Quito·

Cuentan que es fama, que al formar el mundo
Pacha [1] cruzó la bóveda azulada
Y al mirar aquel sitio tan fecundo
De bendicion echóle una mirada.

Del cielo un astro arrebató su mano,
De los mas luminosos y mas grandes,
Y su aliento de fuego soberano
Lo hizo caer al seno de los Andes.

1. *Pacha*—el ser supremo.

Y en él, mas regios que el sin par Huanuco
Mas vastos que el Alcázar del Chuquito,
Rival del opulento Tiahuanuco,
Alzó sus muros opulentos, Quito.

El sol subia á su dorada *tiana*
Como el rey de la tierra y sus fulgores
De la brillante y plácida mañana
Deshacían los húmedos vapores.

Y al entreabrirse el manto de la noche
Que envolvía su globo entre vapores
La *saya* [1] abria sus fragante broche,
Y las *ñustas* [2] alzaban sus cantares.

Sobre la planta de una verde altura
Que dominaba la famosa villa,
Hermoso por su lujo de escultura
Estaba el templo consagrado á *Quilla*. [3]

Como sierpe de plata un arroyuelo
Al pié de sus cimientos se desliza,
La *chuta-salla* [4] perfumó su suelo
Y en sus troncos nació la *huaira-sisa*. [5]

La *sairi* [6] coronó sus pajonales
El *puco-puco* [7] se ajitó en las flores

1. *Saya* - flor tropical.
2. *Ñustas* —virgenes.
3. *Quilla*--la luna,
4. *Chuta-salla*--palma fragante.
5. *Huaira-sisa* —flor del aire.
6. *Sairi* —flor blanca de pajonales.
7. *Puco-puco* —ave pequeña del Perù.

La copa circular de los *sayales* [1]
Templó del padre Sol los resplandores.

Y escondido aquel sitio entre el follaje
A su deidad imita que en el cielo
Envuelta por la sombra del celaje
Trémula tiende en el azul su vuelo.

En el hizo el silencio su morada
Y en él se concentró el recojimiento,
Apenas de la selva en la enramada
Roza sus álas al pasar el viento,

Todo es misterio y soledad.   El hombre
En el no osó jamás poner su planta,
Los amores allí no tienen nombre,
El ave sola sus amores canta!

Besa el arroyo el sólido cimiento
Que enrededor los árboles sepultan .
Y en seductor y dulce arrobamiento
En la selva las vírgenes se ocultan:

> Tal como suele en la tarde
> En tierra de *Chachapoyas*
> Cruzar por el límpido éter
> Una banda de palomas,
> Reflejándose en los lagos
> Que besan las verdes lomas
> Buscando para abrigarse
> Los bosquecillos de *chontas,*
> Asi las *Ñustas de Quilla*

---

1   *Sayales*—palmas gigantescas.

Bajan del templo, á la sombra
De la frondosa *achupalla* [1]
Que con su bóveda de hojas
Cubre las aguas del rio
Que se deslizan sonoras,
Entre orillas de esmeraldas,
De corales y de conchas.
    Sus riquísimas *ojotas* [2]
Sobre las playas arrojan
De sus mórbidas espaldas
Sueltan las finas *yacollas,* [3]
Y sus senos palpitantes
Se elevan como las olas,
Que forma el cristal del rio
Cuando los céfiros soplan.

———

Dormida ondula en su lijera hamaca
Como el *tunqui* [4] que se durmió entre flores,
Mal envuelta en su túnica de *alpaca*
La mas bella vision de los amores,
De su cabeza desprendió la *inhaca* [5]
El céfiro al pasar con sus rumores
Y en sus tostados senos incitantes,
Las mariposas giran palpitantes.

Sus negras *zimppas* [6] desatadas penden
Cual culébras de tinte renegrido

1. *Achupalla*—pino.
2. *Ojotas*—calzado de los peruanos.
3. *Yacollas*—mantas.
4. *Tunqui*—ave de plumaje rojo.
5. *Inhaca*—manta para la cabeza.
6. *Zimppas*—trenzas.

Y á *sallica* [1] aromática trascienden
Embriagando aquel bosque recojido;
Sus piés, inquietos de la hamaca penden
Y al mojarse en el rio con descuido,
Alzan como aves de gallarda pluma
Limpios cristales y nevada espuma.

Como las hojas de marchita *coca*
Es la color de su semblante bello,
Pintó la tinta del carmín su boca,
Hábil cincel dió formas á su cuello;
El aire arenas suspirando toca
Su lábio que se entreabre, y su cabello
Suelto en madejas y tendido, riza
El agua al soplo que exhaló la brisa.

Calza su pié la *usuta* [2] delicada
Curtida en cuero de salvaje *puma* [3]
Y su pierna hermosísima y torneada
El *parihuana* [4] adorna con su pluma,
En su garganta mórbida y tostada
Como el tallo gentil de la *ariruma*,
Mil collares de piedras relucientes
Se envuelven como anillos de serpientes.

Envidia dieron á las otras *coyas*
Los globos de sus senos primorosos
Que tiemblan cual fragantes *chirimoyas*
Pendientes de los árboles hermosos;

1. *Sallica*—yerba para sahumar.
2. *Usuta*—calzado peruano.
3. *Puma*—tigre.
4. *Parihuana*—flamenco.

Por bajo el brazo que su frente apoya
Trémulos se descubren voluptuosos,
Y refrescan del aura las caricias
El borde de ese vaso de delicias.

Aún se conservan vírgenes
Como la cima nívea,
Mas llenos de tesoros
Que el rico Potosí;
Aún el placer del tálamo
No los há puesto lánguidos,
Y aún sus capullos guardan
Las tintas del rubí.

En torno de la Princesa
Dormida sobre la hamaca,
Las otras vírgenes giran,
Cantando al son de las *chainas*
Ya su ilustre nacimiento,
Ya su hermosura tostada,
Ya la suerte que la espera
Y ya el trono que la guardan;
Y cual leves mariposas
Que trémulas en las ramas
Se agitan, vuelan y giran,
Y en remolino se lanzan,
Corren á orillas del rio,
Mojan su mano en las aguas,
Que al verse rotas, cristales
Con la luz del dia fraguan,
Y humedecen la mejilla

De la adormecida *Palla*, [1]
Que abre sus ojos sonrientes
Y se incorpora en la hamaca.

Después, templando las dulces *tinhyas* [2]
En la espesura del *guayabar*
Acompañadas de sus acordes
Alzan las ñustas este cantar.

I.

«Las lágrimas del cielo cayeron en la mar,
      Las flores de la tierra
      Sus senos abren yá:
      Abre tambien tu seno
      ¡ Oh flor de este lugar!
      Y refresquen sus globos
Las alas de la brisa matinal.

II.

Cual grano de granadas, cual flores de alelí,
      Que aún no han entreabierto
      Su broche carmesí,
      Así son los capullos
      De tu seno sin par
      Con que engañas las aves
Que por frutas los vienen á picar.

III.

Desciende de la hamaca y en nuestros brazos ven
      A resfrescar tu cuerpo,

1. *Palla*—princesa, señora, reina.
2. *Tinhyas*—instrumento musical de 7 cuerdas.

A resfrescar tu sién,
En las tranquilas aguas
Del claro manantial,
Que al peso de tu cuerpo
Romperá sus espaldas de cristal.

IV.

Allá en la oscura sombra del alto *yandubay*,
Entre la enredadera
De flores de *hamanckay*,
Oirás á los *tunquies*
Tu paso saludar,
Y á la torcaz salvaje
De envidia entre las ramas suspirar.

V.

Cual peces seguiremos tu marcha en derredor,
Y cuando fatigada
Te sientas sin ardor,
Tu cuerpo sostendremos
Del lago en el cristal;
Y al nivel de las aguas
Los globos de tus senos flotarán.

VI.

Nadie rompió las urnas de tu dormido amor,
El genio de la siesta
Tan solo te gozó,
Amores muy sabrosos
Debieron ellos ser,
Cuando oyes nuestros cantos
Y te vuelves de nuevo á adormecer!

VII.

¿Porque no levantas la hermosa cabeza?
Porque no sacudes la dulce pereza
  Que embarga tu ser
Y miras el rayo del sol que ilumina
La cima nevada de la alta colina
  Al amanecer?

    Suavemente
    La corriente
    De agua pura
    Que murmura
   En su lecho de arenas de rubí,
    Te dice así:
   Ay vén!   Ay vén!
   Mi caro bien,
Yo mojaré tu rostro, en mis espaldas
   Tu posarás los piés:
   Y tus trenzas estendidas
   Cual culebras renegridas
Hendirán la tranquila limpidez
   De mi claro cristal,
Y mis ondas al verte tan hermosa
   Contigo jugarán,
   Cual juegan con el aura
   Que las basa al pasar:
   ¡Ay vén!   ¡Ay vén!
   Mi caro bien,
Yo mojaré tu rostro, en mis espaldas
   Tu posarás tus piés. »

Alzó por fin la cabeza
La adormecida hermosura
Y radiante de belleza,
Hizo volar su pereza
En álas del aura pura.

De la *yacolla* pintada
Desciñe el redondo broche
Y al contemplar la alborada
Vela su negra mirada
Profunda como la noche.

Sus hermanas afanosas
Desnudan su rico cuello,
Y sus formas voluptuosas
Se descubren vaporosas
Entre la red del cabello.

Toman su carga preciada
Y corriendo hacia la fuente
Que se mantiene callada,
Hunden la niña mimada
En la plácida corriente.

Cuatro de ellas á su lado
A flor de agua la mantienen
Y nadándo á su costado,
Turbando el bosque callado
Las otras vírgenes vienen.

El agua al humedecerlas
Con sus ondas de cristal,
Viene caricias á hacerlas

Besando sartas de perlas
En sus lábios de coral

Como la naturaleza
Del caluroso Ecuador
Vá desnuda la belleza
Y alza la altiva cabeza
Sin verguenza y sin rubor.

Alma que solo respira
La inocencia de su ser.
Que á nada en su encierro aspira,
Que ni llora, ni suspira,
Y ni conoce el placer.

Alma vírgen como el cielo
Que no escuchó todavia
Ecos de dulces anhelos
De penas y desconsuelos,
De amor y melancolia;

Flor del desierto ignorada
Cuya guarida sin nombre
En la montaña elevada,
Nunca se vió profanada
Por la pisada del hombre.

Corazon que se durmió
Con todas sus inocencias,
Mujer que nadie gozó,
Vaso de ricas esencias
Que solo Dios apuró.

Tal era TUTTA-PALLA: negra, ardiente,
Como la lava del volcan. Dormidos
Moran en su alma los amores; nadie
Suspiró en sus oidos
Esa voz misteriosa que naciendo
Del choque de dos almas,
Produce un eco prolongado, suave,
Que envuelto en la espiral de los ensueños
Gira en la mente, al corazon desciende,
Misterioso se oculta
Y el corazon que á veces la sepulta,
Tambien á veces en su ardor se enciende.

Sobre las aguas que á su peso rompen
Sus plácidos cristales,
Parece entre sus siervas
Una garza real, cuando en estio
En el cristal del rio,
Gentil se pavonea
Y al sacudir su pluma
Se agita, se zambulle y aletea,
Envuelta en copos de bullente espuma.

Ora dejándo las orillas riza
La mansa superficie de las aguas
Cual rápido delfin. Ora sus brazos
Suspendiendo su cuerpo delicado.
Cojen la rama de un endeble tronco
Que se cimbra á su peso
Y se columpia suavemente, á veces
En el juego travieso

Que caen como una lluvia de diamantes.

Gruesas perlas de Manta
Ensartadas en crines de *huemules*
Pescó el guayaquileño
Para adornar su mórbida garganta,
Unas mas blancas que el capullo vírgen
De la flor de los aires,
Negras las otras, de matiz oscuro,
Como el humo que exhala
El cráter del volcan de Cayanburo.

Los ojos de los hombres
No sosprendieron nunca su belleza;
Envuelta en el follaje
De las frondosas guabas que circundan
El templo de la luna,
Nació y vivió escondida,
Como una ave sin alas,
Entre la augusta selva recojida.

Del perfume que embriaga
Aquel nido de amores recojido
El invisible aliento
En una nube vaporosa vaga,
Y al aspirar su aroma
Ebria la *colla* de deleite, pliega
Su profunda pupila,
Desmáyanle los brazos,

Su cuerpo de desprende suavemente,
Y como cisne herido
Que lucha con la muerte inútilmente
En la postrer orilla de la vida,
Inclina al fin su sién y entre los brazos,
De sus esclavas cae desvanecida.

¿Qué causa misteriosa
Pudo embriagarla así?   ¿Qué sentimiento
Profundo, voluptuoso, incomprehensible,
Que en el lenguaje humano
No se puede espresar, ahogó su aliento?
¿Los placeres en forma de querubes
Pasaron por sus ojos?
¿En blanco lecho de doradas nubes
El genio adormecido
De su primer amor miró extasiada?
¿Sintió sobre su lábio
De su amante la boca enamorada?
¿Forjóse en lo profundo
De su infantil espíritu el delirio
Del abrazo primero de su dueño,
De su primer caricia,
De sus primeros besos
En la nupcial hamaca suspendida
En los boques espesos
Del ópimo Ecuador?   ¿Sobre su cuerpo
Sintió el tibio calor de su querido?
De placer desmayóse entre sus brazos
'morada, loca,

Sintió hundirse su seno
Al oprimir su boca con su boca?

Misterio incomprensible de las almas
Que se abren al amor y que se cierran
Con su esencia en su seno al recibirlo,
Para morir por él cuando no alcanza
A darnos un consuelo,
Para vivir con él, por la esperanza,
Arbol hermoso cuya flor si brota
De la tierra en el suelo
Tan solo se abre en su camino al cielo!

———

Sobre pieles de pantera
Bella estaba y hechicera
La hermosa flor del desierto
Bajo el ramaje cubierto
Del florido *guayabar:*
Descansaba la Princesa
Apoyando su cabeza
Sobre su seno incitante
Que surjia palpitante
Como la espuma del mar.

Muy bella, muy bella estaba,
Ya su mirada posaba
Sobre las copas frondosas
Ya en las aguas correntosas,
Donde rendida cayó
Seguía el susurro suave

De la corriente tranquila
O el vuelo fugaz de la ave
Que en la rama en que se asila,
Busca el nido que tejió.

Es la creacion del ensueño
Mas sublime de la mente,
Ningun poeta hubo un sueño
Mas glorioso, mas valiente,
Que la salvaje beldad!
Cleopatra en la vieja historia
No puede eclipsar su gloria,
Y en el Potosí no hay oro
Para comprar el tesoro
De su voluptuosidad!

Unas veces perezosa,
Loca, ardiente, caprichosa,
Sus brazos tiende, bosteza
Y franca se despereza,
Con espresion celestial;
Llama á sus siervas, las riñe,
Juega con ellas, desciñe
Sus ropas, que desprendidas,
Muestran joyas escondidas
A los ojos del mortal.

Los rayos que sus miradas
Lanzan á veces airadas
Son fijos y penetrantes,
Orgullosos, dominantes

Y llenos de majestad;
Otras veces mas tranquila
Vela su negra pupila
Como dulce desposada
Ya de placer desmayada
En el tálamo nupcial;!

Sus hermanas cariñosas
La brindan frutas sabrosas
Y rica *chicha* espumante,
Que ella bebe delirante
Con misterioso placer;
Y al acercar á su boca
La copa de oro labrada
Seduce, atrae y provoca,
Y la razon estraviada
Queda ante aquella mujer!

Mas de pronto, un alarido
Como el salvaje silbido,
Del viento entre las montañas
Turbó las vastas campañas
Con su tremendo clamor;
Y fué creciendo rujiente,
Cada vez mas imponente,
Haciendo temblar el suelo,
Como hace temblar el cielo
La centella que estalló!

Todas las ñustas se alzaron,
Todas, sus ojos fijaron

En un matorral vecino
Donde el alarido vino
A hacerse de nuevo oír;
Y entre la malesa oculto
Se vé atravesar un bulto,
Que como salvaje fiera
Vá en su rápida carrera
Del matorral á salir!

Kauchuka!... Kauchuka!... las *ñustas* gritaron,
Kauchuka!... Kauchuka!.... de nuevo clamaron
Sus pechos ahogados de espanto y terror:
Y el bulto entre tanto rompió la maleza,
Alzó entre las zarzas la enorme cabeza,
Y un grito terrible de nuevo lanzó!

Qué mónstruo! Qué fiera! Caíanle sueltas
Por toda la espalda sus crines revueltas
Cuál crespa melena de leona feroz!
Sus ojos engendran terribles miradas
Que son como chispas de lava lanzadas
Del seno del Andes al seno de Dios!

Pequeña la frente, la boca rasgada,
Los brazos sin carnes, la mano crispada
Cual garra afilada de cuervo voráz;
De arapos cubierta la torpe figura
Que cubren apenas su horrible flacura;
Parece un aborto del génio del mal!

De negras culebras las roscas desata
Al aire, y con ellas su cuerpo maltrata

Espuma lanzando de rabia y furor;
　Despues fatigada las ñustas mirando,
Por pasos su rabia se fué moderando
Y fija en la *Palla*, así se espresó: [1]

. . . .

. . . .

LUCIO VICENTE LOPEZ.

[1]. El autor se ocupa de concluir la Segunda Parte y así que esté lista la daremos á luz.

FRONTERAS Y TERRITORIOS FEDERALES

Continuacion. [1]

II.

Por mas que sean claras y sencillas ciertas cuestiones y por grande que sea la elocuencia de los hechos contemporáneos, en nuestro país sobre todo, donde los intereses personales han pesado y continúan pesando de un modo deplorable sobre los pueblos, las opiniones de un solo hombre no tienen fuerza bastante para defender la verdad, contra la ambicion de los poderosos creados á la sombra de las preocupaciones.

Busquemos pues ante todo la verdad histórica, sigámosla á través de los siglos y ella nos conducirá á la verdad contemporánea donde encontraremos los mismos vicios, las mismas pasiones, apartándonos del fácil camino que debiera llevarnos á la prosperidad.

Sabido es que los primeros conquistadores que vinieron á América, hallaron en los indígenas las mas favorables y halagüeñas disposiciones. Sabido es tambien con cuanta crueldad abusaron de su inocencia, y con cuanta atrocidad

1. Véase la páj. 462.

despertaron en ellos la ferocidad en vez de atraerlos á la civilizacion.

Vencidos al fin los indígenas, dominados por la ventaja
de las armas y sometidos al poder del injusto vencedor, el
bárbaro sistema adoptado en la guerra, mas cruel y bárbaro
debia volverse despues de la victoria, hasta que la desesperacion obligase á las víctimas á levantarse contra sus verdugos, insaciables no de venganza, sino de abominable codicia.

Veámos lo que dice don Miguel Luis Amunátegui en su
memoria histórica titulada: «Los precursores de la independencia de Chile».

« La doctrina de la condicion inferior y servil de los
« indígenas Americanos, fué condenada por el papa Paulo
« III, por dos bulas espedidas en Roma en 10 de junio de
« 1537 en los cuales desidió que, es malicioso y procedido
« de codicia infernal y diabólico el pretesto que se ha queri-
« do tomar para molestar y despojar á los indios y hacerlos
« esclavos diciendo que son como animales, brutos é inca-
« paces de reducirse al gremio y fé de la iglesia católica; y
« que él por autoridad apostólica despues de haber sido bien
« informado, dice y declara lo contrario y manda que así los
« descubiertos como los que en adelante se descubriesen
« sean tenidos por verdaderos hombres, capaces de fé y re-
« ligion cristiana, y que por buenos y blandos medios sean
« atraídos á ella..
....

Es notable que los conquistadores en general procedie-
ran siempre por las instrucciones que recibían de los monarcas españoles.

Isabel la Católica recomendando á Cristóbal Colon tratar

generosamente á los indios dice: «Y si caso fueren que al-
« guna ó algunas personas, trataren mal á los indios en
« cualquiera manera que sea, el dicho almirante como viso
« rey y gobernador de sus altezas lo castigue mucho por
« virtud de los poderes de sus altezas, que para ello lleva.

« Cárlos V. en una cédula de 1542 considera á los indios en igualdad de derechos que los vasallos libres de sus
reinos.

« Felipe II en 19 de diciembre de 1593 dijo: ordenamos
y mandamos que sean castigados con mayor rigor los españoles que injuriaren ú ofendieren, ó maltrataren á indios,
que si los mismos delitos se cometiesen contra españoles y
los declaramos por delitos públicos.

« Felipe III dijo en una cédula en 1601: todos deben
mirar por la conservacion de los indios, pues todo cesaria si
ellos faltasen.

« En carta dirigida al Virey del Perú en 24 de abril de
1618 dice: los indios son en su estado los mas útiles á mi
corona.

« Felipe IV en 1628 impuso penas severas á los españoles que abusasen de los indios, y Cárlos II no fué menos celoso en recomendar á sus delegados la justicia y la dulzura,
llegando hasta mandar que se castigase á los que en el comercio esplotasen la ignorancia de los indígenas.

« Sin embargo los conquistadores hacían todo lo contrario, llevados de la mas negra concupiscencia.

« Yo testifico, dice un autor contemporáneo, haber
visto á estas infelices de quince á veinte años, lavar el oro
mescladas con los hombres y metidas en el agua todo el dia,
y durante el invierno helándose de frío, llorando, y muchas

de ellas con dolores y enfermedades que tenian allí adquiridas.

« El Gobernador Valdivia, no quiso permitir al principio el trabajo de las mujeres en los lavaderos, pero lo toleró y dicho trabajo llegó á hacerse general.

« Rodrigo de Quiroga por ejemplo tenía empleados en las minas de Malyamaga 600 indios de su repartimiento, hombres y mujeres, todos mozos de quince á 25 años los cuales se ocupaban en lavar oro ocho meses del año escapándose de hacer lo mismo en los cuatro restantes por no haber agua en el verano.

« Quiroga llegó á ser de este modo tan rico que se aseguró una renta mensual de 30 mil pesos que en los últimos años de su vida invirtió en limosnas, y obró así buscando en la práctica de la caridad un descargo á su conciencia, pues se encomienda, como todas las demas habia sido una sentina de vicios y un cementerio de indígenas.

Este sistema general de trata con los indios debia tener por consecuencia la guerra de esterminio que hicieron entonces, y continúan haciendo hoy.

En 1553 cuando se anunció el formidable alzamiento de Arauco, el gobernador del fuerte de Penen, Sancho de Coronas hizo acostar desnudos á ocho caciques sobre brasas de fuego, para que revelasen lo que le presumia que supieran, sin haberlo conseguido.

El encomendero don Francisce Ponce de Leon para conseguir igual objeto ató de piés y manos á un indio y lo hizo asperjar con un isopo empapado en manteca irviendo, y el indio murió en aquel infame tormento sin contestar á las preguntas.

El resultado de esta insurreccion es conocida. El Gobernador Valdivia fué vencido y muerto con todos los españoles que le acompañaban.

La guerra que se siguió á estos sucesos fué larga y desastrosa.

Los indios reconociendo la superioridad de las armas de los españoles, esquivaban dar batallas campales, y se dispersaban en pequeños grupos para hacer una guerra tremenda de salteamientos y de sorpresas.

Difícil era pues llegar á someter un pueblo cuyos soldados combatían ocultos. La poblacion habia sido el medio seguro de conseguirlo, pues esto mismo no debía conseguirse por que el amor propio hacía incurrir á los españoles en errores funestos. En lugar de asegurar el terreno conquistado trataban de estender sus dominios á lo que no podian conservar por falta de fuerzas para guarnecerlo, y los indios obligados á la rebelion por un bárbaro tratamiento podian vengarse de sus opresores sobre las poblaciones diseminadas é indefensas.

No logrando los españoles esterminar á los indios por la guerra adoptaron el sistema de hacer espediciones todos los años para talar los campos, destruir la sementera de los indios, esperando así obligarlos á sufrir la esclavitud viviendo á la paz, ó abandonando el territorio Chileno en busca de libertad y subsistencia en regiones lejanas, pues todo fué inútil, llegado el último estremo, se rendian moribundos de hambre para levantarse mas feroces apenas recuperaban las fuerzas.

El historiador refiere errores de los españoles que considero inútil consignar y poco mas ó menos lo que sucedia en chile es igual á lo que se hacia en todos los dominios de los conquistadores.

Aquel bárbaro proceder condenado por los monarcas españoles, sin que supieran ó pudieran corregirlo, ha resistido á todos los esfuerzos de los que lo han combatido, y á las luctuosas demostraciones de la esperiencia, llegando hasta nuestros dias, apesar del adelanto social.

Los españoles bien intencionados buscaron con la enseñanza del culto religioso el sometimiento pacífico de los indígenas, siendo siempre víctimas los mismos misioneros, sin resultado alguno, y esto se comprende, por que detrás del pastor evangélico se alzaban las sombras de millares de víctimas bárbaramente inmoladas por el conquistador cristiano.

Los sangrientos sucesos repetidos en aquellos tiempos, nada advirtieron á los españoles, pero hace mas de un siglo que los mismos indios nos revelan el verdadero secreto de su sometimiento, no á la esclavitud pero si á la civilizacion de nuestras costumbres y leyes. Ese secreto está en el comercio, pero no tal como se impone á los indios sino en las condiciones generales establecidas entre diferentes naciones ó entre los hombres de una misma nacion.

¿Lo han intentado nuestros gobiernos? jamás. Ellos lo han hecho imposible autorizando y protegiendo el fraude y la violencia, ejercidos siempre sobre los indios, permitiendo que estos se desquiten vendiéndonos lo mismo que nos roban, sin escluir las mujeres y los niños que cautivan.

He citado hechos y resultados de la historia de Chile, veamos ahora en épocas menos lejanas, lo que opinaban los hombres pensadores en la República Argentina, transcribiendo íntegro un informe sobre fronteras de mi abuelo materno el Coronel don Pedro Andrés Garcia.

Exmo. señor Gobernador de la Provincia.

Impuesto del oficio del señor Brigadier General don Miguel Soler contraído á asegurar el vecindario de las fronteras y sus propiedades frecuentemente atacadas por los indios infieles, en que manifiesta el deseo de poner término á tales desgracias por medio de una fuerza armada que castigue aquellos atentados, recuperar (si es posible) las infelices familias cautivas, afirmando una fuerza donde convenga para la seguridad futura: y sobre que V. E. en su precedente decreto me manda informe: creo de mi deber hacerlo estensivamente, manifestando en cuanto comprendo de necesario y benéfico en favor de los hacendados y labradores. La necesidad absoluta de estender nuestras poblaciones para resistir, sacando de ellas los frutos que compensen nuestras tareas, presentando al mismo tiempo las dificultades que pueden rendir nulo los mejores esfuerzos, si no se precaven los riesgos que pueden enervar, ó tal véz hacer ruinosas nuestras fatigas.

Procuraré ceñirme á los conocimientos que he adquirido en las campañas del Sud; á las observaciones que he hecho de sus terrenos; á lo que la esperiencia me ha señalado del trato con sus indíjenas: manifestando al mismo tiempo los medios que creo mas análogos para el logro de nuestras intenciones, y lo perjudicial que será siempre abrir una guerra permanente con dichos naturales, contra quienes parece no puede haber un derecho que nos permita despojarlos con una fuerza armada si no en el caso de invadirnos.

La historia de estos acontecimientos es tan antigua como la poblacion de la provincia.

Fué errado y muy dañoso á la humanidad el sistema de conquistar á los indios salvajes á la bayoneta y de hacerlos entrar en las privaciones de la sociedad, sin haberles formado necesidades é inspirádoles el gusto de nuestras comodidades.

El inveterado modo hostil sostenido por nuestros mayores contra las tribus de las pampas, hacia imposible su reduccion á trato regular, hasta que pasados los años de 80 mudó el gobierno de conducta admitiendo relaciones con ellos por medio de agasajos proporcionados á sus miserias y escaseses. Formáronse estipulaciones, y prefijaron límites de terrenos, de los cuales no era permitido pasar.

Esta línea de demarcacion quebrando lanzas en señal de su firmeza y estabilidad se estableció en el Rio Salado, la cual no podian los indios pasar al Norte, ni aun para potrear baguales y alimentarse: tampoco era dado á los nuestros pasar al Sud del Salado.

Nuestras guardias de fronteras entonces recientemente establecidas eran guarnecidas en toda la línea E. O. por el espacio de 120 leguas desde Chascomús hasta Melincué, con un cuerpo de blandengues que hacian respetar al enemigo las poblaciones.

Los indios fueron admitidos á tratar con los comandantes de frontera, quienes en sus comunicaciones abrieron el primer paso á algunas relaciones mercantiles, con plumeros, riendas y pieles de varios animales, tomando en cambio distintos artículos de nuestro ordinario consumo, como yerba, tabaco, bebidas y otros que no conocían y han adoptado hasta hacerlos casi de necesidad entre ellos, gustando ya del vestido y otros menesteres que tampoco conocían y hoy anhelan con empeñoso deseo.

A estos principios de liberalidad fueron debidas las primeras comunicaciones : ellas facilitaron el camino al Rio Negro de Patagones, á la laguna de Salinas, y á que sin oposicion pero no sin riesgo, se fuesen estableciendo algunos hacendados y labradores á la parte austral del Rio Salado.

Nuestra poblacion se aumentaba en razon directa de su propagacion y era necesario se estrechase en sus antiguos límites ó que buscase fuera de ellos sus ensanches para formar sus establecimientos y terrenos donde mantener los ganados y hacer sus labranzas cuna indispensable á todo establecimiento y poblacion.

Los indios á su vez tambien se acercaban y aumentaban sus comunicaciones, depuestas en mucha parte aquellas desconfianzas y recelos que les son inherentes, á términos de hacer un activo comercio de sus pequeñas manufacturas en cambio de los artículos de que caresen.

Esta reciprocidad de trato se ha viciado; y por un tásito consentimiento en el espacio de 20 años, poco mas, nuestros avances al Sud se han hecho demasiado arrojados al campo enemigo sin conocimiento tal vez de los principios que se habian organizado. Los indios aunque no podian desconocer ni perder sus posesiones, toleraban á unos por un mísero interés, y no se oponían á otros por no cortar las relaciones de su pequeño comercio, y perder la provision de aquellos sus anhelados artículos. Pero que concentraban entre tanto en si mismos aquellos resentimientos para repararlos en mejor oportunidad. Estas eran sus repetidas pro-

ducciones en las frecuentes reuniones tenidas entre sí á
que ellos llaman *parlamentos*.

Los tiempos trascursados ilustraron á los indios con
nuestras relaciones, haciéndolos menos tímidos: adquirieron
ideas que no tenían en el trato sucesivo mercantil: y nuestras gentes de campaña se internaron con frecuencia en sus
toldos hasta avecindarse á ellos.

Esta estrecha vecindad debia producir frecuentes choques en razon de intereses y así puntualmente ha sucedido,
debia ser el asilo de nuestros tránsfugas delincuentes, como
se ha esperimentado; y algun dia al fin podrá producir consecuencias funestas, principalmente, si estos mismos fujiti-
vos se proponen acaudillarlos como ya aparece realizado.

Conoció muy bien nuestro gobierno estos fatales resultados: deseó dar estension y poblar sus campañas; poner relacion franca por medio de un camino militar con los establecimientos de la costa patagónica; conciliar la amistad de
los indios para ejecutarlo y finalmente hacer poblaciones
fuertes con su anuencia y consentimiento. A este propósito
se entablaron relaciones con la mayor parte de los caciques
principales y quedó pendiente esta negociacion de un parlamento general que debia haberse hecho en el tiempo prefi-
jado y á que se faltó de que se hayan reunido los indios,
suponiendo habérseles engañado con malicia.

La variacion del gobierno en el año 15 mudó tambien
la faz de este negocio, y aunque su importancia la tenia presente, se apartó de aquellos principios, adoptando otros que
desconocieron y abiertamente han resistido los indios, manifestando la falta de aquel cumplimiento; obstinándose á resistir á viva fuerza la ocupacion de sus terrenos. A este

acontecimiento parece se han agregado otros de maligna influencia por los enemigos del órden y tranquilidad pública, seduciéndolos, y aun se cree que acaudillándolos, á robar, matar y cautivar las familias de las fronteras, y parece ser el triste cuadro que hoy presenta este negocio.

Él demanda imperiosamente un remedio ejecutivo para contener los males que nos amenazan por las fronteras segun cree el señor general Soler. Debe pues acudirse con preferencia á otros que nos rodean tambien de gravedad. La capital no puede existir sin la campaña, como que de ella recibe los artículos de primera necesidad á su conservacion.

La campaña misma está pendiente del cultivo y conservacion de sus ganados y sementeras : pero hallándose estas indefensas y sin tener una fuerza permanente que contenga en respeto al infiel, todo llegará á ser presa del enemigo, y víctimas sus habitantes de la ferocidad de aquellas atrevidas incursiones.

La medida que indica el señor general, la considero absolutamente necesaria en cuanto á preparar 400 hombres bien montados y armados situados en dos puntos diferentes, para que mas prestamente acudan donde fueren necesarios sobre una línea de frontera que se prolonga 120 leguas como ya dejo sentado, ausiliando ademas estas fuerzas las milicias de las localidades. Estas fuerzas situadas en las fronteras de Navarro y del Salto, promedian las distancias para moverse á donde se descubra que intente invadir el enemigo y su permanencia y respeto contendría la animosidad del infiel, mientras el gobierno invita y promueve la convocatoria de los caciques del Sud y Oeste á tratar los puntos convenientes que concilien la paz y adelanto de nuestras poblaciones con la buena armonia que deba guardarse entre todas las tribus de indios que hoy infestan, mejor que ocupan esa inmensa campaña.

Tengo motivos que me persuaden á creer que los indios del Sud no estarán distantes de admitir nuestras relaciones y cooperar á que los del Oeste, de grado ó por fuerza entren en racional avenimiento. Estoy cierto que entre sí actualmente tienen fuerte rivalidad y esta disposicion dá y aumenta muchos grados de ventaja á nuestra solicitud sabiéndola fijar mañosamente en la conferencia que se tenga, para elejir la que favorezca nuestra intencion y prepararla contra la disidente.

Entre tanto, no me parece acertada, antes muy perjudicial, la hostilidad arbitraria sobre los indios, por que en estos casos unen sus fuerzas y sufragios contra nosotros aunque sean enemigos por la defensa comun : un clamor general de todas las tribus píde venganza del ultraje y sangre que se derrame, y corren velozmente á las armas para hacer una guerra feróz. Es verdad que su fuerza no impone, pero prepara una guerra desastrosa y devastadora á nuestras campañas, muy desigual en sus ataques por que estos los hacen cuando les acomoda; los evitan siempre que no les conviene, y en todo tiempo obran por sorpresa.

Viven por lo comun errantes en la campaña como los árabes sin permanencia en punto alguno por una conveniencia necesaria en su género de vida para defenderse entre sí de las correrías y robos que se hacen mútuamente por cuya razon nuestras antiguas armadas rara vez lograban ventajas sobre ellos principalmente en sus territorios.

Se presenta entre otros un obstáculo de difícil reparacion que la esperiencia me lo ha demostrado, y es, que antes de los ocho dias de haber marchado, se inutilizan nuestras cabalgaduras y ganados, aniquilándose al estremo de no poder servir aquellas, ni poderse comer la carne de estas, y esta novedad la causan los pastos y las aguas, y es necesario en buena estacion el reposo de un mes para que se repongan y aclimaten, cosa que no puede hacer una armada, que en el campo enemigo busca á su contrario para atacarlo, y es por esta doble necesidad de entrar en convenios para sacar los recursos de sus mismos campos. Que la variacion de pastos y aguadas hace resentir á los animales lo nota de un partido á otro cualesquiera hacendado que con ojo observador lo haya mirado. Seria pues por esta razon muy aventurada la entrada á los campos infieles, si las tropas en sus marchas tuviesen necesidad de avanzar á las sierras ó sus inmediaciones para atacarlos como debería suceder y aun así tal véz burlarian su dilijencia por los avisos que se pasan haciendo humos desde muchas leguas de distancia, y al fin es muy de temer que lejos de esperar un favorable resultado á que puede aspirarse se tocase un estremo fatal que debe precaverse.

Por otra parte, la estension de nuestras campañas es absolutamente necesaria, por que en el estrecho límite del Rio Paraná al Salado es decir de 25 á 30 leguas N. S. de latitud, cuya superficie ademas presenta mucha parte de esteros, cañadas y pantanos inútiles, no sufragan á nuestras crias de ganados y precisas labranzas. Su longitud en gran parte despoblada es igualmente estéril y falta de aguas, y aun mas espuesta á las incursiones de los indios que llaman ranqueles, establecidos ó habitantes del Oeste son especialidad desde el Salto, hasta la jurisdiccion de Córdoba inclusive.

Las comunicaciones y un mezquino interés allanan estas dificultades singularmente, cuando son encomendadas á
génios conciliadores que saben ganar la confianza de los indios para sacar el partido á que se aspira, aprovechando los
momentos de establecerse y afirmarse en los puntos en que
se conviene. No de otro modo han podido sostenerse si no
á merced de los mismos indios varios de nuestros hacendados, y aunque por ahora se creen seguros de no ser atacados
por sus limítrofes lo serán inmediatamente que se marche
sobre ellos, y las poblaciones avanzadas hoy al Sud de 60 ó
70 leguas serian inmediatamente destrozadas y arrazadas por
los enemigos aun cuando sus vecinos les guardasen consecuencia. Por que acordado por ellos el ataque, ú hecha la
declaracion de guerra, se retiran todos á sus terrenos centrales para arreglar sus incursiones.

La posesion hasta ahora adquirida por los medios referidos, y aquiescencia de los indios, conviene sobre manera
conservarla y acordar con ellos mismos el punto de fortaleza
que les ponga á cubierto en adelante de todo movimiento
hostil: y asegurado este, lo mas avanzado al Sud, se establece-
ce allí una fuerza respetable, pero no antes.

Estoy cierto de que por este medio avansaremos y esta-
bleceremos un camino militar hasta el Rio Negro con quien
aseguraremos nuestras comunicaciones y los mas cuantiosos
intereses de esta provincia desconocidos en la mayor parte de
nosotros mismos, de modo que pueden estimarse en ménos
las grandes crias de ganados y labranzas que nos presenta-
rian sus fértiles campos, como que ellos son los mejores
que contienen estas campañas. A diferencia de los de la
parte del Oeste, estériles y faltos de agua que obligan á sus

naturales á andar errantes de una en otra laguna estacional, para pasar el verano, ó retirarse á mucha distancia sobre el Rio Colorado y Montes de sus márgenes.

Es verdad que es obra del tiempo vencer las dificultades que presente la resistencia de los indios, como tambien la formacion de los pueblos fuertes; por que el primero de estos debe servir de granero y almacen al segundo, y así gradualmente los demás : pero no se crea por eso impracticable si hay energia en la empresa, proteccion en el gohierno, y á la cabeza génios creadores que la lleven á efecto.

Tras tal medida de seguridad á ninguno interesa mas que á nuestros hacendados que lo conocen muy bien y siempre se han presentado gustosos á contribuir á este intento con la desgracia de no haberse aprovechado sus muchos sacrificios y generosidad, hallándonos hoy en mas atraso de la seguridad y relaciones que debian afianzarla que en el año 15. [1]

Echemos un velo sobre lo pasado, convenzámonos solo de nuestro estado presente, y de la necesidad de buscar entre las fuerzas del poder y de la prosperidad, para no llegar á ser miserables, débiles, y quizá pupilos de nuestros mismos compatriotas, dando un vuelo rápido á nuestra agricultura é industria que llevando á la opulencia á nuestra provincia nos hagamos verdaderamente independientes de otras del continente americano y de la Europa por la posesion de las primeras riquezas que constituyen á las naciones y de que la nuestra abunda.

Yo podría en el particular estender mas mi esposicion é informe, pero siendo necesario concretarlo á la indicacion del

1. No sospechaban entonces que 52 años mas tarde los indios debian causar mayores estragos con mayor impunidad

señor general Soler, debo omitir toda refleccion que se separe del apresto de una fuerza armada, á cerca de lo cual he manifestado lo que considero necesario por ahora señalando sus posiciones para que no obre mas que en respeto y defensiva mientras el gobierno convoca á los caciques á un parlamento segun dejo demostrado cuyo resultado debe presentar la idea menos equívoca de las ulteriores medidas que hayan de adoptarse por la superioridad, en inteligencia de que la convocatoria deberá hacerse si es posible en el territorio del Cacique Abulne, sucesor de Curru-tripay, por el respeto que este se merece de las demas tribus, y posicion proporcionada á la concurrencia de los demas, á donde debe tambien concurrir el comisionado del gobierno, y del modo que en caso necesario, se estipule con dicho cacique.

Es cuanto me parece oportuno y creo necesario informar á V. E. á virtud del superior precedente decreto.

Buenos Aires, junio 15 de 1820.

Exmo. señor.

Pedro Andrés Garcia.

En esta época ya, el ódio profundo de los indios hácia nosotros era el legado que recibíamos de los conquistadores y de que no supimos ó no pudimos deshacernos al levantar el estandarte de la independencia. El ódio existia y mas que de sobra tenian los indios fundados motivos.

El coronel Garcia tomando las cosas como estaban presintiendo los males que nos reservaba el porvenir, indica con acierto en su informe el infalible modo de evitarlos.

Los vicios de la civilizacion no eran ya desconocidos entre los indios.

Las consecuencias de la guerra no les causaba inquietud.

Las viejas tradiciones que entre ellos se conservan al través de muchas generaciones, y la conducta invariable con ellos observada por los *cristianos*, mantenían vivas sus desconfianzas.

Imponerles con la fuerza era indispensable para tratar de mantenerlos en respeto. Escarmentarlos con las armas era indispensable cuando ellos nos trajesen una agresion.

Tratarlos con dulzura y justicia era indispensable para borrar los sangrientos recuerdos de los horrores pasados, para que renaciendo en ellos la confianza viniesen inofensivos á vivir como nosotros del trabajo. Impedir el comercio ilícito de una y otra parte; perseguir á los que esplotaban su inclinacion á los vicios fomentándolos por un lucro infame, todo esto era indispensable para que dejasen de ser nuestros enemigos y para que dejasen de ser salvajes.

Pero se hizo por desgracia todo lo contrario, y 52 años despues de haber dado su informe el coronel García, dos mil indios son el terrible azote de una nacion que tiene dos millones de habitantes, que llama al estrangero á concurrir á una esposicion nacional y este se vuelve del camino por que los indios le atajan el paso.

Pero no debo anticipar juicios sin buscar antes el apoyo de opiniones mas autorizadas que la mia, y al efecto voy á trascribir íntegro tambien el capítulo 1º del folleto, *Consideraciones sobre fronteras y colonias*, publicado en 1864, por el distinguido ciudadano don Nicacio Oroño, senador por Santa Fé al Congreso Argentino, y antes gobernador de aquella provincia y fundador de sus florecientes colonias.

« La prensa y la opinion del pais, se manifiesta preo-
cupada de esta importantísima cuestion, que sin duda alguna
es la que mas interesa á su engrandecimiento y porvenir. »

« Seis años se ha batallado en vano para arrancar á los
gobiernos una medida, una resolucion que pusiera término á
los males que aniquilan la industria y cierran las fuentes mas
fecundas al comercio y al progreso del pais. »

« Diversos proyectos se han presentado al Congreso y
se han dado á la luz pública en los diarios; y mientras mas se
han apurado las razones en pró ó en contra de tal ó cual sistema, mas sólidamente enclavado ha quedado en la opinion
de los gobernantes el atrasado y pernicioso sistema que
actualmente se sigue.»

« El pueblo comprende sinembargo al través de la montaña de dificultades con que se pretende aplazar el cumplimiento de sus aspiraciones, que la causa del mal no consiste
tanto en lo vicioso del sistema actual, como en la indolencia
de los gobernantes. »

« Aun cuando el sistema es efectivamente defectuoso,
habria suplido sus defectos la bondad de intenciones de los
hombres, su patriotismo, el amor al pueblo que habia deposi-
tado en ellos su confianza. »

« La mejor de las leyes será una burla para la sociedad,
cuando los encargados de cumplirla, carezcan de ese respeto
por el cumplimiento del deber que distingue al buen ciudadano del que no lo és. »

« El peor sistema y la mas imprevisora de las leyes, será
bonificada por el empeño de sus ejecutores en llenar los vacios que ella ha dejado subsistente, con el esfuerzo desinte-

resado en hacer el bien, que es el objeto primordial de toda ley. »

« Son pues, ante todo, los inconvenientes que oponen
la inaccion y la incuria, los que hay que remover con voluntad decidida y perseverante, representándoles dia á dia, hora
por hora, esta necesidad social y política que están llamados
á satisfacer los que gobiernan el pais. »

« La indolencia de los pueblos en la gestion de los negocios que son de su interés esclusivo, trae siempre por resultado el desvío de los gobernantes en el cumplimiento de
sus deberes mas sagrados. »

« Así vemos que ellos en vez de emplear las fuerzas vivas
del pais en la solucion de los problemas que han de operar
una reforma radical, una revolucion completa en las costumbres y en nuestro modo de ser social, consolidando nuestra
organizacion política han agotado sus elementos, enfriado el
patriotismo de los hijos del pais, comprometido el presente y
el porvenir de la nacion. »

« Si los gobiernos de la República Argentina compren-
dieran, que mejor que ocuparse de la política irritante y sin
trascendencia, es tratar estas cuestiones que tan inmediatamente se relacionan con el progreso y bienestar de los pueblos, buscándoles una solucion conveniente, no nos encontraríamos hoy, despues de 58 años de vida independiente,
discutiendo todavia sobre el mejor sistema para dominar el
desierto. »

« Los intereses generales, los intereses materiales, deben tener la preferencia en la época que felizmente hemos
alcanzado. »

Este será tambien el único remedio para dominar la

fiebre política que nos devora, y la mejor enseñanza y educacion que podria ofrecerse al pais para prepararlo á la vida constitucional y á la práctica de la libertad. »

El ciudadano Oroño, increpa á los gobiernos de la Nacion, por no haber hecho nada á fin de dar al pais la seguridad indispensable para prosperar y aun para existir.

La seguridad interior.

La seguridad de la fortuna y de la vida de sus habitantes.

¿Podian hacerlo los gobiernos de la Nacion?

El ciudadano Oroño, siendo gobernador de una de las provincias mas pobres y con menos habitantes, fundó sus colonias en los desiertos del Chaco, obligando á los indios á respetarlas y á alejarse.

La voluntad del gobernante honrado y progresista, fué la sola palanca removedora.

Lo que se pudo realizar en Santa-Fé con los limitados recursos de una sola provincia, ¿que resistencias pudo ofrecer para los gobiernos de la Nacion, con los recursos de todas?

Ninguna por cierto. Puesto que no se cree posible resolver la cuestion de seguridad interior, de otra manera que por las armas, sea en hora buena, el pais ha tenido y tiene recursos de sobra para ello. La guerra que se ha llevado al Paraguay lo demuestra con mas claridad que cuanto pueda decirse. La misma guerra del año 24 sostenida contra el Brasil, la habia demostrado antes.

Pero el sistema de guerra seguido en la frontera es lo mas conveniente que pudiera inventarse en favor de los indios, como puede juzgarse por las operaciones que yo mismo he practicado y refiero en los capítulos siguientes: lo prueban mejor los dolorosos recuerdos que cada año que pasa nos deja, y por fin los sucesos diarios de la época presente cada vez mas completos en favor del salvage, lo dicen con espantosa claridad.

Pero el mal ha llegado á su apogeo, á su crisis indudablemente y el gobierno actual empujado por la exijencia pública trata de poner en ejecucion el pensamiento de llevar la frontera al Rio Negro.

Para llegar á la realizacion de este pensamiento es necesario adoptar un plan de ejecucion cuyo fin sea la seguridad interior; cuya base es el Rio Negro.

La resistencia de los indios asilados en el desierto desconocido aun para nosotros,—he ahí las dificultades que hay que vencer.

Como primer término del plan hay que elejir entre dos que se presentan.

1º Encerrar á los indios en el desierto cortando todas sus comunicaciones al otro lado del Rio Negro.

2º Entrar á perseguirlos en el desierto sin dar tréguas ni cuartel hasta esterminarlos, rendirlos, ú obligarlos á buscar un refugio al Sud del Rio Negro, y entonces establecer allí la frontera.

Si la espedicion no lleva un plan determinado cuyo primer término sea uno de los dos que indico, su objeto y resultados serán otros que los que se anhelan. Será como los de la Sierra Chica obtenidos por el general don B. Mitre. Los de Salinas por el coronel Granada. Los de la Laguna del Recado por el general don E. Mitre, los de los Ranqueles por el coronel Vedia, y los de los Ranqueles por el general

Arredondo hace pocos meses, y todos juntos mucho menos importantes que los del general Rosas en el Colorado y el general Pacheco en el Neuquin.

Si como debe creerse hay un plan, y se busca uno de los dos términos indicados, no vacilo en emitir mi opinion; el primero dará el resultado que se anhela; el segundo dará resultados deplorables, y antes de entrar en consideraciones voy á recordar hechos que conviene tener presente.

El año 55 poco mas ó menos se anunció una invasion por Rojas.

En consecuencia se tomaron todas las precauciones requeridas, y entre otras la de encerrar la caballada en un sitio solar del pueblo asegurado bajo un alto cerco de tunas, colocando una guardia en la única puerta que tenía. La noche se pasó sin novedad, pero cuando empezó á amanecer el dia, con grande asombro de la guardia, el corral estaba sin un caballo, y en el fondo apareció un portillo estando las tunas recientemente cortadas. Los indios se presentaron entonces al rededor del pueblo; á favor de las oscuridad de la noche habian hecho el portillo tan sigilosamente que la guardia nada sintió. Sacaron un caballo, luego otro y otro. Los animales hambrientos siguieron saliendo uno á uno, por donde habian salido los primeros y así los indios dejaron á pié á la tropa sin que fuesen sentidos.

Si tienen bastante destreza para ejecutar esto en nuestros pueblos, que no harán en sus campos desconocidos para nosotros?

Hacia poco tiempo que el campamento de la frontera Costa Sud se habia llevado á Quequen Salado en 1867. Se anunciaba invasion de indios, y por tanto la vigilancia era mas activa que de ordinario.

El campamento estaba defendido por el Rio Quequen Salado de un lado, siendo inacsecible por las barrancas, y por un arroyo igualmente barrancoso del otro, formando un cono cuya entrada se había cerrado con fozos, y era defendida por una guardia fuerte.

Un dia amaneció oscuro de niebla, y se esperó hasta que esta se disipara para dejar salir la caballada de los potreros.

Al rededor del campamento pastaban dispersos muchos caballos y entre estos, los indios dispersos tambien y echados sobre el pescuezo de sus caballos, esperaban que la caballada saliese para apoderarse de ella. Cuando la niebla se hubo disipado un poco, la caballada salió al campo y los indios vinieron paso á paso siempre agazapados hasta mezclarse entre ella y solo entonces con gran sorpresa de los cuidadores aparecieron sobre el lomo de los caballos que parecían sin ginetes, levantaron sus lanzas, los caballerizos huyeron y ellos arrearon á escape toda la caballada.

Cuando una parte de la fuerza pudo montar en los caballos que quedaron los indios habian desaparecido llevándose la caballada de la division.

Estos dos hechos demuestran la seguridad, audacia y acierto con que los indios ejecutan toda sorpresa.

La rapidéz con que huyen sin dejar el arreo, es incomprensible para el que no los haya visto.

Los resultados obtenidos hasta hoy en la guerra, aquí y en otros paises son concluyentes. Rauch, Sosa, Molina y el coronel Lagos despues, obtuvieron ventajas en la guerra

41

contra los indios, que importaron al pais solo una trégua hasta entrar en otra larga época de desastres.

Todo esto nos enseña que no es á hierro y fuego como llegaremos á concluir con un enemigo audáz y lijero, que nos acecha infatigable y siempre invisible; que evita los combates cuando quiere, y que cuando la fatiga y el sueño entorpecen los sentidos de un centinela, aprovecha la oportunidad con asombrosa presteza y se lleva de nuestra vista nuestros mismos elementos de guerra.

La persecucion de los indios allá en el despoblado no solo ofrece estos inconvenientes y peligros. El coronel don Pedro Andrés Garcia apunta en su informe otros no menos graves.

Nuestras caballadas se resienten desde luego por la calidad de los pastos y aguas salobres y escasas y por esta causa las operaciones son pesadas y cada dia mas tardías y sin resultado. Los indios corretean al rededor de nuestras fuerzas, sorprenden nuestras avanzadas, queman los campos, y de todo esto resulta la necesidad de mantener las caballadas entre guardias para tenerlas seguras. Así oprimidos los animales, no pueden comer ni beber lo necesario, y pronto vienen á quedar postrados. En tal condicion fácil es de comprender que si bien los indios no podrán acercarse dentro del tiro de cañon, fuera de su alcance poco tienen que temer de nuestras tropas, y quedan dueños del pais cuyos recursos ellos solos conocen.

El primer término del plan encierra pues los resultados que se anhelan como espero demostrarlo mas adelante. Entre tanto y en apoyo de esta opinion que anticipo, fijémonos en el efecto que hace entre los indios la sola idea de la ocupacion del Rio Negro por fuerzas nuestras.

En el diario de Villarino se vee que desde que llegó á Choele-Choel empezó á sufrir las hostilidades de los indios, hasta impedirle llegar al fin de su esploracion. Refiriendo Villarino lo que le comunicó la lenguaraza Teresa despues de la muerte del cacique Guchun-pilqui, el dia 18 de abril dice: « Así mismo me dijo que el cacique Francisco no « había querido entregar á Miguel Benites, y que habia su- « blevado á todos los aucases contra nosotros, y que no te- « nia que advertirme respecto á que ya conocía bien á Fran- « cisco, que el mayor sentimiento suyo y de los aucases era « que se poblase *Choele-Choel y hubiese cristianos en es- « te rio.* »

Si como se ve, ya en aquel tiempo los indios comprendian que, la ocupacion del Rio Negro por nuestras fuerzas era su ruina, con mas razon lo comprenden hoy, como se puede juzgar por las cartas siguientes dirigidas á consecuencia de haber manifestado el gobierno la intencion de ocupar la isla de Choele-Choel.

Salinas Grandes, Setiembre 17 de 1868.

Señor Coronel don Alvaro Barros.

Mi querido señor y compadre:

Los dos somos amigos y no me he de olvidar nunca que usted fué el padrino de mis hijos cuando estaban presos y les dió la libertad; pero tengo un sentimiento en usted por que no me ha avisado por este parte, de la poblacion que han hecho en Choele-Choel, pues me dicen que ya han llegado las fuerzas y que vienen á hacerme la guerra, pero yo ya tambien he mandado mi comision para donde mi hermano Renquecurá, para que me mande gente y fuerzas pero si se retiran de Choele-Choel no habrá nada y estaremos bien, pero espero en usted me conteste y me diga de asuntos de los señores ricos y gefes y del señor gobierno.

Juan Calfucurá.

Sobre el particular me dirijió varias cartas Calfucurá y su hijo Manuel, á las que contesté tratando de tranquilizarlos respecto de las miras del gobierno que tan indiscretamente amenazaba hacer la ocupacion de Choele-Choel sin mandar mas fuerza que 30 ó 40 hombres que tuvo que retirar por que se morían de hambre.

Bernardo Namuncurá, indio ladino, educado en Chile y secretario de Calfucurá me dirigió la siguiente en abril de 69.

Señor Coronel don Alvaro Barros.

Muy señor mio : Tengo el honor de escribir á usted por motivo que se presenta el capitan Graviel á esta mandado por mi señor general don Juan Calfucurá y me encarga le hable por escrito á V. para que V. se entere de todo y despues lo haga saber al señor gobierno, pues de la invasion que sale me dice Graviel que ya usted está enterado.

Mi respetado señor, despues de todo esto espero su atencion pues mi general me dá el poder para escribirle.

Me dice mi general que le dé á saber de la venida del hermano Renque-Curá, y que ya está en Choele-Choel con 3500 lanzas sin contar las que vienen todavia en camino, y el motivo de esta venida es por la poblacion que se iba á ha-

cer en Choele-Choel y que al señor gobierno se lo comunicó
que habia mandado comision á todas las indiadas y que todos los caciques se han enojado por la poblacion de Choele-
Choel, pero que como ahora esta poblacion ha quedado así
pues, dice mi general que esta fuerza del hermano es para
favorecerlo si en caso dán contra de él. Como mi general no
tiene ninguna cosa con usted quiere que usted se entere de
todo esto, y tenga la bondad de decirle las buenas ideas del
señor gobierno para que el hermano quede enterado de todo,
que el vivir bien es lo mejor por que mi general no quiere
la guerra.

Y tambien me dice mi general le dé á saber á usted las pe-
leas con los cristianos chilenos. El cacique Quilapan y el cacique Calfu Coí, Mari-hual y Calfuen han peleado cinco veces y
han derrotado cuatro fortines, Gualeguaicó, Pecosquen Ri-
naico y Marfen, y en toda la pelea se cuentan 630 muertos
de los cristianos, 205 mujeres cautivas entre chico y grande,
como 7 mil animales entre vacas, ovejas y caballos, tomándoles dos gefes prisioneros que el uno se llama Contreras y
el otro ha confesado ser puntano, y estos gefes le han pro-
metido al cacique Quilapan de hacer el tratado con el gobierno chileno, pero él quiere primero venir á pelear en esta
parte de la Argentina y quiere venir á colocarse entre los
ranqueles con 3 mil lanzas dejando 5 mil mas en Collico,
pues todo esto me encarga mi general.

Bernardo Namuncurá.

Contesté que el gobierno ningun interés tenia en ocupar
Choele-Choel ni habia mandado allí fuerzas, que lo que habia ido era toda gente pacífica con negocios de pulperia y de
siembras, y con la mira de comerciar con todos los indios,

pero que habiendo hecho presente al gobierno sus reclamos les habia mandado retirar y por tanto estuviesen tranquilos.

La ocupacion del Rio Negro será pues resistida enérgicamente por todos los indios pero hecha con elementos suficientes y todo bien dirijido, nada podrán contra las fuerzas que allí se sitúen.

La espedicion al desierto para esterminar á los indios será infructuosa cuando menos, pero todo será inútil y funesto bajo el actual sistema militar y administrativo, como igualmente bajo el sistema de corrupcion y engaño seguido con los indios, en que la injusticia, la crueldad y la perfidia responden con hechos sin cuento de parte de ellos para nosotros, como de nosotros para ellos.

Los detalles que consignaré en adelante espero que iluminarán suficientemente á todos.

(Continuará.)

ALVARO BARROS.

APUNTAMIENTOS PARA LA HISTORIA COLONIAL

DEL RIO DE LA PLATA.

Continuacion. [1]

II.

Política de Cárlos V respecto de la América—Vicios de las colonizaciones civiles y eclesiásticas.

Cárlos V inició el sistema comercial monopolista respecto á las colonias, sistema reducido á la esclusiva en favor de la Metrópoli en la importacion, exportacion, trasporte recíproco, en la esclusion de los estrangeros, y en la incomunicacion de las colonias entre sí. Dominada la Europa por la mas crasa ignorancía de las leyes económicas siguió la senda trazada por el Emperador, quedando asi, detrás de los progresos que mostraba la historia de las colonizaciones marítimas de la antigüedad. [2]

1. Véase la páj. 373.
2. La mayor parte de las colonias griegas gozaron de la mas completa libertad exterior, el trabajo era honrado, el comercio floreciente y el bien estar mas grande que en las Metrópolis. Eféso, Esmirna, Foceas y Milete rayaban en la mas iunudita prosperidad—La mas completa libertad de comercio existia entre las colonias y su Metrópoli—Blanqui, Histoire de l'economie politique, vol 1 páj. 71

A fines del siglo XV se hallaban en Europa en el mas deplorable estado los elementos que constituyen la prosperidad social. Era bárbara en su legislacion civil y administrativa especialmente en las materias financieras reposando todo su organismo en el aislamiento, en las desconfianzas, en la falta de comunicaciones, en ódios y guerras continuas.

La Europa llevó pues al Nuevo-Mundo, no un sistema preconcebido de hostilidad á los nacientes intereses, no un cálculo político, sino la espresion de su manera de ser; sistema que por la naturaleza de las cosas, estaba llamado á producirle funestas consecuencias tanto á ella como á las colonias que se trataba de esplotar empobreciendo á los estrangeros —como se imaginaba hacerlo segun los principios de que los metales eran la riqueza por excelencia, y que un pueblo no se enriquecia sin empobrecer al vecino.

El fundador de la dinastía Imperial austro-española, se propuso no tolerar rival en política, en religion, en industria; su reinado operó un cambio profundo en la marcha de la civilizacion europea: su espada hizo inclinar la balanza del lado del despotismo de los césares en su larga lucha con la libertad municipal.

De su reinado data la decadencia de la España, cuyas glorias militares sumieron en la degradacion y la miseria á la soberanía de dos mundos. El monopolio—La infame trata de los negros—El servicio personal de los indios—Abolicion de las libertades comunales—Pillages—Concesiones é impuestos arbitrarios—Aristocracias venales—Espulsion de moros—Fomento de la ociosidad—Violaciones del crédito público—Ruina de la agricultura—industria y comercio— Todas las falsas doctrinas, todas las preocupaciones que hoy

mismo subsisten, tuvieron origen en Carlos V. y en su execrable sucesor que no hizo mas que aplicar las consecuencias
del sistema paterno. La ruina de la monarquia española se
consumó durante los reinados de Felipe III y sus sucesores.
España vió desmedrár rápidamente su poblacion, su marina,
su industria, su comercio, su agricultura, perdiendo importantes posesiones en Europa y en América. Los errores
que implantó el fundador de la Dinastia Austriaca habian hecho mirar con menosprecio el trabajo.

Decayó á términos España, que se encontró tributaria
de los estranjeros, hasta para no perecer de hambre. [1] La
circunstancia y la costumbre de ver ejercidas las profesiones
y oficios de artesanos, fabricantes y mercaderes especialmente por los Arabes y Moros, hizo que los naturales del
pais que blasonaban de cristianos viejos, las desdeñaran mas
y las miraran como ocupaciones villanas y deshonrosas,
mientras espulsaban ó quemaban á los herejes que las ejercian.

La falsa doctrina económica de que el oro y la plata
constituían toda la riqueza, la escasez relativa entre estos
metales y los objetos que podian procurarse por su intermedio producían una alza considerable en los precios siendo
los estrangeros los que como productores y conductores, se
hacian dueños del oro americano apesar de todas las probi-
biciones. Llegaron á tal punto las absurdas consecuencias
de semejante sistema, que se creyó remediar el mal, cerran-
do los oidos á las reiteradas demandas de América que pedia

1. Durante el gobierno de Felipe II mas de once millones de fanegas
de trigo fueron llevadas del esterior por un periodo de 18 años. Véase la
Pragmática inserta en la ley 96 tit, 18 lib. 9 Recopilacion Castellana. —No
fué mas feliz despues de este soberano.

se le vendiesen artículos cuya salida se prohibía en el esclusivo mercado de España. Las Córtes de Valladolid, decian
con este motivo en 1518: «Vemos que alza de dia en dia el
precio de los víveres, paños, sederias, cordovanes, y otros
artículos que salen de las fábricas de este Reino, siendo necesarios á sus naturales—Sabemos tambien que esta carestia,
no consiste sinó en la exportacion de géneros á los indios
. . . . .Tan grande ha llegado á ser el mal, que no
pueden ya los habitantes con lo caro de los víveres y con todos los objetos de primera necesidad—Notorio é incontestable es, que América abunda en lana superior á la de España;
.¿por qué pues no se fabrican los americanos sus paños?
. . . . .Muchas provincias producen sedas: porqué
no se hacen terciopelos y rasos?. . . . .¿No hay
en el Nuevo Mundo bastantes pieles para su consumo, y aun
para la de este Reino? Suplicamos á V. M. se prohiban se ex-
porten á América estos artículos. . . . .!»

¡A tal punto llegaba la penetracion económica de las
Córtes de Valladolid y la lógica del régimen colonial!

La colonizacion civil en el Rio de la Plata, desdeñado
por su pobreza de minerales, se reducía en 1729 á unas pocas ciudades, si tal nombre merecian, grupo de habitaciones
sin órden ni simetria, compuestos de diez y ocho á veinte casas, en un punto, largos espacios de arboleda y luego pequeños caseríos.

Estos grupos de habitaciones diseminadas sobre esten-
siones capaces de formar vastos imperios, vivian entregadas
á una vida infecunda, sin contacto, y contrariados en su desarrollo, por las prohibiciones legislativas del gobierno colonial
basado en la reglamentacion y la desconfianza. ¡Qué conse-

cuencias no ha producido para la organizacion futura, este hecho solo de la historia colonial!

Diversas relaciones contemporáneas han conservado curiosas descripciones de las ciudades españolas en el Rio de la Plata á principios del siglo XVIII, época en la cual comenzó á afluir á estos territorios una inmigracion importante y activa que abandonaba el alto Perú—Segun el censo levantado en 1744, la ciudad de Buenos Aires contaba 10,233 almas, y 6,033, la campaña. Progreso de 164 años! á pesar de la posicion geográfica de la misma ciudad que ofrecia tan grandes alicientes para su prosperidad.

La industria esclusiva de este vasto territorio consistia en la ganaderia, cuyo mercado de esportacion estuvo reducido por largo tiempo al Perú, proveyendo Salta y Tucuman grandes cantidades de mulas que se invernaban en sus campos para venderse á los mineros; negocios pingües para los cuales era necesario satisfacer costosas licencias ó partir utilidades con los empleados régios. Los españoles europeos que tanto desdeñaban el trabajo, no tenian en menos ocuparse con los negros é indios de las labores de campo, circunstancia que influyó poderosamente en conservar cierto espíritu de igualdad en el Plata á diferencia de otras colonias donde se mantuvo la separacion de clases.

Los indígenas, los negros y mulatos formaban la mayor parte de la poblacion del Rio de la Plata.

Los conquistadores y sus descendientes utilizaron el servicio personal de los indios.

Los Gefes encargados de la conquista del Paraguay y del Rio de la Plata, establecieron una diferencia en el trato que debian dar á los indígenas sometidos al régimen de los

encomenderos.   Sometían á esclavitud á los que eran reducidos á obediencia por la fuerza de las armas, ó se consti-
tuian reos.

De aquí el orígen de las encomiendas de Yanaconas, y
originarios. En estos establecimientos cada encomendero
mantenia en su propiedad á los indios de toda edad y sexo,
los cuales formaban parte de la encomienda y permanecían
prestando los servicios que se les exigían. Segun las leyes
de Indias, estos indios no podian ser vendidos, ni maltratados, ni espulsados por vejez, enfermedad, ó mala conducta.
El señor estaba obligado á alimentarlos, vestirlos, cuidarlos
en sus enfermedades y enseñarles la doctrina cristiana y un
oficio. Empleados especiales visitaban anualmente á los indios, los cuales manifestaban las quejas que tuvieren contra
sus señores.   Así fueron repartidos los Indios Guaranies de
San Isidro, de las Conchas, y de las islas del Paraná inferior,
y otros prisioneros pampas, agaces, payaguás, guaicurús y
embayas, y muchos ovegeros de Chiquitos trasportados al Paraguay.   Los indios sometidos durante la paz, ó por capitulacion estaban obligados á elegir un lugar en su propio territorio, á formar colonias.   Eligiéndose un cacique, ó corregidor
proveyéndoseles de empleados municipales, y de un alcalde.

Tales eran las encomiendas llamadas Mitayas, que tambien se repartían.

Distinguíanse de las otras en que solo servian por dos
meses y por turno, los indios de 18 á 50 años, quedando libres el resto del año, é igualados á los españoles—Los encomenderos no ejercían jurisdiccion ni derecho alguno sobre
las mujeres de los caciques, ó su progenitura, ni sobre los
empleados en la colonia, ni sobre los indios de menos de 18
y de mas de 50 años.

En la capitulacion otorgada á Ortiz de Zárate, se encontraba entre otras la siguiente merced—«Item, os damos facultad para que podais repartir y encomendar en la dicha gobernacion todos los indios y encomiendas que estuvieren vacas y vacaren de aquí adelante, ansi en las ciudades y pueblos que al presente están poblados, y se poblaren de aquí adelante en la dicha gobernacion, ansi por vos el dicho Juan Ortiz de Zárate, como por vuestros capitanes y lugares tenientes, y encomendar los dichos repartimientos en esta manera: en los pueblos que al presente están poblados en la dicha gobernacion por dos vidas conforme á la subcesion y órden que tenemos dada á los dichos repartimientos y en los pueblos que de aquí adelante se poblaren, por os hacer mas merced, y á las personas que os ayudaren á conquistar la tierra y poblarla, os damos facultad para que podais encomendar los indios, por tres vidas. . . .10 de julio 1569.»

Repetidas Reales órdenes preceptuaban se continuase la conquista; pero como no se enviasen de la Córte fondos para ejecutarla, don Domingo de Irala, ideó un plan que despues de aprobado por la Córte, entró á funcionar bajo el nombre de Ordenanza de Irala.

Realizada asi la conquista por empresas particulares, fué estendiéndose y se crearon las enunciadas encomiendas de Mitayos, Originarios y Yanaconas. Dispuso Irala que las encomiendas pertenecieran al primero y segundo poseedor por toda la vida, entendiéndose quedaban abolidas pasado este plazo, y los indios en plena libertad, igualados á los españoles, salvo un tributo en testimonio de vasallaje. Bajo este sistema se formaron ocho ciudades, y cuarenta colonias.

En virtud de las ordenanzas de Alfaro, quedó abolido
en 1712, el sistema de encomiendas con servicio personal,
quedando solo vigentes las simples encomiendas á título de
tales y con limitacion de tiempo—Esta reforma paralizó
el espíritu emprendedor de los conquistadores para quienes
las nuevas ordenanzas no ofrecieron ya el aliciente de las anteriores.

En la capitulacion del Rey de España otorgada á Juan
Ortiz de Zárate en 10 de julio de 1579, se le otorgó merced
«de dar licencia y facultad para poder sacar del Reyno de
España como de Portugal, Cabo Verde y Guinea, cien esclavos negros.

Los jesuitas, tan celosos propagandistas en favor de la
libertad de los indios, no tenían escrúpulo en poseer esclavos africanos. ¹ Los anales mas antiguos del comercio exterior de Buenos Aires, acusan este *artículo* como uno de los
principales de la importacion, introduciéndose ademas del
Brasil por via de contrabando muchos indios esclavizados.

El Obispo de Tucuman, segun los datos mas antiguos
que poseemos, aparece introduciendo como contrabandista
sesenta y cinco negros, todos de acuerdo con el Teniente
General y Justicia del puerto de Buenos Aires y un fraile de
la órden del mismo Prelado—(Trelles. Registro estadístico
de 1859, tomo 1, pájina 14, citando la Cédula de 4 de octubre de 1607.)

Los negros eran preferidos como sirvientes y operarios
á los indios. Los españoles por miserables que fuesen, se

1. En la carta del Padre Cárlos Gervassoni al Padre Comini, dice que
los esclavos que tenia el Colegio de Buenos Aires pasaban de 300, en Córdoba
poseian otro tanto (Julio 9 de 1729.)

consideraban degradados con los empleos serviles, ó manuales. «No hay español, escribe el jesuita Gervassoni en 1729, que por miserable que sea, al poner pié en tierra, no se procure peluca y espada desdeñando el oficio de sirviente, ó el comercio.—Otro tanto ocurría en el Paraguay.» (Montoya. Relacion) «Aunque en esta ciudad, dice el lego jesuita Clausner, hablando de Córdoba, (1729) hay gente de haberes; sin embargo, no hay comercio alguno; lo que debo atribuir parte á ignorancia, parte á desidia; pues los españoles son enemigos del trabajo, y dejan á los forasteros los negocios del menudeo, y los trabajos de mano.

Otro presente de Cárlos V á la América, tuvo orígen en las penurias del tesoro español, y en la despoblacion consiguiente al sistema de conquista. Nueva violacion de los derechos del hombre que hizo cruzar á la codicia la inmensidad del océano para trasportar de un continente á otro nuevas víctimas esplotables. La mudanza de clima, la dureza del trabajo, la desesperacion acababan con la mayor parte de los africanos llevados á la América, y la que quedaba solo servia para producir una casta envilecida, mezcla de negros y blancos, que aborrecían tanto al europeo como al americano, corrompiendo las costumbres, sirviendo mal, y deseosa de vengar el desprecio con que se la consideraba. «El espíritu del cristianismo que reduce los hombres y las cosas á una especie de igualdad y confraternidad estinguió en la Europa la esclavitud de los Griegos y romanos; y no obstante los mismos cristianos la han vuelto á plantificar en América, apesar de las máximas del Evangelio. Se han reputado algunos trabajos tan penosos, que solo los esclavos se han creido á propósito para ejecutarlos, *sin considerar que el hombre bien*

pagado emprende las mayores dificultades. La codicia y la
mala política que los ven perezozos, no saben discurrir otros
medios que la fuerza y la esclavitud.» Asi se espresaba el Oidor
Villalva en sus «Apuntes para una reforma de España y América.» (La Plata 1797)

El filántropo Las Casas, creia legítimo el infame tráfico
de negros y aconsejaba se le prefiriese á la esclavitud de los
indios.—Muchos años mas tarde, otros filántropos esplotaban
en el *comunismo* el trabajo humano, y poseian además esclavos negros como derecho muy natural.

A principios del corriente siglo, don Félix de Azara se-
ñalaba como una peculiaridad que los españoles en el Rio de
la Plata, no desdeñasen los labores de campo. « Los españoles, dice en su memoria rural sobre los campos del Rio
de la Plata, no reparan en servir de jornaleros á la par de los
indios, pardos ó esclavos, ya por ser gente mas sencilla de
menos ventolera ó vanidad, ya porque los trabajos de campo
tienen menos testigos que puedan ocasionar verguenza, ó ya
porque sus tareas son conforme á sus preocupaciones y caprichos, que repugnaban generalmente servir á la mano ó
inmediatamente. »

Formaban las ciudades grupos de casas de tapia, cañizo
y tejado, viéndose en 1729 algunas pocas construcciones de
ladrillo cosido, mejora introducida en Buenos Aires por el
lego jesuita Primoli, arquitecto milanés, director de la Catedral de Córdoba del Tucuman, del Colegio de Buenos
Aires, de la iglesia de la Merced y de la de San Francisco.

Por este tiempo el Cabildo empezó á edificar el frontis
de la Catedral, obra que fué suspendida por falta de fondos.
Los primeros albañiles fueron negros, y tan hábiles en su

oficio, que bastaba mostrarles un plano para que lo ejecutasen perfectamente. Las habitaciones particulares carecían de enlozado, las ventanas de cristales, supliendo á estos en algunas el talco, ó bien cierta piedra opaca de la cual aun hemos visto algunas en el ex-convento de la Recoleta y en el colegio de Buenos Aires.

Los techos de paja eran comunes aun en las habitaciones de personas notables, como el Obispo que gozaba de una renta de seis mil escudos romanos. [1]

En 1708 un viajero francés refiere que la ciudad representaba un aspecto chocante por la costumbre de vestir las tapias y puertas esteriores, con cueros brutos, material de que se fabricaban los cestos, cófres, sacos de uso doméstico—Viaje del caballero D. de Marsella á Buenos Aires 1708. [2] Una tercera parte de los habitantes eran africanos, segun el cómputo del jesuita citado.

La ciudad de Córdoba no poseía mas edificio notable que la Catedral, las habitaciones cubiertas de cañizo le daban el aspecto de una aldea, las numerosas iglesias y conventos no ofrecían nada de notable. El lego jesuita Clausner, estañador de oficio, fué el primero que introdujo la fabricacion

1. Gervasoni—(1729. Cartas.)

2. El citado viajero agrega, que las lluvias eran muy frecuentes en Buenos Aires, poniéndose por esto intransitables las calles, además de la incomodidad consiguiente á la multitud de corpulentos sapos que penetraban en las habitaciones—Un asador con mango, instrumento de que estaban provistas las casas, servia para esterminar á tan repugnantes huéspedes, cuyos cadáveres quedaban apilados en el medio de las calles.

Otro enemigo de los habitantes y de los ganados era la multitud de perros cimarrones que poblaban los campos. Habiendo ordenado el gobernador que varias patrullas de soldados saliesen á esterminarlos, se hizo grande matanza de ellos, pero como al volver los soldados á la ciudad fuesen saludados por los muchachos con el epiteto de mata-perros, no hubo poder humano que pudiese hacer respetar tan saludable medida policial. (Cartas de Cataneo, 1792)

de objetos con este metal, mas apreciado por su novedad
que la plata.   Habiendo fabricado algunos objetos de uso
doméstico, fué menester para satisfacer la curiosidad pública hacer una esposicion de ellos, lo que se verificó en las
iglesias con universal aplauso.

Para darnos una idea de lo que eran otras ciudades se-
cundarias, copiaremos la descripcion que el padre Cattaneo
hacía á su hermano, de la Rioja.   « No se puede decir donde
principian, ni donde acaban las ciudades, y para que veas,
decía, que hablo de verdad, referiré sencillamente lo que
acaeció al compañero de nuestro superior, en la última visita
que hizo á una de esas ciudades llamada « La Rioja », hecho
que me refirió el padre mismo.

« Esta ciudad «la Rioja» está á 300 millas de Córdoba del
Tucuman—El camino además de ser desierto, como lo es el
que separa á Buenos Aires de aquella última ciudad, se hace
mas tedioso por lo pedregoso y montuoso de su trayecto
siendo imposible recorrerlo de otra manera que en mula, y
caminando despacio. Despues de muchos dias de marcha,
el referido padre se sintió muy fatigado, y como se hubiese
adelantado de la comitiva, rendido por el sueño, se acostó á
descansar durmiéndose en seguida al borde del camino.

« Llegó luego el Superior, cuyo arriero viendo al padre
dormido en aquel sitio, le despertó á toda prisa, diciéndole
asombrado que era estraño hubiese elejido semejante lugar
público para dormir.

« ¿Cómo lugar público? replicó el padre. Llevamos catorce dias de camino sin hallar alma viviente, y sabe Dios
cuando llegamos á la bendita ciudad—Padre, esclamó el
arriero compadecido de la ignorancia del interlocutor, si está

Su Reverencia en el centro de la ciudad! Por mas señas, tras de aquellos árboles está el Colegio de la Compañía—Atónito quedó el buen padre, pues todo era un evangelio. »

« En la misma ciudad, agrega Cattaneo, no hace mucho que un corregidor se encaprichó en usar coche. Una vez fabricado el vehículo, salió á dar su paseo por la ciudad, viniendo á parar en que penetrando por multitud de arboleda silvestre, entró una rama espinosa por la ventana del coche y le sacó un ojo. De esto puedes formarte una idea aproximada de la condicion y forma de esta ciudad, puesto que las demas son poco mas ó menos idénticas. »

(Concluirá.)

MANUEL R. GARCIA.

BIBLIOTECA DE ESCRITORES EN VERSO

Nacidos en la América del habla española, antiguos y modernos.

Primera série.

ADVERTENCIA.

La presente «Biblioteca», es, como va á verse, simple y sencillamente la reunion ordenada por el alfabeto, de los apellidos de aquellos descendientes de españoles en América, que han escrito en verso y han llegado á nuestra noticia; trabajo que ha ido formándose lentamente en las páginas de un registro á propósito en donde consignábamos las noticias encontradas en los libros impresos y en los periódicos, tanto críticas, como personales y bibliográficas referentes á dichos escritores, fuesen antiguos, modernos, desconocidos ó de reputacion formada.

Hemos creido que podria ser útil, bajo muchos respectos, el dar publicidad á este diccionario de nombres propios. Desde luego, será un testimonio de civilizacion y una prueba de actividad intelectual. Y si solo se mira bajo el aspecto de datos históricos para conocer uno de los ramos mas vastos de la literatura de nuestra habla en América, tendrá tambíen importancia, porque son escasas las fuentes á que puede ocurrirse para cualquiera investigacion de esta naturaleza.

Hemos dividido en *séries* esta Biblioteca, para no recurrir al sistema incómodo de apéndices, y en cada série comenzará de nuevo el alfabeto. De este modo podremos introducir en su lugar de órden, cualquiera nombre que por descuido ó ignorancia se nos hubiera escapado.

Como se notará, no hay sistema preconcebido en la redaccion de los artículos; unos comienzan por la biografía, otros por las indicaciones bibliográficas, otros por la crítica. En esta parte hemos economizado nuestro juicio y aprovechado del parecer de jueces idóneos, diestros en el exámen é imparciales para estimar las producciones en verso. Tambien hemos economizado los ejemplos y las pruebas, y nos hemos resistido á la tentacion de copiar tanto bello fragmento, poco conocidos entre nosotros, con que brindan á cada paso las obras de los poetas sub-americanos. Las escepciones á esta regla son muy pocas y muy justificadas.

Así como son, parcas y reducidas, las noticias biográficas de esta Biblioteca, ellas sujieren muchas y sérias consideraciones, que ocurrirán al lector, y nos proponemos hacer resaltar en artículos consagrados á los escritores y á las letras sud-americanas, las cuales en lo antiguo, se han perdido como nuestros pequeños rios del desierto, en los áridos arenales de la colonia, ó en el mar de la indiferencia que las ha oscurecido en épocas posteriores.

Esta primera série contiene trescientos siete artículos.

J. M. G.

ABAD, José—Abate mejicano.—Escribió un poema latino, *de Deo homine*, muy aumentado en la 2ª edicion, segun el abate Lampillas en el tomo 3º de su obra sobre la literatura española.

Algunas composiciones de este autor (fragmentos tal vez de aquel poema) se encuentran traducidas en el tomo 1º páginas 186 y siguientes de las *Poesías de un mejicano*, impresas en Nueva-York en 1828. Este mejicano que oculta su nombre al frente de la edicion de sus poesías es don Anastasio Ochoa y Acuña, segun el «Manual de biografía mejicana», escrito por Arroniz, página 252.

En el mismo «Manual» se encuentra una noticia sobre este padre, con el nombre de *Diego José Abadiano*. Esta biografía parece exacta y abundante en datos auténticos. Segun ella el libro mas importante del padre Abad es el que con el título: «Heroica de Deo Carmina», publicó por primera vez en Madrid el año 1769. Lampillas y Hervas hablan de este poema con encómio, segun el mismo Arroniz.

El padre Abad nació el primero de junio de 1727 en Xiquilpan, en Nueva España: recibido en la provincia jesuítica de Méjico el 24 de julio de 1741, en donde enseñó bellas letras, filosofía y teología. Cuando se obligó á los jesuitas á dejar las posesiones españolas, el padre Abad se refugió en Italia y falleció en Boloña el año 1779 (30 de setiembre, dice Arroniz).

El poema del padre Abad se imprimió bajo el siguiente título:

Didaci Josephi Mexicani inter Academicos Roboretanos Agiologi de Deo, Deoque homine Heroica. Editio testia postuma ex Auctoris m. ss. auctior et correctior. Cæsenæ, 1780, apud Gregorium Blacinium, in 8º, pp. LXX—166 y 195. Precedido de una noticia biográfica por un jesuita mejicano.

Didaci Josephi Mexicani inter Academicos Roboretanos Agiologi de Deo, Deoque homine Heroica. Editio sexta cæteris castigatur—Cæsenæ 1793, apud Hæredes Blacianos—in 8º pp. 296—con retrato.

Las dos primeras ediciones, como se vé, aparecieron bajo el pseudónimo de *Jacobus Josephus Labbe* selenepolitanus : se sabe que Méjico quiere decir ciudad de la Luna.

Esta obra le abrió las puertas de la academia que le confirió el nombre de *Agiologus*.

Rasgo épico ó descripcion de la fábrica y grandezas del templo de la compañia de Jesús de Zacatecas—impresa en Méjico 1750 in 4º.

En la biblioteca de Méjico se hallan manuscritas algunas obras de Abad, entre ellas 3 tomos in 4º testo de su curso de filosofia; compendio de áljebra; tratado del conocimiento de Dios, en italiano; geografía hidraúlica ó de los famosos rios de la tierra.

Varias eglogas de Virgilio en verso castellano; los himnos del oficio de B. Felipe de Jesús, patron de Méjico—impreso en Roma, en Méjico y en Madrid.

El padre Caballero atribuye tambien al padre Abad: Musa Mexica; Ecloga Virgilii hispane expressa—y añade: Hujus interpretationis aliqui criminabantur A Josephum Antonium Alzate confiscisse se Auctorem : sed Alzeatur aliorum eruditione egens ab isto plagio se purgarit, et sincere confessus et nostrum Abad fuisse verum auctorem, siculi aliarum interpretationum, quæ publicæ hui datæ fuerunt. Nove ex Ephemeride Mexicanum (Gaceta) número 42—anni 1788.

Vida del ex-jesuita don Diego Abad—y notas de sus obras—por Emmanuel Fabri (S. J.) En Bolonia—1780—in 8º.

Beristain y el padre Caballero hablan del padre Abad.

Estas noticias están tomada de la obra: Bibliotheque des ecrivains de la compagnie de Jesus, et notices bibliographiques 1e de tous les ouvrages publiés par les membres de la compagnie de Jesus depuis la fondation de l'órdre jusqu'á nos jours—2º des apologies, des controverses, des critiques litteraires et scientifiques suscites á leur sujet. Par les P. P. Augustin et Alois Bracker, de la même compañie—Quatrième serie.

ACEVEDO, PEDRO NEIRA DE—Neogranadino—En una correspondencia de Panamá al «Mercurio» de Valparaíso, de 29 de agosto de 1857, se anuncia un «Ensayo épico» de Acevedo, titulado: EL CRISTIANISMO. La misma correspondencia elogia la elevacion de los pensamientos y la armonia de la versificacion del ensayo épico.

ACEVEDO DE GOMEZ, JOSEFA—Neogranadina—La coleccion de poesías publicadas por Ortiz con el título : «Parnaso Granadino», comienza con las composiciones de esta señora.

ACHA, FRANCISCO X. DE—Montevideano— «Flores silvestres» poesías de Francisco X. de Acha—Montevideo, 1863—1 v. 8º de 350 páginas. Tres piezas dramáticas al fin del volúmen. En la coleccion de poesías publicada en Paris en 1853 por don J. del Castillo con el título: «Flores del siglo» en la página 19 hay una composicion de Acha «A la libertad» con un epígrafe tomado de don Juan Cárlos Gomez.

AGUIRRE, JUAN BAUTISTA—Jesuita de Guayaquil—Las composiciones de este poeta existen inéditas en su mayor parte formando un volúmen in 4º como de 140 folios con este título: «versos castellanos, obras juveniles, micelaneas.»

El Padre Aguirre nació en Guayaquil el año 1725, segun el señor don Pablo Herrera en su «Ensayo sobre la historia de la literatura ecuatoriana»: gozó de gran reputacion como orador y poeta, y existe impresa la oracion fúnebre que pronunció en la muerte del Ilustrísimo Juan Polo obispo de Quito. Fué tambien profesor de filosofia é introdujo en su enseñanza algunas novedades, para su tiempo, tomadas de las obras de Leibniz, de Descartes y de Bacon.

En el libro titulado «Estudios biográficos y críticos sobre algunos poetas sud-americanos anteriores al siglo XIX,» publicado en Buenos Aires en 1865, se halla un estudio sobre la persona y escritos del Padre Aguirre, y allí pueden verse algunas muestras del talento poético de este notable americano.

ALARCON, JUAN RUIZ – mejicano —Nació en Tasco, pueblo de la Provincia de Méjico. Recibió una educacion esmerada en su pais, y habiéndose trasladado á España se aficionó al arte dramático en el cual ha logrado conquistar uno de los primeros lugares en la literatura española. Los mejores críticos peninsulares modernos han escrito con detenimiento examinando y exaltando las cualidades literarias de Alarcon, especialmente Martinez de la Rosa, Lista, Mesonero Romanos, Gil y Zárate, y don Juan Eugenio Harztzembusch, quien ha publicado en 1852 una coleccion ilustrada de las comedias de aquel poeta.

Alarcon escribió muchas comedias; pero segun sus críticos se cuentan entre ellas hasta veintisiete dignas de la admiracion de la posteridad. Reformó el teatro español dándole un fin instructivo y moral de que carecia antes de él; así como fué el inspirador del gran Corneille, en una de las obras de que con razon blasona la literatura francesa *Le menteur* no es mas que en parte traduccion y en parte imitacion de la «Verdad sospechosa» segun declaracion del mismo Corneille que se espresa así: «Han atribuido esta comedia al famoso Lope de Vega; pero ha caido en mis manos un volúmen de don *Juan Alarcon*, en el cual pretende que es suya, quejándose de que los impresores la hayan dado al público bajo otro nombre......Esta comedia (*La verdad suprema*) rebosa en injenio, y puedo asegurar que es la que mas me ha llenado entre cuantas conozco en lengua española.»

Alarcon desempeñó el empleo de Relator en el Consejo de Indias, cuando menos desde el año de 1628 hasta el dia de su fallecimiento que tuvo lugar el 4 de agosto de 1639.

En 1628 publicó el primer tomo de sus comedias en número de ocho. En 1635 dió al público otro volúmen en doce comedias mas y un prólogo. Entre las piezas de mas celebridad de este autor pueden colocarse las siguientes, siguiendo la opinion del americano G. Ticknor en su conocida historia de la literatura española: Domingo de don Blas; Ganar amigos; El tejedor de Segovia; Las paredes oyen; El exámen de maridos; y la Verdad sospechosa, de la cual decia Corneille que hubiera dado gustoso sus dos mejores obras por ser autor de la que como hemos visto tradujo con el título de *Le menteur*. Jueces imparciales han dicho que el famoso don Nicolás Antónico no hizo mas que pagar un tributo á la justicia diciendo de Alarcon, en su Biblioteca: *vix uni aut alteri puritate dictionis, urbanitateque et cópia at que inventione comparandus.*» Si hubiese de juzgarse (dice el editor de la coleccion de piezas dramáticas de los autores españoles—Madrid, 1826) del corazon y del carácter de los autores por sus obras, y si es verdad que su fisonomía moral se halla en sus escritos, debiéramos creer que Ruiz de Alarcon fué un hombre digno del mayor aprecio por sus nobles prendas, y por la generosidad de su alma.»

En el libro titulado Estudios biográficos y críticos sobre algunos poetas sud-americanos anteriores al siglo XIX, Buenos Aires 1865, se halla un estudio crítico biográfico sobre Alarcon.

En el tomo 4º pájina 93, del Repertorio Americano, se halla tambien un artículo crítico sobre Alarcon escrito en obsequio de los hijos de América de quienes era compatriota el eminente poeta.

Véase tambien Historia de la literatura española por G. Ticknor, tomo 2º pájina 466 de la traduccion españo-

la, y 2º, pájina 333 de la misma obra original, 3ª edicion
americana—Boston, 1864.

ALCARAZ, RAMON—mejicano - En el *Album mejicano*, tomo
2º, hay una larga composicion de este poeta titulada «el
baño de una sultana» que se encuentra m. s. copiada de
aquel periódico, en el tomo 1º pájina 141 de mi coleccion in folio de piezas americanas; con otras mas del
mismo autor.

Poesias de José Ramon Alcaraz, 2 volúmenes, Méjico
1860 (cat. de Trübner, número 40: 10 d. 6s.

«Este poeta se hace notar por las armonías de sus
versos bañados de ciertas ricas tintas orientales, donde
se nota la fructuosa lectura que ha hecho de Byron, y no
acertaremos á decir, si felizmente ó por desgracia ha
tomado de aquel gran poeta mas bien las formas accidentales que el espíritu de sus obras—(Arroniz. Manual del viajero en Méjico, pájina 208.)

ALCEDO, FR. JUAN—peruano—Lector juvilado de la religion
de San Agustin. Fué mandado á España en el año 1785
bajo partida de registro, por haber entregado personalmente al Virey y recomendádole la lectura de un poema que habia compuesto satirizando la conducta de los
españoles en América. (Córdoba—Compendio de la
historia del Perú.)

ALEGRE, FRANCISCO JAVIER—jesuita mejicano—Francisci
Xavieri Alegre. Mexicane Veracrucensis Homeri Ilias
latino carmine expreso etc. Roma 1788, 1 volúmen.

Escribió un poema, la Alejandriada ó Alexandria.

Véase el manual de biografia mejicana.

«Vida del P. Francisco Alegre, ͺₑₛᵤᵢₜₐ

escrita por el P. Agustín Castro—(Véase, la bibliothé-que des ecrivains de la Compagnie de Jesus—por los P. P. Backer—4º serie, pájinas 114, 115).

Nació el 12 de noviembre de 1739 en Veracruz. Entró en la órden de San Ignacio en la provincia de México el 19 de marzo de 1747 y desempeñó honorablemente diferentes cargos en la Nueva España. Despues de la espulsion se estableció en Bolonia, en donde pasó escribiendo el resto de su vida. Murió el 16 de agosto de 1788.

Alexandriados, sive de Tyri espugnatione ab Alexandro Macedone, Liv. IV Farolivi, 1773—Bononive, apud Ferdinandum Pissarri, 1776 in 4º. La edicion de Forli es incorreta. Su mismo autor no hacia gran caso de este poema y le consideraba como una produccion juvenil, pues lo compuso á la edad de 20 años.

Homerii Ilias e greco fonte latinitatis donata ac numeris expressa. Bononiæ, apud Ferdinandum Pissarri 1776 in 8º Romæ, 1788 in 4º.

El arte poético de Boileau traducido al castellano—Bolonia.

Homeri Batrachomiamachia latinis carminibus m. ss. en la biblioteca de la Universidad de Méjico.

Epicedium in obitu Francisci Platæ, bone spei adolescentis, inmaturo fato é vivis erepti--Eleg. 3.

Miscelanea poética, 2 vols.

Sermones 3 vols.

Consúltese: Beristain 1, 53—El P. Caballero.

—— — P. P. Backer 4.me serie.

Francisci Xavierii Alegre Mexicani veracrucensis,

Homeri Ilias latino carmine expressa. Editio roma-
na Venustior et emmendatior MDCCLXXXVIII Apud
Sulvienem, hpograþhum vaticanum. Superioribus an-
nuentibus 1 volúmen 4º 456 pájinas. La carátula no es
impresa sino grabada—con dos medallones representando los bustos de Homero y de Alegre. Tiene una dedicatoria á Méjico firmada por Juan Malo de Villavicen-
cio con una viñeta en cobre representando las armas de
la ciudad de Méjico—el nopal, la serpiente y el águila.

Historia de la Compañia de Jesus en Nueva España,
al tiempo de su espulsion. Por Francisco Javier Alegre. Publicado por Cárlos Maria de Bustamante. México
1841—42 (número 714 del diccionario de *Sabin*).

Historia de la Compañia de Jesus en Nueva España,
que estaba escribiendo el P. Francisco Javier Alegre al
tiempo de su espulsion. Publicado por Cárlos Maria de
Bustamante (3 vols. 4º de 460, 476, 309 pps.—Con retrato. Méjico 1841—42. (Trubner, Recorder del 24 diciembre 1869 número 52) (número 381 de la Biblioteca
occidentalis de B. Quatritch. 1870.)

ALCOCER, MARCOS HERNANDO Y PEDRO—ecuatorianos (qui-
teños) hermanos, y sacerdotes de la Compañia de Jesus.
« Todos tres fueron tan aplaudidos por la dulzura de su
« poesia como venerados por sus virtudes.« (P. Velazco
Historia de Quito) Véase el artículo Valtierra en este Diccionario.

Era frecuente esta afiliacion de todos los varones de
una misma familia en la Compañia de Jesus. En el catálogo de escritores jesuitas encontramos otros tres her-

manos mejicanos, del Pueblo de los Anjeles, en el mismo caso que los anteriores,—Diego Felipe, Francisco Javier, y Juan Antonio Mora, distinguidos como teólogos, oradores y Humanistas.

Alva, Bartolomé—mejicano del siglo XVII—Tradujo á lengua mejicana tres comedias de Lope de Vega: «El gran teatro del mundo»; «El dichoso parricida»; «La madre de lo mejor» (manual de biografia mejicana pájina 39.)

(Continuará.)

ESTUDIO SOBRE LAS OBRAS

Y LA PERSONA DEL LITERATO Y PUBLICISTA ARJENTINO
DON JUAN DE LA CRUZ VARELA.

Continuacion. [1]

XV.

Con verdadero sentimiento nos separamos de esta reina africana, evocada del panteon de los inmortales personages del Mantuano por el talento de un poeta del nuevo-mundo. Al dejar caer la página 96 y última del pequeño volúmen de la Dido, produccion de las prensas rejuvenecidas de los *Niños Expósitos*, ahora cuarenta años, esperimentamos una sensacion parecida á la que debe causar el hallazgo de una alhaja antigua, en la cual el gusto artístico, la forma, el labor esmerado, supera las maravillas convencionales de la moda contemporánea. Su último renglon es como el estremo de una hebra no interrumpida de hilo de oro, que por entre las variadas creaciones de la imaginacion, viene ligando á la Grecia con los paises latinos, y á la Francia del siglo XVII con la Italia de Metastasio y de Monti, y con la España de Cienfuegos, sirviendo de vínculo á una escuela literaria poderosa que supo hallar la originalidad en la imitacion, y que,

1. Véase la páj. 476.

semejante á las instituciones aristocráticas, hallaba su fuerza en el sometimiento respetuoso á las tradiciones, usos y creencias del tiempo pasado.

La tragedia clásica nació y murió en las orillas argentinas con el señor don Juan Cruz Varela. Solo su gran talento y su profundo estudio de los grandes modelos, pudo restituirla la vida en un terreno preparado hasta por la naturaleza para que solo germinase en él con vigor la semilla de lo que es nuevo y peculiar á las sociedades modernas. Estas propensiones locales, fueron tan poderosas entre nosotros, que las tragedias de que nos ocupamos, aparecieron entre dos ensayos del mismo género, cuyos autores habian buscado la inspiracion en las entrañas de la sociedad americana y solo con el asunto protestaban ya contra la tradicion. Cediendo á nuevas necesidades y exigencias, la musa dramática de Lavarden sacó á la escena la pasion inspirada á un salvaje de las márgenes del Paraná por los cristianos atractivos de una mujer europea. Movido por iguales influencias, el jóven doctor don Manuel Belgrano daba á luz en 1823 la tragedia en verso y en cinco actos titulada *Molina*, cuya escena es en Quito y cuya principal heroina es *Cora*, vírgen consagrada al culto del sol y amante sacrílega y clandestina del guerrero español que dá título á esta tragedia.—Sin embargo es tanto el poder del estilo en las producciones del arte que Argia y Dido erguirán siempre la cabeza sobre las dos tragedias mencionadas de Lavarden y de Belgrano.

El autor de Dido algo mas había hecho que meditar sobre las dificultades del género dramático, algo mas que estudiar los preceptos comunicados por los antiguos maestros. Quien haya tenido ocasion de seguirle las huellas en su larga

43

carrera literaria, habrá advertido cuán dado fué al análisis de
los secretos de la escena y de los autores que las propensiones de su educacion le hacían considerar como los mejores
modelos. Admirador de las letras latinas, hablando lengua
castellana y educado en una época en que en nombre del
buen gusto había reaccionado la España contra las formas libres de su antiguo teatro, afilióse naturalmente en las banderas de Quintana, de Cienfuegos y de Moratín, y remontó con
ellos hasta los oríjenes de la escuela á que tanto lustre habian
dado Racine, Corneille, Voltaire y otros dramaturgos franceses. Allí bebió su inspiracion y allí copió las formas á que
amoldó sus ensayos trájicos, modificándoles sin embargo,
con la influencia del teatro de Alfieri de cuya severa auste-
ridad se manifiesta admirador y devoto. Antes y despues de
escribir á Dido puso don Juan Cruz en castellano varias piezas
francesas é italianas, alguna de las cuales poseemos autógrafa y permanece aun inédita. ' Así, pues, no solo había reflexionado con los preceptistas sobre la teoría del arte á que le
arrastraba su inclinacion, sino que aspirando á poseer prácti-
camente el manejo de los resortes escénicos, y el estilo del
drama, tomándoles en los mejores modelos de su fé literaria,
quiso, como discípulo concienzudo, seguir de cerca y con la
exactitud de traductor, los contornos de las figuras calzadas
del coturno por los maestros de su simpatia. Es de admirar el
esmero y la seriedad que demuestran estos estudios, así como causa verdadera pena el verlos oscurecidos y desdeñados
contra la esperanza manifiesta de quien les consagró desvelos

---

1.   Virginia, tragedia en cinco actos por el conde Alfieri, traducida al español en Buenos Aires—En prosa : sin firma del traductor pero de su puño
y letra.

que de cierto merecerian mejor recompensa ó menos ingratitud. En los dias actuales pocos se resignan á condenar al secreto las labores de su aplicacion y la tinta fresca del mas trivial ensayo sale presurosa á enjugarse al calor de la luz pública. Pero en los dias de don Juan Cruz los jueces del literato eran tanto mas severos cuanto menos numerosos y el público se plegaba al juicio formado por el tribunal en que delegaba su derecho de juzgar. Ante tales jueces el autor mostrábase naturalmente tímido y se resignaba á producir poco porque estaba seguro de que se le tomaria en descargo el estudio asíduo y reservado con que trataba de hacerse digno de la benevolencia de aquellos que habian de dispensarle fama y consideracion. Tambien entonces el cultivo de las letras era, puede decirse con verdad, una carrera, aunque para pocos, como lo fué para don Juan Cruz. Su título de *doctor* se eclipsó ante el mas modesto de *poeta* y su conocida vocacion á las letras le granjeó una posicion lisonjera entre sus compatriotas.

El no tuvo que solicitar su primer empleo. Cuando apareció una de sus tempranas composiciones patrias, despertó con ella la atencion del público hacía su persona; fué llamado á la casa de gobierno é invitado á honrar con las promesas de su talento un puesto decente y bien recompensado en la administracion, comenzando así la série de servicios que prestó al progreso del pais con la incansable valentía de su pluma, al abrigo de una posicion que le aseguraba la existencia.

Pero aun tenemos que dar cuenta de otra obra dramática de Varela, sobre cuya primera y única edicion, ha echado sus sombras el transcurso de cuarenta años. La tragedia

«Argia» se dió á luz en 1824, un año despues de «Dido» y cuando el infortunio derramaba sus amarguras sobre el ánimo y la reputacion del autor. No se atreve á levantar en la dedicatoria de esta obra, como en la anterior, los ojos hácia un alto funcionario, sino hácia un benefactor oscuro aunque jeneroso que le ofreció un hogar en el estranjero cuando se vió «obligado á ocultarse en su propio pais con motivo de una desgracia demasiado pública.» [1]

Este forzoso retraimiento de la sociedad dió por fruto una produccion que honra á nuestra literatura así como dá testimonio de los sentimientos de hombre libre y de republicano que don Juan Cruz no desmintió ni por una sola vez en su vida. El cultivo de lo bello había hecho instintivo en él el ódio á toda opresion y á los sombríos medios de gobierno de las sociedades en donde impera el derecho divino y el espíritu teocrático; y aprendiendo en Alfiere el modo como el arte puede educar al ciudadano de las sociedades libres ó que aspiran á serlo, buscó en la tradicion inmemorial un asunto que le diera ocasion para pintar con colores negros á la tiranía en el poder. Siguiendo la costumbre de su escuela remontó hasta los tiempos anteriores á la guerra troyana, y el fratricida antagonismo de Eteocles y de Polinicio y la constancia desventurada de la viuda de este último, le sujirieron la trama de su trajedia, conocidamente inspirada por la «Antigona» del gran trájico de la Italia moderna. Esto se infiere del prólogo mismo de Argia en donde esplica su autor de qué modo y por qué se aparta á veces del plan de su modelo. En cuanto á los fines sociales que se propuso no solo no los oculta sino que esplícitamente los manifiesta jus-

---

1. Véanse las cartas que anteceden al prólogo de Argia.

tificándolos con la situacion de su pais en una época en que la *santa alianza* poniendo en peligro la causa de la independencia americana hacia mas odioso que nunca el nombre de monarca: «contra los absolutos, he disparado muchos tiros y he tenido el mayor empeño en que fuesen fuertes,» dice allí mismo, en el lenguaje mas que sencillo con que nuestro poeta se espresa siempre que escribe en prosa, porque para él como para Voltaire debia ser *vil* la frase no acompañada del consonante y del ritmo.

«Creon» usurpador del trono de Tebas es el tipo de esos aborrecidos ambiciosos para quienes mandar es existir, y á cuyo interés todo se subordina. Para perpetuarse en el trono ha sacrificado una familia entera de la cual solo sobreviven para inquietarle, Argia, viuda de Polinicio y el hijo de ésta, Leandro, prisionero de «Creon» en el momento que la accion comienza. Los soldados de Argos mandados por su rey Adrasto asedian las murallas de Tebas y el tirano no fia mucho de la fidelidad de su pueblo. Las vias de la paz pueden salvarle y concibe el proyecto de asegurar su usurpacion ofreciendo á Argia, madre del legítimo heredero del trono tebano, una mano ensangrentada y aborrecida. Esta proposicion enciende mas, si es posible, los resentimientos de mujer, de esposa y de madre en la viuda de Polinicio y dá ocasion á las escenas terribles del acto 2."

CREON.

. . . .
Himeneo y la paz bajen en Tebas.—
Señora...—esta es mi mano— ó aceptadla
O no me atribuyais.. ...—

ARGIA.

. . . .

A qué es posible comparar la rabia
Que tu insultante audacia me ha causado,
Sino á la que empozoña tus entrañas?
Hombre de fierro!—Quién te ha sujerido
Ese jénero nuevo de venganza?—
Nunca me ví mas humillada. . . .—nunca
Mas insano furor. . .—Dame esa espada,
Verás como tu sangre de veneno
Por una mano débil se derrama.
Yo moriré despues. . . . .

Esta entrevista termina con la prision de Argia. Pero
los anhelos de libertad y de paz que manifiesta el pueblo con
vagos y tímidos rumores llegan por boca de los cortesanos
hasta los oídos de Creon, y este apela de nuevo á la diploma-
cia. El rey de Argos es admitido en el palacio de Tebas y
entáblase otro diálogo parecido al anterior, en el cual el padre toma el lugar que dejó la hija para reconvenir al tirano
por sus usurpaciones y para ofrecerle la paz á condicion de la
libertad de Lisandro á quien destina para sucesor en el gobierno de sus Estados. Creon no desiste de sus proyectos de
enlace con Argia como prenda de reconciliacion, y se ima-
gina que la fria esperiencia de un anciano llegará al fin á ponerse de su parte para conseguir tal intento. Para desen-
volver este plan llama á Argia á su presencia y á la de su padre
por medio de uno de sus soldados:

CREON.

. . . . .No le digas
Que está su padre aqui; que su content
Quiero aumentar con la sorpresa.

ADRASTO.

¿ A mi hija
Me permitís que vea?—Lo agradezco.
No lo solicité por no esponerme
A vuestra desconfianza ó á un desprecio.
Pero el proyecto....

CREON.

De su lábio mismo
Lo podeis escuchar en el momento.—
Su inexperiencia y su dolor acaso
Se lo hacen reprobar; pero, mas cuerdo,
Pensad, Adrasto, que, sin él, no hay Argia
Ni paces para vos; que mis guerreros
Ya impacientes están porque no buscan
Los vuestros en el muro su escarmiento;
Y que Creon será mas formidable
Si se une á su ambicion un menosprecio.—
Ahí la teneis.

Argia agradablemente sorprendida al encontrarse con
su padre cuando menos lo esperaba, tiembla sin embargo
por la suerte de persona tan querida, porque sabe,
Que la perfidia y Creon reinan en Tebas.

La escena vuelve á resonar con el diálogo de dos personages únicos—el padre y la hija. Esta refiere á aquel los
intentos de Creon y le declara la firmeza que su ódio, su consecuencia á su difunto esposo y el amor á su hijo, la confortan
para aceptar antes la muerte que la mano de su verdugo.

ADRASTO.

¿Por qué medios
Piensa lograr la paz?—Habla

ARGIA.

Ya he dicho
Cuanto puedo deciros.—Ah! ¡En mi lecho
El que causó la muerte de mi esposo!
El que hace padecer á mi hijo tierno!
El bárbaro Creon!

ADRASTO.

¡Argia!

ARGIA.

¡Lisandro!
Te arrancan de mis brazos porque tengo
Una virtud comun? Es heroísmo
El mirar con horror este himeneo?
Al grande criminal, grandes virtudes
Le deben irritar ¡mas mi desprecio
Es un deber muy fácil de cumplirse,
Ni debe enfurecer hasta el estremo
De que mi hijo infeliz....¡Oh padre mio!
Viuda de Polinicio ¿creis que puedo
Ser esposa jamás......

ADRASTO.

¡Hija! qué dices?
Qué ha intentado Creon?—Yo me avergüenzo.—
Esposa tú! ¿De quién?

ARGIA.

No quiere paces
El tirano de Tebas á otro precio.

ADRASTO.

¿Y tú pudiste oirlo? ¿Y tu venganza?......
Pero ¿qué me detiene que no vuelo

A encontrar á ese mónstruo abominable,
Y en su sangre lavar mi vituperio?

ARGIA.

Deteneos, señor : solo y sin armas,
De la crueldad y la perfidia en medio,
Qué pretendeis hacer?—Volved al campo,
Huid de mis abrazos un momento
Por vuestro mismo honor, y con la espada
Entrad de nuevo á Tebas, conduciendo
Inevitable muerte á los malvados
Y libertad para Argia y vuestro nieto. .

ADRASTO.

Y dónde está Lisandro?

ARGIA.

De mis brazos
Lo han arrancado porque no consiento
En este enlace infame.   Ah! Libertadnos;
Libertad á Lisandro cuando menos.

Continuará,

JUAN MARIA GUTIERREZ.

LENGUÍSTICA Y POLÍTICA ORGÁNICA.

Continuacion. [1]

Si hubiésemos sido felices para darnos á entender, se habrá comprendido que la idea fundamental que esponemos consiste en mostrar que los fenómenos de las lenguas clásicas, sus grandes complementos literarios, las bellezas admirables de las obras que han producido y que siguen produciendo, la fecundidad de sus formas, la libertad de sus prismas, la florescencia de sus ideas, el poder para plantear y resolver todos los problemas morales y políticos que envuelven el destino y la libertad de las naciones, todas esas maravillas en fin que constituyen su historia y sus hechos en la serie de los tiempos que llamamos la civilizacion, resultan de este simple accidente: que son lenguas orgánicas, lenguas que se conjugan y que se declinan.

Y de nó, analisemos para convencernos.

El mas bello de los discursos de Ciceron, de Webster ó de Peel, el trozo mas ardiente de Homero ó de Byron, la estrofa mas arrogante de Victor Hugo, la pájina mas sensata del Federalista ¿que son cuando se les desmenuza con la crítica literaria? un artificio de palabras *libres* que hacen chispear ideas igualmente *libres*. Supongamos por un momento que esas lenguas que nos presentan tan bellos modelos

---

1   Véase la páj. 444.

fuesen lenguas *inorgánicas*, lenguas sin flexiones, es decir: lenguas de aquellas en que la base lenguística se conserva inflexible y en que las modificaciones del caso ó del verbo, se consignan solo por partículas igualmente inflexibles y *tiezas*; el resultado literario estaría á la vista de todos. Esos idiomas habrian perdido el colorido, es decir la libertad de los matices para espresar la idea: la repeticion de un mismo sonido típico como raiz inflexible, la aglomeracion de partículas indeclinables y siempre iguales para cada caso, vendrían á darle al discurso el aspecto de un damero lleno de regularidad, pero sin la hermosura de un cuadro en donde la libertad del colorido dá la variedad de las perspectivas.

Y medítese que este resultado del análisis racional aplicado al estudio de los idiomas no es una hipótesis, sino un hecho que cualquiera puede estudiar á su antojo para ver como sus leyes se repiten no solo en la lengua sino en el arte y en la organizacion social. Tómese la pintura y el arte plástico de los chinos, se verá que al igual de su idioma carece de perspectivas á pesar de la riqueza, de la frescura y de la brillantez de los colores que emplea. Por mas que los chinos hicieran no podrían pintar un lienzo como Blanes, ni organizar una sociedad como los ingleses, por que su inteligencia, *manufacturada* por su lengua, los hace ineptos para la libre variedad de la combinacion de las ideas, de las palabras y de los colores que producen la libertad de las perspectivas y de los caracteres pintados al arbitrio del artista.

En las lenguas inorgánicas sucede lo mismo, todas las figuras y todos los planos se hallan en el mismo nivel: las vaguedades infinitas de los horizontes y de las ideas desaparecen; y el arte lo mismo que el discurso tienen que renunciar á sus dos grandes medios de libertad: que son el método y el movimiento de los detalles.

Y eso es así, por que el discurso y la pintura se hallan en esas lenguas sugetos á la esclavitud del plano recto; de modo que la *superposicion* de los objetos es la única ley de perspectivas en la lengua y en la organizacion social.

Si con estos antecedentes (que son claros y notorios, á pesar de estar apenas diseñados), nos trasladamos al estudio de la sociedad política y civil de los pueblos inorgánicos, encontraremos tambien qne toda su vida moral se halla enterrada en un centralismo administrativo descarado, franco y completo. Que esa sociedad á manera de la pintura y del arte chino, no tiene perspectivas, ni colorido, ni movimiento: que toda la vida está petrificada en un solo plano recto al rededor de un centro absoluto, del que dependen directamente los innumerables seres, que, colocados en ese plano como las raices y las partículas inorgánicas de su lengua, son movidas desde ese centro por los hilos groseros ó por las cuerdas del despotismo, con menos gracia sin duda que los autómatas de un teatro de títeres. Por que al fin detrás de las cortinas de un teatro hay una inteligencia libre, una lengua orgánica que comunica su espíritu á los muñecos, mientras que en el teatro de un pais inorgánico y centralista no hay otra cosa que los actos automáticos de un embrion sin nombre, de un capricho animal, cuya accion se estiende como los círculos concéntricos de una piedra caída en las aguas de un lago.

Nosotros hablamos aquí del principio en toda su desnudez; y salvamos como es natural, las atenuaciones mas ó

menos caraterísticas con que ese principio se combina en los
pueblos inorgánicos formados por las tradiciones del Imperio
Romano; para que se vea que aplicado así á nosotros mismos
no estamos tan lejos como podria creerse, y como ya lo hemos observado, de los rasgos sociales de la China.

Pero hijos por esto mismo de una tradicion mixta, pertenecemos tambien á la familia de las lenguas orgánicas; y
tenemos, ya en esa lengua, ya en los jérmenes sociales que
ella desenvuelve, todos los elemei tos necesarios para sacar
sus consecuencias, y para transformarnos en pueblos orgánicos.

El influjo de la lengua y del arte es tal para producir el
resultado á que aspiramos, que los mismos pueblos asiáticos
sacados de la atmósfera inorgánica en que pululan como insectos, y trasladados á los Estados Unidos, á la Australia, ó
á las Colonias Asiáticas de la Inglaterra, y desprendidos así
de la lengua natal, para entrar bajo el influjo de la lengua
iniciadora, cambian su ser; y entran libres y activos en el
movimiento orgánico de la sociedad que los cobija. En la
India inglesa las razas indígenas que hablan el inglés profe-
san y practican las leyes normales de los pueblos libres: tienen el derecho y la organizacion municipal, y de dia en dia
avanza su preparacion admirable para la vida política asimi-
lándose á la raza europea que las trasfórma.

La lengua y el ejemplo bastan para ello.

Cuando un pueblo habla como el nuestro una lengua orgánica, tiene dentro de si mismo todas las facultades naturales de que necesita para transformar su sociabilidad y para
hacerse orgánico en la medida de sus destinos. La prueba
de ello está en la historia de la humanidad. Ella nos mues-

tra con una verdad esplendorosa, que solo aquellos pueblos que hablan lenguas orgánicas son los únicos que tienen el poder de transformarse por su propio movimiento, relegando á las diversas capas de su historia los cambios progresivos de su propio desarrollo, y marchando siempre hácia adelante en la *emancipacion legal del individuo.*

Toda la diferencia que hay entre un pueblo orgánico y un pueblo inorgánico, es que en el primero el individuo forma una entidad social que tiene el poder de *declinarse* y de *conjugarse* á sí propio como bien le parece para hacer el propio discurso de su vida en medio de los discursos tambien declinados y conjugados de los demas individuos que viven y que hablan con él; mientras que en un pueblo inorgánico nadie declina y conjuga su ser ni su lengua, es decir—nadie mueve su interes y sus ideas sino bajo el impulso material del poder central.

Esta diferencia que parece nada á primera vista, es un abismo insondable cuando se le dá un momento de reflexion; por que en el primer caso el individuo social es un ser libre, un centro propio que busca sus propias combinaciones al favor de sus propios intereses; mientras que en el otro caso ese individuo es un ser inerte, petrificado eu sus facultades y en su vida al capricho del poder central. Esa diferencia equivale pues á que el individuo social sea hombre ó sea autómata: y para que se vea como la lengua y la política son en este aspecto una misma cosa, baste reflexionar que un autómata no puede hablar una lengua libre sin que aspire á ser hombre libre, al mismo tiempo que un hombre no puede hablar una lengua inorgánica siu que pierda el r la conciencia de su individualidad como sucede en pueblos que no gozan del gobierno de lo propio, y sobre todo en el Asia donde las cosas tienen su estado definitivo de inorganismo.

Ahora pues ¿que es ser inorgánico en el sentido de la lengua?....Es no poder ser libre para declinar la palabra.· Y esta falta de libertad para declinar la palabra, quita la libertad para *organizar* la frase, quita la libertad para darle música, quita la libertad para combinarla libremente con otras palabras; es decir para hacer períodos, para caracterizar ideas, para mudar los horizontes y recorrer los infinitos planos del horizonte moral. Quitad todas estas libertades á la lengua de los griegos y de los latinos y vereis desaparecer á Homero y á Virgilio: quitad todas esas libertades á las lenguas modernas y vereis desaparecer toda su ciencia y toda su literatura. Por que si hay algo que las hace bellas es el organismo libre de sus obras.

Esas mismas son tambien las dotes para caracterizar al organismo político; por que, lo que es la palabra para la lengua, lo es el individuo para las sociedades· *un ser libre para modificarse, por su propio movimiento interno, al influjo de sus propios intereses.* Si una lengua necesita para ser orgánica de tres libertades que son palabras libremente declinables, frases libres y orgánicas en la combinacion de esas palabras; y movimiento libre y orgánico en la combinacion de las frases que constituyen el método y la forma del discurso; la sociedad tambien que habla una lengua necesita para ser libre, de que el individuo sea en ella orgánico, de que como orgánico decline sus intereses inmediatos, de que esos intereses inmediatos se combinen con los demas de su género en un organismo único que equivalga á la frase; y de que en fin, los intereses inmediatos del individuo, que son los *intereses locales*, tengan su propio motor en su respectivo cuerpo, para entrar asi ORGANIZADOS y VIVOS, como las frases de un bello libro, en el cuerpo total que se llama la sociedad política, la Provincia, la Nacion, la Cristiandad.

La historia natural de las lenguas nos lleva pues, por una lógica inconmovible, á estos grandes principios de los pueblos libres modernos que son tenidos hoy por pueblos modelos.

1º   Que los individuos tengan libertad para transformarse bajo la influencia de sus intereses propios, como se transforman las palabras de las lenguas orgánicas bajo la influencia de sus casos y conjugaciones.

2º   Que esos intereses declinables constituyan sus propios centros y sus propios sentidos en la vida política, como cada frase constituye su propio sentido en la armonía de la lengua.

3º   Que la vida propia y libre de esos centros de intereses locales, sea la base de la vida del pueblo en cuyo seno se produzcan.

Estas tres formas responden á las tres libertades esenciales de todo pueblo orgánico, libertad autónoma de la familia: libertad autónoma del barrio: libertad autónoma de la asociacion política: y como ningun pueblo puede ser libre sin ser orgánico, ninguno puede serlo sin que esten cumplidas esas tres condiciones de todo organismo : individualidad, asociacion y centro propio para cada miembro de ese cuerpo.

Tal es la filosofía fundamental del gobierno de lo **propio**; y por eso decia Bunsen que los Parlamentos libres **de la** Gran Bretaña, separados del organismo local sob----

tán montados los ejes de su gobierno, no habrian sido otra
cosa que el despotismo inorgánico de las oligarquias.

« Para una escuela que ha reinado largo tiempo en Francia dice **Mr.** Laboulaye (y que reina todavia en la República Argentina, agregaremos nosotros) la libertad es ante
todo, y casi únicamente la libertad política. Elecciones hechas sin que intervenga en ellas la administracion, la
responsabilidad ministerial, el gobierno de las cámaras, la
prensa y el jurado: he ahi lo que constituye la libertad de un
pueblo. A mi entender hay en eso un error capital: error
que esplica el mal éxito de las dos últimas monarquias. Nos
habian fascinado el ejemplo de los ingleses y las teorias de
Montesquieu, pero no habíamos tenido en cuenta que entre nuestros vecinos, el régimen parlamentario no es mas que
el coronamiento de las libertades locales é individuales,
que constituyen la fuerza y la gloria de la vieja Inglaterra.
La libertad política es uno de los elementos de la libertad,
no es toda ella. Es una garantia esencial, que nada puede
reemplazar; pero una garantia es necesario que proteja algo:
y que detrás de las fortificaciones haya una ciudad y ciudadanos. Con las instituciones del antiguo régimen y del
imperio, la centralizacion, los privilegios de los funcionarios,
la dependencia y la subvencion de las Iglesias, la enseñanza
monopolizada por el Estado, sin libertades municipales y
provinciales, y sin derecho de asociacion, de reunion y de
peticion, ¿que es el régimen parlamentario? Un sistema fa-
laz que promete la libertad y no la dá, y con harta frecuencia
tambien el gobierno de algunos intrigantes políticos, que en
su reinado obran exactamente como los que con sus manejos lo derribaron, y que entonan la misma cancion con la pre-

tencion de ejecutarla mejor. ¿Que importan al labrador y al obrero esas luchas de tribuna, que en nada mejoran su condicion? Indudablemente pueden asociarse á ellas en un dia de cólera, y buscar en la oposicion mas estremada un remedio para los males que sufren, y hasta pueden derribarlo y destruirlo todo; pero en 1848 se vió para qué sirve una revolucion, si eleva al poder personas imbuídas en las ideas ráncias, y que creen que se hace la felicidad de un pueblo con solo variar el nombre al gobierno. Para fundar la democracia en Francia eran necesarios otros políticos que los republicanos de 1848; ni con los errores de una revolucion abortada, ni con los tristes oropeles d· la convencion, puede establecerse la libertad.

«¡Que la América nos sirva de ejemplo!.... Allí la libertad no está concentrada en una cámara lejislativa; se encuentra por todas partes, como el aire y la luz; es la riqueza del hogar doméstico, el patrimonio del último ciudadano, y hasta del estranjero que llega desde el otro lado del Atlántico. Libre para establecerse donde le plazca, para vivir como mejor le parezca, para adorar á Dios á su manera y para educar á sus hijos como lo crea conveniente; libre para escribir, hablar, usar armas, reunirse ó asociarse con quien quiera; mezclado desde el primer dia en el gobierno de la escuela, de la Iglesia y del municipio, apénas se apercibe de la existencia de un gobierno central y de un congreso. Ese gobierno es una realidad sin la menor duda, pero existe para representar en lo exterior la unidad nacional, para mantener la paz interior mas bien con su presencia que con su autoridad; jamás interviene en los asuntos del ciudadano; el americano jamás

se vé obligado á inclinarse ante ningun funcionario para obtener como favor lo que le pertenece de derecho.

«Cada uno es árbitro y soberano, no una vez cada seis
años sinó todos los dias, con solo la condicion de respetar
la independencia de su vecino, y sin tener nada que temer,
mas que á las leyes justas, aplicadas por el jurado ó por jueces que jamás se hallan bajo la dependencia del Gobierno.
Nada de ejército permanente, nada de quintas, nada de administraccion; aquel es el reinado de la libertad y de la igualdad mas perfectas. De ahi esa energia individual, que nos
causa tanto asombro; de ahí esa actividad que hace prodigios;
cada uno puede allí pretenderlo todo, pero nadie puede
contar mas que consigo mismo; allí no hay protejidos, por
que no hay protectores. La vida es alli mas ruda que en
Europa pero es á la par mas intensa y mas noble. Se
siente uno envanecido de ser hombre y ciudadano.»[1]

La política orgánica segun estos antecedentes es aquella
que reconociendo las leyes de la naturaleza social de los pueblos, distingue las tres grandes categorias de sus intereses:
los intereses del barrio: los intereses de la comunidad: y los
intereses de la Provincia dentro de la que aquellas dos primeras categorias se armonizan con los intereses de la nacion.

El gobierno de lo propio tiene, pues, por decirlo, asi
una corriente magnética enteramente contraria á la del
Gobierno Administrativo. El primero parte de abajo, tiene su principio en la iniciativa individual, emana del
terreno que ocupa con sus intereses personales cada hom-

1. Introduccion al libro de R. Jonveaux—"Los Estados Unidos de la
América del Norte".

bre y cada familia, fomenta la esfera especial y restricta de esos intereses; y combinándose con todos los que
le son análogos en la localidad en donde vive, forma la
primera entidad civil y políticamente colectiva de las naciones. Constituida así sobre esa base la iniciativa personal,
ella tiene al alcance de sus fuerzas todos los intereses y
todos los propósitos que hacen á su progreso y á su libertad;
y como esta clase de intereses tiene alianza estricta y natural, por el lado del positivismo, con todas las demás fuerzas
que viven y que se mueven en el mismo sentido, dentro de
la misma localidad, la iniciativa individual se convierte
así en iniciativa social; y ese movimiento concéntrico de
los intereses locales de un pais libre se combina por
espirales vivas, y fuertemente atadas entre si, para producir ese magnífico espectáculo que nos ofrecen los pueblos libres, y que consiste en la accion continua de su inteligencia propia y de sus fuerzas propias, para educarse á si
mismos en la ciencia del Gobierno y para hacer efectivas las
leyes de esa ciencia en la prosperidad de las naciones.   Estos pueblos son orgánicos porque organizan los elementos
de la política y del Gobierno bajo la misma ley que las lenguas
orgánicas organizan los elementos de la palabra con que se
escriben las *Iliadas*, las *Eneidas* y los *Child-Harolds*.

Cuando en vez de tener por asiento una série de organismos locales, la organizacion política de un pueblo reposa sobre el *centralismo administrativo*, el ciudadano se
vuelve inerte en su casa y en el distrito donde viven sus intereses locales mas caros; y nada le es permitido sino moverse al empuje ya la voluntad de los empleados directos del
Gobernador, como entre nosotros.

La accion libre y pública no parte del individuo hácia el poder como en los paises libres, sinó del poder hácia el individuo como en los paises asiáticos; y lo mas singular es que los defensores de esta doctrina tienen la pretension de quererla justificar diciéndose protectores natos del pueblo á quien oprimen y á quien no dejan otra accion que la eleccion automática una vez al año, de los mandatarios que reciben el encargo de oprimirlo en provecho del poder central y de los que lo manejan.

Un pueblo libre no necesita de ser protejido sino en las altas esferas del poder general á cuyo estudio están entregados los grandes intereses de una provincia y de un pais. Todo aquello qne es local y referente á la vida pública de los barrios y de los distritos es no solo ageno á los gobiernos sino esclusivamente propio de los ciudadanos. La accion libre del individuo es genuina y orgánica en los centros locales: y la opinion orgánica de esos centros, debe ser la base eléctrica de todo el Gobierno general, entre nosotros, por que así lo es en los modelos á que hemos ajustado nuestra vida pública.

Pero si la organizacion de un pais que pretende ser libre reposa solo sobre la eleccion conjunta de un cierto número de administradores, que al dia siguiente de esa eleccion quedan trepados en la cúspide social, y que desde allí FLUYEN CON SU PODER PERSONAL hasta las últimas capas de la sociedad, el gobierno libre de lo propio está muerto por esa inversion de sus bases esenciales.

La masa de todos los intereses individuales y colectivos de cada localidad queda de ese modo inorgánica bajo la eleccion del poder elegido; el pais queda sin vida, queda sin accion y sin influencia, porque queda rota la armonía de los intereses políticos con los intereses locales, rompiéndose el ege y el motor de la actividad libre del pueblo mismo bajo cuyo influjo debe estar gobernada toda sociedad moderna libre.

Si á la luz de estos principios que son hoy la máxima sacrosanta de todos los gobiernos libre, que son la religion política de todas las naciones prósperas, nós ponemos á estudiar el proyecto municipal que el gobierno de la provincia ha puesto al estudio de las Cámaras lesjislativas para eludir la victoria de las buenas ideas que á este respecto habiau empezado á dominar en el espíritu y en las resoluciones de la Convencion Constituyente, encontraremos al momento la base de la ilusion; y el error de ese propósito que con la mira aparente de organizar un gobierno municipal crea un gobierno electivo y puramente administrativo, que es á la vez autocrático en su forma y esclavo del ejecutivo en todos sus movimientos.   En ese proyecto, la eleccion se da á la masa inorgánica del pais, para que abdique en los elegidos el gobierno de sus propios intereses.

El proyecto toma al pais como una masa inorgánica y total.   Empieza por eliminar las analojias y la federacion parcial de los intereses armónicos de cada barrio.   Cierra el teatro natural de todas las influencias personales y de todos los intereses legítimos que le corresponden al individuo en la esfera de su propio gobierno, y de los intereses de su propiedad y de su familia; y haciéndole entender á cada uno que es libre cuando viene *solo y aislado*, á elegir magistrados para que tomen el poder, saca al individuo de la influencia de sus propias alianzas, lo anula dentro del conjunto inorgánico de las masas, y lo lanza á un terreno donde, solo y en medio de todos, no tiene fuerzas ni competencia, ni ideas para estar en actividad permanente en el gobierno de sus propios intereses: cada hombre en medio de un pueblo elector es una molécula perdida por su propio aislamiento.

Con esa base de la elección ficticia, el proyecto hace surgir un gran cuerpo municipal, y trepándolo á la cúspide de la sociedad como hemos dicho, no solo emancipa á sus miembros de las influencias locales á que debieran obedecer en sus actos si fuese cuerpo verdaderamente local y de barrio, sinó que diarios somete esas influencias legítimas al mando absoluto de ese gran cuerpo, sin dejar al individuo y á la localidad campo alguno de acción propio, ni medio alguno de defensa para que ejerza el legítimo derecho de gobernarse á sí propio. Es en suma un paisage chino, sin planos, sin perspectivas, donde todas las figuras quedan pegadas é inmóviles sobre una misma superficie.

Despojado así cada individuo de las alianzas y de las afinidades de intereses y conexiones personales que lo hacen una entidad política en su barrio; muerta así la influencia personal por la masa inorgánica de una poblacion entera animada de intereses divergentes y desconocidos los unos de los otros; con el individuo, entidad del barrio, desaparece la entidad de los intereses del barrio que son su elemento orgánico; y la eleccion no es otra cosa que el voto inorgánico de una masa en bruto expropiada de todo lo que le era afin, armónico, propio y colectivo para las diversas categorías de intereses que tenian el derecho de ser autorizadas á gobernarse á si propias.

El gobierno de lo propio deja de ser del barrio, y dejando de ser del barrio se convierte en gobierno de lo ageno egercido por un cenáculo de intriga administrativamente elegido bajo la máscara hipócrita de la eleccion popular. Por el contrario, si cada barrio formara su propio cuerpo orgánico para sus propios intereses; y si de la combinacion de todos esos cuerpos orgánicos y vivos emanase el gobierno de los intereses comunes del conjunto, la vida pública quedaría en permanencia, y como ella seria la propiedad de cada localidad, el pais entero viviría de las evoluciones libres y activas de cada uno de sus miembros: seria orgánico y no reposaría, como el embrion, en la inercia del no ser, de lo indefinido, como ahora.

Este es el vicio y el peligro temible que tiende á consagrar el proyecto municipal del Egecutivo.

Y si no fuese mas que este el triste resultado de esa combinacion, podríamos consolarnos todavía, como se consuelan los pueblos que por el camino del sufragio se entregan al ocio vergonzoso de los despotismos electivos. Pero las consecuencias serán mucho mas graves y muchas de ellas se hallan yá á nuestra vista.

Cuando un pueblo y los vecindarios orgánicos que lo constituyen se sienten asi privados por medio del sufragio de los estímulos vivificantes de la accion propia en el manejo de sus propios intereses, llegan á comprender que el ejercício de su voto es inútil para arribar al ejercicio de sus derechos como pueblo libre: abogado el organismo local en medio de la masa inorgánica del todo, el votante se desencanta de las formas falaces del sistema electivo que se le ofrece, por que sabe que esas formas falaces no le sirven para nada efectivo en el gobierno de sus intereses inmediatos, ni para otra cosa que para cohonestar la espoliacion que otros le hacen de sus derechos propios. Deserta entonces las urnas electorales, y se dice á si propio con una profunda verdad·
«NOMBRAR SOBERANOS NO ES SER SOBERANO, sino abdicar en manos del despotismo de las oligarquias cletorales.

Privado entonces de la influencia colectiva que dan los barrios orgánicos de una ciudad populosísima como Buenos Aires, el individuo, y esa alianza fecunda de los intereses individuales que se llama districto municipal, se encuentran sumidos en el mar informe de las multitudes; y sintiéndose así inertes y oprimidos por una organizacion ficticia que no les deja accion propia, huyen del contacto con los intereses que le son agenos, y sintiendo dentro del alma la muerte de sus, derechos abdica su carácter político y lo entrega á la esplotacion de las intrigas electorales absteniéndose.

Sucede entonces, como ya lo hemos visto en Buenos Aires, que para suplir la desercion de los votantes y para no dejar al pais sin las formas administrativas que le corresponden, viene el podor ejecutivo á poner su accion en la balanza y á designar los elejidos que el pais mismo no ha querido designar.

Para comprender palmariamente estas verdades, llevemos nuestra imajinacion á otro órden de cosas y veamos lo que resultaria en el gobierno práctico de las naciones. Supongamos que por una de esas grandes evoluciones de la historia todos los pueblos civilizados llegasen á constituir un solo cuerpo político, y que los poderes administrativos y locales de ese cuerpo debieran resultar de la masa inorgánica de todos esos pueblos reunidos en un solo dia, y en una sola masa electiva para designarlo. Preguntémosnos: ¿Cuál seria la autonomía y la independencia, en el gobierno de sus intereses propios, que les quedaria á los pueblos argentinos y á todos los demás pueblos pequeños del mundo en esa gran masa inorgánica y electiva en que debieran tambien figurar la Prusia y la Rusia á la par de todas las otras naciones poderosas?

Si ese sistema dá por resultado el aniquilamiento del derecho individual de cada uno de los pueblos independien.-tes, el mismo principio tiene que dar las mismas consecuencias desde que sea aplicado al derecho municipal de las naciones, de las provincias y de las capitales, como lo aplica el proyecto municipal del gobierno.

El principio de la organizacion municipal es el derecho soberano de las localidades en que naturalmente se subdivide un gran cuerpo social, como lo es una ciudad estensa y populosa; mientras que el principio centralista administrativo es la concentracion en una sola corporacion gubernativa de todas las fracciones inorgánicas y diversas que constituyen aquel todo. Una familia ó un individuo del barrio de la Concepcion tiene diversos intereses locales que los que tie.ne un individuo ó una familia domiciliada en la parroquia de la Catedral; y tratándose de pueblos libres que aspiran á ser orgánicos y prósperos, es contra todos los principios racionales organizar el gobierno de todos estos intereses divergentes bajo una forma tal que, *la suerte incierta de las elecciones colectivas* venga á entregar el gobierno de los intereses propios del barrio de la Concepcion, á individuos agenos á ese barrio, y afectados por ó con los intereses de la parroquia Catedral. El derecho de gobernarse á sí mismo en cada una de esas localidades es propio de su propio vecindario, y debiera ser el fruto parcial del esfuerzo parcial y colectivo de cada una de ellas.

Por desgracia de nuestro pais, y de la rapidéz con que él debiera marchar en el desenvolvimiento de su democracia orgánica, el gobernador actual y los hombres que lo inspiran no tienen otra religion política que el antiguo centralis-

mo de la escuela francesa, y no han conocido siquiera hasta
muy tarde que los pueblos libres tienen otra base de vida pública que aquella en que se han educado. Todo lo que es
imperial : todo lo que monta grandes oficinas al alcance de la
mano del gobernador y de sus ministros, convertidos así en vigilantes policiales y en tutores de todos los intereses á que
esclavizan con esa vinculacion de hierro de sus agentes, es
para ellos el modelo de un buen gobierno. Y las municipalidades libres abandonadas á su propio instinto, emancipadas
de todo poder local que no salga de ellas mismas y que no
sea para ellas, les parece el caos. Se figuran que no
hay en ningun barrio, que no hay en ningun partido de campaña hombre alguno capaz de merecer la confianza de sus
convecinos para administrar aquellos mismos negocios, propios y localas, del terreno y de la parcialidad social en donde
tambien tiene los suyos. Se les figura que esta emancipacion del *ciudadano local* vá á producir el desórden en cada
lugar, y que el gobierno es el tutor natural de los intereses
locales para que no pasen por esas crísis. Ellos no ven que
los desórdenes locales—son accidentes circunscriptos á pequeños districtos, y que cuanto mas subdividida esté la sociedad municipal, esos desórdenes, si los hay, se circunscriben
tambien en la misma proporcion. Ellos no ven tampoco
que si el desórden es un mal *social*, nadie está mas interesado en suprimirlo que la sociedad misma donde se sufre;
y que por esto es que los pueblos de campaña, y que las ciudades convenientemente subdivididas en *districtos de gobierno
propio*, saben guardar tanto mejor el órden y las conveniencias de sus intereses en el lugar en que viven, cuanto mas libres son para obrar en ese sentido, y cuanta mayores son ante
ellas mismas las responsabilidades que .ese propósito les
inspira.

El gobierno general no tiene otra mision que la de suprimir el desórden público, castigando el crímen por medio
de la ley; y dando cohesion por ella tambien á los intereses

locales cuya armonía constituyen el interés provincial, y el
interés nacional.

Para hacerse una idea clara de lo que es un pais inorgánico reunido en masa á ejercer el derecho electoral, bajo la
tutela de gobiernos centralistas como el nuestro, imagínese
el lector una gran concurrencia entrando ó saliendo de un
teatro : imagínese una gran multitud encerrada en una calle
recta ó en una plaza cuadrada; y verá entonces como la independencia y la iniciativa personal, ahogada, oprimida por
el movimiento *soberano* y *automático* de la multitud y del empuge material de las fuerzas colectivas, desaparece y queda
sostituida por una verdadera esclavitud de tendencia. No
solo pierden la libertad los individuos y se abstienen, convirtiéndose en trozos inertes del empuge mas poderoso y
opresor, sino que las parcialidades y las compañias de individuos son rotas, desechas, y llevadas por delante como moléculas indignas de ser apreciadas.

Pero si en vez de eso, cada parcialidad estuviese constituida con una fuerza y con un centro propio, cada entidad
tendria vida y accion; y entonces desaparece del conjunto el
empuge brutal y automático de la masa, para ser sostituido
por el movimiento deliberado de esos miembros vivos é inteligentes que animan la vida del pueblo, desde la mas pequeña fraccion civil que vive en el terreno de la provincia
hasta su mas grande cohesion de intereses públicos.

El que haya podido apreciar estos principios, que son el
credo de los pueblos libres, y venga con ellos á estudiar el
incompetentísimo proyecto que el gobierno provincial ha
pasado á las cámaras provinciales para la reorganizacion de las
municipalidades, y que quizás esté ya sancionado cuando se
publique este artículo, verá al momento que ese proyecto
tiene por base el mas exagerado centralismo en la campaña
y en la ciudad.

Empieza ese proyecto por establecer implícitamente que
los DOSCIENTOS MIL HABITANTES de la ciudad de Buenos Aires

no tendrán mas *representacion propia* municipal que UN GRAN CUERPO CENTRAL sentado magistralmente en las butacas del Cabildo.

Hé aquí el artículo :

Art. 1º La Municipalidad de la ciudad de Buenos Aires se compondrá de treinta miembros, de los cuales diez y ocho formarán el Consejo Muńicipal, y los doce restantes la comision ejecutiva de la Municipalidad.

Basta la enunciacion de un hecho tan monstruoso para comprender el vicio fundamental de todo el sistema sobre que reposa esa ley. Dos cientos mil habitantes, libres é inteligentes: repartidos por la naturaleza, y por su interés de propietarios, en una area de tres leguas: afectados por diversísimos intereses de localidad y de vecindario, formarán bajo el influjo de esa ley, una gran masa en la que todo su organismo local y natural desaparecerá, para que *como simples votantes á igual grado y para idéntico lugar* (las butacas del cabildo) vengan en bruto todos á dar su voto por treinta personajes, que una vez elejidos quedan en la cuspide de la administraccion urbana para gobernar en ese centro una gran masa de dinero y de servicios.

Pero señor! ese dinero y esos servicios ¿de donde proceden? proceden de cada casa, de cada familia, de cada barrio; y cada una de esas parcialidades tiene intereses orgánicos propios, distintos del todo; y cada una de ellas es *dueña legítima* de lo que paga, y tiene el derecho de manejar en bien comun de su parcialidad, lo que es de su parcialidad; *el interés local y la renta local.*

Es una violacion, pues, del derecho de propiedad y de la lógica política, quitarle á cada organismo lo que le es propio, para esclavisarlo á un centro de administracion que le es ageno; centro, que por su propio centralismo queda personificado como una criatura y como un reflejo del ejecutivo, cuando no como un consejo anárquico, que por su orígen y

por su gerarquia, se va á constituir en una verdadera especulacion para los partidos y para el manejo irresponsable de
las riquezas y de su influencia.

Esa eleccion en masa constituye pues un agrupamiento
inorgánico á las puertas de ese poder; un empuge automático
para el pueblo; y cada individuo queda colocado, respecto de
esa entrada al gobierno de lo municipal, como lo estaria dentro de una multitud compacta en los corredores de un teatro,
sin mas recurso que seguir servilmente el empuje de la masa
inorgánica, ó que abstenerse de entrar en ella.

Los demás artículos que siguen en el proyecto hasta el
artículo 10—son consecuencias fatales de un principio fatal.
Los artículos 11º y 12º vienen á completar este doloroso sistema. Los vamos tambien á trascribir para seguir su exámen.

*Art. 11. El Municipio de la Ciudad de Buenos Aires
formará un solo distrito electoral para el nombramiento de
municipales y suplentes.*

*Art. 12. La eleccion de los municipales y suplentes se
hará popular y directamente por los vecinos del Municipio
que gozan del derecho de elejir con arreglo á la presente ley.*

Venga á este campo la mas optimista de las inteligencias
políticas, y diga que gérmen de organismo própio y libre puede
descubrir en semejantes prescripciones? Y si se reflexiona
que el sistema completamente inorgánico de esta ley, tiene
por objeto dar un gobierno á los intereses orgánicos de la familia y del barrio en una ciudad libre y democrática de
200,000 habitantes, se comprenderá la viva alarma y el profundo dolor con que tratamos esta materia.

(Continuará.)

VICENTE FIDEL LOPEZ.

ÍNDICE DEL TOMO I.

CPSIA information can be obtained
at www.ICGtesting.com
Printed in the USA
BVHW081510061118
532319BV00009B/226/P